POWER ARABIC
주제별 소사전

POWER ARABIC

주제별 소사전

6,000여개 테마별 단어와 부록으로 이루어진 학습서

القاموس الموجز عربيّ – كوريّ – إنجليزيّ

이영태·김수완·양희정·김은지 지음

HU:iNE

서문

한류(Korean Wave: Hallyu)는 한국 드라마와 K-pop을 시작으로 패션과 음식, 태권도와 한국어 등 다양한 분야로 확대되고 있고 중국 등 동남아시아를 시작으로 저 멀리 남미와 중동에 이르기까지 한국 문화의 돌풍을 일으켰다.

70년대 건설 주역으로 중동에 진출하여 모래바람 속에서 성실함과 근면함으로 한국의 위상을 높였던 우리의 인생 선배들이야말로 진정한 한류 1세대라 할 수 있다.

아랍 젊은이들이 한국으로 오고 있다. 한국 젊은이들이 아랍으로, 중동으로 향한다. ICT 기술의 발달로 이제는 시간과 장소에 구애 받지 않고 서로의 문화를 공유하고 서로의 생각을 공유한다.

본 Power Arabic 주제별 소사전은 이러한 필요에서 출발했다. 손쉬운 커뮤니케이션을 위해, 서로의 생각과, 문화를 공유하고 나아가 발전적인 관계를 통한 협력을 위해 본 소사전이 만들어졌다.

Power Arabic 주제별 소사전은 약 6,200여 개의 주제별 표제어로 구성되어 있다. 일상생활에서 가장 빈번하게 사용되는 필수 단어 및 어휘를 선별하였고 이를 주제별로 분류하여 초보자도 쉽게 사용할 수 있게 하였다.

아랍어, 한국어, 영어로 구성된 본 소사전은 한국인 학습자와 아랍권 및 영어권 학습자를 동시에 염두에 두고 집필되었고 3개 국어를 동시에 학습함으로써 언어의 확장성을 꾀하였다.

Power Arabic 주제별 소사전을 위해 수고를 아끼지 않았던 손길들이 있다. 단어 및 어휘 타이핑작업을 맡았던 김규민, 임예은, 이지영, 정혜윤, 조혜수, 최상원, 최예진에게 깊은 감사를 전한다. 또한 마지막 정리 작업을 함께 해준 윤지윤 조교, 고영진 조교에게도 심심한 감사를 전한다.

Power Arabic 주제별 소사전은 국내에서 처음 발간되는 아랍어-한국어-영어 주제별 사전이다. '처음부터 완벽한 것은 없다'라는 말로 본 소사전에 나타날 수 있는 오류에 대한 궁색한 변명을 대신하고자 한다. 또한 완성도를 높이기 위한 가감 없는 조언과 비판을 바라는 바이다.

2017년 3월

집필진

일러두기

1. 책의 구성

- 본 책은 Part1, Part2, Part3, 색인 총 네 부분으로 구성되어 있다.
- 각 Part는 테마별, 품사별로 나눈 뒤, 아랍어 알파벳 순으로 정렬했다.
- 단어의 정렬은 아랍어-한국어-영어 순이다.

- Part1은 주제별 단어로 사용 빈도가 높은 단어를 선별해 품사별로 정렬했다.
- Part2는 품사별(명사, 동사, 불변사, 인사말 및 관용구)로 나누어 알파벳 순으로 구성했다.
- Part3은 부록으로 Part1, Part2에 있는 단어 중 항목별로 삽화 혹은 사진과 함께 정렬했다.
- 색인은 Part1과 Part2에 있는 모든 단어를 알파벳 순으로 정렬해 분류했다.

2. 책의 표기법

- 아랍어 문법에 따라 3품사(명사, 동사, 불변사)로 분류하였다.
- 명사의 격모음은 이격(쌍격)명사의 경우만 표기했으며 연결형에서 사용되는 경우 2요소에만 표기했다.
- 명사의 복수형은 ج으로, ة를 사용하지 않는 여성형 명사를 م으로 표기했다.
- 파생형 동사의 경우 괄호 안에 로마자 대문(II, IV, VIII형)자로 표기했다.
- 원형(I형) 동사의 경우 '(I형)'을 따로 표기 하지 않았다.
- 원형(I형) 동사의 경우 미완료 중간모음을 동사 옆에 표기했다.
- 특정 전치사를 필요로 하는 동사는 동사와 전치사를 함께 표기했다.
- 두 개의 목적어를 필요로 하는 동사의 경우 목적어를 각각 ه와 هـ로 표기했다.

목차

محتويات

iv • 서문

مقدّمة

vi • 일러두기

ملاحظات تمهيديّة

1 • Part 1: 테마별

الفصل الأوّل: مواضيع متفرّقة

3 • 가정 · 의복 · 가족관계

البيت والملابس والعلاقات الأسريّة

21 • 감정 · 성격

المشاعر والشّخصيّات

37 • 경제 · 산업 · 금융 · 무역 · 통상

الاقتصاد والصّناعة والمال والتّجارة

61 • 과학 · 미디어
العلوم والإعلام

73 • 교육 · 언어 · 직업
التّعليم واللّغة والمهنة

93 • 군사
الجيش

101 • 기후 · 환경 · 자연
المناخ والبيئة والطّبيعة

109 • 동식물 · 자원
الحيوانات والنّباتات والموارد الطّبيعيّة

117 • 법 · 규칙 · 행정 · 기관
القانون والنّظام والإدارة والمؤسّسات

135 • 시간 · 수 · 단위 및 측량 · 색 · 도형
الوقت والعدد والقياس واللّون والشّكل

151 • 신체 · 건강 · 의학 · 질병
الجسم والصّحّة والطّبّ والأمراض

167 • 여행 · 관광 · 장소 · 건축 · 건물
السّياحة والمكان والبناء

185 • 예술 · 스포츠 · 문화
الفنّ والرّياضة والثّقافة

195 • 음식
الطّعام

207 • 정치 · 외교
السّياسة والعلاقات الخارجيّة

225 • 종교 · 역사 · 철학 · 사상
الدّين والتّاريخ والفلسفة والفكر

233 • **Part 2: 일반**
الفصل الثّاني: ملاحظات عامّة

235 • 명사
الاسم

285 • 동사
الفعل

315 • 불변사(전치사 및 부사)
الحرف

317 • 인사말 및 관용표현
التّحيّة وتعبيرات أخرى

333 • **Part 3: 부록**
الفصل الثّالث: ملحق

334 • 5대양 6대주
المحيطات الخمسة والقارّات السّتّ

336 • 중동국가명 및 수도, 국기
أسماء الدّول في الشّرق الأوسط وعواصمها وأعلامها

348 • 아랍화폐
النّقود العربيّة

352 • 아랍음식
الأطعمة العربيّة

356 • 신체
الجسم

365 • 수
العدد

367 • 색
اللّون

368 • 시간
الوقت

372 • 단위
القياس

374 • 야채 및 과일
الخضروات والفواكه

378 • 스포츠와 취미
الرّياضة والهواية

382 • 행성
الكوكب

383 • 대명사
الضّمير

385 • 전치사 및 부사
حرف الجرّ

387 • 의문사
اسم الاستفهام

389 • 색인
الفهرس

PART 1
테마별

الفصل الأوّل: مواضيع متفرّقة

가정·의복·가족관계
البيت والملابس والعلاقات الأسريّة

번호	아랍어	한국어	영어
1	أَب ج. أَبَاء	아버지	father
2	إِبْرِيق ج. أَبَارِيقُ	주전자	jug
3	اِبْن ج. أَبْنَاء	아들	son
4	اِبْن عَمّ ج. أَبْنَاء عَمّ	사촌	cousin
5	اِبْنَة	딸	daughter
6	أَبَوَانِ	부모, 아버지와 어머니	parent
7	أُبُوَّة	부성	fatherhood
8	أَبَوِيّ	아버지의	parental
9	أَثَاث	가구	furniture
10	أَخ ج. إِخْوَة	형제	brother
11	أُخْت ج. أَخَوَات	자매	sister
12	أَدَوَات الْبَيْت	가재도구	household items
13	أَرْمَلُ ج. أَرَامِلُ	홀아비	widower
14	أَرْمَلَة ج. أَرَامِلُ، أَرَامِلَة	과부, 미망인	widow
15	أَرِيكَة ج. أَرَائِكُ	소파	sofa

번호	아랍어	한국어	영어
16	أُسْرَة ج. أُسَر	가족	family
17	أَغْذِيَة مُجَمَّدَة	냉동식품	frozen food
18	أَلْيَاف صِنَاعِيَّة	인조섬유	synthetic textile
19	أُمّ ج. أُمَّهَات	어머니	mother
20	اِمْرَأَة	여자, 여성	woman
21	أُمُومَة	모성	motherhood
22	أُمَوِيّ	어머니의	maternal
23	إِنْسَان	사람, 인간	human
24	إِنْسَانِيّ	인간의, 인류의; 인도주의적인	humanitarian
25	إِنْسَانِيَّة	인도주의	humanity
26	آنِسَة	숙녀, 아가씨	miss
27	أَهْل ج. أَهَالٍ	사람들; 가족	people
28	بَاب ج. أَبْوَاب	문	door
29	بَاحَة	마당	courtyard
30	بَالِغ	성인	adult
31	بَخَّاخَة	분무기	spray
32	بَخُور ج. بَخُورَات	향, 향료	incense
33	بَدَوِيّ ج. بَدَاوِيّ، بَدْو	베두인	Beduin
34	بِذْلَة ج. بِذَل	양복, 정장	suit
35	بِرْوَاز ج. بَرَاوِيز	틀, 액자	frame
36	بُرُوكَار	양단(두껍게 짠 비단)	brocade

번호	아랍어	한국어	영어
37	بُسْتَان ج. بَسَاتِينُ	정원	garden
38	بُسْتَنَة	원예	gardening
39	بَشَر	사람, 인류	human being, humankind
40	بَشَرِيّ	인류의	human
41	بَلُوزَة	블라우스	blouse
42	بِنْت ج. بَنَات	딸	daughter
43	بَنْطَلُون ج. بَنَاطِيلُ	바지	pants, trousers
44	بَنَوِيّ	자식의	filial
45	بَهْو ج. أَبْهَاء	응접실	living room
46	بَوَّابَة	대문, 정문	gate
47	بِيجَامَة	파자마	pajamas
48	تَعْزِيَة	애도, 조의	condolence
49	تَكْلِفَة التَّصْلِيح	수리비	repair cost
50	تِلْفَاز ج. تِلْفَازَات	텔레비전	television
51	تِلِفِزْيُون ج. تِلِفِزْيُونَات	텔레비전	television
52	تَنُّورَة	치마	skirt
53	ثِقَاب ج. ثُقُب	성냥	match
54	ثَلَّاجَة	냉장고	refrigerator
55	ثَوْب ج. ثِيَاب	의복, 옷	dress, clothes
56	ثَوْب النَّوْم	잠옷	nightgown
57	جَارٍ ج. جِيرَان	이웃	neighbor

번호	아랍어	한국어	영어
58	جَارُوشَة ج. جَوَارِيشُ	맷돌	millstone
59	جَارِيَة	하녀	maid, servant girl
60	جَدّ ج. أَجْدَاد	할아버지	grandfather
61	جَدَّة	할머니	grandmother
62	جِرَاب ج. جِرَابَات	파우치, 핸드폰 케이스	pouch, cellphone case
63	جَرْدَل ج. جَرَادِلُ	양동이	bucket
64	جُلَّة ج. جُلَل	바구니	basket
65	جِهَاز التَّحَكُّم	리모콘	remote control, clicker
66	جَوْرَب ج. جَوَارِبُ	양말	stocking, sock
67	جَيْب ج. جُيُوب	호주머니, 주머니	pocket
68	جِيل الِاسْتِحْمَام	샤워젤	shower gel
69	حَبِيب ج. أَحِبَّاءُ	애인, 연인	lover
70	حَبِيبَة	애인(여성)	lover
71	حِجَاب ج. حُجُب، أَحْجِبَة	히잡	hijab
72	حِذَاء ج. أَحْذِيَة	신발	shoes
73	حَرِير ج. حَرَائِرُ	비단	silk
74	حِزَام ج. أَحْزِمَة	벨트, 허리띠	belt
75	حَفَّاظ ج. حَفَّاظَات	기저귀	nappy
76	حَفْلَة زِفَاف	결혼식	wedding
77	حَفِيد ج. أَحْفَاد	손자	grandson
78	حَفِيدَة	손녀	granddaughter

번호	아랍어	한국어	영어
79	حَقِيبَة يَد	핸드백	handbag
80	حِلَاقَة	면도	shaving
81	حَلَق	귀걸이	earring
82	حَلْي ج. حُلِي	보석	jewel
83	حَمَاة ج. حَمَوَات	시어머니; 장모	mother-in-law
84	حَمَّام ج. حَمَّامَات	화장실	bathroom
85	حَمْو ج. أَحْمَاء	시아버지; 장인	father-in-law
86	حَوْض الْإِسْتِحْمَام	욕조	bathtub
87	خَاتِم ج. خَوَاتِمُ	반지	ring
88	خَاتِم خِطْبَة	약혼반지	engagement ring
89	خَاتِم زَوَاج	결혼반지	wedding ring
90	خَاطِب	약혼자	fiance
91	خَاطِبَة	약혼녀	fiancee
92	خَال ج. أَخْوَال	외삼촌	maternal uncle
93	خَالَة	이모	maternal aunt
94	خِزَانَة مَلَابِس	옷장	wardrobe
95	خُطُوبَة	약혼	engagement
96	خَطِيب ج. خُطَبَاءُ	약혼자	fiance
97	خُفّ ج. أَخْفَاف	슬리퍼, 샌들	slipper, sandal
98	خَلَّاط	믹서기	mixer, blender
99	دُرْج ج. أَدْرَاج	서랍	drawer
100	دُشّ	샤워	shower

번호	아랍어	한국어	영어
101	دُمْيَة	인형	doll
102	دَوْر ج. أَدْوَار	층	floor
103	دَوْرَة الْمِيَاه	화장실	toilet, WC
104	رَبّ ج. أَرْبَاب	주, 주인	lord, god
105	رَبْطَة الْعُنُق	넥타이	tie
106	رَشَّاشَة	분무기	spray
107	رَضِيع ج. رَضَائِعُ	아기, 젖먹이	baby
108	رَغْوَة حِلَاقَة	면도용 거품, 쉐이빙 폼	shaving foam
109	رُفّ ج. رُفُوف	선반	shelf
110	رُفُوف كُتُب	책장	bookcase
111	زُجَاجَة رِضَاعَة	젖병	baby bottle
112	زَمِيل ج. زُمَلَاءُ	동창, 동기, 동료	classmate; colleague
113	زُنَّار ج. زَنَانِيرُ	벨트, 허리띠	belt
114	زَوَاج ج. زَوَاجَات	결혼	marriage
115	زَوْج ج. أَزْوَاج	남편	husband
116	زَوْج أُمّ	의붓아버지, 계부	stepfather
117	زَوْجَان	부부	married couple
118	زَوْجَة	아내	wife
119	زَوْجَة أَب	의붓어머니, 계모	stepmother
120	زِيّ ج. أَزْيَاء	의류, 의복	clothing
121	سَائِل لِلتَّرْطِيب	스킨, 토너	toner

번호	아랍어	한국어	영어
122	سَاطُور ج. سَوَاطِيرُ	큰칼	cleaver
123	سِتَار ج. سُتُر	커튼, 장막	curtain, veil
124	سُتْرَة ج. سُتَر	자켓	jacket
125	سَجَّادَة	카펫, 양탄자	carpet
126	سَخَّان	난방기, 히터	heater
127	سَخَّانَة الْمِيَاه	온수기	water heater
128	سِدَادَة	마개, 덮개, 뚜껑	cover, cork
129	سُدَّة ج. سُدَد	문, 문턱	gate
130	سِرَاج ج. سُرُج	등잔, 램프	lamp
131	سِرْوَال ج. سَرَاوِيلُ	바지	pants, trousers
132	سَرِير ج. أَسِرَّة	침대	bed
133	سَقْف ج. سُقُوف	천장, 지붕	ceiling, roof
134	سَكّ ج. سُكُوك	못	nail
135	سِكِّين ج. سَكَاكِينُ	칼	knife
136	سُلَالَة	가계, 혈통	ancestry
137	سَلَّة ج. سِلَال	바구니	basket
138	سَلَّة مُهْمَلَات	쓰레기통	dustbin
139	سِلْسِلَة الْبَاب	문빗장, 도어체인	door chain
140	سِلَع أَسَاسِيَّة	생필품	daily necessities
141	سِلَع غِذَائِيَّة	식료품	groceries
142	سِلْف ج. أَسْلَاف	시아주버니, 시동생	brother-in-law
143	سِلْفَة	형수, 시누이	sister-in-law

번호	아랍어	한국어	영어
144	سِلْك هَوَائِيّ	안테나	antenna
145	سُلَّم ج. سَلَالِمُ	계단, 사다리	stairs, ladder
146	سِوَار ج. أَسَاوِرُ	팔찌	bracelet
147	سَيِّد ج. سَادَة	아저씨; -님, 씨	sir, mister
148	سَيِّدَة	아줌마; 부인, 여사	maddam
149	شَابّ ج. شَبَاب، شُبَّان	젊은이(남성), 청년	youth
150	شَابَّة	젊은이(여성)	youth
151	شَامْبُو	샴푸	shampoo
152	شُؤُون مَنْزِلِيَّة	가정문제	family problem
153	شُبَّاك ج. شَبَابِيكُ	창문, 창구	window
154	شِبْشِب	슬리퍼	flip-flop
155	شُرْفَة ج. شُرَف	베란다, 발코니	balcony
156	شَرِيط ج. شَرَائِطُ	테이프, 리본, 필름	tape, strip, ribbon, film
157	شَرِيط لَاصِق	접착테이프	adhesive tape
158	شَفْرَة	면도기	shaving razor
159	شَفْرَة حِلَاقَة كَهْرَبَائِيَّة	전기 면도기	electric razor
160	شَمْعَة ج. شَمْع، شَمَعَات	초	candle
161	شَنْطَة ج. شُنَط	가방	bag, suitcase
162	شَوْكَة ج. شُوَك	포크, 갈퀴	fork
163	شَيْخ ج. شُيُوخ	노인; 족장; 셰이크 (걸프국가의 수장에 붙이는 칭호)	old man; patriarch; Sheikh

번호	아랍어	한국어	영어
164	صَابُون	비누	soap
165	صَبِيّ ج. صِبْيَان	소년	boy
166	صَبِيَّة ج. صَبَايَا	소녀	girl
167	صُدْرَة	브래지어	brassiere
168	صَغِير السِّنّ ج. صِغَار السِّنّ	나이가 어린	young-age
169	صُنْبُور ج. صَنَابِيرُ	수도꼭지, 꼭지	tap, nozzle
170	صِهْر ج. أَصْهَار	사위	son-in-law
171	صُوفَة	쇼파	sofa
172	طَابِق ج. طَوَابِقُ	층	floor
173	طَابِق أَرْضِيّ	1층	the ground floor
174	طَابِق أَوَّل	1층	the first floor
175	طَابِق سُفْلِيّ	아래층, 지하	downstairs, basement
176	طَابِق عُلْوِيّ	위층	upstairs
177	طَالِق	이혼한	divorced
178	طَاوِلَة	테이블, 탁자	table
179	طِفْل ج. أَطْفَال	어린이	child
180	طُفُولَة	유년기	childhood
181	طَلَاق	이혼	divorce
182	ظُرُوف مَعِيشِيَّة	생활 조건	living condition
183	عَائِلَة	가족	(extended) family
184	عَانِس ج. عَوَانِس	노처녀, 독신녀	spinster

번호	아랍어	한국어	영어
185	عَبَاءَة	외투, 망토, 아바야	cloak
186	عَجُوز ج. عَجَائِزُ، عُجُز	노인	old men
187	عَذْرَاءُ ج. عَذَارَى، عَذَارٍ	숫처녀, 동정녀	virgin
188	عَرَبَة أَطْفَال	유모차	pram, stroller
189	عُرْس ج. أَعْرَاس	결혼식, 혼례	wedding
190	عَرُوس ج. عُرُس، عَرَائِسُ	신부	bride
191	عَرُوسَانِ	신혼 부부	newlyweds
192	عَرِيس ج. عِرْسَان	신랑	bridegroom
193	عُزُوبِيَّة	독신, 독신주의	bachelorhood, celibacy
194	عَزُومَة ج. عَزَائِمُ	연회	banquet
195	عِشْق	사랑, 자애	passion
196	عَصًا ج. عِصِيّ، عَصَوَان	지팡이	stick, cane
197	عَصَبِيَّة	부족주의	tribalism
198	عَطَّار	향수 판매자	perfume seller
199	عِطْر ج. عُطُور	향수	perfume
200	عِقْد ج. عُقُود	목걸이	necklace
201	عَقْد زَوَاج	결혼 계약	marriage contract
202	عَلَّاقَة مَلَابِسَ	옷걸이	clothes hanger
203	عَمّ ج. أَعْمَام	삼촌	paternal uncle
204	عُنُوسَة	독신, 미혼	single, unmarried
205	عَيِّل ج. عِيَال	부양가족	dependent

번호	아랍어	한국어	영어
206	غُرْفَة الْاِسْتِقْبَال	응접실	reception room
207	غُرْفَة الْجُلُوس	거실	living room, sitting room
208	غُرْفَة السُّفْرَة	식당	dining room
209	غُرْفَة الضُّيُوف	응접실	reception room
210	غُرْفَة الطَّعَام	식당	dining room
211	غُرْفَة الْمَعِيشَة	거실	living room, sitting room
212	غُرْفَة النَّوْم	침실	bedroom
213	غَسَّالَة	세탁기	washing machine
214	غَسَّالَة صُحُون	식기 세척기	dishwasher
215	غِطَاء الطَّاوِلَة	식탁보	tablecloth
216	غَلَّايَة	주전자	kettle
217	فَأْس ج. فُؤُوس	도끼	ax
218	فَتَاة ج. فَتَيَات	소녀	young girl
219	فَتَّاحَة	병따개	bottle opener
220	فَتًى ج. فَتَيَان، فِتْيَان	소년	young boy
221	فِرَاش ج. أَفْرِشَة	침대; 메트리스	bed; mattress
222	فُسْتَان ج. فَسَاتِين	드레스, 원피스	dress
223	فُسْتَان زِفَاف	웨딩드레스	wedding dress
224	فِنَاء ج. أَفْنِيَة	뜰, 마당	courtyard
225	فِنْجَان ج. فَنَاجِين، فِنْجَانَات	컵, 잔	cup
226	فُوطَة ج. فُوَط	수건	towel

번호	아랍어	한국어	영어
227	فِيلَا ج. فِلَل	빌라	villa
228	قَابِسَة ج. قَوَابِسُ	플러그	plug
229	قُبَّعَة	모자	hat
230	قِدْر ج. قُدُور	솥, 냄비	pot
231	قَرِيب ج. أَقْرِبَاءُ، أَقَارِبُ	친척, 동족	relative
232	قَرْيَة ج. قُرًى	마을, 부락	village
233	قُطْن ج. أَقْطَان	솜, 면화	cotton
234	قُفَّار ج. قَفَافِيزُ	장갑	gloves
235	قُفْل ج. أَقْفَال	자물쇠	lock
236	قِلَادَة ج. قَلَائِدُ	목걸이	necklace
237	قُمَاش ج. أَقْمِشَة	천	fabric; cloth
238	قَمِيص ج. قُمْصَان، أَقْمِصَة	셔츠	shirt
239	قَمِيص مُقَلَّم	스트라이프 셔츠, 줄무늬 셔츠	striped shirt
240	قَمِيص نَوْم	잠옷	nightdress
241	قِنْدِيل ج. قَنَادِيلُ	등, 램프	lamp
242	قِنِّينَة ج. قَنَانٍ	병	bottle
243	كَأْس ج. كُؤُوس	컵	cup
244	كَبِير السِّنّ ج. كِبَار السِّنّ	나이가 많은	old-age
245	كُرْسِيّ ج. كَرَاسٍ	의자	chair
246	كُوب ج. أَكْوَاب	컵, 잔	cup
247	لِحَاف ج. لُحُف	이불	blanket, cover

번호	아랍어	한국어	영어
248	لَوَازِم الْبَيْت	생활필수품	daily necessity
249	لِيف ج. أَلْيَاف	섬유	fiber
250	لَيْلَة الدَّخْلَة	첫날밤	wedding night
251	مَائِدَة	테이블	table
252	مَادَام	부인, 마담	madame
253	مَاشِيَة ج. مَوَاشٍ	가축	livestock
254	مَاصَّة	빨대	drinking straw
255	مَالِج ج. مَوَالِجُ	모종삽, 흙손	trowel
256	مِبْرَاة ج. مَبَارٍ	연필깍이, 가는 기구	sharpener
257	مُتَزَوِّج	기혼의	married
258	مُتَوَسِّط الْعُمْر	중년	middle-aged person
259	مِجْرَاف	삽	spade
260	مُجَفِّف الشَّعْر	헤어 드라이어	hairdryer
261	مَخْطُوب	약혼자	fiance
262	مَخْطُوبة	약혼녀	fiancee
263	مَدَافِئُ	난로	heater
264	مِدَمَّة	갈퀴, 써레	rake
265	مِرْآة ج. مَرَايَا	거울	mirror
266	مُرَبِّيَة أَطْفَال	유모, 보모	nanny
267	مَرْتَبَة ج. مَرَاتِبُ	매트리스; 등급	mattress; rank, degree
268	مِرْحَاض ج. مَرَاحِيضُ	변기	toilet

번호	아랍어	한국어	영어
269	مِرَشَّة	물뿌리개; 스프레이	watering can; spray
270	مُرَطِّب	수분 크림	moisturizer
271	مِرْوَحَة ج. مَرَاوِحُ	선풍기, 환풍기	fan
272	مِرْوَحَة يَدَوِيَّة	부채	folding fan
273	مُزِيل الْعَرَق	냄새 제거제, 데오도런트	deodorant
274	مَسْكَن ج. مَسَاكِنُ	집, 거주지	home, residence
275	مِشَدّ صَدْر	브래지어	bra, brassiere
276	مُشْط ج. أَمْشِطَة	빗	comb
277	مِشْعَاع ج. مَشَاعِيعُ	라디에이터	radiator
278	مِصْبَاح أَمَامِيّ	전조등	head light
279	مِصْعَد ج. مَصَاعِدُ	엘리베이터, 자동승강기	elevator
280	مَضْمَضَة	양치질, 헹굼	gargling, rinsing
281	مَطْبَخ ج. مَطَابِخُ	부엌	kitchen
282	مَعْجُون أَسْنَان ج. مَعَاجِين أَسْنَان	치약	toothpaste
283	مَعْجُون حِلَاقَة	면도용 크림	shaving cream
284	مِعْطَف ج. مَعَاطِفُ	외투, 코트	coat
285	مَعِيشَة ج. مَعَايِشُ	생활	life, way of living
286	مَغْسَلَة ج. مَغَاسِلُ	세탁소; 세면대	laundrette; sink, basin
287	مِفْتَاح ج. مَفَاتِيحُ	열쇠, 키	key
288	مِفْتَاح بَرَاغِيّ	스패너, 렌치	spanner, wrench

번호	아랍어	한국어	영어
289	مَفْرُوش	가구가 비치된	furnished
290	مَفْرُوشَات	가구	furniture
291	مِفَكّ	나사 돌리개, 드라이버	screwdriver
292	مِقْبَاس ج. مَقَابِسُ	콘센트	socket
293	مِقْرَاض ج. مَقَارِيضُ	전지가위; 손톱깍이	shears; nail clippers
294	مِقصّ ج. مِقصَّات	가위	scissors
295	مِكْنَسَة ج. مَكَانِسُ	빗자루	broom
296	مِكْنَسَة كَهْرَبَائِيَّة	청소기	vacuum cleaner
297	مِكْوَاة ج. مَكَاوِينُ	다리미	iron
298	مُكَيِّف هَوَاء	에어컨	air conditioner
299	مَلْبَس ج. مَلَابِسُ	옷	clothes
300	مَلَابِسُ جَاهِزَة	기성복	ready-made clothes
301	مَلَابِسُ دَاخِلِيَّة	속옷	underwear
302	مَلَابِسُ مُخَيَّطَة	맞춤복	custom clothes
303	مِلْعَقَة ج. مَلَاعِقُ	숟가락	spoon
304	مِمْسَحَة ج. مَمَاسِحُ	걸레	mop
305	مُنَبِّه ج. مُنَبِّهَات	알람시계, 자명종	alarm clock
306	مَنْزِل ج. مَنَازِلُ	집	house, residence
307	مِنْشَفَة ج. مَنَاشِفُ	수건, 타올	towel
308	مِنْضَدَة ج. مَنَاضِدُ	단상, (넓은) 탁자	platform, table
309	مُنَعِّم الشَّعْر	컨디셔너	conditioner

번호	아랍어	한국어	영어
310	مَهْد ج. مُهُود	요람	cradle
311	مَهْر ج. مُهُور	지참금	dowry
312	مَوْت	죽음	dying, death
313	مَوْعِد ج. مَوَاعِدُ	약속	promise
314	مَوْقِد ج. مَوَاقِدُ	난로, 가스 난로	stove
315	مِيلَاد	출생	birth
316	نَاس	사람들	people
317	نَاسُوت	인간성, 천성	humanity, nature
318	نَافِذَة ج. نَوَافِذُ	창문	window
319	نَخّ ج. أَنْخَاخ	카펫, 양탄자	carpet
320	نِسَاء	여자들	women
321	نَسِيب ج. أَنْسِبَاءُ	인척	in-law
322	نَظَّارَة	안경	glasses
323	نَظَّارَة شَمْسِيَّة	선글라스	sunglasses
324	نَكْث الْعَهْد بِالزَّوَاج	파혼	disengagement
325	هَاتِف ج. هَوَاتِفُ	전화기	telephone
326	وَالِد	아버지	father
327	وَالِدَانِ	어버이, 부모	parent
328	وَالِدَة	어머니	mother
329	وِدِّيَّة	우정	friendliness
330	وَرَق تُوَالِيت، أَوْرَاق تُوَالِيت	화장지	toilet paper
331	وِسَادَة ج. وَسَائِدُ	베개	pillow

번호	아랍어	한국어	영어
332	وَشْم	문신	tattoo
333	وِعَاء ج. أَوْعِيَة	그릇, 용기	container
334	يَوْم الْأَب	아버지의 날	Father's Day
335	يَوْم الْأُمّ	어머니의 날	Mother's Day
336	خُطِبَ لِـ	~와 약혼하다	to get engaged to
337	سَطَمَ ـُ	(문을)잠그다, 채우다	to lock
338	سَقَى ـِ	물을 주다, 관개하다	to water, irrigate
339	سَكَنَ ـُ فِي	살다, 거주하다	to live in
340	شَذَبَ ـُ	다듬다, (나무 등을) 손질하다	to trim
341	طَبَخَ ـُ	요리하다	to cook
342	بَجَّنَ	못을 박다(II형)	to drive a nail
343	زَوَّجَ	결혼시키다(II형)	to marry off to
344	سَكَّكَ	못을 박다(II형)	to spike
345	شَرَّحَ	썰다(II형)	to slice
346	طَلَّقَ	이혼하다(II형)	to divorce
347	عَزَّى	위로하다, 조위하다(II형)	to offer one's condolences
348	غَلَّى	끓이다(II형)	to boil
349	قَشَّرَ	(껍질을) 벗기다(II형)	to peel
350	أَفْطَرَ	아침먹다(IV형)	to have breakfast
351	أَنْجَبَ	낳다(IV형)	to have children
352	تَزَوَّجَ	결혼하다(V형)	to get married

번호	아랍어	한국어	영어
353	اِسْتَحَمَّ	목욕하다(X형)	to take a bath
354	هَاتِفِيًّا	전화로	by telephone
355	أَخَذَ دُشًّا	샤워하다	to take a shower

감정·성격
المشاعر والشّخصيّات

번호	아랍어	한국어	영어
356	اِبْتِسَام	미소	smiling
357	اِجْتِهَاد	부지런함	diligence
358	إِحْسَاس ج. أَحَاسِيسُ	느낌	feeling
359	إِخْلَاص	성실	sincerity
360	أَخْلَاق	매너	manners
361	إِرَادَة	바람, 기원	wish
362	أَسْعَدُ	더 행복한, 가장 행복한	happier, the happiest
363	اِعْتِدَال	온건함, 중용	moderation
364	اِفْتِخَار	자만, 잘난 체함	lordliness
365	إِلْهَام	고무; 영감	inspiration
366	أَمَانَة	충실성, 성실성; 사무국	trust; secretariat
367	أَمَل ج. آمَال	희망	hope
368	أَنَانِيّ	이기적인	selfish
369	أَنَانِيَّة	이기심	selfishness, egoism
370	اِنْدِهَاش	놀람, 경악	amazement, surprising

번호	아랍어	한국어	영어
371	أَنْس	상냥함	amiability
372	اِنْشِغَال	바쁨	busyness
373	اِنْطِبَاع	영향, 감명	impression
374	اِنْطِوَائِيّ	내성적인	introverted
375	اِنْفِعَالِيّ	감정적인, 흥분을 쉽게하는	emotional
376	أَنِيس	상냥한	amiably
377	إِهْبَاط	좌절	frustration
378	إِيجَابِيّ	긍정적인	positive
379	بَاعِث ج. بَوَاعِثُ	동기	motive
380	بُحْبُوحَة	풍족, 부유함	abundance
381	بَخِيت	운이 좋은	lucky, fortunate
382	بَشِع	흉측한	ugly
383	بُطُولَة	용기; 영웅주의	bravery; heroism
384	بُغْض	미움, 증오, 혐오	hatred
385	بَكَّاء	애도자, 슬퍼하는 사람	mourner
386	بُكَاء	울음	weeping
387	تَشَاؤُمِيّ	비관적인	pessimistic
388	تَشْجِيع	격려	encouragement
389	تَعَاسَة	불행, 불운	unfortune
390	تَعَب	피로	tiredness
391	تَعْبِير	나타냄, 표현	expression

번호	아랍어	한국어	영어
392	تَعْبِيرَات وَجْه	표정	expressions
393	تَفَاؤُلِيّ	낙천적인	optimistic
394	تَوْبَة	후회, 뉘우침	repentance
395	ثِقَة	신뢰	trust
396	ثِقَة بِالنَّفس	자신감	self-confidence
397	جَائِع	배고픈	hungry
398	جَازِع	걱정스러운	restless, anxious
399	جَبَان ج. جُبَنَاء	비겁한; 겁쟁이	coward
400	جِدِّيّ	심각한, 진지한	serious
401	جِدِّيَّة	심각, 진지함	seriousness
402	جَذَّاب	매혹적인	attractive
403	جُرْأة	용기, 용감	courage
404	جُوع	배고픔	hunger
405	جَوْعَانُ م. جَوْعَى	배고픈	hungry
406	حَائِر	혼란스러운	confused
407	حَادّ الطَّبْع	성급한, 짜증을 내는	irritable, hotheaded
408	حَاذِر	조심하는, 주의하는	careful
409	حَاسِد	시샘하는, 시기하는	envious
410	حَاقِد	증오하는, 악의적인	spiteful
411	حُبّ	좋아함, 사랑	liking, love
412	حَرَج	당황, 난처함	difficulty
413	حَزْم	견고함, 엄격함	firmness, austerity

감정

번호	아랍어	한국어	영어
414	حُزْن	슬픔	sadness
415	حَزِين	슬픈	sad
416	حَسَّاس	예민한	sensitive
417	حَسَد	시샘, 시기	jealousy
418	حَسُود	시샘하는, 시기하는	envious
419	حِشْمَة	체면, 품위	decency
420	حَفِيظَة ج. حَفَائِظُ	분개	anger, fury
421	حِقْد ج. أَحْقَاد	악의, 혐오	spite, hatred
422	حَيْرَة	당혹	confusion
423	خَائِف	두려운	afraid
424	خَجَل	부끄러움	shyness, embarrassment
425	خَجْلَانُ م. خَجْلَى	부끄러운	ashamed
426	خَجُول	부끄러움	shyness, embarrassment
427	خَوْف	두려움	fear
428	خَيْبَة الْأَمَل	실망	disappointment
429	دَهْشَة	놀람, 경악	amazement
430	ذُعْر	공포	panic
431	ذُلّ	겸손	humbleness
432	ذُهُول	놀라움	astonishment
433	رَاشِد	슬기로운, 현명한	sage, wise
434	رَاضٍ	만족한	accepting, contented

번호	아랍어	한국어	영어
435	رُعْب	공포	horror
436	رَغْبَة	욕망, 갈망	desire
437	زَعْلَانُ م. زَعْلَى	화난, 기분 나쁜	angry
438	سَاجٍ	고요한, 잔잔한, 어두운	calm, quiet, tranquil
439	سَاخِر	비웃는, 조소하는, 희롱하는	satirical, garcastic
440	سَاخِط	노한, 분개한, 불만에 찬	furious
441	سَاذِج	단순한, 순진무구한	naive, clueless
442	سَئِم	심심한, 지루한	bored
443	سَؤُوم	심심한, 지루한	bored
444	سَجِيَّة ج. سَجَانَا ، سَجِيَّات	성질, 성격, 본성	character, trait, natural disposition
445	سَحَّاح	눈물 흘리는, 물이 넘치는,	tearful, flowing
446	سَخَاء	관대, 너그러움	generosity, munificence
447	سَخَافَة	우둔한 것, 어리석음	stupidity, folly
448	سُخْرِيّ	조롱하는	derisive, mocking
449	سُخْرِيَّة	희롱, 조롱	sarcasm, ridicule
450	سُخْط	분노, 울분	indignation, resentment
451	سَخِيّ	너그러운, 관대한, 후한	generous, openhanded
452	سَخِيف	우둔한, 미욱한, 어리석은	silly

번호	아랍어	한국어	영어
453	سَخِيمَة ج. سَخَائِمُ	분노, 악의	resentment, ill will
454	سَدَم	분개, 원통	infuriation
455	سَعَادَة	행복	happiness
456	سَعْرَانُ م. سَعْرَى	미친; 욕심이 많은	crazy, greedy
457	سَعِيد	행복한	happy
458	سَفِيه	어리석은, 미욱한, 우둔한	foolish
459	سُكُوت	침묵	silence
460	سَلْبِيّ	부정적인	negative
461	سَلِس	쉬운, 유순한	easy, mild
462	سَلِيط	첨예한, 날카로운	strong, sharp
463	سُوء الْخُلُق	버릇없음	naughtiness
464	سَيِّء	나쁜, 악한	bad
465	شَاكِر	고마운	thankful
466	شَجَاعَة	용기	courage
467	شَخْصِيَّة	성격, 인격	personality, character
468	شُعُور	감정, 느낌	feeling
469	شَقِيّ	불행한, 비참한	miserable
470	شُكْر	고마움, 감사	thanks
471	شَكْوَى ج. شَكَاوَى	불평, 불만	complaint
472	شَهَامَة	자긍심, 긍지, 담대	pride, magnanimity
473	صَادِق	정직한, 진실한	truthful

번호	아랍어	한국어	영어
474	صَبْر	참을성, 인내	patience
475	صَبُور	인내심있는	patient
476	صِدْق	정직함, 참됨	truthfulness
477	صَرَاحَة	솔직함	frankness
478	صَرِيح	솔직한, 정직한	honest
479	صَوَاب	올바른; 올바른	correctness; correct
480	ضَجَر	싫증	boredom
481	طَرِيف	묘한, 기이한, 드문	strange, rare
482	طَمَّاع	탐욕스러운	greedy
483	طُمُوح	야망	ambition
484	ظَرِيف	재치있는	humorous
485	عَادِل	정의로운, 공정한	rightful, fair
486	عَاطِفَة ج. عَوَاطِفُ	감정	emotion
487	عَاطِفِيّ	감정적인	emotional, romantic
488	عَاقِل	합리적인, 이성적인	rational
489	عَجِيب	놀라운	amazing
490	عَدَم الثِّقَة فِي	~에 대해 신뢰하지 않음, 불신	mistrust of
491	عَزِيز ج. أَعِزَّاءُ	친애하는	dear
492	عَظِيم	위대한, 굉장한	magnificent, great
493	عَفَوِيّ	자발적인	voluntary, spontaneous
494	عَفَوِيَّة	자발성	voluntariness, spontaneity

번호	아랍어	한국어	영어
495	عَقْلِيّ	정신적인	mental
496	عِنَاد	고집	stubbornness
497	عَنِيد	완고한	stubborn
498	عَنِيف	폭력적인, 맹렬한, 치열한	violent
499	غَاضِب	화난	angry
500	غَافِل	부주의한, 태만한	negligent
501	غَبَاء	어리석음	stupidity
502	غَبِيّ	어리석은	stupid
503	غَدَّار	기만하는; 배신자	treacherous; betrayer
504	غَرَابَة	이상함	strangeness
505	غُرُور	망상	delusion
506	غَرِيب ج. غُرَبَاءُ	낯선, 이상한; 이상한 사람	strange; stranger
507	غَضَب	화남	anger
508	غَيْرَة	질투	jealousy
509	غَيْظ	화남	anger
510	غَيْظ شَدِيد	격노, 격분	rage, fury
511	فَخُور	자랑스러운	be proud of
512	فَرَح	기쁨	joy
513	فَرْحَانُ م. فَرْحَى	기쁜	glad, joyful
514	فَرِيد	유일한, 비할 데 없는, 외로운	single, incomparable, lonely

번호	아랍어	한국어	영어
515	فَزَع	공포, 두려움	fear
516	فَصَاحَة	유창함	eloquence, fluency (of language)
517	فُضُول	호기심	curiosity
518	فُضُولِيّ	호기심있는	curious, inquisitive
519	فَعَّال	효과적인	efficient
520	فِكْرِيّ	지적인, 정신적인	intellectual
521	قَلَق	염려, 걱정	worry
522	كَرَاهِيَّة	혐오감, 반감	antipathy, dislike
523	كَرِيم ج. كِرَام	관대한, 마음이 넓은	generous
524	كَسَل	게으름	laziness
525	كَسْلَانُ م. كَسْلَى	게으른	lazy
526	كَسُول	게으른	lazy
527	لِئْم ج. أَلْآم	화목, 화해	harmony, reconciliation
528	لُطْف	친절함, 다정함	niceness, kindness
529	لَعْنَة	저주	curse
530	مُؤَدَّب	예의바른, 공손한	polite
531	مُبْتَسِم	미소짓는	smiling
532	مُتَأَسِّف	유감스러운	sorry
533	مُتَأَكِّد	확신하는	confident
534	مُتَرَدِّد	주저하는	reluctant, hesitant
535	مُتَسَامِح	용서하는, 관용적인	forgiving, tolerant

번호	아랍어	한국어	영어
536	مُتَشَائِم	비관적인	pessimistic
537	مُتَشَكِّر	감사드리는	thankful
538	مُتَضَايِق	짜증이 나는, 불편한	annoyed, uncomfortable
539	مُتَطَرِّف	극단적인, 과감한	drastic, radical
540	مُتَعَاطِف	동정론자, 동정하는	sympathetic
541	مُتَعَجِّب	놀란	astonished
542	مُتَفَائِل	낙관적인, 낙천적인	optimistic
543	مُتَكَبِّر	오만한	arrogant
544	مُتَمَلِّق	아첨하는, 알랑거리는	fawning, flattering
545	مُتَهَوِّر	성급한, 참을성 없는	reckless, impatient
546	مُتَوَاضِع	겸손한	humble
547	مُتَوَتِّر	긴장한, 스트레스 받은	tense, stressed
548	مُثَقَّف	교양있는, 학식있는	cultured, knowledgeable
549	مُثِير لِلْجَدَل	논쟁의 여지가 있는	controversial
550	مُثِير لِلضَّحِك	우스운	laughable
551	مُثِير لِلْغَضَب	분노를 일으키는	be outraged at
552	مَجْنُون	미친, 제정신이 아닌	crazy
553	مُحِبّ	애정 어린, 다정한	loving
554	مَحَبَّة	사랑	love
555	مَحْبُوب	사랑스러운, 매력적인	lovable, popular

번호	아랍어	한국어	영어
556	مُحْتَرَم	존경할만한, 훌륭한	respectable
557	مُحْتَقِر	경멸하는, 업신여기는	contemptuous
558	مُحْزِن	슬픈	sad
559	مُخْلِص	성실한	sincere
560	مُذْهِل	정말 놀라운, 믿기 힘든	astonishing
561	مَذْهُول مِنْ	충격받은, 놀란	shocked, amazed
562	مُرْتَاب	의심스러운	doubtful
563	مُرْتَاح	편안한	comfortable
564	مَرَح	유쾌한	cheerful
565	مُرِيح	편안한	comfortable
566	مِزَاج ج. أَمْزِجَة	기분	mood
567	مُسْتَاء	불만스러운	discontented
568	مُسْتَرِيح	편안한	relaxed
569	مَسْخُوط	끔찍한, 혐오스러운	loathsome, odious
570	مَسْرُور	기쁜	delighted
571	مُسَلٍّ	재미있는	entertaining
572	مَشَاعِرُ	감정	emotion
573	مُشْتَاق إِلَى	~을 그리워하는	miss, long for
574	مُضْحِك	재미있는	funny
575	مِضْيَاف	친절한	hospitable
576	مَظْلُوم	억압받는, 억울한; 피해자	oppressed; victim

감정

번호	아랍어	한국어	영어
577	مُعَانَاة	고통, 괴로움	suffering
578	مَعْقُول	합리적인	reasonable
579	مَغْرُور	거만한	arrogant, cocky
580	مَغْفِرَة	용서	forgiveness
581	مَغْفِرَة الذُّنُوب	원죄에 대한 용서	forgiveness of sins
582	مُفْتَخِر	교만한	proud
583	مَكَّار	교활한; 세련된	sly, cunning; natty
584	مُكْتَئِب	우울한, 비통한, 비탄에 잠긴	depressed,
585	مَلَل	지루함	boredom
586	مُمْتِع	기쁜, 흥미로운, 즐거운	pleasant, delightful; interesting
587	مُمِلّ	재미없는, 지루한	boring
588	مَمْنُون	감사하는	be grateful
589	مُنْدَهِش	놀란	amazed
590	مُنْفَتِح	개방적인	open-minded
591	مُهَان	굴욕적인	humiliated
592	مُهْتَمّ	관심있는	interested, concerned
593	مُهْمِل	부주의한, 조심성 없는	careless, negligent
594	مَهْمُوم	걱정스러운	worried
595	مُولَع بِ	~을 좋아하는	be fond of
596	نَادِم	유감스러운	regretful

번호	아랍어	한국어	영어
597	نَحِيب	통곡	lament
598	نَدَامَة	후회, 회한	regret, remorse
599	نَزِيه	정직한	honest
600	نَصَّاب	기만적, 사기꾼	deceitful, imposter
601	نُكْس	좌절	frustration, discouragement
602	نُوَاح	애도	condolence
603	هَادِئ	조용한, 침착한	quiet, calm
604	هِسْتِيرِيَا	히스테리, 발작	hysteria
605	هَلَع	공포	panic, phobia
606	هُمُوم	염려, 걱정	worry
607	وَاثِق مِنْ نَفْسِهِ	자신감 있는	self-confident
608	وَقَاح	뻔뻔한	brazen
609	يَأْس	절망, 체념	despair
610	أَمَلَ ـُ	희망하다	to hope
611	بَشَرَ ـُ بِـ	기쁘다	to glad, joyful
612	بَكَى ـِ	울다	to weep
613	جَبُنَ ـُ	겁이 많다	to flinch, be cowardly
614	حَزِنَ ـَ	슬프다	to sorrow
615	خَافَ ـَ	두려워하다, 겁내다	to fear
616	خَجِلَ ـَ	부끄러워하다	to be shy
617	رَغِبَ ـَ فِي	바라다, 원하다	to desire

감정

번호	아랍어	한국어	영어
618	سَئِمَ ـَ	싫증나다, 권태를 느끼다	to be tired, be bored
619	سَخِطَ ـَ عَلَى	화내다, 격분하다, 앙심을 품다	to be displeased with, resent
620	سَخُفَ ـُ	어리석다, 미욱하다	to be rediculous
621	سَخُوَ ـُ	너그럽다, 후하다, 관대하다	to be generous, bestow
622	سَدِرَ ـَ	당황하다, 어찌할 바를 모르다	to be dazzled
623	سَدِمَ ـَ	분개하다, 원통하다	to be infuriated, bitter
624	سَرَّ ـُ	기쁘게 하다, 즐겁게 하다	to delight, make happy
625	سَعِدَ ـَ	행복하다, 행운이 있다	to be happy
626	سَكَتَ ـُ	침묵하다, 조용히 하다	to be silent, not to answer
627	سَلَا ـُ	잊다, 망각하다, 기억에서 지우다	to forget
628	شَاءَ ـِ	바라다, 원하다	to want, desire, wish
629	شَعَرَ ـُ بِ	(~을) 느끼다, 인지하다	to feel
630	شَكَرَ ـُ ه عَلَى ه	~에 대해 …에게 고마워하다, 감사하다	to thank A to B
631	صَبَرَ ـِ	참다, 인내하다, 견디다	to be patient
632	ضَحِكَ ـَ	웃다	to laugh
633	غَضِبَ ـَ	화나다	to be anger
634	نَدِمَ ـَ	후회하다	to regret

번호	아랍어	한국어	영어
635	بَجَّجَ بِـ	자랑하다(II형)	to boast
636	حَيَّرَ	당황하게 하다(II형)	to bewilder
637	سَخَّفَ	어리석게 보다; 약화시키다(II현)	to undermine
638	شَجَّعَ ه عَلَى ه	…에게 ~에 대해 격려하다(II형)	to encourage to
639	أَحَبَّ	사랑하다, 좋아하다(IV형)	to like
640	أَحَسَّ	느끼다(IV형)	to feel
641	أَخْلَصَ	성실하다, 충실하다(IV형)	to be sincere
642	أَعْجَبَ	마음을 끌다, 만족하게 하다(IV형)	to please delight
643	أَغْضَبَ	화나게 하다(IV형)	to make someone angry
644	أَلْهَمَ	고무하다(IV형)	to inspire
645	تَعَجَّبَ مِنْ	놀라다(V형)	to be astonished
646	تَعَاطَفَ	동정하다(VI형)	to commiserate
647	اِنْطَبَعَ	영향을 받다, 감명 받다(VII형)	to be impressed
648	اِسْتَمْتَعَ بِـ	즐기다, 누리다(X형)	to enjoying
649	بَرْطَمَ	화가 나다, 투덜거리다(4자근)	to be angry, grumble
650	يُعْجِبُنِي	제 마음에 들어요	It catches my fancy

경제·산업·금융·무역·통상

الاقتصاد والصّناعة والمال والتّجارة

경제

번호	아랍어	한국어	영어
651	أُجْرَة ج. أُجَر	요금	fee
652	اِحْتِكَار	독점	monopoly, cartel
653	اِحْتِيَاطِيَّات النَّقْد الأَجْنَبِي	외환보유고	foreign exchange reserves
654	إِحْصَاء	통계	statistics
655	إِحْصَائِيَّة	통계학	statistics
656	اِرْتِفَاع الأَسْعَار	물가상승	increasing prices
657	إِرْث ج. إِرَاث	유산	inheritance
658	اِسْتِئْثَار	독점, 매점	monopolization
659	اِسْتِثْمَار	투자	investment
660	اِسْتِرَاتِيجِيّ	전략적인, 전략가	strategic, strategist
661	اِسْتِقْرَار الأَسْعَار	물가안정	price stability
662	اِسْتِهْلَاك	소비	consumption
663	اِسْتِهْلَاكِيَّة	소비주의	consumerism
664	اِسْتِيرَاد	수입	importing, import
665	إِعَانَة	보조금	subsidy

번호	아랍어	한국어	영어
666	إِفْلَاس	파산	bankruptcy
667	اِقْتِصَاد	경제	economy
668	اِقْتِصَادِيّ	경제의; 경제인	economic; economist
669	اَلْبَنْك الدُّوَلِيّ	세계은행	The World Bank
670	اَلْبَنْك الْمَرْكَزِيّ	중앙은행	central bank
671	إِلْغَاء دُيُون	부채탕감	remission of debt
672	اَلنَّاتِج الْقَوْمِيّ الْإِجْمَالِيّ	국민총생산	GNP (gross national product)
673	اَلنَّاتِج الْمَحَلِيّ الْإِجْمَالِيّ	국내총생산	GDP (gross domestic product)
674	أُنْبُوب ج. أَنَابِيبُ	관, 파이프	pipe
675	أَنَابِيب غَاز	가스관	gas pipes
676	أَنَابِيب مِيَاه	수도관	water pipes
677	أَنَابِيب نَفْط	송유관	oil pipes
678	إِنْتَاج	생산	production
679	إِنْتَاج النَّفْط	석유생산	oil produce
680	اِنْخِفَاض	감소	decreasing
681	اِنْخِفَاض الْأَسْعَار	물가하락	decreasing prices
682	اِنْدِمَاج	합병	merger, integration
683	إِنْفَاق	소비	consumption
684	أَوْرَاق اللَّعْب	카드(놀이용)	cards
685	إِيجَار	임대	rent
686	إِيرَاد	수익; 이익	revenue

번호	아랍어	한국어	영어
687	إِيصَال	영수증	receipt
688	بَاهِظ	높은	high
689	بِئْر بِتْرُول ج. آبَار بِتْرُول	유정	oil well
690	بِئْر نَفْط ج. آبَار نَفْط	유정	oil well
691	بِتْرُول	오일, 석유	petrol
692	بَرْمِيل ج. بَرَامِيلُ	배럴	barrel
693	بِضَاعَة ج. بَضَائِعُ	상품	merchandise
694	بَضَائِعُ اِسْتِهْلَاكِيَّة	소비재	consumer goods
695	بِطَاقَة	카드	card
696	بِطَاقَة اِئْتِمَان	신용카드	credit card
697	بَطَالَة	실업	unemployment
698	بُنْيَة تَحْتِيَّة ج. بُنَى تَحْتِيَّة	사회기반시설	infrastructure
699	بُورْصَة	증권거래소, 주식 시장	stock market
700	بَيْت الْمَال	국고, 금고	state coffers, strongbox
701	بَيْع	판매	selling
702	تَاجِر ج. تُجَّار	상인	merchant
703	تَأْمِين	보험	insurance
704	تَبَادُل تِجَارِيّ	교역	commercial exchange
705	تِجَارَة	무역, 상업	trade
706	تِجَارِيّ	무역의, 상업의	commercial

경제

번호	아랍어	한국어	영어
707	تَحْسِين الظُّرُوف الاِقْتِصَادِيَّة	경제상황 개선	improvement of economic conditions
708	تَحْوِيل مَصْرَفِيّ	송금	remittance
709	تَخْفِيض	감축	reduction
710	تَخْفِيض تَصْنِيف اِئْتِمَانِيّ	신용등급 강등	reducing credit grade
711	تَخْفِيض قِيمَة	평가절하	devaluation
712	تَدْقِيق حِسَابَات	회계 감사	financial audit
713	تَرَاجُع الأَسْعَار	물가 하락	falling prices
714	تُرْس ج. تُرُوس	톱니 바퀴; 방패	sawtooth; shield
715	تَزْوِيد	제공, 공급	providing, provision
716	تَسْدِيد	조준; 지불; 변상	payment
717	تَسْوِيق	마케팅	marketing
718	تَشْغِيل	작동; 고용	running; employment
719	تَصْدِير	수출	exporting
720	تَصْمِيم	설계	design
721	تَصْنِيع	산업화	industrialization
722	تَصْنِيف اِئْتِمَانِيّ	신용등급	credit rating
723	تَضَخُّم	인플레이션	inflation
724	تَعَاقُد	계약을 맺음	contract
725	تَعْمِير	건설, 공사; 재건	construction; repair
726	تَقْسِيط	분할지불, 할부	payment in installments

번호	아랍어	한국어	영어
727	تِقْنِيّ	기술적인	technical
728	تَكَامُل اِقْتِصَادِيّ	경제통합	economic integration
729	تَكْلِفَة ج. تَكَالِيفُ	비용	cost
730	تَكَالِيف الْإِنْتَاج	생산비	production costs
731	تَكَالِيف الْمَعِيشَة	생활비	costs of living
732	تَمْوِيل	재정지원	financing
733	تَنْزِيل	인하, 강등	reduction, degradation
734	تَنْمِيَة مُسْتَدَامَة	지속가능한 개발	sustainable development
735	تَوْزِيع	분배	distribution
736	جَابٍ ج. جُبَاة	징수하는 사람, 세금징수원	tax collector, collector
737	جَارُوف ج. جَوَارِيفُ	삽	shovel
738	جِبَايَة	세금징수	tax collecting
739	جَرَّارَة	트랙터	tractor
740	جَزَّار	정육점 주인	butcher
741	جُمْرُك ج. جَمَارِكُ	세관	customs
742	حِبَاكَة	편직, 직조	weaving
743	حَجْم التِّجَارَة	무역량	trade volume
744	حَدِيد ج. حَدَائِدُ	철, 쇠	iron
745	حِسَاب ج. حِسَابَات	계좌	account
746	حِسَاب تَوْفِير	저축계좌, 보통예금	savings account

번호	아랍어	한국어	영어
747	حِسَاب جَارٍ	당좌계좌, 경상수지	current account
748	حِسَاب مَصْرَفِيّ	은행 계좌	bank account
749	حَصِيلَة دَخْل	총 소득	sum of income
750	حَظْر اِقْتِصَادِيّ	불매운동	economic boycott
751	حَظْر تِجَارِيّ	수출입 금지, 금수조치	trade embargo
752	حَقْل نَفْط	유전	oilfield
753	حَمْل	운반	carrying
754	حَمْلَة التَّسْوِيق	마케팅 캠페인	marketing campaign
755	خَرَسَانَة	콘크리트	concrete
756	خَشَبِيّ	목재의	wooden
757	خَصْخَصَة	민영화	privatization
758	خَصْم ج. خُصُوم	할인	discount
759	دَائِرَة تَسْجِيل الْأَرَاضِي	토지 등기	land registration
760	دَائِن	채권자	lender
761	دَخْل ج. دُخُول	소득	income
762	دَخْل قَوْمِيّ	국민소득	national income
763	دَفْتَر الْحِسَاب	통장, 회계 장부	account book
764	دَوْلَة مُتَقَدِّمَة	선진국	developed country
765	دَوْلَة نَامِيَة	개발도상국	developing country
766	دَيْن ج. دُيُون	빚, 부채	debt
767	رَاتِب ج. رَوَاتِبُ	봉급	salary

번호	아랍어	한국어	영어
768	رَاتِب التَّقَاعُد	연금	pension
769	رَادِيُو	라디오	radio
770	رَأْس مَال ج. رُؤُوس أَمْوَال	자본	capital
771	رَئِيس تَنْفِيذِيّ	최고 경영자	chief executive officer (CEO)
772	رَئِيس مَجْلِس الْإِدَارَة	이사장	chairman of board of directors
773	رَبّ الْبَيْت	임대주, 집주인	landlord
774	رِبْح ج. أَرْبَاح	이익	profit
775	رَبْط عُمْلَة بِالدُّولَار	(환율)달러 고정	dollar peg
776	رَخِيص	저렴한, 싼	cheap
777	رِزْق ج. أَرْزَاق	생계	living, provision
778	رَسْم ج. رُسُوم	요금	fee, tax
779	رُسُوم الِاشْتِرَاك	구독료, 시청료	subscription fee
780	رُسُوم الْعُضْوِيَّة	회비	membership fee
781	رُسُوم جُمْرُكِيَّة	관세	customs fees
782	رَصِيد ج. أَرْصِدَة	잔고	balance
783	رَقْم حِسَاب	계좌번호	account number
784	رَقْم قِيَاسِيّ	기록적 숫자, 수치	record figure, index
785	رُكُود اِقْتِصَادِيّ	불황, 경기침체	recession
786	رَهْن ج. رُهُون	담보, 저당	mortgage
787	رَهْن عَقَارِيّ	부동산 담보	real estate mortgage
788	رَوَاج	시장성	salability, marketability

번호	아랍어	한국어	영어
789	زِرَاعَة	농업	agriculture
790	زِرَاعِيّ	농업의	agricultural
791	زِيَادَة	증가	increase
792	زِيَادَة الْأُجُور	봉급인상	pay increase
793	سِبَاكَة	주조업	foundry
794	سَبْخَة ج. سِبَاخ	소금기가 있는 땅, 간석지, 습지	tideland, marsh
795	سَبْر	조사, 탐사, 측정	investigation
796	سَبْك الْمَعَادِن	금속용해	metal founding
797	سِجِلّ تِجَارِيّ	상업등기	commercial registration
798	سَرْكِيّ ج. سَرَاكِي	지불승인서, 계산대장	bill of exchange
799	سِعْر ج. أَسْعَار	값, 가격, 물가	price
800	سِعْر أَصْلِيّ	원가	cost
801	سِعْر الْبَيْع	판매가격	selling price
802	سِعْر الْخَصْم	할인율	discount rate
803	سِعْر الصَّرْف	환율, 외환시세	exchange rate
804	سِعْر الْفَائِدَة	금리, 이율	interest rate
805	سِعْر رَخِيص	저렴한 가격	cheap price
806	سِعْر غَالٍ	비싼 가격	high price
807	سِعْر قِطْعَة	단가	unit price
808	سِعْر مَعْقُول	합리적인 가격	reasonable price

번호	아랍어	한국어	영어
809	سَفِينَة حَاوِيَات	컨테이너선	container ship
810	سِكَّة ج. سِكَك	주조한 화폐, 길, 거리	metallic coin, road
811	سِلْعَة ج. سِلَع	상품	commercial goods
812	سِلَع اِسْتِهْلَاكِيَّة	소비재	consumer goods
813	سِلَع صِنَاعِيَّة	공산품	industrial products
814	سِلَع مُسْتَعْمَلَة	중고	used, secondhand
815	سَمَاد بَلَدِيّ	거름, 두엄, 비료	manure, fertilizer
816	سِمْسَار ج. سَمَاسِرَة	중개인	broker
817	سَنَد ج. سَنَدَات	채권	bond, debenture
818	سَهْم ج. أَسْهُم	주식	share
819	سُوق الْأَوْرَاق الْمَالِيَّة	주식시장, 증권거래업	stock market
820	سُوق الصَّرَافَة	환전시장	(exchange) market
821	سُوق الصَّرَف الْأَجْنَبِيّ	외환시장	foreign exchange market
822	سُوق الْعُمْلَات الْأَجْنَبِيَّة	외환시장	foreign exchange market
823	سُوق حُرَّة	자유시장	free market
824	سُوق سَوْدَاءَ	암시장	black market
825	سُوق مَالِيَّة	금융시장	financial market
826	شِرَاء	구매, 구입	buying
827	شَرَاكَة	동업, 동업관계	partnership
828	شَرِكَة التَّأْمِين	보험사	insurance company

경제

번호	아랍어	한국어	영어
829	شَرِيك ج. شُرَكَاءُ	파트너, 동반자	partner
830	شَرِيك تِجَارِيّ	교역 파트너	trading partner
831	شُغْل ج. أَشْغَال	일, 사업	work, profession
832	شَمْع ج. شُمُوع	밀랍; 귀지	beeswax; earwax
833	شِيك	수표	check, cheque
834	صَاحِب الْبَيْت	임대주, 집주인	landlord
835	صَادِرَات	수출품	exports
836	صَافِي الْإِيرَاد	순 수익	net gain, net revenue
837	صَرَّاف	환전상	cashier, moneyexchanger
838	صَرَّاف آلِيّ	현금 자동 입출금기	ATM
839	صِرَافَة	환전	money changer
840	صَفْقَة	거래, 계약	deal, bargain
841	صِمَام الْأَمَان	안전밸브, 안전판	a safety valve
842	صِنَاعَة	산업	industry
843	صِنَاعِيّ	공업의, 산업의	industrial
844	صُنْدُوق النَّقْد الدُّوَلِيّ	국제통화기금	IMF(International monetary fund)
845	صَيْرَفِيّ	환전상	cashier
846	ضَرِيبَة ج. ضَرَائِبُ	세금	tax
847	ضَرِيبَة الْأَرْبَاح الرَّأْسُمَالِيَّة	자본이득세	CGT (Capital gains tax)
848	ضَرِيبَة الْإِسْتِهْلَاك	소비세	consumption tax

번호	아랍어	한국어	영어
849	ضَرِيبَة التَّرِكَات	상속세	inheritance tax
850	ضَرِيبَة الدَّخْل	소득세	income tax
851	ضَرِيبَة الْقِيمَة الْمُضَافَة	부가가치세	VAT (Value added tax)
852	طَابِعَة	프린터	printer
853	طَبَقَة عُلْيَا	상류층	upper class
854	طَبَقَة فَقِيرَة	빈곤층	poor strata
855	طَبَقَة مُتَوَسِّطَة	중산층	middle class
856	طَبَقِيَّة	계층주의, 계급주의	caste
857	طَوْعِيّ	자발적인, 자원하는	voluntary
858	عَائِدَة ج. عَوَائِدُ	수익, 이익	profit
859	عَالِيَة الوُضُوح	고화질의	high-definition(HD)
860	عِبْء ج. أَعْبَاء	짐, 화물	burden
861	عِبْء مَالِيّ	재정적 부담	financial burden
862	عَجْز	적자	deficit
863	عَجْز تِجَارِيّ	무역 적자	trade deficit
864	عُرْبُون	선금, 계약금, 증거금	down-payment
865	عَقَار ج. عَقَارَات	재산, 소유물	property
866	عَقْد ج. عُقُود	계약	contract
867	عَقْد إِيْجَار	임대 계약	lease contract
868	عَقْد بَيْع	판매 계약	sales contract
869	عُقُوبَات اِقْتِصَادِيَّة	경제제재	economic sanctions

번호	아랍어	한국어	영어
870	عَلَاقَات اِقْتِصَادِيَّة	경제관계	economic relations
871	عُمْلَة	통화	currency
872	عُمْلَة أَجْنَبِيَّة	외화	foreign currency
873	عُمْلَة نَقْدِيَّة	동전	coin
874	عُمْلَة وَرَقِيَّة	지폐	bill, note
875	عُمُولَة	수수료, 중개료	commission
876	غَالٍ	비싼	expensive
877	غَسِيل الْأَمْوَال	돈 세탁	money laundering
878	غَلَاء الْمَعِيشَة	높은 생활비, 생활고	high cost of living
879	غَنِيّ ج. أَغْنِيَاءُ	부자	rich
880	فَائِدَة ج. فَوَائِدُ	이익	interest(bank)
881	فَائِض ج. فَوَائِضُ	흑자	surplus
882	فَائِض تِجَارِيّ	무역흑자	trade surplus
883	فَاتُورَة ج فَوَاتِيرُ	영수증	bill
884	فُرَاطَة	잔돈	change
885	فَرْع ج. فُرُوع	나뭇가지, 지점, 분점	branch
886	فُرْن ج. أَفْرَان	오븐	oven
887	فِرَنْك ج. فِرَنْكَات	프랑(화폐단위)	franc
888	فَقْر	가난, 빈곤	poverty
889	فَقِير ج. فُقَرَاءُ	가난한, 빈곤한	poor
890	فَلَّاح	농부, 농민	farmer

번호	아랍어	한국어	영어
891	فُلُوس	돈, 금전	money
892	قَرْض ج. قُرُوض	대출, 은행대출	loan
893	قَرْض دِرَاسِيّ ج. قُرُوض دِرَاسِيَّة	학자금 대출	student loan
894	قِسْط شَهْرِيّ	월부	monthly installment
895	قِطَاعَات الصِّنَاعَات	제조업 부문	manufacturing sectors
896	قُوَّة الشِّرَاء	구매력	purchasing power
897	قِيمَة الْعَجْز	적자액	deficit
898	قِيمَة الْفَائِض	흑자액	surplus
899	كَسَاد	침체	recession
900	كُلْفَة ج. كُلَف	비용	cost
901	كَنْز ج. كُنُوز	보물, 축적	treasure, accumulation
902	كَهْرَبَاء	전기	electricity
903	كَهْرَبَائِيّ	전기의; 전기기술자	elecrician
904	لَحَّام	정육점 주인	butcher
905	لِيرَة	리라(화폐단위)	lira
906	مَادَّة أَوَّلِيَّة	원자재	raw material
907	مَارْك	마르크(화폐단위)	mark
908	مَارْكَة	브랜드, 상표	brand, mark
909	مَارْكَة مُسَجَّلَة	등록 상표	registered trademark
910	مَاكِنَة	기계	machine

번호	아랍어	한국어	영어
911	مَال ج. أَمْوَال	돈, 자금	money, fund
912	مَال ثَابِت	고정자본	fixed capital
913	مَال مُتَحَرِّك	유동자금	liquid money, floating money
914	مُؤَشِّر ج. مُؤَشِّرَات	지수, 지표	index
915	مُؤَشِّر الْأَسْعَار الْإِسْتِهْلَاكِيَّة	소비자 물가 지수	consumer price index
916	مُؤَشِّر كُلْفَة الْمَعِيشَة	생계비 지수	index of living costs
917	مَالِيّ	재정의, 금융의	financial
918	مَبْلَغ ج. مَبَالِغُ	금액, 총액	amount, sum
919	مَبِيعَات	판매, 팔린 상품	sales
920	مَتْجَر ج. مَتَاجِرُ	가게, 상점	shop
921	مَتْجَر أَثَاث	가구점	furniture shop
922	مَتْجَر أَحْذِيَة	신발가게	shoe shop
923	مَتْجَر حَيَوَانَات أَلِيفَة	애완동물가게	pet shop
924	مَتْجَر سِلَع مُسْتَعْمَلَة	고물상, 중고상점	second-hand shop
925	مَتْجَر مُجَوْهَرَات	귀금속점, 금은방	jewelry shop
926	مَتْجَر هَدَايَا	선물가게	gift shop
927	مِجْرَفَة ج. مَجَارِفُ	괭이, 삽	hoe, shovel
928	مَجْمَع ج. مَجَامِعُ	회의 장소	convention
929	مَحَلّ خُضْرَوَات	식료품점	grocery store
930	مَخْزَن ج. مَخَازِنُ	상점	store
931	مُدَّخَرَات	저금, 저축	savings

번호	아랍어	한국어	영어
932	مَدِين	채무자, 대출자, 차용인	borrower
933	مَدْيُونِيَّة	채무	debt, liability
934	مَدْيُونِيَّة خَارِجِيَّة	대외채무	foreign liabilities
935	مُرَاقَبَة الْأَسْعَار	물가통제, 물가조절	price control
936	مُرَتَّب ج. مُرَتَّبَات	봉급	salary, wage
937	مَرْكَز تَسَوُّق	쇼핑 센터, 쇼핑몰	shopping center, shopping mall
938	مَزَاد عَلَنِيّ	경매	auction
939	مَزَاد عَلَى الْإِنْتَرْنِت	온라인 경매	online auction
940	مُزَوِّد	공급자, 공급업체	supplier, provider
941	مُسَاعَدَات مَالِيَّة	재정적 지원	financial aid
942	مُسَاهِم	주주	stockholder, shareholder
943	مُسَاهَمَة	기여; 참가	contribution; participation
944	مُسَاوَمَة	흥정	haggling, bargaining
945	مُسْتَأْجِر	세입자, 임차인	tenant
946	مُسْتَثْمِر	투자자	investor
947	مُسْتَشَار	상담가, 컨설턴트	consultant
948	مُسْتَشَار قَانُونِيّ	법률 고문	legal consultant
949	مُسْتَعْمَل	중고의	used
950	مُسْتَعِير	대출자	borrower
951	مُسْتَهْلِك	소비자	consumer

경제

번호	아랍어	한국어	영어
952	مُسْتَوْرِد	수입업자	importer
953	مُسْتَوَى الْمَعِيشَةَ	생활수준	standard of living
954	مَشَاكِلُ اِقْتِصَادِيَّة	경제적인 문제	economic problems
955	مُشْتَرٍ	구매인	buyer, emptor
956	مُشْتَرَك	공동의, 합동의	joint, communal
957	مُشْتَقَّات	파생상품	derivatives
958	مِصْفَاة ج. مَصَافٍ	여과기, 정제기	refiner
959	مُصَدِّر	수출업자	exporter
960	مَصْرِف ج. مَصَارِفُ	은행	bank
961	مَصْرُوف ج. مَصَارِيفُ	비용	expense
962	مَصْرُوف الْبَيْت	가계비	household
963	مَصْرُوف الْجَيْب	용돈	pocket money
964	مَصْرُوفَات	지출, 경비	expense
965	مَصْلَحَة ج. مَصَالِحُ	이익, 이득	interest, benefit
966	مَصْنَع ج. مَصَانِعُ	공장	factory
967	مَصْنُوع	제조된, 제작된	manufactured (product)
968	مَصْنُوعَات	제품	product
969	مُضَارِب	투기자, 투자자	speculator
970	مُضَارَبَة	주식투자, 투기	speculation
971	مَطْلُوب	필요한	necessary
972	مَعَاش	연금	pension

번호	아랍어	한국어	영어
973	مُعَامَلَة تِجَارِيَّة	무역, 교역	dealing
974	مُعَدَّل	비율	rate
975	مُعَدَّل اِسْتِهْلَاك	소비율	average consumption
976	مُعَدَّل الْبَطَالَة	실업률	unemployment
977	مُعَدَّل التَّضَخُّم	인플레이션 비율	inflation rate
978	مُعَدَّل الْفَائِدَة	이자율	interest rate
979	مُعَدَّل النُّمُوّ	성장률	growth rate
980	مَعْرِض دَوْلِيّ	국제박람회	international fair
981	مَعْمَل ج. مَعَامِلُ	실험실, 공장	laboratory, factory
982	مَعْمَل تَكْرِير	정유공장, 정제소	oil refinery
983	مِعْوَل ج. مَعَاوِلُ	괭이	hoe
984	مُعِير	대여자, 채권자	lender
985	مُغَذِّي	영양분이 많은	nutritious
986	مُقَابَلَة شَخْصِيَّة	개별 면접	individual interview
987	مُكَافَأَة	보너스	bonus
988	مَكْسَب ج. مَكَاسِبُ	이익, 이득	benefit
989	مَلْبَنَة ج. مَلَابِينُ	낙농 가게	dairy shop
990	مِلْك ج. أَمْلَاك	재산, 소유물	asset
991	مِلْكِيَّة	소유권	ownership, property
992	مِلْيُونِير	백만장자	millionaire

경제

번호	아랍어	한국어	영어
993	مُمْتَلَكَات خَاصَّة	개인 재산	personal property
994	مُمْتَلَكَات عَامَّة	공공 재산	public property
995	مَمْلَحَة ج. مَمَالِحُ	소금밭, 염전	salt pond
996	مُمَوِّل	자본가, 금융업자	capitalist, financier
997	مَنَابِع النَّفْط	원유매장지, 유전	oilfield
998	مُنْتِج	생산자	producer
999	مُنْتَج ج. مُنْتَجَات	생산품	products
1000	مُنْتَجَات الأَلْبَان	낙농제품	dairy
1001	مُنْتَجَات الرُّضَّع	유아용품	baby products
1002	مُنْتَجَات إِلِكْتْرُونِيَّة	전자기기	electronic products
1003	مُنْتَجَات مَحَلِّيَّة	국산품	domestic products
1004	مُنْتَجَات مَنْزِلِيَّة	가정용품, 가정제품	household products
1005	مَنْتُوج ج. مَنْتُوجَات	상품	product
1006	مَنْتُوجَات اِسْتِهْلَاكِيَّة	소비재	consumer products
1007	مَنْجَم ج. مَنَاجِمُ	광산, 탄광	mine
1008	مِنْطَقَة صِنَاعِيَّة	산업 단지	industrial complex
1009	مَوَادّ اِسْتِهْلَاكِيَّة	소비재	consumer goods
1010	مَوَادّ خَام	원자재, 원료	raw materials
1011	مَوْرِد ج. مَوَارِدُ	자원, 수입	supply, resource
1012	مَوَارِدُ بَشَرِيَّة	인적자원	human resources
1013	مَوَارِدُ طَبِيعِيَّة	천연자원	natural resources

번호	아랍어	한국어	영어
1014	مُوطُور	모터, 발동기	motor
1015	مَوْقِع لِلتِّجَارَة الإِلِكْتُرُونِيَّة	전자상거래 사이트	e-commerce site
1016	مِيَاه الصَّرْف الصِّحِّيّ	하수	sewage
1017	مِيَاه الْمَجَارِي	하수	sewage
1018	مِيزَاب ج. مَيَازِيبُ	배수구, 하수도	drain, sewer
1019	مِيزَانِيَّة	예산	budget
1020	نَايْلُون	나일론	nylon
1021	نَبَات اِقْتِصَادِيّ	경제작물, 상품작물	commercial crop
1022	نُحَاس	놋쇠, 황동	brass
1023	نُزُول	저하, 하락	decline
1024	نِشَارَة	재재업	lumbering industry
1025	نُشَارَة	톱밥	sawdust
1026	نَفَقَة	돈, 비용, 경비	expense
1027	نَقْد ج. نُقُود	돈	money
1028	نُمُوّ اِقْتِصَادِيّ	경제적 성장	economic growth
1029	نَوَافِذ الصَّرْف	은행창구	bank windows
1030	نَوْبَة زِرَاعِيَّة	윤작	crop rotation
1031	هَامِش ج. هَوَامِشُ	이윤, 마진	margin
1032	وَارِدَات	수입품	imports
1033	وَدِيعَة ج. وَدَائِعُ	예금	deposit
1034	وَدَائِعُ جَارِيَة	보통예금	ordinary deposit

경제

번호	아랍어	한국어	영어
1035	وَسْم ج. وُسُوم	태그, 꼬리표, 표시, 훈장	tag, marking, medal
1036	وَظِيفَة ج. وَظَائِفُ	직업	job
1037	وَظِيفَة بِدَوَام جُزْئِيّ	시간제 근무, 아르바이트	part-time job
1038	وَظِيفَة بِدَوَام كَامِل	전업, 상근직	full-time job
1039	وَظِيفَة شَاغِرَة	결원	vacancy
1040	وَقُود	연료	fuel
1041	وَقُود أُحْفُورِيّ	화석 연료	fossil fuel
1042	وِكَالَة الْعَقَارَات	부동산 중개소	accommodation agency
1043	وَكِيل ج. وُكَلَاءُ	대리인, 중개상	agent
1044	يَد عَامِلَة	인력	manpower
1045	بَاعَ ـِ	팔다	to sell
1046	بَذَرَ ـُ	씨뿌리다, 파종하다	to sow
1047	جَبَى ـِ	세금을 모으다, 징수하다	to collect, levy
1048	دَفَعَ ـَ	지불하다	to pay
1049	سَبَرَ ـِ	깊이를 재다, 측정하다, 조사하다	to measure
1050	سَبَكَ ـِ	붓다, 주조하다	to smelt, mold
1051	سَكَّ ـُ	(돈을) 주조하다	to monetize
1052	عَدَّ ـُ	세다, 계산하다	to count

번호	아랍어	한국어	영어
1053	مَلَكَ ـِ	소유하다, 소지하다	to own
1054	أَمَّنَ عَلَى	보험에 가입하다 (II형)	to insure
1055	أَيَّدَ	지지하다; 지원하다(II형)	to support
1056	بَدَّدَ	낭비하다(II형)	to waste
1057	ثَمَّنَ	가격을 매기다(II형)	to estimate
1058	جَمَّدَ	동결하다(II형)	to froze
1059	خَفَّضَ	감축하다(II형)	to reduce
1060	شَيَّدَ	짓다, 건설하다(II형)	to build
1061	صَدَّرَ	수출하다(II형)	to export
1062	صَنَّعَ	공업, 산업화하다 (II형)	to industrialize
1063	طَوَّرَ	발전시키다, 발달시키다; 개발하다(II형)	to develop, upbuild
1064	عَوَّضَ	배상하다, 보상하다(II형)	to compensate
1065	كَرَّرَ	정제하다, 정류하다(II형)	to distill, refine
1066	كَلَّفَ	비용이 들다; 책임지우다(II형)	to cost; demand, empower
1067	مَهَّدَ الطَّرِيق	길을 닦다(II형)	to pave the road
1068	مَوَّلَ	재정지원하다, 자금을 공급하다 (II형)	to finance

번호	아랍어	한국어	영어
1069	نَشَّطَ الاِقْتِصَاد	경기를 부양하다 (II형)	to stimulate the economy
1070	نَقَّبَ	채굴하다, 뒤지다 (II형)	to drill for, rummage
1071	وَزَّعَ	분배하다, 유통시키다(II형)	to distribute
1072	وَظَّفَ	고용하다(II형)	to hire
1073	وَفَّرَ	절약하다(II형)	to save
1074	تَاجَرَ	장사하다, 매매하다(III형)	to trade
1075	سَاعَرَ	값을 흥정하다(III형)	to haggle, bargain
1076	فَاصَلَ	흥정하다(III형)	to haggle, bargain
1077	أَفْلَسَ	파산하다(IV형)	to bankrupt
1078	أَقْرَضَ	빌려주다, 대부하다(IV형)	to lent
1079	أَنْتَجَ	생산하다(IV형)	to produce
1080	أَنْفَقَ	소비하다(IV형)	to spend
1081	أَوْدَعَ	예금하다(IV형)	to deposit
1082	تَسَوَّقَ	쇼핑하다(V형)	to shop
1083	تَطَوَّرَ	발전하다(V형)	to advance
1084	تَكَلَّفَ	소비하다(V형)	to cost
1085	تَرَاجَعَ	후퇴하다; 떨어지다(VI형)	to fall, decline
1086	تَرَاوَحَ بَيْنَ	사이를 왔다갔다 하다(VI형)	to alternate between

번호	아랍어	한국어	영어
1087	تَعَاقَدَ	계약하다(VI형)	to contract
1088	تَعَامَلَ مَعَ	거래하다(VI형)	to treat
1089	اِحْتَكَرَ	독점하다(VIII형)	to monopolize
1090	اِسْتَثْمَرَ	투자하다(X형)	to invest
1091	اِسْتَوْرَدَ	수입하다(X형)	to import
1092	تَذَبْذَبَ	진동하다, 동요하다; 변동하다(4자근, II형)	to vibrate
1093	بِالتَّقْسِيط	분납으로	in installments
1094	بِالْجُمْلَة	도매로	wholesale
1095	جَمَّدَ أَرْصِدَة	잔고를 동결하다	to froze assets
1096	جَمَّدَ دُيُونًا	부채를 동결하다	to froze debts
1097	خَفَّضَ ضَرَائِبَ	세금을 인하하다	to reduce taxes
1098	خَفَّفَ الْعَجْز فِي الْمِيزَانِيَّة	재정적자를 줄이다	to reduce the budget deficit
1099	لِلْإِيجَار	임대용	for rent

경제

과학·미디어

العلوم والإعلام

과학

번호	아랍어	한국어	영어
1100	اِبْتِكَار	발명, 창조	invention
1101	اِتِّصَالَات الْأَقْمَار الصِّنَاعِيَّة	위성통신	satellite communication
1102	إِذَاعَة	방송	broadcasting
1103	اِرْتِيَاد الْفَضَاء	우주탐험	space exploration
1104	إِرْسَال	전송, 보냄	send
1105	أَرْشَفَة	파일보관	archiving
1106	أَرْشِيف	기록보관소	archive
1107	أَرْض ج. أَرَاضٍ	땅, 지구, 영토	earth
1108	اِسْتِخْبَار	기밀, 기밀정보	intelligence
1109	اِسْتِطْلَاع	설문(지)	research paper
1110	اِسْتِطْلَاع رَأْي	여론조사	public survey
1111	اِسْتِنْسَاخ	복제	cloning
1112	أُسْطُورَة ج. أَسَاطِيرُ	전설	legend, tale
1113	أُسْلُوب ج. أَسَالِيبُ	방법, 방식	method
1114	اِسْم الْمُسْتَخْدِم	사용자이름	username

번호	아랍어	한국어	영어
1115	إِشْعَاع	방사(선)	radiation
1116	إِشْعَاعِيَّة	방사능	radioactivity
1117	اِصْطِنَاعِيّ	인공의	artificial
1118	إِعْلَام	공지; 정보; 커뮤니케이션; 언론	notification; information; communication; media
1119	إِعْلَان	선언; 광고	announcement, advertisement
1120	اِكْتِشَاف	발견	discovering
1121	أُكْسِيد	녹, 산화물	rust, oxide
1122	اَلْأَهْرَام	알아흐람 (이집트 일간지)	al-Ahram
1123	إِلِكْتُرُونِيّ	전기의, 전자의	electronic
1124	آلِيّ	기계의, 기계로 작동되는; 자동의	mechanical; automatic
1125	اِنْبِعَاث	배기가스	emissions
1126	إِنْتِرْنِت	인터넷	internet
1127	أَوَّلِيّ	원자재의, 가공하지 않은	raw
1128	بُرْغِيّ ج. بَرَاغِيٌّ	나사	screw
1129	بَرْنَامَج ج. بَرَامِجُ	프로그램; 계획	program
1130	بَرِيد	우편	post
1131	بَرِيد إِلِكْتُرُونِيّ	전자우편	email (electronic mail)
1132	بَرِيدِيّ	우편의	postal

번호	아랍어	한국어	영어
1133	بَصْمَة رَقْمِيّ	전자개인정보	digital fingerprint
1134	بِطَاقَة بَرِيدِيَّة	엽서	post card
1135	بَيَان صُحُفِيّ	보도자료	press release
1136	بَيَانَات	데이터	data
1137	تَحْرِير	편집	editing
1138	تَدْقِيق إِمْلَائِيّ وَنَحْوِيّ	맞춤법과 문법 검사(MS WORD)	spelling and grammar correcting
1139	تَصْرِيح	진술, 성명, 발표	statement
1140	تَصَفُّح الْإِنْتِرْنِت	인터넷 검색	internet searching
1141	تَطْبِيق الْوِيب ج. تَطْبِيقَات الْوِيب	웹 애플리케이션	web application
1142	تَطْبِيقَات تَعْلِيمِيَّة	교육 앱	educational applications
1143	تَعْلِيق	논평, 시사뉴스 해설	commentary
1144	تِكْنُولُوجِيّ	기술적인	technological
1145	تِكْنُولُوجِيَا ج. تِكْنُولُوجِيَات	기술	technology
1146	تِكْنُولُوجِيَا الْمَعْلُومَات وَالِاتِّصَالَات	정보통신기술	ICT
1147	تِكْنُولُوجِيَا النَّانُو	나노기술	nano technology
1148	تِكْنُولُوجِيَا حَيَوِيَّة	생명공학기술, 바이오테크놀로지	biotech
1149	تِكْنُولُوجِيَا رَقْمِيَّة	전자기술	digital technology
1150	تَكْيِيف هَوَاء	에어컨	air conditioner
1151	تَيَّار ج. تَيَّارَات	추세, 동향; 흐름	trend; current

번호	아랍어	한국어	영어
1152	جَارِي التَّحْمِيل	다운로드 중	downloading
1153	جَرِيدَة ج. جَرَائِد	신문	newspaper
1154	جُزْئِيَّات	분자	molecule
1155	جُسَيْمَة	미립자	particle
1156	جَمَادِيّ	광물질의, 무생물의	inorganic
1157	جِهَاز ج. أَجْهِزَة	기기, 제품	device
1158	جِير	석회	lime
1159	جِيل الْإِنْتِرْنِت	인터넷 세대	internet generation
1160	جِين ج. جِينَات	유전자	gene
1161	حَاسُوب ج. حَوَاسِيبُ	컴퓨터	computer
1162	حَاسُوب الْمَكْتَب	데스크톱 컴퓨터	desktop computer
1163	حَاسُوب دَفْتَرِيّ	노트북	notebook
1164	حَاسُوب شَخْصِيّ	개인용 컴퓨터	personal computer, PC
1165	حَاسُوب لَوْحِيّ	태블릿 PC	tablet PC
1166	حَاسُوب مَحْمُول	휴대용 컴퓨터	laptop
1167	حَاسُوب نَقَّال	휴대용 컴퓨터	portable PC
1168	خَارِجَ الشَّبَكَة	오프라인	offline
1169	خَبَر ج. أَخْبَار	소식	news
1170	خِدْمَة الشَّبَكَات الْاِجْتِمَاعِيَّة	사회관계망서비스	social networking service
1171	خَرِيطَة الْمَوْقِع	사이트 맵	site map
1172	خَيَال عِلْمِيّ	공상 과학	science fiction

번호	아랍어	한국어	영어
1173	دِرَامَا	드라마	drama
1174	دَرْدَشَة الْإِنْتِرْنِت	인터넷 채팅	online chat
1175	دِعَايَة	선전, 광고	propaganda, advertisement
1176	ذَاكِرَة حَاسُوب	컴퓨터 메모리	memory (computer)
1177	ذَكَاء اِصْطِنَاعِيّ	인공지능	artificial intelligence (AI)
1178	رَائِد فَضَاء ج. رُوَّاد فَضَاء	우주인	astronaut
1179	رَئِيس التَّحْرِير	편집장	editor
1180	رِسَالَة إِلِكْتُرُونِيَّة	이메일 메시지	email message
1181	رَسَائِلُ غَيْرُ مَرْغُوبٍ فِيهَا	스팸 메일	spam, junk mail
1182	سَبُّورَة تَفَاعُلِيَّة	스마트보드, 양방향 전자칠판	interactive whiteboard(IWB)
1183	سُخَام	스팸 메일	spam, junk email
1184	سِلْكِيّ	유선의	wire
1185	شَاشَة	화면, 스크린	screen
1186	شَاشَة لَمْس	터치스크린	touchscreen
1187	شَبَكَة	네트워크, 망	network
1188	شَبَكَة رَقْمِيَّة	디지털망	digital network
1189	شَبَكَة عَنْكَبُوتِيَّة عَالَمِيَّة	월드 와이드 웹	World Wide Web (WWW)
1190	شِهَاب ج. شُهُب	유성, 별똥별	shooting star
1191	صَارُوخ ج. صَوَارِيخ	로케트, 미사일	rocket, missile

과학

번호	아랍어	한국어	영어
1192	صُحُفِيّ	신문의, 언론의; 신문인, 언론인	journalistic; journalist
1193	صَحِيفَة ج. صُحُف	신문	newspaper
1194	صَفْحَة ج. صَفَحَات	(한)장, (한)면	page
1195	صَفْحَة الثَّقَافَة	문화면	culture column
1196	صَفْحَة الْحَوَادِث	사건, 사고면	accident section
1197	صَفْحَة الرِّيَاضَة	스포츠면	sports page (section)
1198	صَفْحَة الْوَفَيَات	부고면	funeral column
1199	صَفْحَة رَئِيسِيَّة	홈페이지	homepage
1200	صَفْحَة شَخْصِيَّة	개인 프로필	personal profile
1201	طَاقَة	에너지	energy
1202	طَاقَة الرِّيَاح	풍력에너지	wind power
1203	طَاقَة حَيَوِيَّة	바이오 에너지	bioenergy
1204	طَاقَة شَمْسِيَّة	태양에너지	solar power
1205	طَاقَة غَيْر مُتَجَدِّدَة	비재생에너지	non-renewable energy
1206	طَاقَة مُتَجَدِّدَة	재생에너지	renewable energy
1207	طَاقَة نَوَوِيَّة	원자력	nuclear energy
1208	طَبَقَة الْأُوزُون	오존층	ozone layer
1209	عَاكِس	반사경	reflector
1210	عَتَاد الْحَاسُوب	컴퓨터 하드웨어	computer hardware
1211	عَرْض تَقْدِيمِيّ ج. عُرُوض تَقْدِيمِيَّة	프레젠테이션	presentations

번호	아랍어	한국어	영어
1212	عِلْم ج. عُلُوم	과학, 학문	science
1213	عِلْمِيّ	과학의, 과학적인	scientific
1214	عُنْصُرِيَّة	인종주의, 인종우월주의	racism
1215	عُنْوَان بَرِيد إِلِكْتُرُونِيّ	이메일주소	email address
1216	فَأْرَة حَاسُوب	마우스	mouse (computer)
1217	فَاكْس	팩스	fax
1218	فَضَاء مَعْلُومَاتِيّ	가상공간	cyberspace
1219	قَاعِدَة بَيَانَات	데이터베이스	database
1220	قَمَر اِصْطِنَاعِيّ	위성	satellite
1221	كَارِيكَاتِير	만평	satirical cartoon
1222	كَامِيرَا	카메라	camera
1223	كَوْكَب ج. كَوَاكِبُ	행성	planet
1224	كُومْبِيُوتِر ج. كُومْبِيُوتِرَات	컴퓨터	computer
1225	لَاب تُوب	휴대용 컴퓨터, 노트북	laptop
1226	لَاسِلْكِيّ	무선의	wireless
1227	لُغَة دَرْدَشَة الْإِنْتِرْنِت	인터넷 채팅 용어 (은어)	weblish, netspeak
1228	لَوْحَة التَّحَكُّم	제어판	control panel
1229	لَوْحَة الْقِيَادَة	계기반	dashboard
1230	لَوْحَة لَمْسِيَّة	터치 패드	touchpad
1231	لَوْحَة مَفَاتِيح	키보드	keyboard

과학

번호	아랍어	한국어	영어
1232	لَوْحَة مَفَاتِيح اِفْتِرَاضِيَّة	가상 키보드	virtual keyboard
1233	مَاسِح ضَوْئِيّ	스캐너	scanner
1234	مَاغْنِيسِيُوم	마그네슘	magnesium
1235	مُؤْتَمَر صُحُفِيّ	기자회견	press conference
1236	مُتَابِع	팔로워(블로그)	follower(blog)
1237	مُجْتَمَع الْمَعْرِفَة	지식 사회	knowledge society
1238	مُجْتَمَع الْمَعْلُومَات	정보 사회	information society
1239	مَجَلَّة	정기 간행물	periodical journal
1240	مُحَرِّر نُصُوص	문서편집기 (프로그램)	text editor
1241	مُحَرِّك الْبَحْث	검색 엔진	web search engine
1242	مَحَطَّة الْإِذَاعَة	방송국	broadcast station
1243	مَحَطَّة التِّلِفِزِيُون	텔레비전 방송국	T.V. station
1244	مُحَلِّل	분석가, 해설자	analyst
1245	مُخْتَبَر ج. مُخْتَبَرَات	실험실	laboratory
1246	مُدْمِن الْإِنْتَرْنِت	인터넷 중독자	internet addict
1247	مُدَوِّن	블로거	blogger
1248	مُدَوَّنَة	블로그	blog
1249	مُدَوَّنَة صَوْتِيَّة	팟 캐스트 (오디오 블로그)	podcast (audioblog)
1250	مُدَوَّنَة صُوَرِيَّة	플로그 (포토 블로그)	phlog (photoblog)
1251	مُدَوَّنَة فِيدْيُو	동영상 블로그 (비디오 블로그)	vlog (video blog)

번호	아랍어	한국어	영어
1252	مُذَنَّب	혜성	comet
1253	مُرَاسِل	특파원	correspondent
1254	مُرَاسَلَة فَوْرِيَّة	인스턴트 메신저 (인터넷 상에서 즉시 교환 가능한 메신저)	instant messaging
1255	مُشَارِك	구독자(블로그)	subscriber (blog)
1256	مَشْهُور اِجْتِمَاعِيّ ج. مَشَاهِيرُ اِجْتِمَاعِيَّة	사회유명인사 (SNS상)	social celebrity (social networks)
1257	مَصَادِرُ عَالِيَةُ الْمُسْتَوَى	고위급 소식통	high-level sources
1258	مَصَادِرُ مَوْثُوقٌ بِهَا	믿을 만한 소식통	reliable sources
1259	مَعْلُومَات	정보	information
1260	مَعْلُومَات شَخْصِيَّة	개인정보	personal information
1261	مَغْنَاطِيس	자석	magnet
1262	مَغْنَطَة	자성, 자기	magnetic, magnetism
1263	مُقَابَلَة	인터뷰, 만남	interview, meeting
1264	مَقَالَة	기사	article
1265	مِقْدَار ج. مَقَادِيرُ	양, 수량	amount
1266	مُكَبِّر الصَّوْت	확성기	loudspeaker
1267	مَنْهَج ج. مَنَاهِجُ	프로그램	program
1268	مُوَاطِن أَصْلِيّ رَقْمِيّ	디지털 원주민	digital native
1269	مُوَاطِن الإِنْتَرْنِت	네티즌	netizen
1270	مُوفَد	특파원	reporter

과학

번호	아랍어	한국어	영어
1271	مَوْقِع ج. مَوَاقِعُ	웹 사이트	website, site
1272	مَوْقِع الْإِنْتَرْنِت	인터넷 홈페이지	internet homepage
1273	مَيْكْرُوفُون	마이크로폰	microphone
1274	نَبَأ ج. أَنْبَاء	소식, 뉴스	news
1275	نَتَائِج الْبَحْث	검색 결과	search result
1276	نَشْرَة الْأَحْوَال الْجَوِّيَّة	기상통보, 일기예보	weather forecast
1277	نَطْرُون	천연탄산소다, 소다	natron
1278	نِظَام تَشْغِيل ج. أَنْظِمَة تَشْغِيل	운영 체제	operating system
1279	نَظَرِيّ	이론적인	theoretical
1280	نُفَايَات مُشِعَّة	방사능 폐기물	radioactive waste
1281	نِقَاش	논쟁, 비평	argument, criticism
1282	نُقْطَة الدَّائِرَة	원의 중심	center of a circle
1283	نَمَّام	수다쟁이, 밀고자	gossiper, informer
1284	نِيكَل	니켈	nickel
1285	هَنْدَسَة	공학 기술, 공학	engineering
1286	هَنْدَسَة الْحَاسُوب	컴퓨터 공학	computer engineering
1287	هَنْدَسَة وِرَاثِيَّة	유전 공학	genetic engineering
1288	هِيدْرُوجَيْن	수소	hydrogen
1289	وَاجِهَة الْمُسْتَخْدِم الرُّسُومِيَّة	그래픽 사용자 인터페이스	graphical user interface (GUI)
1290	وَاقِعَة ج. وَقَائِع	사실, 사건; 사고, 재난	incident, disaster

번호	아랍어	한국어	영어
1291	وَثَائِقِيّ	다큐멘터리, 기록물	documentary
1292	وَسَائِل الْإِعْلَام	미디어	media
1293	وَسِيط صَلْب	하드디스크	hard disk
1294	وَصْلَة	연결, 접속	connection, link
1295	وِكَالَة الْأَنْبَاء	통신사	news agency
1296	بَثَّ ـُ	(텔레비전) 방송 중계하다	to broadcast
1297	بَلَغَ ـُ	도달하다	to reach
1298	جَاءَ ـِ فِي	(언론·기사에서) 언급되다	to be stated
1299	كَبَسَ ـِ	클릭하다	to click
1300	مَشَجَ ـُ	혼합하다	to mix
1301	كَشَفَ ـِ	공개하다, 폭로하다	to expose, reveal
1302	نَظَرَ ـُ فِي	~을 검토하다, 연구하다	to look at
1303	أَيَّنَ	이온화하다(II형)	to inonize
1304	بَخَّرَ	기화시키다(II형)	to vaporize
1305	عَلَّقَ	논평하다, 비평하다(II형)	to comment
1306	نَزَّلَ	다운로드하다(II형)	to download
1307	أَخْبَرَ ه بـ ه	...에게 ~을 알리다 (IV형)	to tell A B
1308	أَذَاعَ	방송하다(IV형)	to broadcast
1309	أَرْسَلَ	보내다(IV형)	to send

과학

번호	아랍어	한국어	영어
1310	أَعْلَمَ	알리다, 통보하다 (IV형)	to announce
1311	أَعْلَنَ	선언하다; 광고하다(IV형)	to announce; to advertise
1312	أَكْسَدَ	녹슬게하다(IV형)	to oxidize, rust
1313	اِتَّصَلَ بِـ	~에게 연락하다(Ⅷ형)	to contact with
1314	اِكْتَشَفَ	발견하다(Ⅷ형)	to discover
1315	اِسْتَنْسَخَ	복제하다(X형)	to clone
1316	بَرْمَجَ	프로그램을 제작하다(4자근)	to program
1317	مَغْنَطَ	자화하다, 자성을 띠게 하다 (4자근)	to magnetize
1318	نَشَرَ خَبَرًا	소식을 퍼뜨리다, 소식을 전하다	to spread a new

교육·언어·직업

التّعليم واللّغة والمهنة

번호	아랍어	한국어	영어
1319	اِبْتِدَائِيّ	초등 과정의	primary, elementary
1320	أَبْجَدِيّ	알파벳의	alphabetic
1321	أَبْجَدِيَّة	알파벳	alphabet
1322	إِجَازَة	방학, 휴가	vacation
1323	أَجْر ج. أُجُور	임금, 급료, 보상	payment
1324	إِدَارَة الأَعْمَال	경영학	business administration
1325	إِدَارَة تَعْلِيمِيَّة	교육청	educational office
1326	أَدَب ج. آدَاب	문학; (복수)교양, 문화	literature
1327	أَدِيب ج. أُدَبَاءُ	문인, 문학가	literater
1328	آرَامِيّ	아람의; 아람인	Aramean
1329	أُرْدُنِّيّ	요르단의; 요르단인	Jordanian
1330	إِسْبَانِيّ	스페인의; 스페인인	Spanish
1331	أُسْتَاذ ج. أَسَاتِذَة	교수	professor
1332	أُسْتُرَالِيّ	호주의; 호주인	Australian
1333	اِسْتِفْسَار	연구, 조사; 취조, 심리	inquiry

번호	아랍어	한국어	영어
1334	اِسْتِفْهَام	물음, 문의	enquiring
1335	اِسْتِمَاع	듣기, 경청	listening
1336	إِسْرَائِيلِيّ	이스라엘의; 이스라엘인	Israeli
1337	إِسْكَافِيّ	구두장인	shoemaker
1338	إِضْرَاب	파업	strike
1339	أُطْرُوحَة	논문	thesis
1340	إِقَالَة	해고	dismissal
1341	أَلْمَانِيّ	독일의; 독일인	German
1342	اِمْتِحَان ج. اِمْتِحَانَات	시험, 테스트	test, examination
1343	اِمْتِحَان الدُّخُول	입학시험	entrance examination
1344	اِمْتِحَان شَفَوِيّ	말하기 시험, 구두 시험	oral test
1345	اِمْتِحَان كِتَابِيّ	필기 시험	written examination
1346	أَمْرِيكِيّ	미국의; 미국인	American
1347	إِمْلَاء	받아쓰기, 채우기	dictation
1348	أُمِّيّ	문맹의	illiterate
1349	أُمِّيَّة	문맹	illiteracy
1350	إِنْكْلِيزِيّ	영국의; 영국인	English
1351	أُورُوبِيّ	유럽인; 유럽의	European
1352	إِيرَانِيّ	이란의; 이란인	Iranian
1353	إِيطَالِيّ	이탈리아의; 이탈리아인	Italian

번호	아랍어	한국어	영어
1354	بَاحِث	연구원, 탐험가	researcher
1355	بَائِع ج. بَاعَة	상인	salesman, dealer
1356	بَحَّار ج. بَحَّارَة	선원	sailor
1357	بَحْث ج. بُحُوث ، أَبْحَاث	토의, 조사, 연구	research
1358	بَخِيل ج. بُخَلَاءُ	구두쇠	miserly, avarice
1359	بَدَائِيَّة	미개함, 원시성	primitiveness
1360	بَرَّاد	아이스 박스, 냉장고	icebox, refrigerator
1361	بِرْكَار	콤파스	compass
1362	بَقَّال	식료품 잡화상	grocer
1363	بَكَالُورِيُوس	학사 학위	bachlor's degree
1364	بَوَّاب	경비원, 문지기	security guard
1365	بُولَنْدِيّ	폴란드의; 폴란드인	Polish
1366	بِيُولُوجِيَا	생물학	biology
1367	بِيئَة التَّعْلِيم الِافْتِرَاضِيّ	가상교육환경	virtual learning environment
1368	تَأْدِيب	훈육, 교육	discipline
1369	تَدْرِيب مِهَنِيّ	직업훈련	vocational training
1370	تَدْرِيس	가르침	teaching
1371	تَرْبَوِيّ	교육의, 양육의	educational
1372	تَرْبِيَة	교육, 양육	education
1373	تَرْجَمَة	통역, 번역	interpretation
1374	تَرْجَمَة تَتَبُّعِيَّة	순차통역	consecutive interpretation

번호	아랍어	한국어	영어
1375	تَرْجَمَة فَوْرِيَّة	동시통역	simultaneous interpretation
1376	تَرْقِيَة	승진	promotion
1377	تُرْكِيّ ج. أَتْرَاك	터키의; 터키인	Turkish
1378	تَعْرِيب	아랍(어)화, 아랍어로의 번역	Arabization
1379	تَعْلِيم	교육	educating
1380	تَعْلِيم اِفْتِرَاضِيّ	가상 학습	virtual education
1381	تَعْلِيم إِلِكْتُرُونِيّ	전자교육, 이러닝	e-learning
1382	تَعْلِيم جَوَّال	모바일 학습	mobile learning
1383	تَعْلِيم عَبْرَ الْإِنْتَرْنِت	온라인 교육	online education
1384	تَعْلِيم مُدْمَج	혼합형 학습 (온·오프라인)	blended learning
1385	تَعْلِيم نَقَّال	모바일 학습	mobile learning
1386	تَعْلِيمِيّ	교육의, 교육적인	educational
1387	تَقْرِير مَدْرَسِيّ	학교 성적표	school report
1388	تَقْيِيم تَرْبَوِيّ	교육 평가	educational evaluation
1389	تِلْمِيذ ج. تَلَامِيذُ	(어린)학생	pupil
1390	تَمْيِيز عُنْصُرِيّ	인종차별	racial discrimination
1391	تَوْظِيف	고용	employment
1392	تُونِسِيّ	튀니지의; 튀니지인	Tunisian
1393	ثَانَوِيّ	중등과정의	secondary

번호	아랍어	한국어	영어
1394	ثُنَائِيَّة لُغَوِيَّة	이중언어구사, 이중언어상용	bilingualism
1395	جَامِعَة	대학; 연맹	university
1396	جَامِعَة اِفْتِرَاضِيَّة	사이버 대학	virtual university
1397	جَبْر	대수학	algebra
1398	جَزَائِرِيّ	알제리의; 알제리인	Algerian
1399	جُمْلَة ج. جُمَل	문장	sentence
1400	حَبَّاك	편직공	knitter
1401	حَدَّاد	대장장이	blacksmith
1402	حَرْف ج. حُرُوف	문자	letter
1403	حِرْفَة ج. حِرَف	공예	craft
1404	حَرَم جَامِعِيّ	캠퍼스	university campus
1405	حُرُوف الْهِجَاء	알파벳, 글자	letters of the alphabet
1406	حَقِيبَة ج. حَقَائِب	가방	bag, suitcase
1407	حَلَّاق	미용사	hairdresser
1408	حَمَّال	운반인, 짐꾼	porter, carrier
1409	خَادِم	하인, 종업원	server, servant
1410	خَبَّاز	제빵사	baker
1411	خِبْرَة عَمَل	경력	work experience
1412	خَبِير ج. خُبَرَاءُ	전문가	expert
1413	خِرِّيج	졸업자	graduate
1414	خُضَرِيّ	청과물 상인	greengrocer

번호	아랍어	한국어	영어
1415	خِطَاب تَوْصِيَة	추천서	recommendation
1416	خَيَّاط	재봉사	tailor
1417	دِبْلُوم	학위	diploma
1418	دِرَاسَات عُلْيَا	대학원	graduate school
1419	دِرَاسَة	공부, 학습	study
1420	دَرْس ج. دُرُوس	수업(시간), 과	lesson
1421	دَفْتَر ج. دَفَاتِرُ	노트, 공책	notebook, note
1422	دُكْتُور ج. دَكَاتِرَة	박사	doctor
1423	دُكْتُورَاه	박사학위	ph.D., doctorate
1424	دَوْرَة دِرَاسِيَّة	강좌, 강습	course (of instruction)
1425	دَوْرَة دِرَاسِيَّة شَتَوِيَّة	동계 강좌	winter course
1426	دَوْرَة دِرَاسِيَّة صَيْفِيَّة	하계 강좌	summer course
1427	ذَكَاء	영리함	intelligence
1428	ذَكِّيّ ج. أَذْكِيَاءُ	영리한	intelligent
1429	رَئِيس الْجَامِعَة	대학 총장	university president
1430	رَئِيس الطُّلَّاب	학생 회장	student president
1431	رَبَّة الْمَنْزِل	주부	housewife, homemaker
1432	رَجُل إِطْفَاء	소방대원	firefighter
1433	رَسَّام	화가	painter, artist
1434	رُسُوم التَّعْلِيم	학비	tuition
1435	رَقَّاص	무용수, 댄서	dancer

번호	아랍어	한국어	영어
1436	رِوَائِيّ	소설가	novelist
1437	رُوسِيّ	러시아의; 러시아인	Russian
1438	رُومَان	(고대)로마인, (현대)로마시민	Romans
1439	رِيَاضِيَّات	수학	mathematics
1440	سَاحِر ج. سُحَّار	마술사, 마법사	magician, wizard
1441	سَائِق ج. سُوَّاق، سَاقَة	운전자, 기사	driver
1442	سَاعٍ م. سَاعِيَة ج. سُعَاة	배달하는, 배달인	delivering, deliverer
1443	سَاعِي الْبَرِيد	우편배달부, 집배원	postman
1444	سَامِيّ	셈어의; 셈족의	Semitic
1445	سَبَّاك	주물공	founder
1446	سَبُّورَة	칠판, 슬레이트	blackboard, slate
1447	سُخْرَة	강제노동, 의무노동	forced labor
1448	سِرْبِيّ	세르비아의; 새르비아인	Serbian
1449	سُعُودِيّ	사우디아라비아의; 사우디아라비아인	Saudi
1450	سِكْرِتِير	비서	secretary
1451	سَوَّاق	운전자, 기사	driver
1452	سُورِيّ	시리아의; 시리아인	Syrian
1453	سُوِسْرِيّ	스위스의; 스위스인	Swiss
1454	سِيبَوَيْه	시바와이(중세의 아랍 문법학자)	Sibawayh

번호	아랍어	한국어	영어
1455	سَيِّدَة الْبَيْت	주부	housewife, homemaker
1456	سِيرَة ج.سِيَر	전기	biography
1457	سِيرَة ذَاتِيَّة ج. سِيَر ذَاتِيَّة	약력, 이력서	curruculum vitae, CV
1458	سِيرَة مِهْنِيَّة	직장 생활, 사회 생활(경력)	career
1459	سِيرْك	서커스단, 곡예단	circus
1460	شَارِح	해설자	explainer
1461	شَاعِر ج. شُعَرَاءُ	시인	poet
1462	شِعْر ج. أَشْعَار	시, 시가	poetry
1463	شَهَادَة	학위, 증거	certificate, degree (academic), evidence
1464	سِيرَة ج. سِيَر	금세공인; 보석 세공인	worker, craftsman
1465	صَاحِب ج. أَصْحَاب	친구, 동료, 소유자	friend, companion, owner
1466	صَاحِب الْعَمَل	고용주, 고용인	employer
1467	صَاحِب شَرِكَة	회사 소유자, 사장	company owner
1468	صَدِيْق ج. أَصْدِقَاءُ	친구	friend
1469	صَدِيق دَرْدَشَة	채팅 친구	online friend
1470	صَعِيد ج. أَصْعِدَة	수준, 분야	level, field
1471	صَفّ ج. صُفُوف	(학년)반, 교실, 줄	grade, classroom, line
1472	صَمْغ ج. صُمُوغ	풀, 껌	glue, gum

번호	아랍어	한국어	영어
1473	صُنْع اليَد	수공	handwork
1474	صَيْد	낚시, 어업	fishing
1475	صِينِيّ	중국의; 중국인	Chinese
1476	طَاقِم ج. طَوَاقِمُ	한 조, 한 팀; 승무원	crew
1477	طَالِب ج. طُلَّاب، طَلَبَة	학생	student
1478	طَبْشُورَة ج. طَبَاشِير	분필	chalk
1479	طَلَاقَة	유창함	fluency
1480	طَيَّار	조종사	pilot
1481	ظُرُوف الْعَمَل	업무 환경	working conditions
1482	عَارِضَة	(여성)모델	model
1483	عَازِف الْجِيتَار	기타리스트	guitar player
1484	عَاطِل ج. عَوَاطِلُ	실업자	unemployed
1485	عَالِم ج. عُلَمَاءُ	학자	knowledgeable, scholar
1486	عَامِل ج. عُمَّال	노동자, 근로자	worker
1487	عَامِّيّ	구어체의	colloquial
1488	عَامِّيَّة	방언	dialect, colloquial language, spoken language
1489	عِبْرِيّ	히브리계의; 히브리인	Hebrew
1490	عَبْقَرِيّ ج. عَبَاقِرَة	천재, 천재성	genius
1491	عِرَاقِيّ	이라크의; 이라크인	Iraqi
1492	عَرَبِيّ ج. عَرَب	아랍의; 아랍인	Arab

번호	아랍어	한국어	영어
1493	عِلَاوَة	임금 인상	pay raise
1494	عِلْم الْاِجْتِمَاع	사회학	sociology
1495	عِلْم الْأَحْيَاء	생물학	biology
1496	عِلْم الْاِقْتِصَاد	경제학	economics
1497	عِلْم الْإِنْسَان	인류학	anthropology
1498	عِلْم الْبِيئَة	생태학	ecology
1499	عِلْم الْحَاسُوب	컴퓨터 공학	computer science
1500	عِلْم الْحُقُوق	법학	law
1501	عِلْم السِّيَاسَة	정치학	politics
1502	عِلْم الطِّبّ	의학	medical science
1503	عِلْم الْفَلْسَفَة	철학	philosophy
1504	عِلْم الْفَلَك	천문학	astronomy
1505	عِلْم الْفِيزِيَاء	물리학	physics
1506	عِلْم الْكِيمِيَاء	화학	chemistry
1507	عِلْم الْمُجْتَمَع	사회학	sociology
1508	عِلْم النَّبَاتَات	식물학	botany
1509	عِلْم النَّفْس	심리학	psychology
1510	عِلْم الْوِرَاثِيَّة	유전학	genetics
1511	عِلْم جُغْرَافِيَا	지리학	geography
1512	عِلْم جِيُلُوجِيَا	지질학	geology
1513	عَمَل ج. أَعْمَال	일, 직업	work
1514	عَمَل إِنْسَانِيّ	인도주의 활동	humanitarian work

번호	아랍어	한국어	영어
1515	عَمَل خَيْرِيّ	자선 사업	charitable work
1516	عَمِيد ج. عُمَدَاءُ	학장, 우두머리	head, chief, dean
1517	عَمِيل ج. عُمَلَاءُ	고객	customer
1518	عِيد الْعُمَّال	근로자의 날, 근로절	Labour Day
1519	غَائِب	없는, 결석한	absent
1520	فَارِسِيّ	이란의; 이란인	Iranian
1521	فِرْقَة ج. فِرَق	팀, 학년	team, grade
1522	فَرَنْسِيّ	프랑스의; 프랑스인	French
1523	فُصْحَى	문어체 (아랍어)	Standard Arabic
1524	فَصْل ج. فُصُول	학기, 교실, 계절	semester, classroom, season
1525	فَصْل اِفْتِرَاضِيّ	가상교실	virtual classroom
1526	فَصْل دِرَاسِيّ	학기	semester
1527	فِلَسْطِينِيّ	팔레스타인의; 팔레스타인 사람	Palestinian
1528	فَنَّان	예술가	artist
1529	قَائِد ج. قَادَة	리더, 지도자	leader
1530	قَائِد طَائِرَة	파일럿	pilot
1531	فِيدْيُو ج. فِيدْيُوهَات	비디오	video
1532	قَارِئ ج. قُرَّاء	독자	reader
1533	قَاضٍ ج. قُضَاة	판사, 재판관	judge
1534	قَاطِع تَذَاكِر	검표원, 안내원	ticket conductor, ticket inspector

번호	아랍어	한국어	영어
1535	قَامُوس ج. قَوَامِيسُ	사전	dictionary
1536	قَامُوس إِلِكْتُرُونِيّ	전자사전	e-dictionary
1537	قُبْطَان ج. قَبَاطِينَة	선장	captain, shipmaster
1538	قُبُول	입학	admissions
1539	قِرَاءَة	독서, 낭독, 낭송	reading; recitation
1540	قُرْصَان ج.قَرَاصِينُ	해적	pirate
1541	قَصَّاص	이야기꾼, 작가	storyteller
1542	قَلَم ج. أَقْلَام	펜	pen
1543	قَلَم رَصَاص	연필	pencil
1544	قَلَم رَقْمِيّ	디지털펜	digital pen
1545	كَاتِب ج. كُتَّاب	작가	writer
1546	كَاتِب السِّينَارِيُو	시나리오 작가	scriptwriter
1547	كِتَاب ج. كُتُب	책, 서적	book
1548	كِتَاب إِلِكْتُرُونِيّ	전자 책	e-Book
1549	كِتَاب رَقْمِيّ	디지털 교과서	digital book
1550	كِتَاب مَدْرَسِيّ	교과서	textbook
1551	كُرَّاسَة	브로셔, 공책	brochure, notebook, note
1552	كَفِيل ج. كُفَلَاءُ	스폰서, 후원자	patron, sponsor
1553	كُلِّيَّة	단과대학	college
1554	كَنَدِيّ	캐나다의; 캐나다인	Canadian
1555	كُورِيّ	한국의; 한국인	Korean

번호	아랍어	한국어	영어
1556	كُوَيْتِيّ	쿠웨이트의; 쿠웨이트인	Kuwaiti
1557	لَاتِينِيّ	라틴계의; 라틴계 사람	Latin
1558	لَاعِب	선수, 참가자	player
1559	لُبْنَانِيّ	레바논의; 레바논인	Lebanese
1560	لُغَة	언어	language
1561	لُغَة أَجْنَبِيَّة	외국어	foreign language
1562	لُغَة أُرْدِيَّة	우르드어	Urdu language
1563	لُغَة الْمَوْلِد	모국어	mother tongue, native
1564	لُغَوِيّ	언어의, 언어학의	linguistic
1565	لَفْظ ج. لِفَاظ ، أَلْفَاظ	발음	pronunciation
1566	لَهْجَة	방언, 사투리	dialect
1567	لَهْجَة عَامِّيَّة	구어, 일상회화	colloquial
1568	لَوْح ج. أَلْوَاح	칠판, 판자	board
1569	لِيبِيّ	리비아의; 리비아인	Libyan
1570	مَاجِسْتِير	석사	master
1571	مَاجِسْتِير إِدَارَة أَعْمَال	MBA(경영학 석사)	MBA
1572	مَاسِح الْأَحْذِيَة	구두닦이	shoeblack
1573	مُبْتَدِئ	초급자, 초급의	beginner, inchoate
1574	مُتَخَصِّص	전문가, 숙련가	specialist
1575	مُتَخَصِّص فِي	~을 전공한, ~에 특화한	specializing in

번호	아랍어	한국어	영어
1576	مُتَدَرِّب	훈련생	trainee
1577	مُتَرْجِم	통역사, 번역사	interpreter, translator
1578	مُتَقَدِّم	고급의	advanced
1579	مُتَوَسِّط	중급의	intermediate
1580	مُحَاضِر	강연자	lecturer
1581	مُحْتَرِف	전문인, 프로	professional
1582	مُحْتَوى تَعْلِيمِيّ عَلَى الْإِنْتَرْنِت	온라인 교육 컨텐츠	online educational contents
1583	مُخْتَبَر الْعُلُوم	과학 실험실	science lab
1584	مُخْتَبَر الْكِيمِيَاء	화학 실험실	chemical lab
1585	مُخْرِج	감독	director
1586	مُدَرِّب	교관, 코치	coach
1587	مُدَرِّس	선생님	teacher
1588	مَدْرَسَة ج. مَدَارِسُ	학교	school
1589	مَدْرَسَة اِبْتِدَائِيَّة	초등학교	primary school
1590	مَدْرَسَة إِعْدَادِيَّة	중학교	middle school
1591	مَدْرَسَة ثَانَوِيَّة	고등학교	high school
1592	مَدْرَسَة حُكُومِيَّة	공립학교	public school
1593	مَدْرَسَة خَاصَّة	사립학교	private school
1594	مَدْرَسَة شَتَوِيَّة	동계학교	winter school
1595	مَدْرَسَة صَيْفِيَّة	하계학교	summer school
1596	مَدْرَسَة عَامَّة	공립학교	state school

번호	아랍어	한국어	영어
1597	مَدْرَسَة لُغَوِيَّة	어학교, 어학원	language school
1598	مَدْرَسَة لَيْلِيَّة	야간학교, 야학	moonlight school
1599	مُدَّعٍ عَامّ	검사	prosecutor
1600	مُدِير الْمَدْرَسَة	교장	head of school
1601	مُرَادِف	동의어, 유의어	synonym
1602	مَرْتَبَة الشَّرَف الْأُولَى	최우수, 수석	top
1603	مَرْجِع ج. مَرَاجِعُ	참고 도서, 참고문헌	reference
1604	مَسَائِلُ رِيَاضِيَّة	수학 문제	mathematical problems
1605	مُسَاعِد	조수	assistant
1606	مُسَاعِد شَخْصِيّ	개인조수	personal assistant
1607	مُسْتَشْرِق	동양학자	orientalist
1608	مَصَارِيف الدِّرَاسَة	교육비, 수업료	tuition (fees)
1609	مِصْرِيّ	이집트의; 이집트인	Egyption
1610	مُصَمِّم	디자이너	designer
1611	مُصَوِّر	사진사	photographer
1612	مُضِيف	승무원	steward, cabin crew
1613	مُطْرِب	가수	singer
1614	مُعَادَلَة رِيَاضِيَّة	공식	equation
1615	مُعْجَب	팬, 애호가	fan
1616	مُعْجَم ج. مَعَاجِمُ	사전	dictionary
1617	مَعْرِفَة ج. مَعَارِفُ	앎, 지식	knowledge

명사

번호	아랍어	한국어	영어
1618	مُعلِّم	선생	teacher
1619	مَعْهَد ج. مَعَاهِدُ	연구소	institute
1620	مَغْرِبِيّ	모로코의; 모로코인	Moroccan
1621	مُغَنٍّ	가수	singer
1622	مُفْرَدَات	단어들, 어휘들	construct, vocabulary
1623	مَكْتَب الْقُبُول	입학 사무실	admissions office
1624	مَكْتَب الْمُدِير	교장실	principal's office
1625	مَكْتَبَة	도서관	library
1626	مَكْتَبَة رَقْمِيَّة	디지털 도서관	digital library
1627	مَكْسِيكِيّ	멕시코의; 멕시코인	Mexican
1628	مُلَحِّن	작곡가	composer
1629	مَلْعَب ج. مَلَاعِبُ	운동장	schoolyard
1630	مَلْعَب أَطْفَال	놀이터	playground
1631	مُمَثِّل	배우	actor
1632	مِمْحَاة ج. مَمَاحٍ	지우개	eraser
1633	مَنَاهِجُ دِرَاسِيَّة	교과과정	curriculum
1634	مِنْحَة دِرَاسِيَّة ج. مِنَح دِرَاسِيَّة	장학금	scholarship
1635	مَهَارَات لُغَوِيَّة	언어 능력	language skills
1636	مَهَارَة	기술	skill
1637	مُهَرِّج	광대	clown
1638	مِهْنَة ج. مِهَن	직업, 일	occupation

번호	아랍어	한국어	영어
1639	مُهَنْدِس	엔지니어, 기사	engineer
1640	مُهَنْدِس مِعْمَارِيّ	건축가	architect
1641	مِهَنِيّ	직업의, 직무상의	professional, vocational
1642	مَوْسُوعَة	백과사전	encyclopedia
1643	مَوْضُوع ج. مَوَاضِيعُ	주제	topic, subject
1644	مَوْضُوعَات ذَات صِلَة	관련 주제	related subject
1645	مُوَظَّف	종업원, 고용인	employee
1646	مُوَظَّف اِسْتِقْبَال	접수담당자	receptionist
1647	مُؤَهِّلَات	자격, 자격증	qualifications
1648	مِيكَانِيكِيّ	정비공	mechanic
1649	نَادِي الْجَامِعَة	대학교 동아리	university club
1650	نَاشِر	출판인, 출판사	publisher
1651	نَاقِد ج. نُقَّاد	비평가, 평론가	critic, reviewer
1652	نَبْرَة	억양	intonation
1653	نَجَّار	목수, 목공	carpenter, joiner
1654	نَحَّات	조각가	sculptor
1655	نَحَّال	양봉업자	bee keeper
1656	نَحَّاس	구리 세공인, 구리 그릇 제조인	coppersmith
1657	نَشَّار	제재공	logger, lumberjack
1658	نَشْر	출판	publishing
1659	نَشْرَة	책자, 회람, 공보, 간행물	circulation

번호	아랍어	한국어	영어
1660	نَصّ ج. نُصُوص	본문; 원문	text
1661	نَغْمَة	어조, 말투	tone
1662	هِلِينِيّ	헬레니즘의	Hellenistic
1663	هِنْدِيّ ج. هُنُود	인도의; 인도인	Indian
1664	وَرَق ج. أَوْرَاق	종이	paper
1665	وَكِيل نِيَابَة ج. وُكَلَاءُ نِيَابَة	검사	prosecutor
1666	يَابَانِيّ	일본의; 일본인	Japanese
1667	يَهُودِيّ	유대의; 유대인	Jewish
1668	يُونَانِيّ	그리스의; 그리스인	Greek
1669	دَرَسَ ـُ	공부하다, 연구하다	to study
1670	سَخَرَ ـَ	강제로 일을 시키다, 부려먹다	to exploit, subjugate
1671	عَمِلَ ـَ	일하다, 작업하다	to work
1672	غَابَ ـِ	결석하다	to be absent
1673	قَرَأَ ـَ	읽다	to read
1674	نَشَرَ ـُ	출판하다, 발행하다	to publish
1675	نَطَقَ ـُ، ـِ	발음하다	to enounce
1676	أَدَّبَ	교육하다, 훈육하다(II형)	to educate
1677	أَلَّفَ	구상하다(II형)	to compose, plan
1678	ثَقَّفَ	교육하다, 계몽하다(II형)	to educate, civilize
1679	دَرَّسَ	가르치다(II형)	to teach

번호	아랍어	한국어	영어
1680	سَلَّمَ	제출하다, 보내다 (II형)	to submit, deliver
1681	شَغَّلَ	고용하다(II형)	to employ
1682	عَيَّنَ	임명하다(II형)	to appoint
1683	لَقَّنَ	가르치다, 지도하다(II형)	to educate, coach
1684	حَاضَرَ	강의하다, 설교하다(III형)	to give a lecture
1685	أَقَالَ	해고하다(IV형)	to fire
1686	تَخَرَّجَ	졸업하다(V형)	to graduate
1687	تَخَصَّصَ فِي	전공하다(V형)	to major in
1688	تَرَبَّى	보살핌을 받다, 교육받다(V형)	to be nursed, be educated
1689	تَرَقَّى	향상시키다, 점진하다, 승진하다(V형)	to rise, progress, promote
1690	تَعَلَّمَ	배우다(V형)	to learn
1691	اِسْتَفْهَمَ	묻다, 알아보다(X형)	to enquire
1692	بَرْهَنَ	논증하다(4자근)	to prove, demonstrate
1693	بَرْوَزَ	틀에 끼우다, 틀을 잡다; 세우다 (4자근)	to frame
1694	تَرْجَمَ	번역하다, 통역하다 (4자근)	to translate
1695	تَقَدَّمَ بِطَلَبٍ	지원서를 제출하다	to apply

군사

الجيش

번호	아랍어	한국어	영어
1696	إِبَادَة جَمَاعِيَّة	집단학살	genocide
1697	اِجْتِيَاح	침입, 침략	invasion
1698	اِحْتِلَال	점령, 강점	occupation
1699	إِرْهَاب	테러(행위)	terror
1700	إِرْهَابِيّ	테러리스트	terrorist
1701	اِسْتِخْبَارَات عَسْكَرِيَّة	군사정보	military intelligence
1702	أَسْلِحَة الدَّمَار الشَّامِل	대량살상무기	weapons of mass destruction
1703	أَسْلِحَة كِيمَاوِيَّة	생화학무기	chemical weapons
1704	أَسْلِحَة نَوَوِيَّة	핵무기	nuclear weapons
1705	اِشْتِبَاك	충돌, 교전	clast
1706	إِصَابَات مَدَنِيَّة	민간인 사상자	civilian casualties
1707	اِعْتِدَاء	침범, 침해, 유린	assault
1708	اِقْتِحَام	침입, 돌진	breaking into
1709	الْغَازَات السَّامَّات	독가스	poison gas
1710	أَمْر ج. أُمُور، أَوَامِرُ	명령	order

군사

번호	아랍어	한국어	영어
1711	اِنْتِفَاضَة	봉기	uprising
1712	اِنْتِفَاضَة شَعْبِيَّة	민중봉기	popular uprising
1713	اِنْحِيَاز	동맹	alliance
1714	اِنْفِجَار	폭발	explosion
1715	اِنْقِلَاب أَبْيَض	무혈쿠데타	bloodless coup
1716	بَارِجَة	군함	battleship
1717	بَارُودَة	총, 소총	rifle, carbine
1718	بَحْرِيَّة	해군	navy
1719	تَجْرِبَة نَوَوِيَّة	핵실험	nuclear test
1720	تَجْنِيد	군사동원, 징집	recruitment
1721	تَدْرِيب عَسْكَرِيّ	군사훈련	military training
1722	تَرْسَانَة	무기고, 병기고; 조선소 도크	armory; dockyard
1723	تَفْجِير	폭발	explosion
1724	تَكْتِيك	전술	tactic
1725	تَكْتِيكِيّ	전술적인	tactical
1726	تَمَرُّد	반란	insurgence
1727	جَاسُوس ج. جَوَاسِيس	간첩	spy
1728	جَاسُوسِيَّة	간첩활동	espionage
1729	جُنْدِيّ ج. جُنُود	군인	soldier
1730	جُنْدِيّ مُشَاة	보병	infantryman
1731	جِنِرَال	장군	general

번호	아랍어	한국어	영어
1732	جَيْش ج. جُيُوش	군인	army
1733	جَيْش نِظَامِيّ	정규군, 상비군	regular army
1734	حَرْب ج. حُرُوب	전쟁	war
1735	حَرْب أَهْلِيَّة	내전	civil war
1736	حَرْب بَارِدَة	냉전	cold war
1737	حَرْب بِالْوِكَالَة	대리전	proxy war
1738	حَرْب عِصَابَات	게릴라전	guerrilla warfare
1739	حَرَس رِئَاسِي	대통령 경호실	presidential security service
1740	حُكْم عُرْفِيّ	계엄령	martial law
1741	خَنْجَر ج. خَنَاجِرُ	단도, 단검	dagger
1742	دَبَّابَة	탱크	tank
1743	دِفَاع	방어	defence
1744	دِفَاع جَوِّيّ	방공	air defense
1745	ذَخِيرَة	탄약	ball ammunition (ammo), ammunition
1746	رَائِد ج. رُوَّاد	소령; 지휘관	major; commander
1747	رَادَار	레이더	radar
1748	رُتْبَة ج. رُتَب	계급장	badge of rank
1749	رَشَّاشَة	기관총	machine gun
1750	رَصَاص حَيّ	실탄	live bullet
1751	رَصَاص مَطَاطِيّ	고무탄	rubber bullet

번호	아랍어	한국어	영어
1752	رَقِيب ج. رُقَبَاءُ	병장	sergeant
1753	رَهِينَة ج. رَهَائِنُ	인질, 볼모	hostage
1754	سَبِيّ ج. سَبَايَا	포로가 된, 사로잡힌	captive
1755	سَطْو	공격, 습격	assault
1756	سِلَاح ج. أَسْلِحَة	무기, 군비	arms
1757	سِلَاح نَارِيّ	화기	firearm
1758	سِلْمِيّ	평화적인	peaceful
1759	سَيَّارَة مُفَخَّخَة	차량폭탄	car bomb
1760	ضَابِط ج. ضُبَّاط	장교	commissioned officer
1761	طُرْبِيد	어뢰	torpedo
1762	عُبُوَّة نَاسِفَة	화염병	molotov cocktail
1763	عَدَاء	적대감	hostility
1764	عَدَاوَة	적대감	hostility
1765	عَدَم الْاِنْحِيَاز	비동맹	nonalignment
1766	عَدُوّ ج. أَعْدَاء	적	enemy
1767	عَرِيف ج. عُرَفَاءُ	상병	corporal
1768	عَسْكَرِيّ	군사의, 군사적인	military
1769	عَقِيد ج. عُقَدَاءُ	대령	colonel
1770	عَمَلِيَّة السَّلَام	평화협상	peace process
1771	عَمِيد ج. عُمَدَاءُ	준장	brigadier general
1772	غَارَة جَوِّيَّة	공습	air raid

번호	아랍어	한국어	영어
1773	غَاز ج. غَازَات	가스	gas
1774	غَاز الْقِتَال	살상가스, 독가스	casualty agent
1775	غَاز مُسِيل لِلدُّمُوع	최루가스	tear gas
1776	غَالِب	승리자, 정복자	winner
1777	فُرْقَة مُدَرَّعَة	기갑사단	armored division
1778	فُرْقَة مُشَاة	보병사단	infantry division
1779	فَوْج ج. أَفْوَاج	연대	regiment
1780	فَيْلَق ج. فَيَالِقُ	군단	army corps
1781	قَائِد أَعْلَى	최고사령관, 총사령관	commander in chief
1782	قَاعِدَة عَسْكَرِيَّة	군사기지	military base
1783	قَسْوَة	잔인함, 가혹함	cruelty
1784	قَصْف	폭발	bombing
1785	قَنَّاص ج. قَنَّاصَة	저격수, 스나이퍼	sniper
1786	قِنَاع ج. أَقْنِعَة	마스크	mask
1787	قِنَاع وَاقٍ	방독마스크	canister mask
1788	قُنْبُلَة ج. قَنَابِلُ	수류탄	bomb, grenade
1789	قُنْبُلَة حَارِقَة	소이탄	molotov cocktail
1790	قُنْبُلَة ذَرِّيَّة	원자폭탄	atomic bomb
1791	قُنْبُلَة عُنْقُودِيَّة	산탄식 폭탄	cluster bomb
1792	قُنْبُلَة مُسِيلَة لِلدُّمُوع	최루탄	tear gas
1793	قُنْبُلَة مَوْقُوتَة	시한 폭탄	time bomb

번호	아랍어	한국어	영어
1794	قُنْبُلَة هِيدْرُوجِينِيَّة	수소폭탄	hydrogen bomb
1795	قُوَّات جَوِّيَّة	공군	air force
1796	قُوَّات حِفْظِ السَّلَام	평화유지군	Peacekeeping Forces
1797	قُوَّات مُسَلَّحَة	군, 군대	armed force
1798	كَتِيبَة ج. كَتِيبَات، كُتَائِبُ	대대	battalion
1799	كَمِين ج. كَمَائِنُ	매복, 복병	ambush
1800	لِصّ الْبَحْر	해적	pirate
1801	لَغم ج. أَلْغَام	지뢰	land mine
1802	لِوَاء ج. لِوَاءَات، أَلْوِيَات	장군, 소장	general
1803	مَحْكَمَة عَسْكَرِيَّة	군법회의	military court
1804	مَدَد ج. أَمْدَاد	지원대, 증원병	reinforcements
1805	مُدَرَّعَة	무장차량	armored car
1806	مَدْفَع بَازُوكَا	바주카포, 로켓포	bazooka
1807	مُرْتَزِق	용병	mercenary
1808	مَرْفَع الْهَاوِن	박격포	mine thrower
1809	مُسَدَّس	권총	pistol
1810	مُسَلَّح	무장한	armed
1811	مُعَادَاة	적대감	hostility
1812	مُعَدَّات	군수품	materiel
1813	مَعْرَكَة ج. مَعَارِكُ	전투	battle
1814	مِغْوَار ج. مَغَاوِيرُ	특공대	commando

번호	아랍어	한국어	영어
1815	مُقَاتِل	전투원	combatant
1816	مُكَافِح	전사, 투사	warrior
1817	مَكْتَب التَّجْنِيد	병무청	military manpower administration
1818	مُلَازِم أَوَّلُ	중위	lieutenant
1819	مَيْدَان الْحَرْب	전쟁터, 전장	battlefield
1820	نِظَام عَسْكَرِيّ	군체제	military discipline
1821	نُقْطَة الْحُدُود	국경초소	border post
1822	نُقْطَة أَمَامِيَّة	전방초소	front(line) post
1823	نَقْل جَوِّيّ	공수, 항공 수송대	air transport
1824	هُدْنَة	정전	ceasefire
1825	هَيْئَة أَرْكَان الْحَرْب	총참모부	general staff department
1826	خَطَفَ ـِ	납치하다	to kidnap
1827	ذَبَحَ ـَ	도살하다	to slaughter
1828	سَبَى ـِ	포로로 하다, 사로잡다, 매혹하다	to capture, captivate
1829	سَعَرَ ـَ	(불을)피우다, (전쟁을)시작하다	to kindle
1830	قَصَفَ ـِ	폭발하다	to bomb
1831	كَسَبَ ـَ	승리하다	to win
1832	جَنَّدَ	징집하다(II형)	to recruit
1833	أَطْلَقَ	발포하다(IV형)	to shoot
1834	اِنْحَازَ	동맹하다(VII형)	to align

번호	아랍어	한국어	영어
1835	اِنْفَجَرَ	폭발하다(VII형)	to explode
1836	اِجْتَاحَ	침입하다, 침략하다(VIII형)	to invade
1837	اِحْتَلَّ	점령하다(VIII형)	to occupy
1838	اِنْتَصَرَ	이기다, 승리하다 (VIII형)	to win

기후·환경·자연

المناخ والبيئة والطّبيعة

번호	아랍어	한국어	영어
1839	إعَادَة تَدْوِير النُّفَايَات	쓰레기 재활용	waste recycling
1840	إعْصَار ج. أعَاصِيرُ	태풍	hurricane
1841	اَلْأَرْض	지구	Earth
1842	اَلزُّهْرَة	금성	Venus
1843	اَلشَّمْس	태양	Sun
1844	اَلْقَمَر	달	Moon
1845	اَلْمِرِّيخ	화성	Mars
1846	اَلْمُشْتَرِي	목성	Jupiter
1847	أَمْطَار حَمْضِيَّة	산성비	acid rain
1848	أُورَانُوس	천왕성	Uranus
1849	بَارِد	차가운, 추운	cold
1850	بَجْدَة	땅, 근원	essence, source
1851	بَحْر ج. بِحَار، بُحُور، أَبْحَار	바다	sea
1852	بُحَيْرَة	호수	lake
1853	بَرّ	토지; 땅	land
1854	بَرَد	우박	hail, hailstone

기후

번호	아랍어	한국어	영어
1855	بَرْدَان	추운	cold
1856	بَرْق ج. بُرُوق	번개	lightning
1857	بُرْكَان ج. بَرَاكِينُ	화산	volcano
1858	بِرْكَة	연못	pond
1859	بَرِّيَّة	황야, 광야	land, steppe
1860	بِزْرَة	씨앗, 종자	seed
1861	بُلُوتُو	명왕성	Pluto
1862	بَوَار	황폐; 침체; 파멸	denudation; recession
1863	بِيئَة	환경	environment
1864	تُرَاب ج. أَتْرِبَة	먼지, 흙	dust, dirt
1865	تُسونَامِي	쓰나미	tsunami
1866	تَغَيُّر الْمُنَاخ	기후변화	climate change
1867	تَغَيُّرَات فُجَائِيَّة فِي الْمُنَاخ	기후이변	sudden changes in climate
1868	تَلّ ج. تِلَال	언덕	hill
1869	تَلَوُّث	오염	pollution
1870	تَلَوُّث الْمِيَاه	수질오염	water pollution
1871	تَلَوُّث الْهَوَاء	공해	air pollution
1872	تَلَوُّث ضَوْضَائِيّ	소음 공해	noise pollution
1873	ثَلْج ج. ثُلُوج	얼음, 눈	snow
1874	جَبَل ج. جِبَال	산	mountain
1875	جَبَل جَلِيدِيّ	빙산	iceberg

번호	아랍어	한국어	영어
1876	جَدِيب	메마른	barren, sterile
1877	جَرْدَاءُ	불모의 땅	barren
1878	جُرْف ج. أَجْرَاف	벼랑	cliff
1879	جَوّ ج. أَجْوَاء	공기, 대기; 날씨	atmosphere; weather
1880	حَقْل ج. حُقُول	들, 들판	field
1881	حِمَايَة الْبِيئَة	환경보호	protection of the environment
1882	حَوْض ج. أَحْوَاض	연못	pond
1883	خَرِيف	가을	autumn
1884	خَطّ اِسْتِوَاء	적도선	equator
1885	خَطّ الطُّول	경도	longitude
1886	خَطّ الْعَرْض	위도	latitude
1887	دَرَجَة الْحَرَارَة	온도	temperature
1888	رَبِيع	봄	spring
1889	رَطْب	축축한	wet, damp, humid
1890	رُطُوبَة	습함, 습도	humidity
1891	رَعْد ج. رُعُود	천둥	thunder
1892	رَمْل ج. رِمَال	모래	sand
1893	رِيح ج. رِيَاح	바람, 기류	wind
1894	زُحَل	토성	Saturn
1895	زِلْزَال ج. زَلَازِل	지진	earthquake
1896	زَوْبَعَة ج. زَوَابِعُ	회오리 바람	whirlwind

기후

번호	아랍어	한국어	영어
1897	سَاحِل ج. سَوَاحِلُ	해안	coast
1898	سَافِيَاءُ	먼지, 흙먼지	fine dust
1899	سَبْرَة	쌀쌀한 아침, (아침의)찬 기운	chilly morning
1900	سَجْسَج	(날씨가)포근한	mild, warm
1901	سَحَابَة ج. سُحُب	구름	cloud
1902	سُخُونَة	따뜻함, 뜨거움, 열	heat, warmth
1903	سَدِيم ج. أَسْدَام	안개, 성운	haze, nebula
1904	سَرَاب	신기루, 아지랑이	mirage
1905	سَكِيب	새는, 흐르는, 쏟아지는	shed, spilled
1906	سَمَاء ج. سَمَوَات	하늘	sky, heaven
1907	سَمَاوِيّ	하늘의, 천체의, 천상의	celestial, divine
1908	شَاطِئ ج. شَوَاطِئُ	해변	shore, seacoast
1909	شِتَاء	겨울	winter
1910	شَتَوِيّ	겨울의	winter, wintry
1911	شُرُوق	일출, 해돋이	sunrise
1912	صَحْرَاوِيّ	사막의, 불모의	desert, desolate
1913	صَقِيع	서리	frost
1914	صَيْف	여름	summer
1915	ضَبَاب	안개	fog
1916	طَبِيعَة ج. طَبَائِعُ	자연; 본성	nature

번호	아랍어	한국어	영어
1917	طَبِيعِيّ	자연의	natural
1918	طَقْس ج. طُقُوس	날씨, 기상, 일기	weather
1919	طِين ج. أَطْيَان	진흙	clay
1920	ظَاهِرَة الِاحْتِبَاس الْحَرَارِيّ	온실효과	greenhouse effect
1921	ظَاهِرَة الِاحْتِرَار الْعَالَمِيّ	지구온난화	global warming
1922	ظَرْف ج. ظُرُوف	상황; 환경	circumstances
1923	عَاصِف	바람이 센	windy
1924	عَاصِفَة ج. عَوَاصِفُ	폭풍, 폭풍우	storm, gale
1925	عُطَارِدُ	수성	Mercury
1926	غَاز طَبِيعِيّ	천연가스	natural gas
1927	غَائِم	구름 낀	cloudy
1928	غُبَار ج. أَغْبِرَة	먼지	dust
1929	غِلَاف جَوِّيّ	대기	atmosphere
1930	غَيْم ج. غُيُوم	흐린	cloudy
1931	فَصْل ج. فُصُول	계절	season
1932	فَيَضَان ج. فَيَضَانَات	홍수	flood
1933	قُشَعْرِيرَة	냉기	chill
1934	قَوْس قُزَح	무지개	rainbow
1935	كَارِثَة ج. كَوَارِثُ	재난, 참사	catastrophe
1936	كَثِيب ج. كُثْبَان، كُثُب	모래언덕, 사구	sand hill, dune
1937	كُرَة أَرْضِيَّة	지구	globe

기후

번호	아랍어	한국어	영어
1938	لُجَّة ج. لُجَج	심연, 깊은 바다	abyss
1939	لِحْف	산기슭, 산밑	foothill, submontane
1940	مُحِيط	대양	ocean
1941	مَرْجَان	산호	coral
1942	مُسْتَنْقَع	늪, 습지	swamp
1943	مَضِيق ج. مَضَايِقُ	해협	strait
1944	مَطَر ج. أَمْطَار	비	rain
1945	مُمْطِر	비오는	rainy
1946	مُنَاخ	기후	climate
1947	مَنْصُون	계절풍	monsoon
1948	مَوْج ج. أَمْوَاج	파동, 파도, 물결	wave
1949	مَوسِم ج. مَوَاسِمُ	계절	season
1950	نَاشِف	건조한	dry
1951	نَبْتُون	해왕성	Neptune
1952	نَبْكَة ج. نِبَاك	언덕, 둔덕	slope
1953	نَجْم ج. نُجُوم	별	star
1954	نَدَى	이슬	dew
1955	هُطُول	강우	rainfall
1956	هَوَاء	대기, 공기	atmosphere, air
1957	وَاحَة	오아시스	oasis
1958	وَادٍ ج. أَوْدِيَة	골짜기, 계곡	valley

번호	아랍어	한국어	영어
1959	بَثَقَ ـُ	분출하다, 용솟음치다	to overflow
1960	بَرَضَ ـُ	싹을 틔우다	to germinate, sprout
1961	جَدُبَ ـُ	땅이 메마르다	to be barren, be arid
1962	سَرِبَ ـَ	(물이)흐르다, 새다	to flow, leak
1963	سَفَى ـِ	바람이 (흙, 먼지를)일으키다	to raise the dust
1964	شَبَّ ـِ	불타다, 타오르다	to burn

기후

동식물·자원

الحيوانات والنّباتات والموارد الطّبيعيّة

번호	아랍어	한국어	영어
1965	أُخْطُبُوط ج. أُخْطُبُوطَات	문어	octopus
1966	أَرْز	삼나무, 백향목	cedar
1967	أَرْنَب ج. أَرَانِبُ	토끼	rabbit
1968	أَسَد ج. أُسُود	사자	lion
1969	أَعْشَاب ضَارَّة	잡초	weeds
1970	أَفْعًى ج. أَفَاعٍ	독사, 살모사	viper, adder
1971	أَقْحُوانُ ج. أَقَاحٍ	국화	chrysanthemum
1972	اِنْدِثَار	멸종	extinction
1973	إِوَزّ	거위	goose
1974	أَيِّل	붉은 사슴	deer
1975	بَاذِنْجَان	가지	aubergine
1976	بَازِلَاء	완두콩	peas
1977	بَبْر ج. بُبُور	호랑이	panthera tigris
1978	بَبَّغَاء ج. بَبَّغَاوَات	앵무새	parrot
1979	بَجَع	백조	swan
1980	بُرْثُن ج. بَرَاثِنُ	(동물의) 발톱	claw, talon

동식물

번호	아랍어	한국어	영어
1981	بُرْغُوث ج. بَرَاغِيثُ	벼룩	flea
1982	بِرْمَائِيَّة	양서류	amphibian
1983	بَطّ	오리	duck
1984	بَعُوض	모기	mosquito
1985	بُنّ	커피열매, 커피	bin, coffee
1986	بُنْدُق	견과, 콩	nut, bean
1987	بَهِيمَة ج. بَهَائِمُ	동물, 짐승	cattle, livestock
1988	بُومَة	부엉이	owl
1989	تِرْسَة	바다거북이	sea turtle
1990	تِمْسَاح ج. تَمَاسِيحُ	악어	crocodile
1991	تِنِّين ج. تَنَانِينُ	용	dragon
1992	تِين شَوْكِيّ	선인장	cactus
1993	ثُعْبان ج. ثَعَابِينُ	뱀	snake
1994	ثَعْلَب ج. ثَعَالِبُ	여우	fox
1995	ثَمَرَة ج. ثِمَار	열매	fruit
1996	ثَوْر ج. ثِيرَان	소, 황소	bull, ox
1997	جَامُوس ج. جَوَامِيسُ (الْمَاء)	물소	water buffalo
1998	جَرَادَة ج. جَرَاد	메뚜기	locust
1999	جِرَانِيتُ	화강암, 대리석	granite
2000	جُرَذ ج. جُرْذَانُ	쥐	rat
2001	جِلْد ج. جُلُود	가죽	leather

번호	아랍어	한국어	영어
2002	جَمْبَرِي	새우	shrimp
2003	جَمَل ج. جِمَال	낙타	camel
2004	جَوْز عَيْنِ الْجَمَل	호두	walnut
2005	حَبَّار	오징어	squid
2006	حَشَرَة	벌레	insect
2007	حِصَان ج. أَحْصِنَة	말	horse
2008	حِصَان الْبَحْر ج. أَحْصِنَة الْبَحْر	해마	seahorse
2009	حِمَار ج. حَمِير، أَحْمِرَة	나귀, 당나귀	donkey
2010	حِمَار وَحْشِيّ	얼룩말	zebra
2011	حَمَام ج. حَمَائِمُ	비둘기	pigeon, dove
2012	حَوْت ج. حِيتَان	고래	whale
2013	حَيَوَان ج. حَيَوَانَات	동물	animal
2014	حَيَوَانَات أَلِيفَة	애완동물	pet
2015	خَرُوف ج. خِرَاف	양	lamb
2016	خُفَّاش ج. خَفَافِيشُ	박쥐	bat
2017	خِنْزِير ج. خَنَازِيرُ	돼지	pig
2018	خُنْفُسَاء ج. خَنَافِسُ	딱정벌레	beetle
2019	خَيْزَرَان ج. خَيَاجِرُ	대나무	bamboo
2020	خَيْل ج. خُيُول	말	horse
2021	دُبّ ج. دِبَبَة	곰	bear
2022	دُلْفِين	돌고래	dolphin

번호	아랍어	한국어	영어
2023	دُودَة ج. دِيدَان	구더기, 벌레	worm
2024	دِيك ج. دُيُوك	수탉	rooster
2025	دِيك رُومِيّ	칠면조	turkey
2026	ذِئْب ج. ذِئَاب	늑대	wolf
2027	ذُبَابَة	파리	fly
2028	ذَهَب	금, 황금	gold
2029	رَصَاص	납; 심	lead
2030	زَاحِف ج. زَوَاحِفُ	파충류	reptile
2031	زَرَافَة	기린	giraffe
2032	زَهْرَة ج. زُهُور، أَزْهَار	꽃	flower
2033	زَهْرَة الذَّهَب	국화	chrysanthemum
2034	سَبُع ج. سِبَاع	맹수, 사자	lion, beast
2035	سِحْلِيَّة ج. سَحَال	도마뱀	lizard
2036	سِدْرَة	연꽃	lotus flower
2037	سِرْب ج. أَسْرَاب	무리, 떼	herd, swarm
2038	سُرْبَة ج. سُرَب	무리, 떼	herd, swarm
2039	سَرَطَان	게	crab
2040	سَرْطَان الْبَحْر	바닷가재	lobster
2041	سَعْدَان ج. سَعَادِينُ	원숭이, 유인원	monkey
2042	سُلَحْفَاة ج. سَلَاحِفُ	거북, 바다거북	turtle
2043	سَلَخَانَة	도살장	slaughterhouse

번호	아랍어	한국어	영어
2044	سَلْطَعُون	게	crab
2045	سَلْمُون	연어, 살몬	salmon
2046	سَلْمُون مُرَقَّط	송어	trout
2047	سَمّ الْفَأْر	쥐약	rat poison
2048	سِنْجَاب	다람쥐	squirrel
2049	شَجَر	나무	tree
2050	صَبَّار	선인장	cactus
2051	صَخْرَة ج. صُخُور	바위	rock
2052	صُرْصُور	바퀴벌레	cockroach
2053	صَقْر ج. صُقُور	매	falcon
2054	ضَبْع ج. ضِبَاع	하이애나	hyena
2055	ضَفْدَع ج. ضَفَادِعُ	개구리	frog
2056	طَائِر ج. طُيُور	새	bird
2057	طَائِر التَّدْرُج، التُّذْرُج	꿩	pheasant
2058	طَائِفَة ج. طَوَائِفُ	집단, 떼, 무리	party, faction
2059	طَاوُوس ج. طَوَاوِيسُ	공작	peacock
2060	طَيْر ج. طُيُور	새	bird
2061	ظَبِي ج. ظِبَاء	사슴	deer, gazelle
2062	عِرْق ج. عُرُوق	속(屬), 근원	genus, root
2063	عُشْب ج. أَعْشَاب	약초, 풀	herb, grass
2064	عَصْفُور ج. عَصَافِيرُ	참새	small bird

번호	아랍어	한국어	영어
2065	عَنْكَبُوت ج. عَنَاكِبُ	거미	spider
2066	غَابَة	숲	forest
2067	غُرَاب ج. غِرْبَان	까마귀	crow
2068	غَزَال ج. غِزَلَة	가젤	gazelle
2069	غَنَم ج. أَغْنَام	양	sheep
2070	فَأْر ج. فِئْرَان	쥐	mouse
2071	فَحْم حَجَرِيّ	석탄	coal
2072	فَحْم نَبَاتِيّ	숯	charcoal
2073	فَرَاشَة ج. فَرَاش	나비	butterfly
2074	فَرَس الْبَحْر ج. أَفْرَاس الْبَحْر	해마	seahorse
2075	فَرَس النَّهْر ج. أَفْرَاس النَّهْر	하마	hippopotamus
2076	فِضَّة	은	silver
2077	فِيل ج. فِيَلَة، أَفْيَال	코끼리	elepant
2078	قِرْد ج. قُرُود	원숭이	monkey
2079	فَرَس النَّهْر ج. أَفْرَاس النَّهْر	하마	hippopotamus
2080	قِرْش ج. قُرُوش	상어	shark
2081	قَرْمُوط ج. قَرَامِيطُ	메기	catfish
2082	قَرَنْفُل	카네이션	carnation
2083	قُرَيْدِس	새우	shirimp
2084	قِطَّة ج. قِطَط	고양이	cat
2085	قِنْدِيل الْبَحْر ج. قَنَادِيل الْبَحْر	해파리	jellyfish

번호	아랍어	한국어	영어
2086	كَلْب ج. كِلَاب	개	dog
2087	كَنْغَر	캥거루	kangaroo
2088	لُبَاب	핵심, 정수	core, kernel
2089	لَجْأَة	거북이	turtle
2090	لُؤْلُؤ	진주	pearl
2091	مَاس	다이아몬드, 금강석	diamond
2092	مَاعِز ج. مَعَز	염소	goat
2093	مَرْو	석영	quartz, silicon
2094	مَعْدِن ج. مَعَادِنُ	광물, 금속, 미네랄	mineral
2095	مَهَاة	들소, 야생소	bison, aurochs
2096	نَاب ج. أَنْيَاب	(짐승의) 송곳니	canine
2097	نَاب الْفِيل	상아	ivory
2098	نَبَات ج. نَبَاتَات	식물	plant
2099	نَبَاتَات الزِّينَة	관상용 식물	ornamental plant
2100	نَبَاتِيّ	식물의, 식물성의	phytogenic
2101	نَجْم الْبَحْر ج. نُجُوم الْبَحْر	불가사리	starfish
2102	نَجِيل ج. نُجُل	풀, 잔디	grass
2103	نِحْلَة ج. نِحَل	벌	bee
2104	نَخْلَة ج. نَخِيل	야자수	palm
2105	نَسْر ج. نُسُور	독수리	eagle
2106	نَعَامَة ج. نَعَام	타조	ostrich

동식물

번호	아랍어	한국어	영어
2107	نَفْط	석유	oil
2108	نَفْط خَام	원유	crude oil
2109	نَمِر ج. نُمُور	호랑이	tiger
2110	نَمْلَة ج. نَمْل	개미	ant
2111	هِلْيَون	아스파라거스	asparagus
2112	وَحِيد الْقَرْن	코뿔소	rhinoceros
2113	وَرْد	장미	rose
2114	وَرَق ج. أَوْرَاق	잎	leaf
2115	سَرَحَ ـَ	자유로이 풀을 뜯다, 혼자서 가다	to graze freely
2116	طَارَ ـِ	날다	to fly
2117	عَضَّ	물다	to bite
2118	سَرَّحَ	방목하다(II형)	to graze
2119	سَقْسَقَ	새가 지저귀다(4자근)	to chirp

법·규칙·행정·기관

القانون والنّظام والإدارة والمؤسّسات

번호	아랍어	한국어	영어
2120	اِتِّهام	기소, 고발	accusation, prosecution
2121	أَثِيم ج. أُثَمَاءُ	범인, 범죄자	criminal
2122	إِجْرَام	범죄	crime
2123	أَجْهِزَة أَمْنِيَّة	보안장치	security systems
2124	اِحْتِيَال	사기	fraud
2125	اِخْتِطَاف	납치	abduction, kidnapping
2126	إِدَارِيّ	행정의, 행정적인	administrative
2127	إِدَانَة	비난, 규탄; 정죄함	condemnation
2128	اِدِّعَاء	기소	prosecution
2129	اِرْتِشَاء	뇌물수수	bribery
2130	اِرْتِيَاب	의심, 의혹	suspicion
2131	اِسْتِئْنَاف	항소, 상고	appeal
2132	اِسْتِجْوَاب	심문	questioning, interrogation
2133	أَسِير ج. أُسَرَاءُ	죄수, 포로	prisoner, captive

번호	아랍어	한국어	영어
2134	اِعْتِقَال	체포	arrest
2135	اَلْاِتِّحَاد الدَّوْلِيّ لِكُرَة الْقَدَم	국제축구연맹(FIFA)	FIFA
2136	اَلْأُمَم الْمُتَّحِدَة	국제연합, 유엔	United Nations
2137	اَلْأَمِين الْعَامّ لِلْأُمَم الْمُتَّحِدَة	유엔 사무총장	UN Secretary
2138	اَلصَّلِيب الْأَحْمَر	적십자	Red Cross
2139	اَلْمُسَاوَاة بَيْنَ الْجِنْسَيْنِ	남녀평등	gender equality, sexual equality
2140	اَلْهِلَال الْأَحْمَر	적신월사	Red Crescent
2141	أَمَانَة	사무국	secretariat
2142	أَمْن	치안, 안보	public order
2143	اِنْتِهَاك	유린	violation
2144	اِنْتِهَاك حُقُوق الْإِنْسَان	인권유린	violation of human right
2145	اِنْضِبَاط	질서, 규율	discipline
2146	أَوْرَاق اِعْتِمَاد	신임장	credential
2147	بَرَاءَة	면제, 무죄	innocence
2148	بِرْطِيل ج. بَرَاطِيلُ	뇌물	bribe
2149	بُرُوتُوكُول	의정서	protocol
2150	بَرِيء ج. أَبْرِيَاءُ	무죄의, 결백의	innocent
2151	بَلَاغ	고발, 통보	accusation
2152	بَلْطَجِيّ ج. بَلْطَجِيَّة	불량배, 깡패, 폭력배	gangster
2153	تَأْمِين إِجْبَارِيّ	강제보험	compulsory insurance

번호	아랍어	한국어	영어
2154	تَأْمِين ضِدَّ الْحَوَادِث	상해보험	accident insurance
2155	تَأْمِين عَلَى الْحَيَاة	생명보험	life insurance
2156	تَبْيِيض الأَمْوَال	자금세탁	money laundering
2157	تِجَارَة الْمُخَدِّرَات	마약 거래	drug trade
2158	تَجْمِيد الأَرْصِدَة	자산동결	freezing of assets
2159	تَجْمِيد الأَمْوَال	자금동결	freezing of funds
2160	تَجْمِيد الْحِسَابَات	계좌동결	freezing of accounts
2161	تَحْدِيد	규정; 한정; 제한	determination, limitation
2162	تَحْذِير	경고	warning
2163	تَحَرُّش جِنْسِيّ	성희롱	sexual harassment
2164	تَحْقِيق جِنَائِيّ	범죄수사	criminal investigation
2165	تَزْوِير	위조; 개선	forgery, improvement
2166	تَشْرِيع	입법	legislation
2167	تَصْدِيق	비준	ratification
2168	تَعْدِيل الدُّسْتُور	헌법 개정	amending the constitution
2169	تَعْدِيل مَوَادّ الدُّسْتُور	헌법 조항 개정	amending constitutional provisions
2170	تَعْوِيض	보상, 배상	compensation
2171	تَقْرِير الشُّرْطَة	경찰 진술서	police report
2172	تَقْرِير مَصِير	자결(스스로 결정함)	self-determination

법

번호	아랍어	한국어	영어
2173	تَمْيِيز عُنْصُرِيّ	인종차별	racial discrimination
2174	تَهْرِيب	밀수, 밀반입, 탈주	smuggling
2175	تَهْرِيب الْأَسْلِحَة	무기 밀수	people smuggling
2176	تَهْرِيب الْمُخَدِّرَات	마약 밀수	drug smuggling
2177	تُهْمَة ج. تُهَم	혐의, 기소	accusation
2178	جَامِعَة الدُّوَل الْعَرَبِيَّة	아랍연맹	Arab League
2179	جَانٍ ج. جُنَاة	범인, 죄인; 범죄를 저지른	perpetrator; guilty
2180	جَرِيمَة ج. جَرَائِمُ	죄	crime
2181	جَرَائِم الْكَرَاهِيَّة	혐오 범죄	hate crimes
2182	جَرَائِم ضِدَّ الْإِنْسَانِيَّة	반인륜적 범죄	crimes against humanity
2183	جَرِيمَة الْحَرْب	전범	war criminal
2184	جَزَائِيّ	징벌의; 형벌의	penal
2185	جَلْسَة الْمَحْكَمَة	공판심리, 재판심리	court hearing
2186	جَمْعِيَّة	협회, 학회, 연맹, 기구	association
2187	جَمْعِيَّة الشَّابَات الْمَسِيحِيَّات	기독교 여자 청년회	Y.W.C.A.
2188	جَمْعِيَّة عَامَّة	총회	general assembly
2189	جِنَائِيّ	범죄의	criminal
2190	جِنَايَة ج. جِنَايَا	범죄, 중죄	felony, crime
2191	جُنْحَة ج. جُنَح	경범죄, 위법	misdemeanor
2192	حَاكِم ج. حُكَّام	판사, 재판관	judge

번호	아랍어	한국어	영어
2193	حَبْس	구금	detention
2194	حَرَكة اِحْتِجَاجِيَّة	항의운동	protest movement
2195	حُرِّيَّة الْإِعْلَام	언론의 자유	freedom of media
2196	حُرِّيَّة التَّعْبِير	표현의 자유	freedom of expression
2197	حُرِّيَّة التَّمَلُّك	소유의 자유	freedom of ownership
2198	حُرِّيَّة الْعِبَادَة	종교의 자유	freedom of worship
2199	حُرِّيَّة تَغْيِير الْجِنْسِيَّة	국적 변경의 자유	freedom of change nationality
2200	حِفْظ الْأَمْن	치안 유지	maintenance of public order
2201	حَقّ ج. حُقُوق	권리	right
2202	حَقّ التَّصْوِيت	투표권	right of voting
2203	حَقّ الْحِمَايَة	보호권	right of protection
2204	حَقّ الزَّوَاج	결혼권	right of marriage
2205	حَقّ الصَّمْت	묵비권	right to silence, fifth
2206	حَقّ اللُّجُوء السِّيَاسِيّ	정치망명권	right of political asylum
2207	حَقّ الْمُحَاكَمَة الْعَادِلَة	공정한 재판을 받을 권리	right to fair trial
2208	حَقّ النَّقْض	거부권	veto
2209	حَقّ الْهِجْرَة	망명권	right of immigration
2210	حُقُوق الْإِنْسَان	인권	human right

번호	아랍어	한국어	영어
2211	حُقُوق الْمَرْأَة	여성의 권리	women's right
2212	حُكْم ج. أَحْكَام	판결, 통치; 재판, 판단	sentence, judgement
2213	حُكْم إِعْدَام	사형 선고	death penalty
2214	حُكْم بَرَاءَة	무죄선고	acquittal
2215	حِيَازَة الْمُخَدِّرَات	마약 소지	drug possession
2216	دَائِرَة ج. دَوَائِرُ	(공공)기관	official agency
2217	دُسْتُور ج. دَسَاتِيرُ	헌법	constitution
2218	دَعْوَى ج. دَعَاوٍ	소송	lawsuit
2219	دِيوَان ج. دَوَاوِينُ	부, 처	bureau, department
2220	ذَنْب ج. ذُنُوب	죄	guilt
2221	رَابِطَة ج. رَوَابِطُ	연맹, 연합	league
2222	رَئِيس الْمَحْكَمَة	법원장	president of the court
2223	رُخْصَة ج. رُخَص	허가증	license
2224	رَشْوَة	뇌물	bribe
2225	زَوَاج عُرْفِيّ	사실혼	common-law marriage
2226	سَارِق ج. سُرَّاق	도둑	theft, robbery
2227	سَجَّان	간수	prison guard
2228	سِجْن ج. سُجُون	감옥, 교도소	prison, jail
2229	سَجْن مُؤَبَّد	종신형	life imprisonment
2230	سَجِين ج. سُجَنَاءُ	죄수	prisoner

번호	아랍어	한국어	영어
2231	سَجِين سِيَاسِيّ	정범	political prisoner
2232	سَحْب	철거, 철수, 철회	withdrawal, pulling out
2233	سِفَارَة	대사관	embassy, -ies
2234	سَفِير ج. سُفَرَاءُ	대사	ambassador
2235	سِلْسِلَة الْأَحْدَاث	사건의 연속	train of events
2236	سُلُوك اِجْتِمَاعِيَّة	사회적 행위	social conduct
2237	شَاهِد ج. شُهَدَاء، شُهُود	목격자	eyewitness
2238	شُؤُون الْأَفْرَاد	인사과	personnel affairs
2239	شُؤُون قَانُونِيَّة	법적 문제	legal matter
2240	شَرْط ج. شُرُوط	조건	condition
2241	شُرْطَة	경찰서	police office
2242	شُرْطَة الْحُدُود	국경 경찰	border police
2243	شُرْطَة عَسْكَرِيَّة	헌병대	military police
2244	شُرْطِيّ	경찰	police officer
2245	شَرْعِيّ	합법적인, 적법한	legitimate
2246	شَرْعِيَّة	합법성, 적법성	legitimacy
2247	شَرِكَة	회사	company
2248	شَرِكَة بِنَاء	건설회사	construction company
2249	شَرِكَة عَالَمِيَّة	국제기업	international company
2250	شَرِكَة مُسَاهِمَة	주식회사	corporation

법

번호	아랍어	한국어	영어
2251	شُرُوط الاِسْتِخْدَام	사용 조건	conditions of use
2252	شَنْق	교수형	hanging
2253	شَهَادَة الزَّوَاج	혼인증명서	marriage contract
2254	صَدْمَة كَهْرَبَائِيَّة	전기 충격	electric shock
2255	ضَابِط ج. ضَوَابِط	규칙, 규정, 기준; 결연한, 엄격한	rule; determined, strict
2256	طَابَع ج. طَوَابِعُ	우표	stamp
2257	طَابَع بَرِيدِيّ	우표	postage stamp
2258	طَابَع جَوِّي	항공우편	air-mail stamp
2259	طَابَع عَادِيّ	보통 우편	regular stamp
2260	طَبْعَة	인쇄; 판	printing
2261	طَرْد ج. طُرُود	소포	parcel
2262	طَفَّايَة حَرِيق	소화기	fire extinguisher
2263	طُهْر	청렴, 반부패	purity
2264	ظَالِم ج. ظُلَّام	가해자; 부정한, 불의한	oppressor; injustice
2265	عَدَالَة	정의	justice
2266	عَذَاب ج. عَذَابَات، أَعْذِبَة	고문	punishment, tortune
2267	عُرْف ج أَعْرَاف	관습, 관례	custom
2268	عُضْو ج. أَعْضَاء	멤버, 구성원	member
2269	عِفَّة	진실성, 자제, 금욕	abstinence, integrity
2270	عَفْو	사면, 용서	pardon, amnesty, forgiveness

번호	아랍어	한국어	영어
2271	عِقَاب	처벌, 제재	punishment
2272	عِقَابِيّ	형벌의, 처벌의	punitive
2273	عُقُوبَة	처벌, 제재	punishment, sanction
2274	عَلْمَانِيَّة	세속주의	secularism
2275	عُنْصُرِيَّة	인종차별주의	racism
2276	عُنْف	폭력	violence
2277	عُنْف أُسَرِيّ	가정폭력	domestic violence
2278	عُنْف الْعِصَابَات	조직폭력	organized violence, gangsterism
2279	عُنْف حُكُومِيّ	정부폭력	governmental violence
2280	عُنْف مَنْزِلِيّ	가정폭력	domestic violence
2281	غَدْر	반역죄, 배신, 배반	treason, betrayal, treachery
2282	غَرَامَة	벌금	fine
2283	غَشَّاش	사기꾼	swindler
2284	فَتْرَة سَمَاح	유예기간	grace period
2285	فِرْقَة الْإِطْفَاء	소방대	fire brigade
2286	فِرْقَة الْوِسَاطَة	중재팀, 조정팀	mediation band
2287	فِرْقَة مَسْرَحِيَّة	연극부	theatre group, company
2288	فَضّ اِعْتِصَام	농성해제	Sit-off
2289	فَوْضَى	혼란, 대혼란	chaos, anarchy
2290	فِيتُو	거부권	veto

법

번호	아랍어	한국어	영어
2291	قَاتِل ج. قَتَلَة	살인자	killer
2292	قَاسٍ	잔혹한, 잔인한	cruel
2293	قَانُون ج. قَوَانِينُ	법	law
2294	قَانُون الْحُقُوق الْمَدَنِيَّة	민권법	the civil rights act
2295	قَانُون الطَّوَارِئ	비상조치법, 비상계엄법	emergency martial law
2296	قَانُون الْمُسَاوَاة	평등법	equality law
2297	قَانُون جِنَائِيّ	형법	criminal law
2298	قَانُون دُوَلِيّ	국제법	international law
2299	قَانُون عَدَم التَّمْيِيز	차별금지법	prohibition on discrimination
2300	قَانُون مَدَنِيّ	민법	civil law
2301	قَانُونِيّ	법률과 관련된, 합법적인	legal
2302	قَتْل	살해, 도살	killing
2303	قَتِيل ج. قَتْلَى	살해된 사람, 사망자	killed
2304	قِسْم الْحِسَابَات	회계부	accounts department
2305	قِطَاع خَاصّ	민간부문	private sector
2306	قِطَاع عَامّ	공공부문, 공기업	public sector
2307	قِمَار	도박	gambling
2308	قُنْصُل ج. قَنَاصِلُ	영사	consul
2309	قُنْصُلِيَّة	영사관	consulate
2310	قُوَّات الشُّرْطَة	경찰, 경찰력	police, police

번호	아랍어	한국어	영어
2311	قَيْد ج. قُيُود	사슬, 족쇄, 속박	shackles, fetters
2312	قُيُود قَانُونِيَّة	법적규제	mandatory control
2313	كِبَار الْمَسْؤُولِين	고위책임자	senior officials
2314	كَفَالَة	보석금	bail
2315	كُونْغُرِس	의회	congress
2316	لَائِحَة الْقَانُون	법안	bill
2317	لَجْنَة التَّعْدِيلَات الدُّسْتُورِيَّة	헌법개정위원회	constitution revision commission
2318	لِصّ ج. لُصُوص	도둑, 절도범	thief
2319	مَبْدَأ ج. مَبَادِئُ	원리, 원칙	principle
2320	مَبْنَى الْبَلَدِيَّة	시청	town hall
2321	مُتَّهَم	기소된, 고발된; 기소자	accused; prosecutor
2322	مُجْرِم	죄를 범한, 범인	criminal
2323	مُجَلَّد	서류철	folder
2324	مَجْلِس الشُّيُوخ	상원	upper house
2325	مَجْلِس الْوُزَرَاء	국무회의	cabinet council (meeting)
2326	مَجْمُوعَة الثَّمَانِي	G8	G8
2327	مَجْمُوعَة الْعِشْرِين	G20	G20
2328	مُحَاسِب	회계원, 회계사	accountant
2329	مُحَاسَبَة	회계	accounting
2330	مُحَاكَمَة	재판	trial

번호	아랍어	한국어	영어
2331	مُحَامٍ	변호사	lawyer
2332	مَحْضَر	조서	report
2333	مَحَطَّة تَوْلِيدِ الطَّاقَة الْكَهْرَبَائِيّ	전력발전소	power station
2334	مَحْظُور	금지된	banned
2335	مَحْكَمَة ج. مَحَاكِمُ	재판소, 법원	court, tribunal
2336	مَحْكَمَة الْأُسْرَة	가정법원	family court
2337	مَحْكَمَة الْجِنَايَات	형사법원	criminal court
2338	مَحْكَمَة الْعَدْل الدَّوْلِيَّة	국제사법재판소	international court of justice
2339	مَحْكَمَة النَّقْض	파기법원(대법원)	court of causation
2340	مَحْكَمَة تَمْيِيز	항소법원	court of appeals
2341	مَحْكَمَة عُلْيَا	최고법원, 대법원	supreme court
2342	مُخَالَفَة	위반	violation
2343	مُخَالَفَة الْقَانُون	규정 위반	violation of the law
2344	مُخْتَطِف	납치범	kidnapper
2345	مُدَقِّق حِسَابَات	감사관	auditor
2346	مُدِير ج. مُدَرَاءُ	장, 지배인, 국장, 이사	director, manager
2347	مُدِير عَامّ	총지배인, 총경영인	general manager
2348	مُذَكِّرَة تَوْقِيف	체포영장	arrest warrant
2349	مُذْنِب	유죄의	guilty
2350	مُرَاقِب	감독관, 감시관	supervisors, inspectors
2351	مُرْسِل	발신자	sender

번호	아랍어	한국어	영어
2352	مُرْسَل إِلَيْهِ	수신자	recipient
2353	مَرْكَز إِطْفَاء الْحَرِيق	소방서	fire station
2354	مَرْكَز الْمُسَاعَدَة	문의 센터	help centre
2355	مَرْكَز رَئِيسِيّ	본사, 본점	head office
2356	مُزَوَّر	날조된, 위조된	false
2357	مَسْؤُول	책임자	responsible, accontable
2358	مَسْؤُول عَنْ	담당하는, 책임지는	in charge of
2359	مَسْؤُولِيَّة	책임	responsibility
2360	مُشْتَبَه بِهِ	용의자	suspect
2361	مَشْرُوع ج. مَشَارِيعُ	프로젝트, 계획	project
2362	مَصْلَحَة الْجَمَارِك	관세국	customs department
2363	مَصْلَحَة الضَّرَائِب	국세청	national tax service
2364	مُعَايِن	현장 조사관	examiner
2365	مَعَايِيرُ اِجْتِمَاعِيَّة	사회적 규범	social norms
2366	مُعْتَقَل	체포된, 죄수, 수감자	prisoner
2367	مُفَتِّش	검사관, 검열관	inspector
2368	مَكْتَب الْبَرِيْد	우체국	post office
2369	مَلْء	작성, 기입	filling out
2370	مِلَفّ ج. مِلَفَّات	파일, 서류철	file
2371	مُمَثِّل	대표자	representative
2372	مَمْنُوع	금지된	forbidden

법

번호	아랍어	한국어	영어
2373	مَمْنُوع التَّدْخِين	금연	no somking
2374	مَمْنُوع التَّصْوِير	사진촬영금지	no photography
2375	مَمْنُوع الْمُرُور	통행금지	no passing
2376	مَمْنُوع الْوُقُوف	주차금지	no stopping/ parking
2377	مَنْصِب ج. مَنَاصِبُ	직위, 직책	status, position
2378	مِنْطَقَة الْيُورُو	유로화 지역	the euro zone
2379	مُنَظَّمَة	조직, 기관, 기구	organization
2380	مُنَظَّمَة الِاتِّحَاد الْأُورُبِّيّ	유럽연합	EU
2381	مُنَظَّمَة التِّجَارَة الْعَالَمِيَّة	세계무역기구	World Trade Organization
2382	مُنَظَّمَة الْعَمَل الدَّوْلِيَّة	국제노동기구	International Labor Organization
2383	مَنْع	금지	forbidding
2384	مُؤَسَّسَة	기초, 기관, 기구, 설립, 창립	corporation, institution
2385	مُوَظَّف تَنْفِيذِيّ	경영 간부, 행정부	executive
2386	مُوَظَّف حُكُومِيّ	공무원	civil servant
2387	نَدْوَة	세미나, 회의	seminar
2388	نَدْوَة عَلَى الْإِنْتِرْنِت	온라인 회의	webinar/ web-based seminar
2389	هَيْئَات دِيبْلُومَاسِيَّة	외교 사절단	diplomatic missions
2390	هَيْئَة الْإِحْصَاء	통계청	national statistical office
2391	هَيْئَة الْأَرْصَاد الْجَوِّيَّة	기상청	meteorological administration

번호	아랍어	한국어	영어
2392	هَيْئَة السِّيَاحَة	관광청	tourism administration
2393	هَيْئَة الْمُرُور	교통청	traffic agency
2394	وَثِيقَة ج. وَثَائِقُ	서류	document
2395	وِزَارَة	부, 성	authority, ministry
2396	وِزَارَة الْاِتِّصَالَات	통신부	ministry of information
2397	وِزَارَة الْاِسْتِثْمَار	투자부	investment authority
2398	وِزَارَة الْأَوْقَاف	종교부	Islamic affairs
2399	وِزَارَة الْبِتْرُول	석유부	ministry of oil, ministry of petroleum
2400	وِزَارَة الْبِيئَة	환경부	ministry of environment
2401	وِزَارَة التِّجَارَة وَالصِّنَاعَة	무역산업부	trade and industry ministry
2402	وِزَارَة التَّرْبِيَة وَالتَّعْلِيم	교육부	ministry of education
2403	وِزَارَة التَّعَاوُن الدَّوْلِيّ	국제협력부	international cooperation authority
2404	وِزَارَة التَّعْلِيم الْعَالِي	고등교육부	higher education authority
2405	وِزَارَة الثَّقَافَة	문화부	ministry of Culture
2406	وِزَارَة الْخَارِجِيَّة	외무부	ministry of Foreign Affairs
2407	وِزَارَة الدَّاخِلِيَّة	내무부	ministry of interior
2408	وِزَارَة الدِّفَاع	국방부	ministry of national

번호	아랍어	한국어	영어
2409	وِزَارَة الزِّرَاعَة	농업부	ministry of agriculture
2410	وِزَارَة السِّيَاحَة	관광부	tourism administration
2411	وِزَارَة الشَّبَاب وَالرِّيَاضَة	청년체육부	ministry of youth and sport
2412	وِزَارَة الصِّحَّة	보건부	ministry of health
2413	وِزَارَة الطَّيَرَان	항공부	aviation administration
2414	وِزَارَة الْعَدْل	법무부	ministry of justice
2415	وِزَارَة الْمَالِيَّة	재무부	ministry of finance
2416	وِزَارَة الْمُحِيطَات وَمَصَائِد الْأَسْمَاك	해양수산부	ministry of maritime affairs and fisheries
2417	وِزَارَة النَّقْل وَالْمُوَاصَلَات	교통부	ministry of transportation
2418	حَكَمَ ـُ عَلَى ه بِـ ه	...에게 ~를 판결하다, 선고하다	to judge, sentence
2419	سَجَنَ ـُ	가두다, 감금하다	to be imprison
2420	سَرَقَ ـِ	훔치다	to steal
2421	شَكَّ ـُ فِي	의심하다, 혐의를 두다	to doubt
2422	شَهِدَ ـَ	증언하다, 증명하다; 목격하다	to witness
2423	طَبَعَ ـَ	인쇄하다	to print
2424	عَفَا ـُ عَن	사면하다, 용서하다	to pardon, forgive
2425	غَشَّ ـُ	속이다	to cheat
2426	فَرَضَ ـِ ه عَلَى ه	...에게 ~을 부과하다	to impose

번호	아랍어	한국어	영어
2427	فَرَضَ غَرَامَةً مَالِيَّةً عَلَى	...에게 벌금을 부과하다	to fine
2428	قَبَضَ ـِ عَلَى	체포하다	to arrest
2429	قَتَلَ ـُ	죽이다	to kill
2430	قَمَعَ ـَ	진압하다	to repress
2431	مَلَأَ ـَ	작성하다, 기입하다	to fill in (out)
2432	مَنَعَ ـَ	금지하다	to forbid
2433	أَثَّمَ	고발, 고소하다(II형)	to accuse, charge
2434	شَكَّلَ	조직하다, 구성하다(II형)	to compose, form
2435	عَذَّبَ	고문하다(II형)	to torture
2436	غَرَّمَ	벌금을 부과하다(II형)	to fine
2437	هَرَّبَ	탈주시키다, 밀수입하다(II형)	to smuggle
2438	وَجَّهَ اِتِّهَامًا إِلَى	비난하다, 고소하다(II형)	to implead
2439	وَجَّهَ تَحْذِيرًا إِلَى	경고하다(II형)	to forewarn
2440	وَجَّهَ تَعْلِيمَات	지시하다(II형)	to instruct
2441	وَجَّهَ تُهْمَةً إِلَى	혐의를 부과하다(II형)	to impose an accusation
2442	وَقَّعَ عَلَى	서명하다(II형)	to sign to~
2443	سَارَقَ	몰래하다(III형)	to sneak
2444	أَدَانَ	비난하다, 규탄하다(IV형)	to condemn

법

번호	아랍어	한국어	영어
2445	آذَى	해를 끼치다(IV형)	to injure
2446	أَعْدَمَ	사형하다(IV형)	to execute
2447	أَعْفَى من	면제하다, 탕감하다, 풀어주다(IV형)	to absolve from, release from
2448	أَقَرَّ	비준하다, 승인하다(IV형)	to approve
2449	اِتَّهَمَ بِـ	고발하다, 고소하다(VIII형)	to accuse, charge
2450	اِخْتَطَفَ	납치하다, 유괴하다(VIII형)	to kidnap
2451	اِرْتَكَبَ	저지르다, 범하다(VIII형)	to commit
2452	اِعْتَقَلَ	체포하다(VIII형)	to arrest, detain
2453	اِنْتَهَكَ	침해하다, 유린하다(VIII형)	to contravene, abuse
2454	اِسْتَجْوَبَ	심문하다(X형)	to examine, interrogate
2455	بَرْطَلَ	매수하다(4자근)	to bribe, corrupt

시간·수·단위 및 측량·색·도형
الوقت والعدد والقياس واللّون والشّكل

번호	아랍어	한국어	영어
2456	آب	8월(태양력)	August
2457	أَبْرَشُ م. بَرْشَاءُ	얼룩진	spotted, speckled
2458	إِبْرِيل	4월(서력)	April
2459	أَبْيَضُ م. بَيْضَاءُ	흰색의	white
2460	اِثْنَا عَشَرَ	12, 십이	twelve
2461	اِثْنَانِ	2, 이	two
2462	إِجَازَة سَنَوِيَّة	연차, 휴가	annual holiday
2463	إِجْمَالِيّ	합계	total
2464	أَحَدَ عَشَرَ	11, 십일	eleven
2465	أَحْمَرُ م. حَمْرَاءُ	붉은 색	red
2466	أَخْضَرُ م. خَضْرَاءُ	초록의	green
2467	أَخِير	마지막의, 최후의; 최근의	final, recent
2468	أَخِيرًا	마지막으로; 최근에; 결국	recently; finally
2469	آذَار	3월(태양력)	March

시간

번호	아랍어	한국어	영어
2470	أَرْبَعَة	4, 사	four
2471	أَرْبَعَةَ عَشَرَ	14, 십사	fourteen
2472	أَرْبَعُونَ	40, 사십	forty
2473	أُرْجُوَانِيّ	보라색의	purple
2474	أَزْرَقُ م. زَرْقاءُ	푸른, 파랑 색	blue
2475	أُسْبُوع ج. أَسَابِيعُ	주, 일주일	week
2476	أُسْبُوعِيّ	매주의, 주 1회의, 주간의	weekly
2477	أُسْبُوعِيًّا	매주	weekly
2478	أَسْمَرُ م. سَمْرَاءُ	갈 색의	brown
2479	أَسْوَدُ م. سَوْدَاءُ	검은 색	black
2480	أَشْقَرُ م. شَقْرَاءُ	금발의; (살결이) 흰	blond
2481	أَصْفَرُ م. صَفْرَاءُ	노란 색의	yellow
2482	أَغُسْطُس	8월(서력)	August
2483	أَغْلَبِيَّة	다수	majority
2484	أَقَلِّيَّة	소수	minority
2485	أُكْتُوبِر	10월(서력)	October
2486	أَكْثَرُ	더 많은 수(양)의, 가장 많은	more, the most
2487	اَلْأُسْبُوع الْقَادِم	다음주	next week
2488	اَلْأُسْبُوع الْمَاضِي	지난주	last week
2489	اَلْآنَ	지금	now
2490	اَلْاِنْقِلَاب الشَّتَوِيّ	동지	winter solstice

번호	아랍어	한국어	영어
2491	اَلْاِنْقِلَاب الصَّيْفِيّ	하지	summer solstice
2492	أَلْف ج. آلَاف	1,000	thousand
2493	أَمْسِ	어제	yesterday
2494	إِنْش	인치	inch
2495	أَوَّلُ ج. أَوَائِلُ	첫번째의	first
2496	أَوَّلًا	첫번째로	first of all
2497	أَيَّار	5월(태양력)	May
2498	أَيْلُول	9월(태양력)	September
2499	بِاللَّيْل	밤에	at night
2500	بِالْمِائَة	퍼센트	percent
2501	بَايِنْت	파인트(단위)	pint(pt)
2502	بُرْتُقَالِيّ	주황 색의	orange-colored
2503	بَرْقَشَة	색칠, 알록달록함	variegation
2504	بَعْدَ الظُّهْر	오후에	afternoon
2505	بَعْدَ غَدٍ	모레	the day after tomor-row
2506	بَعْض	몇몇의	some (of)
2507	بُعَيْدَ	~직후에	right after
2508	بُنِّيّ	갈색의	brown, coffee col-ored
2509	بُوصَة	인치	inch
2510	بُوصَلَة	나침반, 컴퍼스	compass
2511	تَارِيخ ج. تَوَارِيخُ	역사; 날짜	date, history

시간

번호	아랍어	한국어	영어
2512	تَارِيخ الْمِيلَاد	생년월일	date of birth
2513	تَاسِع	아홉번째의	ninth
2514	تِسْعَة	9, 구	nine
2515	تِسْعَةَ عَشَرَ	19, 십구	ninteen
2516	تِسْعُونَ	90, 구십	ninety
2517	تِشْرِين الْأَوَّل	10월(태양력)	October
2518	تِشْرِين الثَّانِي	11월(태양력)	November
2519	تَمُّوز	7월(태양력)	July
2520	ثَالِث	세번째의	third
2521	ثَالِثَ عَشَرَ	열세번째의	thirteenth
2522	ثَامِن	여덟번째의	eighth
2523	ثَانٍ	두번째의	second
2524	ثَانِيَ عَشَرَ	열 두번째의	twelve
2525	ثَانِيًّا	두번째로	Secondly
2526	ثَانِيَة ج. ثَوَانٍ	초	Second
2527	ثَخَانَة	굵기, 두께	thickness
2528	ثَلَاثَة	3, 삼	three
2529	ثَلَاثَةَ عَشَرَ	13, 십삼	thirteen
2530	ثَلَاثُونَ	30, 삼십	thirty
2531	ثُلْث ج. أَثْلَاث	1/3, 삼분의 일; 20분	one third; 20 minutes
2532	ثُلْثَان	2/3, 삼분의 이	two thirds

번호	아랍어	한국어	영어
2533	ثَمَانُون	80, 팔십	eighty
2534	ثَمَانِيَة	8, 팔	eight
2535	ثَمَانِيَةَ عَشَرَ	18, 십팔	eighteen
2536	جَالُون	갤런(액량 단위, 4.5리터)	galon(gal)
2537	جُمَادَى الْآخِرَة	6월(히즈라력)	Jumādá al-ākhirah (June)
2538	جُمَادَى الْأَوَّل	5월(히즈라력)	Jumādá al-ūlá (May)
2539	جُنَيْه ج. جُنَيْهَات	파운드(화폐 단위)	pound
2540	جُنَيْه إِسْتِرلِينِيّ	영국 파운드	pound
2541	حَادِي عَشَرَ	11번째의	eleventh
2542	حَجْم ج. أَحْجَام	규모	size
2543	حُزَيْرَان	6월(태양력)	June
2544	حِصَّة ج. حِصَص	몫	portion
2545	حَصِيلَة ج. حَصَائِلُ	합계	sum
2546	حَوَالَيْ	약, 쯤, 경	around, about
2547	حِين ج. أَحْيَان	시간, 때	time
2548	خَامِس	다섯번째의	fifth
2549	خَطّ مُسْتَقِيم	직선	straight line
2550	خَمْسَة	5, 오	five
2551	خَمْسَةَ عَشَرَ	15, 십오	fifteen
2552	خَمْسُونَ	50, 오십	fifty

번호	아랍어	한국어	영어
2553	دَاكِن	어두운	dark
2554	دَزِّينَة	열두개 한 묶음	dozen
2555	دَقِيقَة ج. دَقَائِقُ	분	minute
2556	دُولَار ج. دُولَارَات	달러	dollar
2557	دُولَارَانِ	2달러	two dollars
2558	دِيسَمْبِر	12월(서력)	December
2559	دِينَار ج. دَنَانِيرُ	디나르 (화폐 단위)	Dinar
2560	ذَهَبِيّ	금빛의, 황금 색의	golden
2561	ذُو الْحِجَّة	12월(히즈라력)	Dhū al-Ḥijjah (December)
2562	ذُو الْقَعْدَة	11월(히즈라력)	Dhū al-ga'dah (November)
2563	رَابِع	네번째	fourth
2564	رَابِعاً	네번째로	fourthly
2565	رُبْع	1/4, 사분의 일, 15분	quarter
2566	رَبِيع الأَوَّل	3월(히즈라력)	Rabī' al-awwal (March)
2567	رَبِيع الثَّانِي	4월(히즈라력)	Rabī' ath-thānī (April)
2568	رَجَب	7월(히즈라력)	Rajab(July)
2569	رَغِيف ج. أَرْغِفَة	덩어리	loaf of bread
2570	رَقْم ج. أَرْقَام	수, 숫자	number
2571	رَمَادِيّ	회색의	gray
2572	رَمَضَان	9월(히즈라력)	Ramaḍān (September)

번호	아랍어	한국어	영어
2573	رِيَال ج. رِيَالَات	리얄 (사우디아라비아의 화폐 단위)	Riyal
2574	زَمَن ج. أَزْمَان	기간; 시대; 시간	time
2575	سَابِع	일곱번째의	seventh
2576	سَابِقًا	이전에, 과거에	formerly, previous
2577	سَادِس	여섯번째의	sixth
2578	سَاعَة	시간; 시계	hour; o'clock; clock, watch
2579	سَاعَة مُنَبِّه	알람시계	alarm clock
2580	سَاعَة يَد	손목시계	wristwatch
2581	سَاعَتَانِ	두시간	two hours
2582	سِبْتَمْبِر	9월(서력)	September
2583	سَبْعَة	7, 칠	seven
2584	سَبْعَةَ عَشَرَ	17, 십칠	seventeen
2585	سَبْعُون	70, 칠십	seventy
2586	سَبْعِينِيَّات	70대, 70년대	seventies
2587	سِتَّة	6, 육	six
2588	سِتَّةَ عَشَرَ	16, 십육	sixteen
2589	سِتُّون	60, 육십	sixty
2590	سَلَفًا	사전에, 미리	beforehand
2591	سُمْرَة	(살갗의) 갈색	brown skin
2592	سَنَة ج. سَنَوَات	해, 년(1년 열두 달로 이뤄진)	year

시간

번호	아랍어	한국어	영어
2593	سَنْتِيمِتر ج. سَنْتِيمِترَات	센치미터	centimetre(cm)
2594	سَنَوِيّ	매년의, 연례의	yearly, annual
2595	سَنَوِيًّا	해마다	annually
2596	شُبَاط	2월(태양력)	February
2597	شَرْق	동쪽	east
2598	شَرْقِيّ	동쪽의	eastern
2599	شَرِيحَة ج. شَرَائِحُ	슬라이스	slice
2600	شَعْبَان	8월(히즈라력)	šaʿbān(August)
2601	شَمَال	북쪽	north
2602	شَمَالِيّ	북쪽의	northern
2603	شَهْر ج. أَشْهُر، شُهُور	달	month
2604	شَهْرِيًّا	매월의	monthly
2605	شَوَّال	10월(히즈라력)	Sawwāl(October)
2606	صَبَاح	아침	morning
2607	صَفَر	2월(히즈라력)	Ṣafar(February)
2608	صِفْر	0, 영	zero
2609	طَنّ	톤	tone
2610	طُوَل	길이	length
2611	طُولَ الأُسْبُوع	일주일 내내	all week
2612	طَوِيلًا	길게, 오랫동안	for a long time
2613	ظُهْر ج. أَظْهَار، ظُهُور	정오, 한낮	noon

번호	아랍어	한국어	영어
2614	ظُهْرًا	정오에	noon time
2615	عَاجِلًا	즉시	at once
2616	عَاشِر	열 번째	tenth
2617	عَاشُورَاء	아슈라(히즈라력 1월 10일에 행해지는 시아파의 종교행사)	ashura
2618	عَام ج. أَعْوَام	년, 연도	year
2619	عِدَّة	몇몇의	several
2620	عَدَد ج. أَعْدَاد	수	number
2621	عَرْض	넓이	width
2622	عَشَرَة	10, 십	ten
2623	عِشْرُون	20, 이십	twenty
2624	عِشْرِينِيَّات	20대, 20년대	twenties
2625	عَصْر ج. عُصُور	시대, 시기	age
2626	عُطْلَة ج. عُطَل	휴일	holiday
2627	عُطْلَة رَسْمِيَّة	공휴일	national holidays
2628	عَقِبَ	~다음에, ~직후에, 바로 다음에	after that
2629	عُمْق	깊이	depth
2630	عَهْد ج. عُهُود	기간, 시대	period
2631	عِيد ج. أَعْيَاد	명절, 축일	holiday, feast
2632	عِيد الْفِصْح	부활절	Easter
2633	عِيد الْمِيلَاد	크리스마스	Christmas

번호	아랍어	한국어	영어
2634	عِيد مِيلَاد	생일	birthday
2635	غَامِق	어두운	dark
2636	غَدًا	내일	tomorrow
2637	غِرَام ج. غِرَامَات	그램	gram(g)
2638	غَرْب	서쪽	west
2639	غَرْبِيّ	서쪽의	western
2640	غُرُوب	일몰	sunset
2641	فَاتِح	옅은	light
2642	فِبْرَايِر	2월(서력)	February
2643	فَتْرَة	기간	period
2644	فَجْأَةً	갑자기	suddenly
2645	فَجْر	새벽	dawn
2646	فِعْلًا	사실, 정말로	actually
2647	فَوْرَ	...하자마자, 직후에	as soon as
2648	فَوْرًا	곧, 즉시	immediately
2649	فَوْرِيّ	지금 당장의	immediate
2650	فِي الْأُسْبُوعِ الْقَادِم	다음 주	next week
2651	فِي الْأُسْبُوعِ الْمَاضِي	지난 주	last week
2652	فِي هٰذَا اَلْأُسْبُوع	금주, 이번 주	this week
2653	قَبْلَ	이전에	before, pre
2654	قَبْلَ الظُّهْر	오후에	before noon

번호	아랍어	한국어	영어
2655	قُبَيْلَ	..직전에	shortly before
2656	قُطْر ج. أَقْطَار	지름	diameter
2657	قِيَاس	측정	measure
2658	كَانُون الْأَوَّل	12월(태양력)	December
2659	كَانُون الثَّانِي	1월(태양력)	January
2660	كُحْلِيّ	짙은 청색, 곤색	dark blue, navy blue
2661	كُرَوِيّ	둥근, 구의	spherical
2662	كُلَّمَا	언제든지	whenever
2663	كُلَّ يَوم	매일	everyday
2664	كَمِّيَّة	양, 수량	volume
2665	كِيلُوغْرَام	킬로그램	kilogram
2666	كِيلُومِتر	킬로미터	kilometre
2667	لِأَوَّل مَرَّة	처음	for the first time
2668	لِتْر	리터	litre
2669	لَحْظَة	순간, 잠깐, 일순간	moment
2670	لَوْن ج. أَلْوَان	색	color
2671	لَيْلَة ج. لَيَالٍ	저녁	night
2672	لَيْلَة وَاحِدَة	하룻밤	one night
2673	مِائَة بِالْمِائَة	100%, 백 퍼센트	100 percent
2674	مَارِس	3월(서력)	March
2675	مَاضٍ	지난, 과거의	last

시간

번호	아랍어	한국어	영어
2676	مِائَة، مِئَة ج. مِئَات	100, 백	hundred
2677	مِئَات مِنْ	수 백의	hundreds
2678	مِئَوِيّ	백 번째의, 100주년의	hundredth, centennial
2679	مَايُو	5월(서력)	May
2680	مُؤَخَّرًا	최근에	lately
2681	مُبَكِّر	이른, 일찍의	early
2682	مُتَأَخِّر	늦은	late
2683	مِتْر ج. أَمْتَار	미터(m)	meter
2684	مِتْر مُرَبَّع	평방 미터	square meter
2685	مَتَى	언제	when
2686	مُحَرَّم	1월(히즈라력)	Muḥarram (January)
2687	مُدَّة	기간, 시기	period
2688	مُرَبَّع	네모	squre
2689	مَرَّة	한 번	once
2690	مُزْدَوِج	두 배의	double
2691	مَسَاء ج. أَمْسَاء	저녁	evening
2692	مَسَاءً	저녁에	in the evening
2693	مَسَافَة	거리, 간격	distance
2694	مُسْتَدِير	둥근, 동그란	round
2695	مُسْتَطِيل	직사각형의	rectangle
2696	مُعَاصِر	동시대의	contemporary

번호	아랍어	한국어	영어
2697	مَقَاس	사이즈, 측량	size, measuring
2698	مُكَعَّب	입방의	cubic
2699	مِلْلِيغْرَام	밀리그램	milligram(mg)
2700	مِلْلِيلِتر	밀리리터	millilitre(ml)
2701	مِلْيُون ج. مَلَايِينُ	100만, 백만	million
2702	مُنْتَصَف اللَّيْل	자정, 밤 열두시	midnight
2703	مُنْذُ	부터(시간)	from, since
2704	مِيعَاد ج. مَوَاعِيدُ	약속시간, 약속날짜	appointment
2705	مَيِل	마일	mile(mi)
2706	نِسْبَة مِئَوِيّة	백분율, (백분율로 나타낸) 비율	percentage
2707	نَسَمَة	(사람) 명	person
2708	نَهَار ج. أَنْهُر	낮	daytime
2709	نِهَايَة الْأُسْبُوع	주말	weekend
2710	نُوفِمْبِر	11월(서력)	November
2711	نِيسَان	4월(태양력)	April
2712	وَاحِد	1, 일	one
2713	وَاحِد وَعِشْرُون	21, 이십 일	twenty-one
2714	وَاط	와트	Watt
2715	وَرْدِيّ	분홍색의	pink
2716	وَقْت ج. أَوْقَات	시간	time
2717	وَقْتَئِذٍ	그 때에	then

번호	아랍어	한국어	영어
2718	يَارْدَة	야드 (1야드 = 91.44cm)	yard(yd)
2719	يَنَايِر	1월(서력)	January
2720	يُولِيُو	7월(서력)	July
2721	يَوْم ج. أَيَّام	하루, 날; 요일	daytime
2722	يَوْم الْإِثْنَيْن	월요일	Monday
2723	يَوم الْأَحَد	일요일	Sunday
2724	يَوم الْأَرْبِعَاء	수요일	Wednesday
2725	يَوْم الثُّلَاثَاء	화요일	Tuesday
2726	يَوْم الْجُمْعَة	금요일	Friday
2727	يَوْم الْخَمِيس	목요일	Thursday
2728	يَوْم السَّبْت	토요일	Saturday
2729	يَوْم الْمَرْأَة	여성의 날	International Women's Day (8th Mar)
2730	يَوْم حَاسِم	중대한 날, 결정적인 날	momentous day
2731	يَوْم حُقُوق الْإِنْسَان	세계 인권의 날	Human Right Day
2732	يَوْمِيّ	매일의	daily
2733	يُونِيُو	6월(서력)	June
2734	بَرِش -	얼룩이 생기다	to be tainted
2735	مَضَى -	시간이 지나다, 경과하다	to get on in
2736	رَقَّمَ	번호를 매기다(II형)	to number

번호	아랍어	한국어	영어
2737	سَخَّمَ	검게 하다, 더럽히다(II형)	to blacken, make black
2738	عَاصَرَ	~와 같은, 시대를 살다, ~와 동시대이다(IV형)	to be contemporaneous with
2739	اِحْمَرَّ	붉어지다(IX형)	to turn red
2740	اِزْرَقَّ	파래지다(IX형)	to turn blue
2741	اِسْوَدَّ	검어지다(IX형)	to blacken
2742	اِصْفَرَّ	노래지다, 황색으로 되다(IX형)	to turn yellow

시간

신체·건강·의학·질병
الجسم والصّحّة والطّبّ والأمراض

번호	아랍어	한국어	영어
2743	أَبْرَصُ ج. بُرُص	나병환자	leper
2744	أَبْكَمُ ج. بُكْم	벙어리	dumb
2745	إِبْهَام ج. أَبَاهِيمُ	엄지손가락	thumb/big toe
2746	إِجْهَاض	유산, 낙태	miscarriage
2747	أَخْمَصُ ج. خُمْص	발바닥	sole
2748	أُذْن ج. آذَان	귀	ear
2749	أَذًى	상처	pain
2750	أَرَق	불면증	insomnia
2751	أَسْبِرِين	아스피린	aspirin
2752	إِسْعَاف	구조	help, aid
2753	إِسْهَال	설사	diarrhoea
2754	أَشْعَة إِكْس	엑스레이	x-ray
2755	إِصَابَة	부상	injury
2756	إِصْبَع ج. أَصَابِعُ	손가락	finger
2757	أَصْلَعُ ج. صُلْع	대머리	bald
2758	أَطْرَشُ م. طَرْشَاءُ	귀머거리	deaf

번호	아랍어	한국어	영어
2759	أَعْرَجُ م. عَرْجَاءُ	절름발이	lame
2760	أَعْمَى	눈이 먼	blind
2761	اِكْتِئَاب	우울증	depression
2762	اِلْتِهَاب	감염	infection
2763	اِلْتِهَاب الْأَمْعَاء	장염	gastroenteritis
2764	اِلْتِهَاب التَّأْمُور	심낭염	pericarditis
2765	اِلْتِهَاب الْمُلْتَحِمَة	결막염	conjunctivitis
2766	اِلْتِهَاب الْجِلْد	피부염	dermatitis
2767	اِلْتِهَاب الْحَبْل	척수염	myelitis
2768	اِلْتِهَاب الدِّمَاغ	뇌염	encephalitis
2769	اِلْتِهَاب الرِّئَتَيْن	폐렴	pneumonia
2770	اِلْتِهَاب الرَّحْم	자궁염	uteritis, metritis
2771	اِلْتِهَاب الزَّائِدَة الدُّودِيَّة	충수염	typhlitis
2772	اِلْتِهَاب السَّحَايَا	수막염, 뇌막염	meningitis
2773	اِلْتِهَاب الشُّعَب	기관지염	bronchitis
2774	اِلْتِهَاب الْكَبِد	간염	hepatitis
2775	اِلْتِهَاب الْكِلَى	신장염	nephritis
2776	اِلْتِهَاب اللَّوْزَتَيْن	편도선염	tonsillitis
2777	اِلْتِهَاب الْمَعِدَة	위염	gastritis
2778	اِلْتِهَاب الْمَفَاصِل	관절염	arthritis
2779	اِلْتِهَاب الْوَرِيد	정맥염	phlebitis

번호	아랍어	한국어	영어
2780	مَرَض صِمَامِ الْقَلْب	심장판막증	valvular disease of the heart
2781	اِلْتِهَابِىّ	염증의	inflammatory
2782	أَلَم ج. آلَام	고통	pain
2783	أَمْرَاض جِلْدِيَّة	피부병	skin disease
2784	أَمْرَاض نَفَسِيَّة	정신질환	mental disease
2785	إِمْسَاك	변비	constipation
2786	أُنْبُوب قَصَبِيّ	기관지	bronchial tube
2787	إِنْعَاش	소생	resuscitation
2788	أَنْف ج. أُنُوف، آنَاف	코	nose
2789	إِنْفُلُونْزَا	감기, 인플루엔자	flu
2790	أَوْعِيَة دَمَوِيَّة	혈관	blood vessel
2791	إِيدز، نَقْص الْمَنَاعَة الْمُكْتَسَبَة	에이즈	AIDS
2792	بَاسُور	치질	hemorrhoids
2793	بُؤْبُؤ	눈동자, 동공	pupil
2794	بَتْر	절단	amputation
2795	بَثْرَة ج. بُثُور	뾰루지	pimple
2796	بِرَاز	변, 배설물	dung, compost
2797	بَرْد	감기	cold
2798	بَصَر ج. أَبْصَار	시각, 시야	sight
2799	بَطْن ج. بُطُون، أَبْطُن	배	belly

신체

번호	아랍어	한국어	영어
2800	بُعْد النَّظَر	원시	far-sightedness
2801	بِنْصِر ج. بَنَاصِرُ	약손가락, 넷째 손가락	ring finger, Fourth finger
2802	تَخْدِير	마취	Anesthesia
2803	تُخْمَة	소화 불량	indigestion
2804	تَدْخِين	흡연	smoking
2805	تِرْمُومِتْر ج. تِرْمُومِتْرَات	온도계	thermometer
2806	تَسَاقُط الشَّعْر	탈모	hair loss
2807	تَسَمُّم	중독	poisoning
2808	تَسْمِير	선탠	tanning
2809	تَعَاطِي الْمُخَدِّرَات	마약 복용	taking drugs
2810	تَقَيُّو	구토	vomiting
2811	تَمْرِيض	간호	nursing
2812	تَنْوِيم مَغْنَاطِيسِيّ	최면	hypnosis
2813	تِيفُوئِيد	장티푸스	typhoid
2814	ثَدْي ج. أَثْدَاء	젖가슴	breast
2815	جِبْس ج. أَجْبَاس	기브스	gypsum
2816	جَبِين ج. أَجْبِنَة	이마	forehead
2817	جَدَرِيّ	천연두	smallpox
2818	جَدَرِيّ الدَّجَاج	수두	chicken pox
2819	جُذَام	문둥병	leprosy
2820	جَرَّاح	외과의	surgeon

번호	아랍어	한국어	영어
2821	جِرَاحَة	수술	surgery
2822	جَرْثَمَة	세균 전염	spreading germs
2823	جُرْثُومَة ج. جَرَاثِيمُ	박테리아	bacteria
2824	جُرْح ج. جُرُوح	상처	wound, cut
2825	جُرْعَة	복용량	dose
2826	جَرِيح ج. جَرْحَى	부상자	wounded, injured
2827	جَسَد ج. أَجْسَاد	몸, 신체	body
2828	جَسَدِيّ	신체의	bodily
2829	جِسْم ج. أَجْسَام	몸, 신체	body
2830	جِسْمِيّ	신체의	bodily
2831	جُشْأَة، جُشَاء	트림	burping, belching
2832	جَفْن ج. جُفُون	눈꺼풀	eyelid
2833	جُلْطَة دِمَاغِيَّة	뇌졸중	stroke
2834	جُمْجُمَة ج. جَمَاجِمُ	두개골	skull
2835	جُنُون	정신이상, 광기	madness
2836	جَنِين ج. أَجِنَّة	태아	embryo
2837	جِهَاز الْمَنَاعَة	면역체계	immune system
2838	جِهَاز تَنَاسُلِيّ	생식기계	genitourinary system
2839	جِهَاز تَنَفُّسِيّ	호흡기계	respiratory system
2840	جِهَاز دَوْرِيّ	순환기계	circulatory system
2841	جِهَاز عَصَبِيّ	신경기계	nervous system

신체

번호	아랍어	한국어	영어
2842	جِهَاز هَضْمِيّ	소화기계	digestive system
2843	حَاسَّة الْبَصَر	시각	sense of sight
2844	حَاسَّة الذَّوْق	미각	sense of taste
2845	حَاسَّة السَّمْع	청각	sense of hearing
2846	حَاسَّة الشَّمّ	후각	sense of smell
2847	حَاسَّة اللَّمْس	촉각	sense of touch
2848	حَامِل ج. حَوَامِلُ	임신한; 임산부	pregnant
2849	حَبْل سُرِّيّ	탯줄	umbilical cord
2850	حَبْل شَوْكِيّ	척수	spinal cord
2851	حِجَاب حَاجِز	횡경막	epiphrenic
2852	حُجْرَة عَمَلِيَّات	수술실	operating theatre, operating room
2853	حَرَقَان	(가슴, 위) 타는 듯한 통증	burning
2854	حَسَاسِيَّة	알레르기	allergy
2855	حَصْوَة ج. حَصَوَات	결석; 돌	calculus, stone
2856	حُقْنَة ج. حُقَن	주사	injection
2857	حَلْق ج. حُلُوق	목구멍	throat
2858	حَمْل	임신	pregnancy
2859	حُمَّى	열(병)	fever
2860	حُمَّى تِيفِيَّة	장티푸스	typhoid
2861	حَنْجَرَة ج. حَنَاجِرُ	목구명	throat
2862	حَوْض ج. أَحْوَاض	골반	pelvic

번호	아랍어	한국어	영어
2863	خَدّ ج. خُدُود	뺨	cheek
2864	خَدَر	마취, 마비	numbness, paralysis
2865	خُطُوط الْكَفّ	손금	the lines of the palm
2866	دَم ج. دِمَاء	피, 혈액	blood
2867	دِمَاغ ج. أدْمِغَة	뇌물	brain
2868	دَوَاء ج. أَدْوِيَة	약	medicine
2869	دُوَّار	어지러움	dizziness
2870	دَوْخَة	어지러움	dizziness
2871	ذِرَاع ج. أَذْرُع	팔	arm
2872	ذِقْن ج. ذُقُون	턱	chin
2873	رَاحَة الْيَد، كَفّ	손바닥	palm
2874	رَأس ج. رُؤُوس	머리, 고개	head
2875	رِئَة	폐	lung
2876	رَبْو	천식	asthma
2877	رِجْل ج. أَرْجُل	다리	leg
2878	رِسْغ ج. أَرْسَاغ	손목	wrist
2879	رَضَاعَة طَبِيعِيَّة	모유 수유	breastfeeding
2880	رَقَبَة ج. رِقَاب	목	neck
2881	رُكْبَة ج. رُكَب	무릎	knee
2882	زَرْع الْقَلْب	심장 이식	heart transplant
2883	زُكَام	감기	cold

번호	아랍어	한국어	영어
2884	سَاعِد ج. سَوَاعِدُ	팔	forearm
2885	سَبَّابَة	집게손가락, 검지	index finger
2886	سُبَات	동면, 기면, 코마	lethargy, coma
2887	سِحَاءَة ج. سَحَايَا	뇌막	be sound asleep
2888	سُرَّة ج. سُرَر	배꼽	navel
2889	سَرِير نَقَّال	이동식 침대, 간이침대	cot
2890	سُعَال	기침	cough
2891	سُعْرَة حَرَارِيَّة	칼로리	calorie
2892	سُلّ الْعِظَام	골결핵	tuberculosis of bone
2893	سَلَامَة	안전	safety
2894	سَمِين	뚱뚱한, 비만인	overweight
2895	شَارِب	콧수염	mastache
2896	شِرْيَان ج. شَرَايِينُ	동맥	artery
2897	شَعْر ج. شُعُور	머리카락	hair
2898	شِفَاء	치료	curing
2899	شَفَة ج. شِفَاه	입술	lip
2900	شَهَادَة مَرَضِيَّة	병결 진단서	medical certificate
2901	شَهَادَة وَفَاة	사망 증명서	death certificate
2902	شَهْوَة	욕구, 갈망, 식욕	desire
2903	شَهِيَّة	식욕	appetite
2904	صِحَّة	건강	health

번호	아랍어	한국어	영어
2905	صُدَاع	두통	headache
2906	صَدْر ج. صُدُور	가슴, 흉부	chest
2907	صَيْدَلَة	약, 약학	pharmacology
2908	صَيْدَلِيّ ج. صَيَادِلَة	약사	pharmacist
2909	صَيْدَلِيَّة	약국	pharmacy
2910	ضَغْط الدَّم	혈압	blood pressure
2911	ضِلْع ج. ضُلُوع، أَضْلَاع	갈비, 늑골	rib
2912	ضِمَاد	붕대	bandage, dressing
2913	طَاحِنَة	어금니	molar
2914	طَارِئ	비상	emergency
2915	طَاعُون	흑사병	plague
2916	طِبّ	의학, 의술, 의료	medicine
2917	طِبّ الْأَسْنَان	치의학	dentistry
2918	طِبّ الْقَلْب	심장학, 순환기내과	cardiology
2919	طِبّ نَفْسِيّ	정신과	psychiatry
2920	طَبِيب ج. أَطِبَّاء	의사	doctor
2921	طَبِيب أَسْنَان	치과의사	dentist
2922	طِفْل أَنَابِيب	시험관 아기	a test-tube baby
2923	طَقْم أَسْنَان	틀니	denture
2924	ظُرُوف صِحِّيَّة	위생 상태	sanitary condition
2925	ظُفْر ج. أَظْفَار، أَظْفُر، أَظَافِيرُ	손톱, 발톱	fingernail, toenail

번호	아랍어	한국어	영어
2926	ظَهْر ج. ظُهُور، أَظْهُر	등	back
2927	عَائِق ج. عَوَائِق	장애	obstacle
2928	عَامُود	기둥, 주석	pillar
2929	عَدْوَى	감염	infection
2930	عَضَلَة ج. عَضَل	근육	muscle
2931	عُضْوِيّ	기관의	organic
2932	عَطْسَة	재채기	sneeze
2933	عَطَش	갈증	thirsty
2934	عَظْم ج. عِظَام	뼈	bone
2935	عِلَاج	치료	treatment
2936	عِلَاج طَبِيعِيّ	물리치료	physiotherapy
2937	عَمَلِيَّة	수술	operation, surgery
2938	عَمَلِيَّة تَجْمِيل	성형수술	plastic surgery
2939	عَمُود فِقَرِيّ	척추, 등뼈	backbone
2940	عُنُق ج. أَعْنَاق	목	neck
2941	عَوَامَة إِنْقَاذ	구명 부표	life buoy
2942	عِيَادَة	(전문분야) 병원, 치료소	clinic
2943	عَيْن ج. عُيُون	눈	eye
2944	غَثَيَان	메스꺼움	nausea
2945	غُرْفَة عَمَلِيَّات	수술실	operating theatre, operating room
2946	غَيْبُوبَة	혼수상태	coma

번호	아랍어	한국어	영어
2947	فَحْص الأَسْنَان	치과 검진	dental check-up
2948	فَخْذ ج. أفْخَاذ	허벅지	thigh
2949	فُرْشَاة أَسْنَان	칫솔	toothbrush
2950	فَكّ ج. فُكُوك	턱	jaw
2951	فَم ج. أَفْوَاه	입	mouth
2952	قَاطِع	앞니	incisor
2953	قَبْضَة الْيَد	주먹	fist
2954	قَدَم ج. أَقْدَام	발	foot
2955	قَرَنِيَّة	각막	cornea
2956	قِسْم الْأَعْصَاب	신경학과	neurology
2957	قِسْم الْأَمْرَاض	병리학과	pathology
2958	قِسْم التَّجْمِيل	성형 수술	plastic surgery
2959	قِسْم الْجِلْدِيَّة	피부과	dermatology
2960	قِسْم السَّرْطَان	종양학	oncology
2961	قِسْم الْعُيُون	안과학	ophthalmology
2962	قِسْم الْغُدَد وَالصَّمَاء	내분비학	endocrinology
2963	قِصَر النَّظَر	근시	near-sightedness
2964	قَلْب ج. قُلُوب	심장, 중심	heart, core
2965	كَاحِل ج. كَوَاحِلُ	발목	ankle
2966	كَبِد ج. أَكْبَاد، كُبُود	간	liver
2967	كَتِف، كِتْف ج. أَكْتَاف، كُتُوف	어깨	shoulder

신체

번호	아랍어	한국어	영어
2968	كَدْمَة	멍	bruise
2969	لَابُؤْرِيَّة	난시	astigmaism
2970	لِثَة	잇몸	gum
2971	لِحْيَة ج. لُحًى	수염	beard
2972	لَذْعَة	화상	burn, scald
2973	لِسَان	혀	tongue
2974	لُعَاب	침, 타액	saliva
2975	لِقَاح	백신	vaccine
2976	مَاء أَبْيَضُ	백내장	cataract
2977	مُتَخَلِف عَقْلِيًّا	지적 장애의	mentally disabled
2978	مُتْعَب	피곤한	tired
2979	مَرَض ج. أَمْرَاض	병, 질병	disease
2980	مَرَض السَّرْطَان	암	cancer
2981	مَرَض السُّكَّر	당뇨병	diabetes
2982	مِرْفَق ج. مَرَافِقُ	팔꿈치	elbow
2983	مَرْهَم ج. مَرَاهِمُ	연고	cream, ointment
2984	مُرُونَة	유연성	flexibility
2985	مَرِيض ج. مَرْضَى	환자	patient
2986	مُزْمِن	만성병 환자	chronic
2987	مُسْتَشْفًى ج. مُسْتَشْفَيَات	병원	hospital
2988	مُسْتَوْصَف	(전문 분야)병원	clinic

번호	아랍어	한국어	영어
2989	مُسَكِّنَات الْأَلَم	진통제	painkiller
2990	مِسْمَار ج. مَسَامِيرُ	손톱	nail
2991	مَشْلُول	마비된	paralysed
2992	مُصَاب	부상자, 감염자	injured
2993	مُصْرَان ج. مَصَارِينُ	내장, 창자	internal organs
2994	مُضَادّ حَيَوِيّ	항생제	antibiotic
2995	مُطَهِّر	소독약, 살균제	disinfectant
2996	مُعَاق	장애가 있는	handicapped
2997	مُعَالَجَة	치료, 공정, 처리, 해결	treatment
2998	مُعْدٍ	전염성, 전염성	contagious, infectious
2999	مَعِدَة ج. مَعِد	위	stomach
3000	مِعًى ج. أَمْعَاء	장, 창자	intestine
3001	مَفْصَل ج. مَفَاصِلُ	관절	joint
3002	مِقْيَاس الْحَرَارَة	온도계	thermometer
3003	مَلَارِيَا	말라리아, 학질	malaria
3004	مُمَرِّض	간호사	nurse
3005	مَوْلُود قَبْلَ الْأَوَان	조산아	premature baby
3006	نُخَاع	두뇌	brain
3007	نَزْلَة الْبَرْد	감기	cold
3008	نَزِيف	출혈	haemorrhage
3009	نَزِيف الْأَنْف	코피	nosebleed

번호	아랍어	한국어	영어
3010	نَظَافَة الْأَسْنَان	치위생	dental hygiene
3011	نِقْي ج. أَنْقَاء	골수	marrow
3012	نَوْبَة قَلْبِيَّة	심장마비	heart attack
3013	هَضْم	소화	digestion
3014	هَيْكَل ج. هَيَاكِلُ	구조, 골격	structure
3015	وَبَاء ج. أَوْبِئَة	병, 질병	disease
3016	وَجَع ج. أَوْجَاع	아픔, 통증	pain
3017	وَجْه ج. وُجُوه	얼굴	face
3018	وَحْدَة الْعِنَايَة الْمُرَكَّزَة	중환자실	intensive care unit(ICU)
3019	وَرَم ج. أَوْرَام	부기	swelling
3020	وَرِيد ج. أَوْرِدَة	정맥	vein
3021	وُسْطَى	가운데 손가락, 중지	middle finger
3022	وَصْفَة طِبِّيَّة	처방전	prescription
3023	يَد ج. أَيْدٍ	손	hand
3024	بَالَ ـُ	오줌싸다	to urinate
3025	بَحَّ ـِ	목이 쉬다	to be hoarse
3026	سَبَخَ ـُ	깊이자다, 단잠을 자다	to be sound asleep
3027	سَعَلَ ـُ	기침하다	to cough
3028	سَفَّ ـِ	삼키다, 복용하다	to swallow, drint
3029	سَقِمَ ـَ	(장기간동안) 아프다	to become sick, become thin

번호	아랍어	한국어	영어
3030	سَكَّ ـُ	귀가 멀다	be hard of hearing
3031	سَمَّ ـُ	중독시키다, 독약을 넣다	to poison
3032	شَفَى ـِ	치료하다	to cure
3033	عَطَسَ ـِ	재채기하다	to sneeze
3034	نَزَفَ ـِ	피를 흘리다, 출혈이 나다	to bleed
3035	نَمِلَ ـَ	(손발이) 쑤시다, 마비되다	to ache, be anesthetized
3036	وَجَعَ ـِ	상처를 입히다, 다치게 하다	to hurt
3037	جَبَّسَ	기브스하다(II형)	to put in a cast, plaster
3038	جَشَّأَ	트림하다(II형)	to burp, to belch
3039	دَخَّنَ	담배를 피우다(II형)	to smoke
3040	عَالَجَ	치료하다(III형)	to treat
3041	أَسْعَفَ	구조하다, 응급처치하다(IV형)	to help, aid
3042	أَصَابَ	부상을 입히다, 피해를 주다 (IV형)	to injure
3043	أُصِيبَ بـ	부상 당하다, 피해를 입다 (IV형, 수동)	to be injured
3044	تَنَفَّسَ	호흡하다(V형)	to breath

신체

여행·관광·장소·건축·건물

السّياحة والمكان والبناء

번호	아랍어	한국어	영어
3045	أَبُو الْهَوْل	스핑크스	sphinx
3046	اِتِّجَاه صَحِيح	바른 방향	right direction
3047	أَثَر ج. آثَار	유물, 유적	antiquity, ancient monument
3048	أَثَرِيّ	유적의	archeological
3049	أَجْنَبِيّ ج. أَجَانِبُ	외국인; 외국의	foreign; foreigner
3050	اِزْدِحَام	혼잡, 정체	overcrowding, traffic congestion
3051	إِسْبَانِيَا	스페인	Spain
3052	أُسْتُرَالِيَا	호주	Australia
3053	اِسْتِعْدَاد لِـ	준비됨	ready to
3054	إِسْرَائِيلُ	이스라엘	Israel
3055	أَسْوَانُ	아스완 (이집트의 도시)	Aswan
3056	آسِيَا	아시아	Asia
3057	إِشَارَة مُرُور	신호등	traffic lights
3058	أَطْلَس ج. أَطَالِسُ	지도책	atlas, map

번호	아랍어	한국어	영어
3059	إِفْرِيقِيَا	아프리카	Africa
3060	إِقْلِيم ج. أَقَالِيمُ	지역	region
3061	إِقْلِيمِيّ	지역의, 지역적인	regional
3062	اَلْاِتِّحَاد السُّوفِيَاتِيّ	소비에트 연방	Soviet Union
3063	اَلْأُرْدُنّ	요르단	Jordan
3064	اَلْإِسْكَنْدَرِيَّة	알렉산드리아 (이집트의 도시)	Alexandria
3065	اَلْأُقْصُر	룩소르 (이집트의 도시)	Luxor
3066	اَلْإِمَارَات الْعَرَبِيَّة الْمُتَّحِدَة	아랍에미리트	United Arab Emirates
3067	اَلْأَنْدَلُس	안달루시아 (스페인 남부 지역)	Andalusia
3068	اَلْبَتْرَاء	페트라 (요르단의 고대도시)	Petra
3069	اَلْبَحْر الْأَبْيَض الْمُتَوَسِّط	지중해	The Mediterranean Sea
3070	اَلْبَحْر الْأَحْمَر	홍해	The Red Sea
3071	اَلْبَحْر الْأَسْوَد	흑해	The Black Sea
3072	اَلْبَحْر الْمَيِّت	사해	The Dead Sea
3073	اَلْبَحْرَيْن	바레인	Bahrain
3074	اَلْبَصْرَة	바스라 (이라크의 도시)	Basra
3075	اَلْجَزَائِر	알제리	Algeria
3076	اَلْخَلِيج الْعَرَبِيّ	아랍만 (이란의 페르시아만)	Arabian Gulf

번호	아랍어	한국어	영어
3077	اَلدُّوحَة	도하 (카타르의 수도)	Doha
3078	اَلدُّوَل الْعَرَبِيَّة	아랍국가들	Arab countries
3079	اَلْمَمْلَكَة الْعَرَبِيَّة السُّعُودِيَّة	사우디아라비아	Saudi Arabia
3080	اَلسُّودَان	수단	Sudan
3081	اَلسُّوَيْد	스웨덴	Sweden
3082	اَلشَّارِقَة	샤르자 (아랍에미리트 7개 토후국 중 하나)	Shariqa
3083	اَلشَّرْق الْأَوْسَط	중동	Middle East
3084	اَلصُّومَال	소말리아	Somalia
3085	اَلصِّين	중국	China
3086	اَلضِّفَّة الْغَرْبِيَّة	(요르단 강) 서안 지구	The West Bank
3087	اَلْعِرَاق	이라크	Iraq
3088	اَلْعَقَبَة	아카바 (요르단의 도시)	Aqaba
3089	اَلْفِلِبِّين	필리핀	Philippine
3090	اَلْقَارَّة الْقُطْنِيَّة الْجَنُوبِيَّة	남극 대륙	Antarctica
3091	اَلْقَاهِرَة	카이로 (이집트의 수도)	Cairo
3092	اَلْكُوفَة	쿠파(이라크의 도시)	Kufa
3093	اَلْكُوَيْت	쿠웨이트	Kuwait
3094	أَلْمَانِيّ	독일인; 독일의	German
3095	أَلْمَانِيَا	독일	Germany

번호	아랍어	한국어	영어
3096	اَلْمَدِينَة	메디나(이슬람 성지, 사우디아라비아)	Medina
3097	اَلْمَمْلَكَة الْمُتَّحِدَة	영국	United Kingdom
3098	اَلْوِلَايَات الْمُتَّحِدَة	미국	United States
3099	إِمَارَة	토후국	Emirate
3100	أَمَازُون	아마존	Amazon
3101	إِمْبَرَاطُورِيّ	제국의	imperial
3102	إِمْبَرَاطُورِيَّة	제국	empire
3103	أُمَّة ج. أُمَم	국가, 민족	nation
3104	أَمْرِيكَا	미국	America
3105	أَمْرِيكَا الْجَنُوبِيَّة	남미	South America
3106	أَمْرِيكَا الشَّمَالِيَّة	북미	North America
3107	أَمْرِيكَا اللَّاتِينِيَّة	라틴 아메리카	Latin America
3108	أَمْرِيكَا الْوُسْطَى	중남미	Central America
3109	إِنْدُونِيسِيَا	인도네시아	Indonesia
3110	إِنْجِلْتِرَا، إِنْكِلْتِرَا	영국	England
3111	أَهْلِيّ	국내의, 시민의, 국가의	domestic, civil, national
3112	أُوتُوبِيس ج. أُوتُوبِيسَات	버스	bus
3113	أُوتُوبِيس سَرِيع	고속버스	express bus
3114	أُورُوبَّا	유럽	Europe
3115	أُورُوغْوَاي	우루과이	Uruguay
3116	إِيرَانُ	이란	Iran

번호	아랍어	한국어	영어
3117	إِيطَالِيَا	이탈리아	Italy
3118	بَاخِرَة	증기선	steamship
3119	بَارِيس	파리(프랑스의 수도)	Paris
3120	بَاص	버스	bus
3121	بَاكِسْتَان	파키스탄	Pakistan
3122	بُرْتُغَالِيّ	포르투갈의; 포르투갈인	Portuguese
3123	بُرْج ج. أَبْرَاج	탑	tower
3124	بِرْكَة ج. بِرَك	연못	pond
3125	بَرْلِين	베를린(독일의 수도)	Berlin
3126	بَرِيطَانِيَا	영국, 대영제국	Britain
3127	بَعِيد	먼	far
3128	بَغْدَادُ	바그다드	Baghdad
3129	بَقْشِيش	팁	tip
3130	بَلَاط	타일바닥, 바닥타일	palace; tiled floor, floor tiles
3131	بَلَد ج. بِلَاد، بُلْدَان	나라, 국가	country
3132	بَلَدِيّ	나라의, 토착의	national
3133	بِنَاء ج. أَبْنِيَة	건축, 건물	building
3134	بَنَامَا	파나마	Panama
3135	بِنَايَة	건축, 건물	building
3136	بَنْغْلَادِيش	방글라데시	Bangladesh
3137	بَنْك ج. بُنُوك	은행	bank

번호	아랍어	한국어	영어
3138	بُوتِيك	부티크, 양품점	boutique
3139	بُورْسَعِيد	포트사이드 (이집트의 도시)	Port Said
3140	بُولَنْدَا	폴란드	Poland
3141	بَيْت ج. بُيُوت	집	house
3142	بَيْت شَبَاب	유스 호스텔	youth hostel
3143	بَيْت ضِيَافَة	게스트 하우스	guest house
3144	بَيْت لَحْم	베들레헴 (팔레스타인 도시)	Bethlehem
3145	بَيْت مُتَنَقِّل	캠핑카	camper, trailer
3146	بَيْرُوت	베이루트 (레바논의 수도)	Beirut
3147	تَأْشِيرَة	비자	visa
3148	تَأْشِيرَة دُخُول	입국비자	entry visa
3149	تَاكْسِي ج. تَاكْسِيَات	택시	taxi
3150	تَدْمُر	팔미라 (시리아의 고대도시)	Palmyra
3151	تَذْكِرَة ج. تَذَاكِرُ	표, 입장권	ticket
3152	تَذْكِرَة ذَهَاب	편도 승차권	one-way ticket
3153	تَرَانْزِيت	통과, 환승	transit
3154	تُرْكِيَا	터키	Turkey
3155	تَقَاطُع طُرُق	사거리, 십자로	crossroads
3156	تِكْسَاس	텍사스	Texas
3157	تُونِسُ	튀니지	Tunisia

번호	아랍어	한국어	영어
3158	جِبَال الزَّيْتُون	올리브산 (예루살렘의 산)	Mount Olive
3159	جُزُر الْقَمَر	코모로	Comoros
3160	جَزِيرَة ج. جَزَائِر، جُزُر	섬	island
3161	جِسْر ج. جُسُور	다리	bridge
3162	جَنَاح ج. أَجْنِحَة	부속 건물; 전시관	pavilion
3163	جِنْسِيَّة	국적	nationality
3164	جَنُوب	남쪽	south
3165	جَوَاز سَفَر ج. جَوَازَات سَفَر	여권	passport
3166	جَوْلَة	여행; 순방, 순회	tour
3167	جَوِّيًّا	항공편으로	by air
3168	جِيبُوتِي	지부티 공화국	Djibouti
3169	حَائِط الْبُرَاق، حَائط الْمَبْكَى	통곡의 벽 (유대교의 명칭; 이슬람교에서는 사도 무함마드가 '알부라끄'를 타고 승천함)	The Wailing Wall
3170	حَافِلَة ج. حَوَافِل	버스	bus
3171	حَانَة	술집	bar
3172	حُجْرَة الْمُوسِيقَى	음악실	music room
3173	حَجْز	예약	reservation, booking
3174	حَدِيقَة ج. حَدَائِق	공원	park
3175	حَدِيقَة حَيَوَان	동물원	zoo

번호	아랍어	한국어	영어
3176	حَضَانَة	유치원, 놀이방	nursery
3177	حَلَب	알레포 (시리아의 도시)	Aleppo
3178	حَيّ ج. أَحْيَاء	구, 동	district
3179	خِدْمَة الْغُرَف	룸서비스	room service
3180	خَرِيطَة ج. خَرَائِط	지도	map
3181	دَار ج. دُور، دِيَار	집	house
3182	دَار ضِيَافَة	게스트 하우스	guest house
3183	دُبَيّ	두바이 (아랍에미리트 7개 토후국 중 하나)	Dubai
3184	دَرَّاجَة	자전거	bicycle
3185	دَرَّاجَة نَارِيَّة	오토바이	motorcycle
3186	دَرَج مُتَحَرِّك	에스컬레이터	escalator
3187	دَرَجَة أُولَى	1등급, 퍼스트 클래스	first class
3188	دَرَجَة رِجَال أَعْمَال	비즈니스 클래스	business class
3189	دُكَّان ج. دَكَاكِينُ	가게	shop
3190	دَلِيل سِيَاحِيّ	여행 가이드, 여행 안내책자	tour guide, tourist guidebook
3191	دِمَشْق	다마스쿠스 (시리아의 수도)	Damascus
3192	دُنْيَا	세상, 세계	world
3193	دُنْيَوِيّ، دُنْيَاوِيّ	세상의, 세속의	secular
3194	دُوَل الْخَلِيج	걸프 국가들	Gulf states

번호	아랍어	한국어	영어
3195	ذَهَاب وَإِيَّاب	왕복	round-trip
3196	ذَهَاب وَعَوْدَة	왕복	round-trip
3197	رَاكِب ج. رُكَّاب	탑승자, 탑승객	passenger
3198	رِحْلَة	여행	journey
3199	رِحْلَة عَمَل	출장	business trip
3200	رُخْصَة قِيَادَة	운전 면허증	driving licence
3201	رَصِيف ج. أَرْصِفَة	보도, 인도	pavement, sidewalk
3202	رُوسِيَا	러시아	Russia
3203	رَوْضَة أَطْفَال	유치원, 유아원	kindergarten
3204	رُومَا	로마 (이탈리아의 수도)	Rome
3205	رِيف ج. أَرْيَاف، رُيُوف	시골, 농촌	countryside
3206	زُقَاق ج. أَزِقَة	골목길	alley
3207	زَوْرَق ج. زَوَارِقُ	보트	boat(smaller)
3208	سَائِح ج. سُيَّاح	관광객	tourist
3209	سَاحَة	광장	square
3210	سَدّ ج. سُدُود	둑, 댐	dam
3211	سُرَادِق	천막	pavilion, canopy
3212	سَفَر ج. أَسْفَار	여행	travel
3213	سَفِينَة ج. سُفُن	배	ship
3214	سَفِينَة رُكَّاب	여객선	passenger ship
3215	سَفِينَة سِيَاحِيَّة	유람선	cruise ship

번호	아랍어	한국어	영어
3216	سُلَّم مُتَحَرِّك	에스컬레이터	escalator
3217	سُور ج. أَسْوَار	울타리, 담, 벽	fence, (city) wall, enclosure
3218	سُورِيَا	시리아	Syria
3219	سُوق ج. أَسْوَاق	시장	market
3220	سُوق الْحَمِيدِيَّة	하미디야시장 (다마스쿠스의 시장)	Hamidiya Bazaar
3221	سُوق الصَّاغَة	세공시장	the goldsmith market
3222	سُويسْرَا	스위스	Switzerland
3223	سِيَاحَة	관광	tourism, sightseeing
3224	سِيَاحِيّ	여행객; 여행의	tourist, touristic
3225	سَيَّارَة	승용차, (자동)차	car
3226	سَيَّارَة أُجْرَة	택시	taxi
3227	سَيَّارَة إِسْعَاف	앰뷸런스, 구급차	ambulance
3228	سَيَّارَة إِطْفَاء	소방차	fire engine
3229	سِيَاقَة	운전	driving
3230	سِيدْنِي	시드니(호주의 도시)	Sydney
3231	سَيْنَاء	시나이 반도	Sinai
3232	سِينَمَا	영화관	cinema, movie theatre
3233	سِيُول	서울(한국의 수도)	Seoul
3234	شَاحِنَة	트럭, 대형트럭	truck, lorry

번호	아랍어	한국어	영어
3235	شَارِع ج. شَوَارِعُ	거리, 도로, 가	street
3236	شُبَّاك التَّذَاكِر	매표소	box office
3237	شَرْق أَدْنَى	근동	near east
3238	شَرْق أَقْصَى	극동	far east
3239	شَقَّة ج. شُقَق	아파트	apartment
3240	صَالُون حِلَاقَة	미용실	hair salon
3241	صَحْرَاءُ ج. صَحَارَى	사막	desert
3242	صَنْعَاءُ	사나 (예멘의 수도)	Sana'a
3243	ضَاحِيَة ج. ضَوَاحٍ	교외	suburb
3244	طَائِرَة	비행기	aircraft
3245	طَاحُونَة	방앗간, 제분소	mill
3246	طَالِب أَجْنَبِيّ	외국인 학생	a foreign student
3247	طَرَابُلُس	트리폴리 (리비아의 수도)	Tripoli
3248	طَرَف ج. أَطْرَاف	변두리; 측, 편	party, side
3249	طَرِيْق ج. طُرُق	길	way
3250	طَرِيق رِيفِيّ	시골길	country road
3251	طَرِيق سَرِيع	고속도로	motorway, highway
3252	طَوَّافَة	헬리콥터	helicopter
3253	طَيَرَان	비행, 항공	aviation, flying
3254	عَاصِمَة ج. عَوَاصِمُ	수도	capital
3255	عَالَم ج. عَوَالِمُ	세계	world

번호	아랍어	한국어	영어
3256	عَالَمِيّ	국제적인, 세계적인	international
3257	عَدَّاد ج. عَدَّادَات	미터기	meter(in a taxi)
3258	عَدَن	아덴 (예멘의 도시)	Aden
3259	عِزْبَة ج. عِزَب	부락, 촌락; 농장	countrystate; farm
3260	عَلَامَات مُرُور	교통표지판	traffic signs
3261	عِمَارَة	건물	building
3262	عَمَّانُ	암만 (요르단의 수도)	Amman
3263	عُمَانُ	오만	Oman
3264	غَرْبِيّ	서양인; 서양의	western
3265	غُرْفَة اِجْتِمَاعَات	회의실	meeting room
3266	غُرْفَة الأَمْن	보안룸	saftey room
3267	غُرْفَة الاِنْتِظَار	대기실	waiting room
3268	غُرْفَة الْحَارِس	보안 룸, 경비실	security room, guard room
3269	غُرْفَة الْحَاسُوب	컴퓨터실	computer room
3270	غُرْفَة الرِّيَاضَة	체육관, 스포츠홀	gym, sports hall
3271	غُرْفَة الْقِيَاس	탈의실	fitting room
3272	غُرْفَة دَرْدَشَة	대화방	chatroom
3273	غُرْفَة لِفَرْد وَاحِد	싱글룸	single room
3274	غُرْفَة لِفَرْدَيْن	트윈룸	twin room
3275	غُرْفَة مُزْدَوِجَة	더블룸	double room

번호	아랍어	한국어	영어
3276	فَرَنْسَا	프랑스	France
3277	فِلَسْطِين	팔레스타인	Palestine
3278	فُنْدُق ج. فَنَادِقُ	호텔	hotel
3279	فُنْدُق مِنَ الدَّرَجَة الْمُمْتَازَة	일등급 호텔	first class hotel
3280	فِيزَا	비자	visa
3281	قَارِب ج. قَوَارِبُ	보트	boat
3282	قَارِب نَجَاة	구명 보트	lifeboat
3283	قَارَّة	대륙	continent
3284	قَاعَة	복도, 홀	hall, large room
3285	قَاعَة فُنُون	미술관, 화랑	art gallery
3286	قَاعَة مُحَاضَرَات	강당	lecture hall
3287	قَاطِرَة بُخَارِيَّة	증기기관	steam engine
3288	قَالَب ج. قَوَالِبُ	형식, 모형	form, model
3289	قُبَّة ج. قِبَاب	둥근 지붕, 둥근 천장, 돔	dome
3290	قَبْر ج. قُبُور	무덤	tomb
3291	قُبْرُص	키프로스(지중해 동부 섬 공화국)	Cyprus
3292	قَبْو	아치형 지붕	vault
3293	قَرْيَة كَوْنِيَّة	지구촌	global village
3294	قِسْم الشُّرْطَة	경찰서	police station
3295	قِطَار ج. قِطَارَات	기차	train

번호	아랍어	한국어	영어
3296	قِطَاع غَزَّة	가자지구 (팔레스타인의 지역)	Gaza
3297	قَطَرُ	카타르	Qatar
3298	قَلْعَة ج. قِلَاع، قَلَعَات	요새, 성	castle
3299	قِمَّة مُسْتَدِقَّة	첨탑	spire
3300	قَنَاة ج. قَنَوَات، قُنِيّ	운하	canal
3301	قَنْطَرَة ج. قَنَاطِرُ	아치	arch
3302	قَوْصَرَّة	박공 지붕(건축양식)	pediment
3303	قِيَادَة	운전	driving
3304	كَالِيفُورْنِيَا	캘리포니아	California
3305	كَرَاج	차고	garage
3306	كَرْبَلَاءُ	카르발라 (이라크의 도시)	Karbala
3307	كَنَدَا	캐나다	Canada
3308	كَهْف ج. كُهُوف	동굴	cave
3309	كُورِنِيش	코니스(건축양식)	cornice
3310	كُورِيَا	한국	Korea
3311	كُورِيَا الْجَنُوبِيَّة	한국(남한)	South Korea
3312	كُورِيَا الشَّمَالِيَّة	북한	North Korea
3313	لُبْنَانُ	레바논	Lebanon
3314	لَنْدَن	런던(영국의 수도)	London
3315	لِيبِيَا	리비아	Libya

번호	아랍어	한국어	영어
3316	مَبْنَى ج. مَبَانٍ	건물	building
3317	مَتْحَف ج. مَتَاحِفُ	박물관	museum
3318	مِتْرُو	지하철	metro, subway
3319	مُتَنَزَّه، مُنْتَزَه	테마파크, 유원지	theme park
3320	مُجَمَّع سَكَنِيّ	아파트 단지	apartment complex
3321	مُحَافَظَة	도, 주	province
3322	مَحَطَّة	정거장, 역	station
3323	مَحَطَّة الْقِطَار	기차역	train station
3324	مَحَطَّة بَنْزِين	주유소	petrol station
3325	مَحَطَّة حَافِلَات	버스정류장	bus station
3326	مَحَلّ ج. مَحَلَّات	장소, 상점	place, shop
3327	مَحَلِيّ	지방의, 지역적인	local, regional
3328	مَدِينَة الْمَلَاهِي	놀이공원	amusement park
3329	مَدِينَة تَرْفِيهِيَّة	놀이공원	amusement park
3330	مَرْفَأ ج. مَرَافِئُ	항구	port
3331	مَرْقَص ج. مَرَاقِصُ	댄스홀, 무도장	dance hall
3332	مَرْكَز ج. مَرَاكِزُ	중심; 중심지, 본부	center
3333	مَرْكَز الْمَدِينَة	도심부, 시내	city center
3334	مِرْوَحِيَّة	헬리콥터	helicopter
3335	مُرُور	(도로) 교통	(road) traffic
3336	مَسَاحَة	지역, 거리, 면적	area, distance, space

번호	아랍어	한국어	영어
3337	مُسَافِر	여행자	traveller
3338	مِصْرُ	이집트	Egypt
3339	مَطَار ج. مَطَارَات	공항	airport
3340	مَطْعَم ج. مَطَاعِمُ	식당, 레스토랑	restaurant
3341	مَعْلَم سِيَاحِيّ ج. مَعَالِمُ سِيَاحِيَّة	관광지	tourist sights
3342	مَغَارَة	동굴	cave
3343	مُغَامَرَة	모험	adventure
3344	مُخَيَّم لِلَّاجِئِينَ ج. مُخَيَّمَات لِلَّاجِئِينَ	난민캠프, 난민수용소	refugee camp
3345	مَقْهًى ج. مَقَاهٍ	카페	café
3346	مَكَان ج. أَمَاكِنُ	장소 (특정한 도시, 건물 등을 가리키는) 곳	place
3347	مَكَّة	메카(이슬람 성지, 사우디아라비아)	Mecca
3348	مَكْتَب السِّيَاحَة	여행사	tourist office
3349	مَكْتَب تَذَاكِرَ	매표소	ticket office
3350	مَكْتَب سَفر	여행사	travel agency
3351	مَلَابِس السِّبَاحَة	수영복	swimsuit
3352	مِنَصَّة	플랫폼, 단	platform
3353	مِنْطَقَة ج. مَنَاطِقُ	지역	region, area
3354	مُنْعَزِل	외딴, 고립된	isolated
3355	مُهَمَّش	주변의, 변두리의	circumferential, marginal

번호	아랍어	한국어	영어
3356	مُوَاصَلَات	대중교통	public transport
3357	مُورِيتَانِيَا	모리타니아	Mauritania
3358	مَوْضِع ج. مَوَاضِعُ	위치, 장소	site
3359	مَوْقِع ج. مَوَاقِعُ	장소	site
3360	مَوْقِف سَيَّارَات	주차	car park
3361	مَيْدَان ج. مَيَادِينُ	광장	plaza, square
3362	مَيْدَان التَّحْرِير	타흐리르 광장 (이집트)	Tahrir square
3363	مَيْدَان السِّبَاق	경주용 트랙	racetrack
3364	مِيشِغَان	미시간	Michigan
3365	مِينَاء ج. مَوَانٍ	항구, 부두	port, dock
3366	مَقْهَى الْإِنْتِرْنِت	pc방	cyber cafe
3367	نَاطِحَة سَحَّاب	고층 건물, 마천루	skyscraper
3368	نُزْهَة	소풍	picnic
3369	نَصْب تَذْكَارِيّ	기념물	monument
3370	نَفَق ج. أَنْفَاق	터널	tunnel
3371	نُقْطَة ج. نِقَاط	(특정)지점	point, location
3372	نُقْطَة الشُّرْطَة	지서, 지구대	police substation
3373	نَقْل بَحْرِيّ	해상운송	shipping
3374	نَهْر ج. أَنْهَار	강	river
3375	نَهْر النِّيل	나일강	Nile river
3376	نُوتِيّ ج. نَوَاتِيُّ	선원	crewman, sailor

번호	아랍어	한국어	영어
3377	نُيوزِيلَنْدَا	뉴질랜드	New Zeland
3378	نِيُويُورْك	뉴욕	New York
3379	هَرَم .ج أَهْرَام	피라미드	pyramid
3380	هِلِيكُوبْتِر	헬리콥터	helicopter
3381	هَوِيس ج. أَهْوِسَة	수문, 둑	sluice
3382	وَاشِنْطُن	워싱턴	Washington
3383	وَسَط الْمَدِينَة	도심부, 시내	city center
3384	وَقْت الْفَرَاغ	여가시간	spare time
3385	وِلَايَة	주	state
3386	حَجَزَ ـُ ، ـِ	예약하다	to book, make a reservation
3387	رَحَلَ ـَ	돌아다니다, 여행하다	to travel
3388	رَكِبَ ـَ	타다	to ride
3389	قَادَ ـُ	운전하다	to drive
3390	هَبَطَ ـُ	착륙하다	to land
3391	عَرَّبَ	아랍화하다, 아랍 사람의 지배하에 두다(II형)	to arabize
3392	اِزْدَهَرَ	번영하다(VIII형)	to flourish
3393	مَشْيًا عَلَى الْأَقْدَام	걸어서, 도보로	on foot
3394	هُنَا	여기에	here
3395	هُنَاكَ	거기에; …가 있다, 저기에	there

예술·스포츠·문화

الفنّ والرّياضة والثّقافة

예술

번호	아랍어	한국어	영어
3396	أَدَب ج. آدَاب	문학	literature
3397	أُسْطُوَانَة	음반, 레코드	record
3398	أُغْنِيَة ج. أَغَانٍ	노래	song
3399	أُمّ كُلْثُوم	움무 쿨숨 (이집트 가수)	Umm Khulthom
3400	أُوبِرَا	오페라	opera
3401	إِيقَاع	리듬	rhythm
3402	أَيْقُونَة	아이콘	icon
3403	بَالِيه	발레	ballet
3404	بُوق ج. أَبْوَاق	트럼펫	trumpet
3405	بِيزَنْطِيّ	비잔티움의	Byzantine
3406	بِيسْبُول	야구	baseball
3407	تُحْفَة ج. تُحَف	걸작	masterpiece
3408	تَدْرِيب	훈련, 연습	training
3409	تَزَحْلُق عَلَى الْجَلِيد	아이스 스케이트	ice-skating
3410	تَزَلُّج عَلَى اللَّوْح	스케이트보드 타기	skateboard

번호	아랍어	한국어	영어
3411	تَسَلُّق الْجِبَال	등산	mountain climbing
3412	تَصْمِيم الْأَزْيَاء	옷 디자인	fashion design
3413	تَصْوِير	촬영, 묘사, 그리기	photography, depiction, drawing
3414	تَصْوِير سِينَمَائِيّ	영화 촬영	cinematography
3415	تَمَارِين رِيَاضِيَّة	운동	gymnastics
3416	تِمْثَال ج. تَمَاثِيلُ	조각상	statue
3417	تَمْثِيل	연극	play
3418	تَمْرِين ج. تَمَارِينُ	연습; 운동	exercise
3419	تَنَاغُم	합창	harmony
3420	تِنِس طَاوِلَة	탁구	table tennis
3421	ثَقَافَة	문화	culture
3422	ثَقَافِيّ	문화의, 문화적인	cultural
3423	جَائِزَة الْأَسَد الذَّهَبِيّ	황금사자상	the golden lion prize
3424	جَرَّاء	육상선수	athlete
3425	جَرْي	조깅, 달리기	running, jogging
3426	جُمْبَاز	체조	gymnastics
3427	جَوْقَة	합창	chorus
3428	جُولْف	골프	golf
3429	حَارِس مَرْمَى	골키퍼	goalkeeper
3430	حَضَارَة	문명, 문화	civilization, culture
3431	حَمَّام سِبَاحَة	수영장	swimming pool

번호	아랍어	한국어	영어
3432	حَوَاجِز	허들, 장애물	hurdles, obstacles
3433	خَشَبَة الْمَسْرَح	무대	stage
3434	دَبْكَة	답카(민속춤)	Dabke
3435	دَفّ ج. دُفُوف	템버린	tambourine
3436	دِهَان	페인트	paint
3437	دَوْر الْبُطُولَة	주연	starring role
3438	رَسْم	그리기	painting
3439	رَسْم ج. رُسُوم	그림, 소묘, 데생	drawing, sketch
3440	رُسُوم مُتَحَرِّكَة	애니매이션	animation
3441	رَفْع الأَثْقَال	역도	weightlifting
3442	رَقْص	무용, 춤	dancing
3443	رَقْص شَرْقِيّ	벨리 댄스	belly dancing
3444	رَقْص شَعْبِيّ	민속 무용, 포크 댄스	folk dancing
3445	رُكُوب الأَمْوَاج	파도타기	surfing
3446	رُكُوب الْخَيْل	승마	horseback riding
3447	رُكُوب الدَّرَّاجَات	자전거 타기, 사이클링	cycling
3448	رِمَايَة	던지기, 사격	shooting
3449	رُوكْبِي، رُجْبِي	럭비	rugby
3450	رِيَاضَة	스포츠	sport
3451	رِيَاضِيّ	체육의, 운동의	gymnastic, sports
3452	سَابَاط ج. سَوَابِيط	아케이드	arcade

번호	아랍어	한국어	영어
3453	سَبَّاح	수영하는 사람, 수영선수	swimmer
3454	سِبَاحَة	수영	swimming
3455	سِبَاحَة حُرَّة	자유형	crawl
3456	سِبَاحَة عَلَى الصَّدْر	평영	breaststroke
3457	سِبَاحَة عَلَى الظَّهْر	배영	backstroke
3458	سِبَاحَة فَرَاشَة	접영	butterfly stroke
3459	سِبَاق	경쟁, 시합, 경기	race
3460	سِبَاق الْخَيْل	경마	horse racing
3461	سِتْر ج. أَسْتَار	막, 장막	veil, curtain, cover
3462	سِتُودِيُو ج. سِتُودِيُوهَات	스튜디오, 영화촬영소	studio
3463	سِجِلّ التَّشْرِيفَات	방명록	visitors' book
3464	سِجِلّ الزِّيَارَات	방명록	visitors' book
3465	سَرْد	인용, 인증	quotation
3466	سِيَاق	문맥	context
3467	سِينَارِيُو ج. سِينَارِيُوهَات	시나리오, 대본	script, screenplay
3468	شَطْرَنْج	체스	chess
3469	شِعَار ج. شِعَارَات	구호, 표어	slogan, motto
3470	شَعْبِيّ	대중의, 대중적인; 서민의	popular
3471	شَعْبِيَّة	대중성, 인기	popularity
3472	شِعْر جَاهِلِيّ	자힐리야 시	pre-islamic poetry

번호	아랍어	한국어	영어
3473	شِعْر حُرّ	자유시	free verse
3474	صَالَة الْمُوسِيقَى	음악홀	music hall
3475	طَبْلَة	드럼	drum
3476	طِلَاء	페인트	paint
3477	عَدَّاء	단거리 주자	sprinter
3478	عَرْض ج. عُرُوض	공연, 제공, 보여주기	show, offer, presentation
3479	عَرْض أَزْيَاء	패션쇼	fashion show
3480	عُرْف	관습	cutstom, tradition
3481	عِيْد ج. أَعْيَاد	명절, 기념일	holiday, anniversary
3482	غَطْس	다이빙	diving
3483	غِنَاء	노래	singing
3484	غُوطِيّ	고딕	Gothic
3485	غُولْف	골프	golf
3486	فَخَّار	도기	pottery
3487	فُسَيْفِسَاء	모자이크	mosaics
3488	فُكَاهَة	유머	humour
3489	فَنّ ج. فُنُون	예술	art
3490	فَنّ تَمْثِيلِيّ	극, 연극	act, play
3491	فَنّ حَدِيث	현대 예술	modern art
3492	فَنِّيّ	예술의, 기술의; 전문의	artistic
3493	فِيلم ج. أَفْلَام	영화, 필름	film, movie

번호	아랍어	한국어	영어
3494	فِيلم وَثَائِقِيّ	기록 영화	documentary (film)
3495	قَافِيَة ج. قَوَافٍ	운, 각운	rhyme
3496	قِصَّة ج. قِصَص	이야기	story
3497	قَصِيدَة ج. قَصَائِدُ	시	poem(narrative)
3498	قَوْس ج. أَقْوَاس	활	bow
3499	قِيثَارَة ج. قَيَاثِيرُ	기타	guitar
3500	كَأْس الْعَالَم	월드컵	world cup
3501	كُرَة	공	ball
3502	كُرَة السَّلَّة	농구	basketball
3503	كُرَة الطَّائِرَة	배구	volley ball
3504	كُرَة الْقَاعِدَة	야구	baseball
3505	كُرَة الْقَدَم	축구	soccer
3506	كُرَة الْقَدَم الْأَمْرِيكِيَّة	미식축구	(american) football
3507	كُرَة الْمِضْرَب	테니스	tennis
3508	كَرْتُون	만화	cartoon
3509	كُرِيكِت	크리켓	cricket
3510	كَمَان	바이올린	violin
3511	كُومِيدِيّ	희극의, 희극적인	comedy
3512	لَحْن ج. أَلْحَان	멜로디, 곡, 선율	melody, tune
3513	لَعِب ج. أَلْعَاب	게임	game
3514	لُعْبَة ج. لُعَب	장난감	toy

번호	아랍어	한국어	영어
3515	لَوْحَة فَنِّيَّة	그림	painting
3516	لِيَاقَة بَدَنِيَّة	신체단련, 피트니스	fitness
3517	مُبَارَاة ج. مُبَارَيَات	경기	match
3518	مَخْطُوط ج. مَخْطُوطَات	원고	manuscript
3519	مُخَيَّم ج. مُخَيَّمَات	캠프, 천막	camp
3520	مُدَرَّج ج. مُدَرَّجَات	경기장	stadium
3521	مِرْسَاة	닻	anchor
3522	مُزَيَّن	장식된	decorated
3523	مُسَابَقَة	경쟁, 경주	competition, race
3524	مَسْرَح ج. مَسَارِحُ	극장, 연극	theater
3525	مَسْرَحِيّ	극적인	theatrical, dramatic
3526	مَسْرَحِيَّة	연극, 극	play
3527	مُصَارَعَة	레슬링	wrestling
3528	مِضْمَار ج. مَضَامِيرُ	경주 트랙	race track
3529	مَعرِض ج. مَعَارِضُ	전시회, 박람회	exhibition
3530	مُلَاكَمَة	권투, 복싱	boxing
3531	مُلْصَق ج. مُلْصَقَات	포스터, 벽보, 부착물	notice, poster
3532	مُلَوَّن	채색된	coloured
3533	مُنْضَبِط	훈련된	disciplined
3534	مِهْرَجَان ج. مِهْرَجَانَات	명절, 축제	holiday, festival
3535	مَهْل	여가	leisure

번호	아랍어	한국어	영어
3536	مُؤَثِّرَات بَصَرِيَّة	시각 효과	visual effects
3537	مُؤَثِّرَات خَاصَّة	특수 효과	special effects
3538	مُؤَثِّرَات صَوْتِيَّة	음향 효과	sound effects
3539	مُوزَايِيك	모자이크	mosaic
3540	مُوسِيقَى	음악	music
3541	مُوسِيقِيّ	음악의; 음악가	musical; musician
3542	مَوْضَة	유행, 패션	fashion, style
3543	نَادٍ ج. أَنْدِيَة، نَوَادٍ	클럽, 동호회	club
3544	نَاي	플루트	flute
3545	نُجُومِيَّة	스타의 반열	stardom
3546	نَصْر	승리	victory
3547	نَظِير ج. نُظَرَاءُ	상대, 상대자	opponent, other
3548	نَغْم ج. أَنْغَام	곡, 곡조	tune
3549	نَقْش	조각	sculpture
3550	هِوَايَة	취미	hobby
3551	وَصْف	묘사	description
3552	يَدَوِيّ	손의, 수공의	manual
3553	رَقَصَ ـُ	춤추다	to ance
3554	رَكَلَ ـُ	(발로)차다	to kick
3555	سَبَحَ ـَ	수영하다	to swim
3556	سَحَرَ ـَ	매혹하다, 유혹하다	to enchant, to fascinate

번호	아랍어	한국어	영어
3557	سَعَى ـَ	노력하다, 애쓰다	to strive, to pursue
3558	عَزَفَ ـِ عَلَى	(악기)를 연주하다	to play(instrument), make music
3559	قَفَزَ ـِ	점프하나, 뛰다	to jump
3560	لَعِبَ ـَ	놀다, ~(운동, 역할)을 하다	to play
3561	نَحَتَ ـُ	조각하다, 형태를 만들다	to sculpt, to engrave
3562	وَصَفَ ـِ هـ بِ هـ	~을 ...로 묘사하다	to describe
3563	جَذَّفَ	노를 젓다(II형)	to row
3564	زَيَّنَ	장식하다, 꾸미다 (II형)	to decorate
3565	سَدَّدَ إِلَى	겨누다, 목표로 하다 (II형)	to aim, to direct
3566	عَيَّدَ	축제를 축하하다 (II형)	to celebrate a feast
3567	نَدَّدَ بِ	비난하다, 비평하다(II형)	to criticize for
3568	سَاجَلَ	경쟁하다, 시합하다, 겨루다(III형)	to contend, to dispute
3569	تَزَلَّج	미끄러지다; 스키타다(V형)	to slide; to skii

음식

الطّعام

번호	아랍어	한국어	영어
3570	إِجَّاص	배	pear
3571	أُرْز ، أَرُزّ	쌀, 밥	rice
3572	أَفُوكَادُو	아보카도	avocado
3573	أَنَانَاس	파인애플	pineapple
3574	آيِس كُرِيم	아이스크림	ice cream
3575	بُرْتُقَال	오렌지	orange
3576	بُرْغُل	불에 그슬려 건조시켜 빻은 밀	bulgur
3577	بَرْقُوق	자두	plum
3578	بَرْقُوق مُجَفَّف	말린 자두	prune
3579	بِرِيَانِي	비리야니 (쌀과 고기, 야채에 갖은 양념을 더해 쪄낸 요리)	Biryani
3580	بَسْكُوِيت	비스켓	biscuit
3581	بَصَل	양파	onion
3582	بَطَاطَا	감자	potato
3583	بِطِّيخ	수박	watermelon

번호	아랍어	한국어	영어
3584	بَقْدُونِس	파슬리	parsley
3585	بَقَر	소	cow
3586	بَقْلَاوَة	바끌라와 (견과류가 들어간 밀가루 반죽을 구워 꿀을 뿌려 만든 디저트)	Baklava
3587	بَلَح	대추야자열매	dates
3588	بَنْدُورَة	토마토	tomato
3589	بَهَار ج. بَهَارَات	향료; 양념	spices
3590	بُوظَة	아이스크림	ice cream
3591	بُوفِيه	뷔페	buffet
3592	بِيتْزَا	피자	pizza
3593	بِيرَة	맥주	beer
3594	بِيرَة بَارِدَة	시원한 맥주	cold beer
3595	بَيْض	달걀	egg
3596	تَبُّولَة	탑불라 (파슬리, 토마토, 박하, 레몬 등을 섞은 샐러드)	Tabbulah
3597	تُفَّاح	사과	apple
3598	تَمْر	대추야자	date
3599	تَوَابِلُ	향료, 양념	spices
3600	تُوت	베리류	berry
3601	تُوت أَزْرَق	블루베리	blueberry

번호	아랍어	한국어	영어
3602	تُوت أَسْوَدُ	블랙베리	blackberry
3603	تُونَّة	참치	tuna
3604	تِين	무화과	fig
3605	ثُوْم	마늘	garlic
3606	جُبْن	치즈	cheese
3607	جُرَيْب فُرُوت	자몽	grapefruit
3608	جَزَر	당근	carrot
3609	جَمْبَرِي	새우	prawn
3610	جَوْز الْهِنْد	코코넛	coconut
3611	حَامِض	(맛이) 신	sour
3612	حَبّ ج. حُبُوب	낱알; 여드름	grain, seed
3613	حِسَاء	스프	soup
3614	حُلْو	달콤한, 맛있는	sweet
3615	حَلْوَى ج. حَلَوِيَات	디저트	sweets
3616	حَلِيب	우유	milk
3617	حَلِيب أَطْفَال	유아용 우유	baby milk
3618	حِمِّص	훔무스 (병아리콩을 갈아 만든 음식)	Hummus (chickpea flour)
3619	خُبْز ج. أَخْبَاز	빵	bread
3620	خِدْمَة الْمَطَاعِم	출장연회 서비스	catering service
3621	خُرْشُوف	아티초크	artichoke
3622	خَسّ	상추	lettuce

음식

번호	아랍어	한국어	영어
3623	خُضَار	채소, 야채	vegetable
3624	خَضْرَوَات	채소, 야채	vegetables
3625	خَلّ	식초	vinegar
3626	خَمْر	술	alcohol
3627	خَوْخ	서양자두	plum
3628	خِيَار	오이	cucumber
3629	دَجَاج	닭	chicken
3630	دُرَّاق	복숭아	peach
3631	دَقِيق	밀가루	flour
3632	دُهْنِيّ	기름기가 있는	oily
3633	دَوَاجِنُ	가금류, 양계	poultry
3634	ذُرَّة	옥수수	corn
3635	رُبْيَان	새우	prawn
3636	رُزّ	쌀	rice
3637	رَغِيف خُبْز	빵 한 덩어리	a loaf of bread
3638	رُمَّان	석류	pomegranate
3639	زُبْدَة	버터	butter
3640	زَبِيب	건포도	raisin
3641	زَعْتَر	백리향(향신료)	thyme
3642	زَعْفَرَان	사프란(향신료)	saffron
3643	زَنْجَبِيل	생강	ginger
3644	زَيْت ج. زُيُوت	기름, 석유	oil

번호	아랍어	한국어	영어
3645	زَيْت الزَّيْتُون	올리브유	olive oil
3646	زَيْتُون	올리브	olive
3647	سَبَانِخ	시금치	spinach
3648	سُكَّر	설탕	sugar
3649	سَلَطَة	샐러드	salad
3650	سَلِيخ	껍질을 벗긴; 풍미 없는	peeled; insipid
3651	سَمَك ج. أَسْمَاك	생선, 어류	fish
3652	سَنْدَوِيشَة	샌드위치	sandwich
3653	سُوبَرمَارْكِت	슈퍼마켓	supermarket
3654	شَامْبَانِيَا	샴페인	champagne
3655	شَاي	차	tea
3656	شَبْعَان	배부른	full(eating)
3657	شَرَاب ج. أَشْرِبَة	마실 것, 음료	drink
3658	شُرْب	마시기	drinking
3659	شُورْبَة	스프	soup
3660	شُوكُولَاتَة	초콜릿	chocolate
3661	صَحْن ج. صُحُون	접시	plate
3662	صَحْن فِنْجَان	컵받침	saucer
3663	صَلْصَة	소스	sauce
3664	طَاجِن، طَاجِين	타진 (고기와 채소를 '타진'이라는 도자기 그릇에 넣어 쪄낸 스튜 요리)	Tagine

음식

번호	아랍어	한국어	영어
3665	طَازِج	신선한	fresh
3666	طَبَق ج. أَطْبَاق	접시 (한 접시의) 요리	dish
3667	طَحِين	밀가루	flour
3668	طَحِينَة	타히나 (참깨를 갈아만든 소스)	Tahinah
3669	طَعَام ج. أَطْعِمَة	음식	food
3670	طَعْم ج. طُعُوم	맛	taste, flavour
3671	طَمَاطِم	토마토	tomato
3672	عَجِين	반죽	dough
3673	عَدَس	렌틸(콩)	lentil
3674	عَسَل	꿀	honey
3675	عَشَاء	저녁	dinner
3676	عَصِير ج. عَصَائِرُ	주스	juice
3677	عُلْبَة طَعَام	통조림	tin
3678	عِنَب	포도	grape
3679	عُنْقُود عِنَب	포도송이	a bunch of grapes
3680	عُود أَسْنَان ج. أَعْوَاد أَسْنَان	이쑤시개	toothpick
3681	عَيْش	빵(이집트)	bread
3682	غَدَاء	점심식사	lunch
3683	غِرْبَال ج. غَرَابِيلُ	체	sieve
3684	فَاسِد	상한	spoiled
3685	فَاكِهَة ج. فَوَاكِهُ	과일	fruit

번호	아랍어	한국어	영어
3686	فُجْل	무	radish
3687	فَرَاوْلَة	딸기	strawberry
3688	فُسْتُق	피스티치오	pistachio
3689	فِطْر	버섯	mushroom
3690	فَطُور	아침	breakfast
3691	فَطِيرَة ج. فَطَائِرُ	파이	pie, pancake
3692	فَلاَفِل	팔라펠 (병아리콩을 으깨 만든 반죽을 튀긴 음식)	Falafel
3693	فُلْفُل	후추	pepper
3694	فُلْفُل أَحْمَرُ	고추, 파프리카	paprika, red pepper
3695	فُلْفُل أَسْوَدُ	검은후추	black pepper
3696	فُلَيْفِلَة حَادَّة	고추	hot pepper
3697	فُول	콩	bean
3698	فُول سُودَانِيّ	땅콩	peanut
3699	فُول مُدَمَّس	풀-무담마스 (레반트 지역과 사우디의 대중적인요리)	Ful-mudammas
3700	قَائِمَة الطَّعَامِ	메뉴	menu
3701	قَرْع	호박	pumpkin
3702	قَرْفَة	시나몬	cinnamon
3703	قَرْنَبِيط	콜리플라워	cauliflower
3704	قَصَب الْمَصّ	사탕수수	sugar cane

번호	아랍어	한국어	영어
3705	قَلَايَة	프라이팬	frying pan
3706	قَمْح	밀	wheat
3707	قَهْوَة	커피	coffee
3708	كَارِي	카레	curry
3709	كَبَاب	케밥	kebab
3710	كُبَّة	쿱바 (고기를 넣은 밀가루반죽을 튀긴 음식)	Kubba
3711	كَرَز	체리	cherry
3712	كَرْفَس	셀러리	celery
3713	كُرُنْب	케일, 양배추	cabbage
3714	كُزْبَرَة	고수	coriander
3715	كُسْكُس، كُسْكُسِي	쿠스쿠스 (좁쌀 모양 파스타와 고기, 채소를 쪄낸 요리)	Couscous
3716	كُشَرِيّ	쿠샤리 (쌀, 파스타, 렌틸콩, 볶은 양파에 매운 토마토 소스를 섞어 만든 음식)	Koushari
3717	كَعْكَة	케이크	cake
3718	كُمَثْرَى	배	pear
3719	كَمُون	커민(향신료)	cumin
3720	كُوسَى، كُوسَا	호박, 주키니	courgette
3721	كُولَا	콜라	cola

번호	아랍어	한국어	영어
3722	لَبَن	우유, 요구르트	milk, yogurt
3723	لَبَن زَبَادِيّ	요거트	yogurt
3724	لَبْنَة	응유 (바로 짠 우유를 그대로 두었을 때 가라앉는 응고체)	(curdled) milk
3725	لَحْم ج. لُحُوم	고기	meat
3726	لَحْم أَرْنَب	토끼고기	hare meat
3727	لَحْم إِوَزّ	거위고기	goose flesh
3728	لَحْم بَطّ	오리고기	duck
3729	لَحْم بَقَر	소고기	beef
3730	لَحْم حَمَام	비둘기고기	pigeon
3731	لَحْم خَرُوف	어린 양고기	spring lamb
3732	لَحْم خِنْزِير	돼지고기	pork
3733	لَحْم عِجْل	송아지고기	veal
3734	لَحْم غَنَم	양고기	lamb
3735	لِفْت	순무	turnip
3736	لَوْز	아몬드	almond
3737	لَيْمُون	레몬	lemon
3738	لَيْمُون هِنْدِيّ	자몽	grapefruit
3739	مَاء ج. مِيَاه	물	water
3740	مَحَّار	굴, 조개	oyster, clams

음식

번호	아랍어	한국어	영어
3741	مَحْشِيّ	마흐쉬 (쌀, 토마토, 향신료 등을 애호박 등의 야채 속에 채워 넣거나 포도잎으로 싸서 쪄낸 음식)	Mahshi
3742	مُحمَّر	구운	roasted
3743	مَخْبَز ج. مَخَابِزُ	빵집, 베이커리	bakery, pastry
3744	مُخَلَّل	식초에 절인	pickled
3745	فِلْفِل مُخَلَّل	절인 고추	pickled pepper
3746	لِفْت مُخَلَّل	절인 순무	pickled turnip
3747	مَذَاق	맛	taste
3748	مُرّ	쓴	bitter
3749	مُرَبَّى	잼	jam
3750	مُرَبَّى بُرْتُقَال	마멀레이드 (오렌지, 레몬 등으로 만든 잼)	marmalade
3751	مَرَق ج. مَرَاق	스프, 죽	stock, broth
3752	مَزْرَعَة ج. مَزَارِعُ	농장	farm
3753	مَسْلُوق	끓인, 삶은	boiled
3754	مَشْرُوب	음료, 마실 것	beverage
3755	مَشْرُوبَات غَازِيَّة	청량 음료	soft drinks
3756	مَشْرُوبَات كُحُولِيَّة	술	alcoholic
3757	مِشْمِش	살구	apricot
3758	مَشْوِيّ	구운	grilled

번호	아랍어	한국어	영어
3759	مَعْكَرُونَة	국수	noodle
3760	مُقَبِّلَات	전채 요리	starters, appetizers
3761	مَقْلِيّ	튀긴	fried
3762	مِلْح	소금	salt
3763	مَلْفُوف	케일, 양배추	cabbage
3764	مَنْجَة	망고	mango
3765	مَنْدِيل ج. مَنَادِيلُ	냅킨	napkin
3766	مَنْسَف	만사프 (밥과 양고기 또는 염소고기 위에 요구르트를 끼얹어 쉬라키 빵으로 덮어서 만든 요리)	Mansaf
3767	مَوَادّ غِذَائِيَّة	식료품	food stuffs
3768	مَوْز	바나나	banana
3769	مِيَاه مَعْدَنِيَّة	광천수	mineral water
3770	نَبَاتِيّ	채식주의자	vegetarian
3771	نَبِيذ	와인	wine
3772	نَبِيذ أَبْيَضُ	백포도주	white wine
3773	نَبِيذ أَحْمَرُ	적포도주	red wine
3774	نَحْر	도살	slaughter
3775	نَعْنَاع	민트	mint
3776	نَقَانِق	소시지	sausage
3777	نَيّ	날것의, 익히지않은	raw

번호	아랍어	한국어	영어
3778	وَجَبَات سَرِيعَة	즉석식품, 간편식	fast food
3779	وَجْبَة	식사	meal
3780	أَكَلَ ـُ	먹다	to eat
3781	خَبَزَ ـِ	빵을 굽다	to bake
3782	ذَاقَ ـُ	맛보다	to taste
3783	سَلَقَ ـُ	끓다, 끓이다	to boil
3784	شَرِبَ ـَ	마시다	to drink
3785	طَهَى ـَ	요리하다	to cook
3786	فَطَرَ ـُ	아침을 먹다	to eat breakfast
3787	ثَلَّجَ	냉동하다(II형)	to freeze
3788	تَعَشَّى	저녁을 먹다(V형)	to dine
3789	تَغَدَّى	점심을 먹다(V형)	to have lunch

정치·외교

السّياسة والعلاقات الخارجيّة

정치

번호	아랍어	한국어	영어
3790	اِئْتِلَاف	연합	coalition
3791	أَبْنَاء الشَّعْب	일반 국민	nation
3792	اِتِّحَاد ج. اِتِّحَادَات	연합체; 연합	union, unity
3793	إِجْمَاع	합의, 의견, 일치	consensus
3794	أَجِنْدَة	의제	agenda
3795	اِحْتِجَاج	항의, 시위, 저항	protest
3796	اِحْتِجَاز	구금, 억류	detention
3797	إِدْلَاء بِالْأَصْوَات	투표하기	cast a ballot
3798	اِسْتِبْدَادِيَّة	폭정, 전제정치	despotism
3799	اِسْتِفْتَاء	국민투표	referendum
3800	اِسْتِقَالَة	사직, 사퇴	resignation
3801	اِسْتِقَالَة الْحُكُومَة	내각사퇴	government's resignation
3802	اِسْتِقْلَال	독립	independent
3803	اِسْتِنْكَار	비난, 규탄	condemnation

번호	아랍어	한국어	영어
3804	اِشْتِرَاكِيّ	사회주의자; 사회주의의	socialist
3805	اِشْتِرَاكِيَّة	사회주의	socialism
3806	أُصُولِيَّة	원리주의, 근본주의	fundamentalism
3807	اِعْتِصَام	농성, 점거시위	sit-in
3808	اِقْتِرَاح	제안	suggestion
3809	اِقْتِرَاع	투표	vote
3810	إِقْطَاعِيَّة	봉건주의	feudualism
3811	اَلْإِخْوَان الْمُسْلِمُونَ	무슬림형제단	Muslim Brotherhood
3812	اَلدَّوْلَة الْإِسْلَامِيَّة الْعِرَاقِيَّة وَالشَّامِيَّة (دَاعِش)	ISIS, 이슬람국가 (다에쉬)	ISIS
3813	اَلسَّلَفِيَّة	살라피즘	Salafism
3814	اَلْقَاعِدَة	알-카에다	al-Qaeda
3815	إِمْبِرْيَالِيَّة	제국주의	imperialism
3816	اِمْتِنَاع	기권	withdrawal
3817	أُمَمِيّ	범민족적인, 다국적의, 국제적인	multinational, pan-national
3818	أَمِير ج. أُمَرَاء	아미르, 왕자, 사령관	amir
3819	اِنْتِخَاب	선출, 선거	election
3820	اِنْتِخَابَات	선거	elections
3821	اِنْتِخَابَات رِئَاسِيَّة	대선	presidential election
3822	اِنْتِخَابَات عَامَّة	총선	general election

번호	아랍어	한국어	영어
3823	اِنْتِقَالِيّ	임시의; 과도기의, 이양하는	Transitional
3824	اِنْفِصَالِيَّة	분리주의	separatism
3825	اِنْقِلَاب	쿠데타	coup
3826	اِنْهِيَار	붕괴	collapse
3827	أَوْسَاط سِيَاسِيَّة	정치권, 정계	political circles
3828	بَرْلَمَان	국회	congress
3829	بَنَّاء	건설적인	constructive
3830	تَارِيخِيّ	역사적인	historical
3831	تَأْيِيد	지지, 성원	supporting
3832	تَحَالُّف	동맹	alliance
3833	تَحْرِير	해방	liberation
3834	تَحْسِين الْأَحْوَال الْمَعِيشِيَّة	생활환경 개선	improvement of living conditions
3835	تَدَخُّل فِي الشُّؤُونِ الدَّاخِلِيَّة	내정간섭	interference in domestic affairs
3836	تَرَاجُع شَّعْبِيَّة	인기 하락	falling of popularity
3837	تَرْحِيل	추방	deportation
3838	تَرْشِيح	입후보	nomination, candidacy
3839	تَرَكَ السُّلْطَةَ	퇴진하다	leave power
3840	تَزْوِير الْإِنْتِخَابَات	부정선거	election fraud
3841	تَسْوِيَة سِلْمِيَّة	평화적 해결	peaceful settlement
3842	تَشَاؤُم	비관주의	pessimism

정치

번호	아랍어	한국어	영어
3843	تَشْكِيل الْحُكُومَة	정부 구성	government formation
3844	تَصْوِيت	투표	vote
3845	تَطْبِيع الْعَلَاقَات	관계 정상화	normalization of relations
3846	تَعْدِيل وِزَارِيّ	개각, 장관교체	cabinet reshuffle
3847	تَعْطِيل الْعَمَل بِالدُّسْتُور	헌법 효력 중지	suspension of constitutional validity
3848	تَعْيِين	임명	designation
3849	تَفَاهُم مُشْتَرَك	상호이해	mutual understanding
3850	تَفْوِيض صَلَاحِيَّات	권한 위임, 전권 위임	delegating powers
3851	تَنَحٍّ	퇴진, 퇴임	resignation
3852	تَنْسِيق بَيْنَ الْأَحْزَاب	정당간의 조정	coordination between the parties
3853	تَنْظِيم	조직, 체계화	organizing
3854	تَوَتُّر	긴장	tension, stress
3855	تَوْحِيد	단일신교, 통합	monotheism, integration
3856	تَوَسُّط	중재	mediation
3857	تَيَّار يَسَارِيّ	좌파	the left
3858	تَيَّار يَمِينِيّ	우파	the right
3859	ثَائِر ج. ثُوَّار	혁명가	revolutionary
3860	ثَوْرَة	혁명	revolution
3861	ثَوْرَة شَعْبِيَّة	민중혁명	popular revolution

번호	아랍어	한국어	영어
3862	ثَوْرِيّ	혁명의	revolutionary
3863	جَبْهَة تَحْرِير فِلَسْطِين	팔레스타인 해방전선	PLO
3864	جَدْوَل أَعْمَال	의제, 어젠다	agenda
3865	جَلْسَة	세션, 공판	session
3866	جُمْهُور ج. جَمَاهِيرُ	군중, 대중	audience
3867	جُمْهُورِيَّة	공화국, 공화정	Republic
3868	جَوْلَة	여행, 순찰, 회	tour, patrol, round
3869	حَاكِم ج. حُكَّام	지배자, 통치자	ruler
3870	حِزْب ج. أَحْزَاب	정당	political group
3871	حِزْب الْعُمَّال	노동당	labor party
3872	حِزْب الله	헤즈볼라	Hezbollah
3873	حِزْب الْمُحَافِظِين	보수당	conservative party
3874	حَقِيبَة وِزَارِيَّة	장관직	ministership
3875	حُكْم ذَاتِيّ	자치	autunomy
3876	حُكْم لَامَرْكَزِيّ	분권형 통치	decentralized rule
3877	حُكْم مَرْكَزِيّ	중앙집권형 통치	central rule
3878	حُكُومَة	정부	government
3879	حُكُومَة اِئْتِلَافِيَّة	연립정부, 연정	coalition government
3880	حُكُومَة اِشْتِرَاكِيَّة	사회주의 정권	socialist government
3881	حُكُومَة اِنْتِقَالِيَّة	과도정부	interim government

정치

번호	아랍어	한국어	영어
3882	حُكُومَة مُحَافِظَة	보수 정부	conservative government
3883	حُكُومَة مَدَنِيَّة	문민정부	civilian government
3884	حُكُومَة مُوَقَّتَة	임시정부	provisional government
3885	حُكُومِيّ	정부의	governmental
3886	حَلّ الْبَرْلَمَان	국회해산	dissolution of the National Assembly
3887	حَلّ وَسَط	타협안, 절충안	comprimise
3888	حِلْف ج. أَحْلَاف	동맹	alliance
3889	حَمَاس (حَرَكَة الْمُقَاوَمَة الْإِسْلَامِيَّة)	하마스	Hamas
3890	حَمْلَة اِنْتِخَابِيَّة	선거운동	electioneering
3891	خَارِجِيَّة	외무, 외교(활동)	foreign policy
3892	خِطَاب ج. خِطَابَات	연설	letter, message
3893	خِيَانَة	배반	treason
3894	دَائِرَة اِنْتِخَابِيَّة	선거구	Election area
3895	دِبْلُومَاسِيَّة	외교	diplomacy
3896	دِكْتَاتُور	독재자, 절대 전제주의자	dictator, absolutist
3897	دِكْتَاتُورِيَّة	독재	Dictatorship
3898	دَوْرَة بَرْلَمَانِيَّة	의회 회기	parliamentary session
3899	دَوْلَة ج. دُوَل	국가, 정부	state

번호	아랍어	한국어	영어
3900	دُوَل كُبْرَى	강대국들	powerful nations, Powers
3901	دَوْلَة الرَّفَاهَة	복지국가	welfare state
3902	دَوْلَة مَدَنِيَّة	문민국가	civil country
3903	دَوْلِيّ، دُوَلِيّ	국제적인	International
3904	ذُو الاِهْتِمَامِ الْمُشْتَرَك	공동 관심사를 갖고 있는	common interest
3905	ذُو شَأْنٍ	영향력있는, 중요한 (사람)	matter, worthwhile
3906	رُؤْيَة	비전, 시야, 전망	vision
3907	رِئَاسَة	대통령직, 영도	presidency, leading
3908	رِئَاسِيّ	대통령의	presidential
3909	رَئِيس ج. رُؤَسَاءُ	회장; 대통령	head, chief; president
3910	رَئِيس الْبَرْلَمَان	국회의장	parliament president
3911	رَحِيل	퇴진	leave, departure
3912	رَسْمِيّ	공식적인	official
3913	رَشَّحَ نَفْسَهُ	출마하다	to run for election
3914	رَفَاهَة	복지	welfare
3915	رئيس الْجُمْهُورِيَّة	대통령	president
3916	رَئِيس الْحَيّ	구청장	head of the district
3917	رَئِيس الْمَدِينَة	시장	mayor
3918	رَئِيس الْوُزَرَاء	국무총리, 수상	prime minister

정치

번호	아랍어	한국어	영어
3919	رَئِيس مَجْلِس الشَّعْب	국회의장	chairman of the People's Assembly
3920	زَعَامَة	영도, 영도력, 지도력	leadership
3921	زَعِيم ج. زُعَمَاء	지도자, 주석	leader
3922	زِيَارَة رَسْمِيَّة	공식 방문	official visit
3923	سُبُل التَّعَاوُن الْمُشْتَرَك	공동협력방안	ways of joint cooperation
3924	سَلَام	평화	peace
3925	سُلْطَان ج. سَلَاطِين	술탄	sultan
3926	سُلْطَة	정권; 권력	power
3927	سُلْطَة تَشْرِيعِيَّة	입법부	legislative body
3928	سُلْطَة تَنْفِيذِيَّة	행정부	executive authority
3929	سُلْطَة قَضَائِيَّة	사법부	judicial authority
3930	سَلْطَنَة	술탄국	sultanate
3931	سِيَادَة	통치, 다스림, 지배; 자주권	governance, rule; autonomy
3932	سِيَاسَة	정치	politics
3933	سِيَاسَة التَّقَشُّف	내핍상태, 긴축정책	retrenchment policy, austerity
3934	سِيَاسِيّ	정치의, 정치적인	political
3935	شَعْب ج. شُعُوب	국민, 민족	people, nation
3936	شَغَب	폭동	riot
3937	شَفَافِيَّة	투명성	transparency
3938	شَكّ ج. شُكُوك	의심, 의혹	doubt

번호	아랍어	한국어	영어
3939	شُؤُون دَاخِلِيَّة	국내사안	domestic affairs
3940	شُؤُون عَالَمِيَّة	국제문제	International problem
3941	شُؤُون عَرَبِيَّة	아랍지역문제	Arab problem
3942	شُمُولِيَّة	전체주의	totalitarianism
3943	شُيُوعِيّ	공산주의의; 공산주의자	communist
3944	شُيُوعِيَّة	공산주의	communism
3945	صَاحِب الْجَلَالَة	국왕 폐하	His Majesty
3946	صُفُوف الْقِيَادَة	리더쉽 서열	leadership hierachy
3947	صَلَاحِيَّة	권한, 전권	authority, jurisdiction
3948	صُنْدُوق الاقْتِرَاع	투표함	ballot box
3949	صِيغَة تَوَافُقِيَّة	절충안	compromise plan
3950	ضَحِيَّة ج. ضَحَايَا	희생자; 피해자	victim
3951	ضُغُوط أَجْنَبِيَّة	외압	foreign pressure
3952	طَبَقَة	계급, 계층	class
3953	طَبَقَة اِجْتِمَاعِيَّة	사회계급	social class
3954	طِفْل مُتَبَنَّى	양자	adopted child
3955	عَاهِل ج. عَوَاهِلُ	군주, 왕	monarch
3956	عَدَم الْمُسَاوَاة الاِجْتِمَاعِيَّة	사회 불평등	social inequality
3957	عُدْوَانِيّ	적대적인, 공격적인	aggressive
3958	عِرَاك	싸움, 격투	fight

정치

번호	아랍어	한국어	영어
3959	عِصْيَان مَدَنِيّ	시민 불복종	civil disobedience
3960	عُضْو مَجْلِس الشَّعْب	국회의원	member of the National Assembly
3961	عَلَاقَات ثُلَاثِيَّة	삼자관계	triangular relationship
3962	عَلَاقَات ثُنَائِيَّة	양자관계	bilateral relations
3963	عَلَاقَات دُوَلِيَّة	국제적인 관계	international relations
3964	عَلَاقَات مُتَعَدِّدَة الْأَطْرَاف	다자관계	multiple relations
3965	عِيد الْاِسْتِقْلَال	독립 기념일	Independence Day
3966	غَيْر النَّاخِبِين	기권자	non-voters
3967	فِئَوِيَّة	당파주의	factionalism
3968	فِتْنَة	난동, 분쟁	riots, conflict
3969	قَوَائِم الْاِقْتِرَاع	선거 명부	electoral list
3970	قُوَّة سِيَاسِيَّة	정권, 정치세력	political power
3971	قِيَادَة	지도, 지도력	leadership
3972	كُتْلَة ج. كُتَل	단체, 진영	block, group
3973	لَاجِئ	망명인, 난민	refugee
3974	لَجْنَة ج. لِجَان	위원회	committee
3975	لُجُوء سِيَاسِيّ	정치적 망명	political asylum
3976	لَمّ شَمْل الْأُسَر الْمُشَتَّتَة	이산가족 상봉	meeting of separated families
3977	مُؤَامَرَة	음모	plot, conspiracy
3978	مُؤْتَمَر	대회, 회의	conference

번호	아랍어	한국어	영어
3979	مُؤْتَمَر قِمَّة	정상회의	summit conference
3980	مُؤَيِّد	지지자	supporter
3981	مُبَاحَثَة	회담	talk
3982	مُبَادَرَة	착수; 계획	initiative
3983	مُبَادَرَة السَّلَام	평화안, 평화재안	peace initiative
3984	مَبْعُوث	사절, 특사	envoy
3985	مُتَّحِد	연합된, 통일된	united
3986	مُتَحَدِّث	대변인	spokesman
3987	مُتَحَرِّر	해방된	liberated
3988	مُتَظَاهِر	시위자	protester
3989	مُتَمَرِّد	반란자, 반역자	rebel
3990	مَجْزَرَة	살육, 학살	massacre, slaughter
3991	مَجْلِس ج. مَجَالِسُ	의회, 위원회	council, board
3992	مَجْلِس التَّعَاوُنِ الْخَلِيجِيّ	걸프협력회의	GCC(Gulf Cooperation Council)
3993	مُحَادَثَة ج. مُحَادَثَات	담화, 대화	conversation
3994	مُحَادَثَات ثُلَاثِيَّة	삼자회담	three-party talks
3995	مُحَادَثَات ثُنَائِيَّة	양자회담	bilateral talks
3996	مُحَادَثَات سُدَاسِيَّة	6자 회담	six-party talks
3997	مُحَاضَرَة	강의	lecture
3998	مُحَافِظ	주지사, 도지사; 총독; 보수적인	governor; conservative

정치

번호	아랍어	한국어	영어
3999	مُحَاوَلَة اِغْتِيَال	암살시도	assassination attempt
4000	مُحَايِد	중립의	neutral
4001	مُحَرِّر	해방자, 해방시킨 사람	liberator
4002	مِحْوَرُ الْشَّرّ	악의 축	axis of evil
4003	مُخَيَّمَات اللَّاجِئِين الْفِلَسْطِنِيِّين	팔레스타인 난민 캠프	the camps of the Palestinian refugees
4004	مُدَافِع	방어자	defender
4005	مَدَنِيّ	도시의, 시민의; 시민	civil, urban; civilian
4006	مَدِينَة ج. مُدُن	도시	city
4007	مَذْبَحَة ج. مَذَابِحُ	대학살	massacre
4008	مَرْسُوم ج. مَرَاسِيمُ	칙령	imperial order
4009	مُرَشَّح	입후보자, 출마자	candidate
4010	مُرَشَّح مُسْتَقِلّ	무소속 입후보자	independent candidate
4011	مُرْشِد	지도자, 인도자	guide, leader
4012	مَرْكَز الْإِقْتِرَاع	투표소	polling place
4013	مُسَاهَمَة	공헌, 기여	contribution
4014	مُسَاوَاة	평등	equality
4015	مُسَاوَاة بَيْنَ الرَّجُل وَالْمَرْأَة	남녀평등	gender equality
4016	مُسْتَوْطَنَة	정착촌, 정착지	settlement
4017	مُسَمَّى	지명된, 지정된	named, called

번호	아랍어	한국어	영어
4018	مَسِيرَة	행진	march
4019	مَسِيرَة سِلْمِيَّة	평화행진	peace march
4020	مُشَاغِب	폭도, 난동꾼, 말썽꾼	rioter, mob, troublemaker
4021	مَشَاكِلُ سِيَاسِيَّة	정치적 문제	political problems
4022	مُشَاوَرَة	협의	consultation
4023	مَصْلَحَة عَامَّة	공익	public interest
4024	مُصِيبَة ج. مَصَائِبُ	재앙, 재난	calamity
4025	مُضْرِب عَنِ الْعَمَلِ	파업 노동자	striker
4026	مُظَاهَرَة	시위	demonstration
4027	مُظَاهَرَات حَاشِدَة	대규모의 시위	mass protest
4028	مُظَاهَرَات سِلْمِيَّة	평화적 시위	peaceful demonstration
4029	مُظَاهَرَة مُعَارِضِي ...	…를 반대하는 사람들의 시위	objection protest
4030	مُظَاهَرَة مُؤَيِّدِي ...	…를 지지하는 사람들의 시위	supporting protest
4031	مُعَادَاة السَّامِيَّة	반유대주의	anti semitism
4032	مُعَارِض	반대자	opposition
4033	مُعَاهَدَة	조약	treaty
4034	مُعَاهَدَة السَّلَام	평화조약	peace treaty
4035	مُعْتَصِم	연좌농성자, 점거농성자	sit-in demonstration protestors
4036	مُفَاوَضَة	협상	negotiation

정치

번호	아랍어	한국어	영어
4037	مُفَكِّر	사상가	thinker
4038	مُقَاطَعَة	보이콧, 거부운동	boycott
4039	مُقَاطَعَة الْإِنْتِخَابَات	선거 불참, 선거보이콧	election absence
4040	مَلِك ج. مُلُوك	왕	king
4041	مَلِكَة	여왕	queen
4042	مَلِكِيّ	왕의, 왕립의; 왕당파	royal
4043	مِلْكِيَّة دُسْتُورِيَّة	입헌군주제	constitutional monarchy
4044	مَمْلَكَة ج. مَمَالِكُ	전제군주국	absolute monarchy
4045	مُنَافِس	경쟁자, 라이벌	rival
4046	مُنَافَسَة	분쟁, 경쟁	competition
4047	مُنَاقَشَة	토론, 토의	discussion
4048	مُنْتَخَب	선출된	elected
4049	مَنْدُوب	사절, 대표	envoy, delegate
4050	مَنْدُوب الصَّلِيب الْأَحْمَر	적십자 대표	Red Cross representative
4051	مُنْشَقّ	분리주의자; 반체제인사	dissident, separationist
4052	مُهَاجِر	이민자	migrant
4053	مُهَاجِر رَقْمِيّ	디지털 이주자	digital immigrant
4054	مُهَاجَرَة	이주	migration
4055	مُوَاطِن	시민	citizen
4056	مِيثَاق ج. مَوَاثِيق	헌장	charter

번호	아랍어	한국어	영어
4057	مَيْدَان السِّيَاسَة	정치무대	political stage
4058	نَائِب ج. نُوَّاب	부, 의원	congressman
4059	نَائِب الرَّئِيس	부통령	vice president
4060	نَائِب مَجْلِس الشَّعْب	국회의원	member of congress, congressperson
4061	نِظَام ج. أَنْظِمَة	제도, 체제	system, regime
4062	نِظَام الأَحْزَاب الْمُتَعَدِّدَة	다당제	multiparty system
4063	نِظَام الاِسْتِبْدَادِيَّة	전제정치제도	absolute monarchy system
4064	نِظَام الْحِزْب الْوَاحِد	일당제	one-party system
4065	نِظَام الدِّيمقْرَاطِيَّة	민주정치제도	democratic system
4066	نِظَام الْقَوَائِم الْفَرْدِيَّة	개인후보제	individual candidate system
4067	نِظَام الْقَوَائِم النِّسْبِيَّة	비례대표제	proportional representation system
4068	نِظَام الْمَلَكِيَّة	왕정제도, 군주제도	monarchy
4069	نُظُم طَبَقِيَّة	계급제도	class sysytem
4070	نَقَاء	청렴, 반부패	purity
4071	نُقْطَة النَّظَر	관점	point of view
4072	نَهْضَة	부활, 부흥 운동	revivalism
4073	هِجْرَة	이주, 이민	immigration
4074	هَيْئَة	조합, 협회, 기구	organization, association
4075	وَحْدَة	통합, 통일; 수	combine

정치

번호	아랍어	한국어	영어
4076	وَزِير ج. وُزَرَاءُ	장관	minister
4077	وَزِير الْخَارِجِيَّة	외무장관	foreign minister
4078	وَطَن ج. أَوْطَان	조국	homeland
4079	وَطَنِيّ	국가적인, 애국적인, 민족주의적인	nationalistical, patriotic
4080	وَعْي سِيَاسِيّ	정치적 의식	political consciousness
4081	وَعْي قَوْمِيّ	국가적 의식	national consciousness
4082	وَفْد ج. وُفُود	대표단	delegation
4083	وَلِي الْعَهْد	왕세자	crown prince
4084	يَسَارِيّ	좌익의, 좌파의	leftist, leftward
4085	يَمِينِيّ	우익의, 우파의	rightist, rightward
4086	ثَارَ ـُ	혁명을 일으키다, 봉기하다	to rebel
4087	سَلَبَ ـُ	약탈하다	to take away, to steal
4088	طَرَدَ ـُ	해고하다, 추방하다	to expel, dismiss
4089	طَغَى ـَ عَلَى	지배하다	to dominate, to control
4090	نَزَحَ	이주하다	to migrate
4091	نَزَلَ	하차하다	to disembark, get off
4092	أَمَّمَ	국유화하다(II형)	to nationalize
4093	رَشَّحَ	지명하다(II형)	to nominate
4094	ضَحَّى بِـ	희생하다(II형)	to sacrifice

번호	아랍어	한국어	영어
4095	نَظَّمَ	~을 조직하다, 구성하다(II형)	to structure
4096	بَاحَثَ	토론하다, 협의하다(III형)	to discuss
4097	نَاقَشَ	토의하다, 의견을 나누다(III형)	to discuss
4098	أَجْمَعَ عَلَى	만장일치로 동의하다(IV형)	to consent unanimously
4099	أَحْجَمَ	기권하다; 억제하다(IV형)	to refrain
4100	أَطَاحَ	전복하다, 타도하다(IV형)	to overthrow
4101	أَطَاعَ	따르다, 복종하다(IV형)	to obey
4102	أَنْشَأَ	세우다, 창설하다, 창립하다(IV형)	to establish
4103	تَبَنَّى	채택하다(V형)	to adopt
4104	تَرَأَّسَ	선두에 서다; 회의를 주재하다 (V형)	to lead
4105	تَنَحَّى	퇴임하다, 하야하다(VI형)	to step aside, give up
4106	تَظَاهَرَ	시위하다(VII형)	to demonstrate
4107	اِنْفَصَلَ	탈퇴하다, 분리하다, 나누어지다(VII형)	to separate
4108	اِتَّحَدَ	연합하다, 연맹하다 (VIII형)	to unite
4109	اِحْتَجَّ	항의하다(VIII형)	to protest
4110	اِحْتَجَزَ	구금하다(VIII형)	to detain

정치

번호	아랍어	한국어	영어
4111	اِعْتَزَلَ	사직하다, 퇴직하다 (Ⅷ형)	to retire
4112	اِمْتَنَعَ	기권하다; 억제하다 (Ⅷ형)	to withdraw
4113	اِنْتَحَى	사임하다(Ⅷ형)	to resign
4114	اِنْتَخَبَ	선거하다(Ⅷ형)	to elect
4115	اِسْتَقَالَ	사직하다, 사퇴하다 (Ⅷ형)	to resign
4116	اِسْتَقَلَّ	독립하다(Ⅹ형)	to become independent
4117	اِسْتَنْكَرَ	비난하다(Ⅹ형)	to deprecate
4118	اِسْتَوْلَى	점령하다, 장악하다 (Ⅹ형)	to latch, to seize
4119	تَمَّ تَوْقِيع	서명되다, 계약되다	to be signed
4120	تَبَنَّى قَرَارًا	결의안을 채택하다	to adopt a resolution
4121	تَحْتَ الطَّاوِلَة	비밀리의, 은밀한	under the table
4122	دَخَلَ حَيْزَ التَّنْفِيذ	시행되다, 발효되다	to take effect
4123	رَفَعَ قُيُودًا	정부규제를 철폐하다	to deregulate
4124	وَجَّهَ دَعْوَةً إِلَى	촉구하다	press, urge
4125	وَجَّهَ نِدَاءً	호소하다	to complain

종교·역사·철학·사상

الدّين و التّاريخ و الفلسفة و الفكر

번호	아랍어	한국어	영어
4126	إِبْدَاء	창조, 야기	creativity
4127	اِبْنُ بَطّوطَةَ	이븐 바투타 (중세의 여행가)	Ibn Battutah
4128	اِبْنُ خَلْدُونَ	이븐 칼둔 (중세의 역사가, 사회학자)	Ibn Khaldun
4129	إِحْيَاء	회복, 부흥	celebrating, reviving
4130	أَرْثُوذُكْسِيَّة	정교	orthodox
4131	اِسْتِشْهَاد	순교	martyrdom
4132	أُسْطُورِيّ	신화의, 전설의	legendary
4133	إِسْلَام	이슬람교	Islam
4134	إِسْلَامِيّ	이슬람의	islamic
4135	أَصْل ج. أُصُول	기원, 근원; 출전	origin
4136	أَفْلَاطُون	플라톤	platon
4137	إِلْحَاد	무신론	atheism
4138	اَلْعَصْر اَلْجَاهِلِيّ	이슬람 이전 시대, 자힐리야 시대	Jahiliyah
4139	اَلْقُدْس	예루살렘	Jerusalem

종교

번호	아랍어	한국어	영어
4140	اَلْقُرْآن	코란	Quran
4141	اَلْكِتَاب الْمُقَدَّس	성경	the bible
4142	اَللهُ	알라, 하나님	Allah, God
4143	إِلَه ج. آلِهَة	신	God
4144	إِلَهِيَّات	신학	theology
4145	إِمَام ج. أَئِمَّة	이맘 (이슬람 성직자)	Imam (Islamic leadership position)
4146	إِنْجِيل	복음	the Gospels
4147	آيَة	꾸란의 절	a verse in the Quran
4148	إِيجَاد	야기	creating, causing
4149	إِيمَان	믿음, 신뢰	belief, faith
4150	بِدْعَة	이단, 새로운 가설	heresy, novelty
4151	بَرَكَة	축복	blessing
4152	بَنُو آدَم	인간(아담의 아들)	human being (lit. son of Adam)
4153	بَنُو إِسْرَائِيلَ	이스라엘 자손 (꾸란의 한 장); 이스라엘인들	The children of Israel
4154	بُوذِيّ	불교의; 불교도	Buddhist
4155	بُوذِيَّة	불교	Buddhism
4156	تَجْدِيف	노젓기; 신성모독	rowing; blasphemy
4157	تَشَاؤُم	비관주의	pessimism
4158	تَعَصُّب	광신주의, 배타주의	fanaticism

번호	아랍어	한국어	영어
4159	تَفَاؤُل	낙천주의	optimism
4160	تُوت عَنْخ أَمُون	투탕카멘(이집트 제18왕조 12대 왕)	Tutankhamun
4161	جَامِع ج. جَوَامِعُ	모스크, 사원	mosque
4162	جَحِيم	지옥, 고통의 장소	inferno
4163	جِنّ	도깨비, 정령	Goblin, jinn
4164	جَنَّة	낙원, 천국	heaven
4165	حَجّ	대순례	pilgramage to Mecca
4166	حَرَام	금기(된)	forbidden
4167	حَرَم	신성한 장소, 성소	sanctuary
4168	حَمْد	찬양	praise
4169	خِتَان	할례, 포경수술	circumcision
4170	دَوْلَة دِينِيَّة	종교국가	religious state
4171	دِيَانَة	종교	religion
4172	دَيْر ج. أَدْيِرَة	수도회, 수도원	convent
4173	دِيمُقْرَاطِيَّة	민주주의	democracy
4174	دِين ج. أَدْيَان	종교	religion
4175	دِينِيّ	종교의, 종교적인	Religious
4176	رَجِيم	저주받은	cursed
4177	رَحْمَة	자비	mercy
4178	رَسُول ج. رُسُل	선지자, 예언자	prophet
4179	رَمْزِيَّة	상징주의	symbolism

번호	아랍어	한국어	영어
4180	رُوح ج. أَرْوَاح	정신, 넋, 영혼	soul, spirit
4181	زَكَاة	희사	charity
4182	سُلَالَة مَلَكِيَّة	왕조	dynasty
4183	سُلَيْمان الْحَكِيم	현자 솔로몬	Solomon
4184	سُلَيْمانُ بْنُ دَاوِد	다윗	David
4185	سُنَّة	순니파	Sunni
4186	سُورَة ج. سُوَر	수라, 꾸란의 장	Surah, Quranic chapter
4187	شَهَادَة	신앙증언	faith
4188	شُهَدَاء الثَّوْرَة	혁명의 순교자	the maythr of revolution
4189	شَهِيْد ج. شُهَدَاءُ	순교자	martyr
4190	شَيْطَان ج. شَيَاطِينُ	사탄, 악마	Satan, devil
4191	شِيعَة	시아파	Shiah, Shiites
4192	صَلَاة ج. صَلَوَات	기도	prayer
4193	صَلِيب ج. صُلْبَانُ	십자가	cross
4194	صَهْيُونِيَّة	시오니즘, 시온주의	Zionism
4195	صُوفِيَّة	수피	sufi
4196	صَوْم	단식	fasting, abstinence
4197	طَائِفِيَّة	교파주의, 분파주의	denominationalism
4198	طُقُوس دِينِيَّة	종교의식	religious ritual
4199	عَبَّاس	압바스 왕조	Abbasid Dynasty
4200	عُثْمَانِيّ	오스만 제국의	Ottoman Empire

번호	아랍어	한국어	영어
4201	عَذْراءُ مَرْيَمُ	처녀 마리아	The Virgin Mary
4202	عُصُور وُسْطَى	중세시대	the Middle Age
4203	عَفِيف	금욕, 금욕주의자	abstinence, ascetic
4204	عَقْلِيَّة	합리성, 제정신	rationality, sanity
4205	عَقِيدَة ج. عَقَائِدُ	신념, 믿음, 교리	creed, belief, dogma
4206	عِلْم اللَّاهُوت	신학	theology
4207	عُمْرَة	소순례	pilgramage to Mecca
4208	عِيد الْأَضْحَى	희생제	Eid al-Adha
4209	عِيد الشُّهَدَاء	순교자의 날	Martyrs' Day
4210	عِيد الْفِطْر	단식종료제	Eid al-Fitr
4211	فِتْنَة طَائِفِيَّة	종교분쟁	Religious conflict
4212	فِرْعَوْن ج. فَرَاعِنَة	파라오 (고대 이집트의 왕)	Pharaoh
4213	قِبْطِيَّة	콥틱	Coptic
4214	قَبْلَ الْمِيلَاد	기원전	B.C.
4215	قَبِيلَة ج. قَبَائِلُ	부족	tribe
4216	قِدِّيس	성인	saint
4217	قَدِيم ج. قُدَمَاءُ	오래된, 고대의	old, ancient
4218	قَرْن ج. قُرُون	세기	century
4219	قُرُون وُسْطَى	중세	the Middle age
4220	قَصْر ج. قُصُور	성, 궁전	palace

번호	아랍어	한국어	영어
4221	قَصْر الْحَمْرَاء	알-함라 궁전	al-Hamra palace
4222	قَوْم	민족, 백성	nation, people
4223	قَوْمِيّ	민족적인, 민족주의의; 민족주의자	ethnic, nationalist
4224	قَوْمِيَّة	민족주의	nationalism
4225	قِيَامَة	부활	resurrection
4226	كَاثُولِيكِيّ	천주교의; 천주교인	Catholic
4227	كَاثُولِيكِيَّة	천주교, 카톨릭	Catholic
4228	كَافِر ج. كُفَّار	불신자	unbeliever, disbeliever
4229	كِتَابِيّ	기록하는; 경전의	Archival
4230	كَنِيس ج. كُنُس	유대교 회당, 시너고그	synagogue
4231	كَنِيسَة ج. كَنَائِس	교회, 사원	church
4232	كَنِيسَة القِيَامَة	성묘교회 (예수가 안장되었던 묘지에 세워진 교회, 기독교의 성소)	The Church of the Sepulcher
4233	كُونْفُوشِيُوسِيَّة	유교	Confucianism
4234	لُطْف الله	(신의) 자비, 은혜	mercy, grace
4235	مُؤْمِن	신자	believer
4236	مُبَشِّر	선교사(기독교)	missionary (Christianity)
4237	مُتَدَيِّن	독실한	religious
4238	مُحَمَّد	무함마드 (이슬람의 사도)	Muhammad

번호	아랍어	한국어	영어
4239	مَزَار	성지	shrine
4240	مَسْجِد ج. مَسَاجِدُ	이슬람 사원, 모스크	mosque
4241	مُسْلِم	무슬림	Muslim
4242	مَسِيحِيّ	기독교인	Christian
4243	مَسِيحِيَّة	기독교	Christianity
4244	مُضْطَهَد	박해, 억제된	persecuted
4245	مَطْرَان ج. مَطَارِنَة	대주교(그리스 정교)	archbishop, Greek orthodox
4246	مَعْبَد ج. مَعَابِدُ	신전, 절, 교회당	temple
4247	مُقَدَّس	거룩한, 영광의, 신성한	holy
4248	مَلَاك ج. مَلَائِكَة، مَلَائِكُ	천사	angel
4249	مُلْحِد	무신론자, 배교자	atheist, apostate
4250	مُنَافَسَات طَائِفِيَّة	종파분쟁	sectarian strife
4251	مَنَائِرُ	(이슬람 사원의) 뾰족탑, 첨탑	minaret
4252	مُومِيَاء	미라	mummy
4253	مِيرُون	성유(가톨릭)	consecrated oil (catholicism)
4254	نَبِيّ ج. أَنْبِيَاءُ	선지자, 예언자	prophet
4255	نَسَوِيَّة	페미니즘	feminism
4256	نَصْرَانِيّ	기독교인	christian
4257	نَصَمَة	성상, 초상	icon, effigy

종교

번호	아랍어	한국어	영어
4258	نِعَم	은총, 축복	blessing, to bless
4259	نِكَاح	결혼(이슬람)	marriage
4260	نُوح	노아	Noah
4261	وَاعِظ ج. وُعَّاظ	전도사, 설교자	preacher
4262	وَثَنِيّ	이교도의	pagan
4263	وَثَنِيَّة	이교도	paganism
4264	يُوحَنَّا الْمَعْمَدَان	세례 요한, 성 요한	John the Baptist
4265	صَامَ ـُ	단식하다	to abstain, fast
4266	صَلَبَ ـِ	십자가에 못박다, 학대하다	to crucify
4267	عَبَدَ ـُ	숭배하다	to worship
4268	وَثِقَ ـِ بِ	믿다	to believe in~
4269	صَدَّقَ	믿다(II형)	to believe
4270	صَلَّى	예배하다(II형)	to pray
4271	بَارَكَ	축복하다(III형)	bless
4272	أَبْدَعَ	창조하다(IV형)	to create
4273	آمَنَ	믿다(IV형)	to believe
4274	اِعْتَقَدَ بِـ، أَنَّ	생각하다; 믿다, 확신하다(VIII형)	to believe

PART 2

일반

الفصل الثّاني: ملاحظات عامّة

명사

الاسم

번호	아랍어	한국어	영어
4275	إِتْقَان	정통, 숙달	mastering
4276	اِرْتِيَاح	만족, 기쁨	satisfaction
4277	اِزْدِيَاد	증가	increase
4278	إِصْلَاح	개혁, 개선	reformation
4279	اِقْتِرَاحَات وَمُلَاحَظَات	피드백과 제안	feedback and suggestion
4280	اِقْتِنَاع	확신	conviction
4281	اِلْتِقَاط	촬영	taking (a photo)
4282	اِنْتِقَام	복수, 보복	revenge
4283	اِنْضِمَام	가입	engagement
4284	اِنْفِتَاح	개방	open, leave
4285	إِنْهَاء	끝냄	end
4286	أَنِيق	우아한	elegant
4287	اِهْتِمَام	관심	care, concern
4288	إِهْمَال	무시	neglect
4289	أَهَمِّيَّة	중요(성)	importance

번호	아랍어	한국어	영어
4290	أُولَئِكَ	저 사람들	they, those
4291	أيّ	무슨, 어느	which
4292	إيثَار	선호, 애정	preference, affection
4293	أَيْضًا	또한, 역시	also
4294	إيضَاح	밝힘, 명백히 함	clarification
4295	أَيُّهَا	호격사	oh
4296	أَيْوَه	네(구어체)	yes
4297	بَادِرَة ج. بَوَادِرُ	전조, 징후	omen, sign
4298	بَاذِخ	낭비하는, 사치스러운	extravagant
4299	بَارِز	두드러진, 돌출된; 저명한	prominent
4300	بَاقٍ	남아있는	remaining; left
4301	بَاقِيَة	남아있는 (بَاقٍ의 여성형)	remaining; left
4302	بَال	마음, 생각	mind
4303	بَخْت ج. بُخُوت	행운	luck fortune
4304	بَدْء	시작	start
4305	بِدَايَة	시작	beginning
4306	بَدِيع	훌륭한	wonderful, marvelous
4307	بَدِيل ج. بَدَائِلُ	대신, 대용(품)	alternative
4308	بُرُوز	출현, 돌출	appearance
4309	بَسِيط	간단한	simple

번호	아랍어	한국어	영어
4310	بِطَاقَة شَخْصِيَّة	신분증	ID card
4311	بَطَل ج. أَبْطَال	주인공	hero, protagonist
4312	بَطِيء	느린	slow
4313	بَعْثَة	전도단; 사절단	delegation
4314	بَعْدَ	후에	after
4315	بَكَارَة	처녀성	virginity
4316	بَلَى	네(부정문에 대한 대답)	yes, certainly (after a negation)
4317	بُؤْرَة	중심, 발원지	center, focus
4318	بَيَان	성명; 해설; 명백성	statement
4319	بَيْنَ	사이에	between
4320	تَأْثِير	영향	influence
4321	تَأْجِيل	연기	delay
4322	تَأَخُّر	지각, 지체; 퇴보	lateness
4323	تَأْدِيَة	실행, 행함	performance
4324	تَأْسِيس	설립	establishing
4325	تَافِه	보잘것 없는, 시시한, 하찮은	trifle
4326	تَأْكِيد	확신	confirmation
4327	تَالٍ	다음의, 계속되는	following
4328	تَالِيَة	다음의, 계속되는 (تَالٍ의 여성형)	following
4329	تَبْرِير	정당화	justification

번호	아랍어	한국어	영어
4330	تَبَغ ج. تُبُوغ	담배	tobacco
4331	تَثْبِيت	고착화	fixation, stabilization
4332	تُجَاهَ	~로 향하여, ~쪽으로	towards
4333	تَجْدِيد	갱신, 개조	renovating
4334	تَجْرِبَة ج. تَجَارِبُ	경험; 실험	experience
4335	تَجْرِيبِيّ	실험의, 시험적인	experimental
4336	تَجْسِيد	구체화	embodiment
4337	تَحْتَ	아래에, 밑에	under
4338	تَحَدٍّ ج. تَحَدِّيَات	도전	challenge
4339	تَحْدِيث	현대화	update
4340	تَحْسِين	개선	improvement
4341	تَحْقِيق	실현, 조사	investigation
4342	تَحْلِيل	분석, 검사	analysis
4343	تَحْمِيل	짐싣기; 다운로드	loading; download
4344	تَحْوِيل	변화, 변경	transformation
4345	تَحِيَّة	축하, 인사	greeting
4346	تَخْرِيب	파괴	destruction
4347	تَخَلُّف	지연, 지체, 퇴보	backwardness
4348	تَخْيِيم	야영	camping
4349	تَدْمِير	파괴	destruction
4350	تَدَهْوُر	악화, 저하, 쇠퇴, 급감	deterioration

번호	아랍어	한국어	영어
4351	تَذَوُّق	맛보기	taste
4352	تَرْحِيب	환영	welcome
4353	تَرْخِيص ج. تَرَاخِيصُ	허락, 허가	licensing
4354	تَرَف، تُرْفة	호사, 호강	luxury, affluence
4355	تَرْقِيم	구두점, 셈	punctuation, numeration
4356	تَرْكِيز	집중	focus
4357	تَسامُح	관용	tolerance
4358	تَسْجِيل	등록; 녹화	enrollment
4359	تَسْرِيح	방목; 제대; 석방; 해방	lay off
4360	تَسْلِيَة	오락, 유희	entertainment
4361	تَسْلِيم	배달	delivery
4362	تَسْمِيَة	명명	naming
4363	تَسَوُّس	부식, 부패; 충치	rot
4364	تَشَدُّد	완고함	strictness
4365	تَشْدِيد	강화, 강조	emphasis
4366	تَصْفِيَة	정제, 여과	filtering
4367	تَصْفِيق	박수	clapping
4368	تَصْلِيح	수리	repair
4369	تَصْنِيف	분류, 선별	depicting
4370	تَضْحِيَة	희생	sacrifice
4371	تَضْمِين	둘러쌈, 포위	enclosure

번호	아랍어	한국어	영어
4372	تَطْبِيق	적용	application
4373	تَطَوُّرَات	진전, 진화	developments
4374	تَعازٍ	애도	condolences
4375	تَعْدِيل	수정, 변경	modification
4376	تَعْرِيف	소개; 정의	introducing; identification
4377	تَعْقِيد	복잡, 혼란	complication
4378	تَعْلِيل	설명; 정당화	explanation
4379	تَغْذِيَة	영양공급	feeding, nutrition
4380	تَغْطِيَة	덮기; 보도	covering
4381	تَغْيِير	변화	changing
4382	تَفْتِيش	시찰, 검사	search, examination
4383	تَفْرِقَة بَيْنَ الْجِنْسَيْن	성차별	sexual discrimination
4384	تَفْرِقَة عُنْصُرِيَّة	인종차별	racial discrimination
4385	تَفْرِيق	분리; 해산	differentiation
4386	تَفْسِير	설명, (코란의) 주석	explaining, interpretation of Quran
4387	تَفْصِيل ج. تَفَاصِيلُ	세부, 세목	detailing
4388	تَفْضِيل هـ على هـ	...보다 ~을 선호함	preference
4389	تَفْكِير بـ	생각	thinking
4390	تَقَارُب	서로 가까와짐, 서로 가까움	rapprochement

번호	아랍어	한국어	영어
4391	تَقَدُّم	진보, 발전	progress
4392	تَقْدِمَة	선물; 헌납	tribute
4393	تَقْدِيم	제출, 제공	presenting
4394	تَقْرِير	보고서	report
4395	تَقَلُّص	수축	shrinkage
4396	تَقْلِيد ج. تَقَالِيدُ	전통; 모방	traditon; imitation
4397	تَقْلِيدِيّ	전통적인	traditional
4398	تَكَاثُف	협력	cooperation
4399	تَكَبُّر	자만, 교만	arrogance
4400	تَكَهُّن	예상, 예측	forecast
4401	تَلْخِيص	요약	summarizing
4402	تَلَف	손실, 손해	loss
4403	تِلْكَ	저것, 그것 (ذلك의 여성형)	that
4404	تِلْوَ	뒤이어	after
4405	تَلْوِين	색칠, 염색	coloring
4406	تَمَام	옳은	right
4407	تَمْثِيل	대표, 표현, 예시	representation, exemplification
4408	تَمْرِير	통과	pass
4409	تَمَلُّق	아첨, 아부	flattery
4410	تَمْهِيد	준비	preparation
4411	تَمْهِيدِيّ	예비의, 준비의	preliminary

번호	아랍어	한국어	영어
4412	تَمْيِيز	구별, 식별; (아랍어 문법에서의) 구별의 목적격	distinction
4413	تَنَازُل	양보, 인정, 시인	concession
4414	تَنَاقُض	모순; 대립, 대조	contradiction
4415	تَنَبُّؤ	예지, 예견	foreseeing
4416	تَنْسِيق	조정	coordination
4417	تَنْظِيف	청소	cleaning
4418	تَهَوُّر	경솔, 부주의	recklessness
4419	تَوْسِيع	확대	expansion
4420	تَوْصِيَة	조언, 충고	recommendation
4421	تَوْصِيل	연결; 배달	delivery
4422	تَوْطِيد	강화, 확고	reinforcement
4423	تَوْفِير	절약, 저축; 저장	saving; furnishing
4424	تَوْفِيق	화해, 조화	reconcile
4425	ثَابِت	견고한, 확고부동한, 고정된	firm, fixed
4426	ثَاقِب	예리한, 날카로운	penetrating, piercing
4427	ثُبُوت	확고성, 강인성, 견고성	constancy, permanence
4428	ثَخِن، ثَخِين	굵은, 두꺼운	thick
4429	ثَرْثَار	수다스러운; 수다쟁이	chatty garrulous; chatty person
4430	ثَرْثَرَة	잡담, 허튼소리	chat

번호	아랍어	한국어	영어
4431	ثَرْوَة	부	wealth
4432	ثُغْرَة	틈, 구멍	gap
4433	ثِقْل ج. أَثْقَال	무게; 부담; 아령	weight, load
4434	ثَقِيل	무거운	heavy
4435	ثَلْجِيّ	얼음의, 얼음같은	snowy, icy
4436	ثَمَن ج. أَثْمَان	값, 가격	price
4437	ثَمِين	값진	costly, precious
4438	ثُنَائِيَّة	이중성, 양면성	duplicity
4439	جَائِز	지나가는	passing
4440	جَائِزَة ج. جَوَائِز	상; 보답	prize
4441	جَاثُوم، جُثَام	악몽	nightmare
4442	جَادّ	심각한	serious
4443	جَاذِب	끄는, 매혹적인	attractive, alluring
4444	جَاذِبِيَّة	매력; 인력(물리)	gravitation
4445	جَارّ	끄는, 당기는	pulling
4446	جَارٍ	현재의; 진행중인	current; proceeding
4447	جَازِم	결정적인	decisive, definitive
4448	جَافّ	건조한	dry
4449	جَانِب ج. جَوَانِب	옆, 측	side
4450	جَانِبَان	양편, 양측	both sides
4451	جَاهِز	준비된, 기성의	prepared, equipped

명사

번호	아랍어	한국어	영어
4452	جاهِل	모르는, 무지한	ignorant
4453	جَبَّار	거인; 폭군	gigantic, almighty
4454	جَبْرِيّ	숙명론의; 강제적인	fatalistic; compulsory
4455	جَبَلَاوِيّ	산에서 사는; 산사람	mountaineer
4456	جَبْهَة	전선	forehead
4457	جُثَّة ج. جُثَث	시체, 주검	corpse
4458	جِدّ	신중성	seriousness
4459	جِدًّا	매우	very
4460	جِدَار ج. جُدُر، جُدْرَان	담, 벽	wall
4461	جَدَل	논란, 싸움	controversy, quarrel
4462	جَدَلِيّ	논쟁적인	controversial
4463	جَدْوَل ج. جَدَاوِلُ	명단; 시간표	timetable, schedule
4464	جَدِيد ج. جُدَد	새로운	new
4465	جَدِير بـ	~할 자격이 있는, ~할 만한	worthy, appropriate
4466	جَذْب	끄는 것, 매력	attraction
4467	جِذْر ج. جُذُور	뿌리; 근본	root
4468	جِذْرِيّ	근본적인, 기초적인	tasic, radical
4469	جَرّ	당김	pulling
4470	جَرَاءَة	대담성, 용기	courage, boldness
4471	جَرَس ج. أَجْرَاس	종	bell

번호	아랍어	한국어	영어
4472	جَرَيَان	일어남; 흐름	taking place
4473	جَرِيئَة ج. جَراءٍ	덫, 함정	trap
4474	جُزْء ج. أَجْزَاء	부분	part, section
4475	جَزَاء	보답; 징벌	reward, punishment, penalty
4476	جَزْر	도살; 썰물	slaughter, ebb
4477	جَزْم	결정, 결심	decision
4478	جُزْئِيّ	부분적인	partial
4479	جُزْئِيًّا	부분적으로	partially
4480	جَسَارَة	용감성	boldness
4481	جَسَامَة	중대함, 방대함	importance, bigness
4482	جَسِيم	거대한; 중요한	great, huge
4483	جَشَع	탐욕, 욕심	greed
4484	جَفَاف	건조함	dryness
4485	جِفْرَة	암호	code, password
4486	جَلَاء	해명, 정화; 비우기	clarification; evacuation
4487	جَلَال	고귀함	loftiness, splendor
4488	جَلْب	가져옴, 수입, 끌어당기기	bringing, import, attraction
4489	جِلْدِيّ	가죽의, 피부의	dermal, cutaneous
4490	جُلْطَة	덩어리	clot
4491	جُلُوس	앉음, 착석	sitting

명사

번호	아랍어	한국어	영어
4492	جَلِيّ	뚜렷한, 확실한	clear, obvious
4493	جَلِيد	얼음	ice
4494	جَلِيل	큰, 거대한	huge
4495	جَمَاعَة	무리, 집단	group(of people); band, troop
4496	جَمَاعِيّ	집단적인	collective
4497	جَمَال	아름다움	beauty
4498	جَمْع الطَّوَابِع	우표 수집	stamp collecting
4499	جُمَلًا	몽땅, 통째로	all, whole
4500	جُمُود	정체	stagnation
4501	جَمِيع	모두	all
4502	جَمِيعُ الْحُقُوقِ مَحْفُوظَة	판권 소유	all rights reserved
4503	جَمِيل	아름다운, 좋은	beautiful
4504	جَنَازَة	장례식	funeral
4505	جَنْب ج. جُنُوب	옆, 쪽, 측	side
4506	جِنْس ج. أَجْنَاس	성별	gender, sex
4507	جِهَة	방향	direction
4508	جَهْد ج. جُهُود	노력	effort
4509	جَهْل	무지	ignorance
4510	جَوّ	날씨; 분위기	weather; mood
4511	جَوَاب ج. أَجْوِبَة	대답, 답장	reply
4512	جَوْهَر	본질	essence

번호	아랍어	한국어	영어
4513	جَوْهَرَة ج. جَوَاهِرُ	보석	jewel, jewellery
4514	جَيِّد	좋은, 훌륭한	good
4515	جِيل ج. أَجْيَال	세대	generation
4516	حَائِط ج. حَوَائِطُ	벽	wall
4517	حَاجَة إِلَى	필요함	need
4518	حَاجِز ج. حَوَاجِزُ	장벽	barrier
4519	حَادّ	극심한, 예민한	accute
4520	حَادِث ج. حَوَادِثُ	사고, 재해	accident
4521	حَارّ	더운; 매운	hot
4522	حَارِس ج. حَرَسَة	경비원	guard
4523	حَازِم	굳센, 결연한	firm
4524	حَاسَّة ج. حَوَاسُّ	감각	sense
4525	حَاسِم	중대한, 결정적인	decisive, critical
4526	حَاشِد	군중이 많이 모인, 빽빽한	crowded
4527	حَاصِل عَلَى	획득한	getting
4528	حَاضِر	참석한, 출석한; 현재의	present
4529	حَافِز ج. حَوَافِزُ	동기	motive
4530	حَال ج. أَحْوَال	경우, 상황	condition
4531	حَالَة	상태; 경우	situation, case
4532	حَالَة الطَّوَارِئ	비상조치; 긴급상태	emergency
4533	حَالِيّ	현재, 지금	current, present

번호	아랍어	한국어	영어
4534	حَبْل ج. حِبَال	끈, 줄	cord, cable
4535	حُبُوط	실패, 좌절	failure
4536	حَثِيث	민첩한	rapid, quick
4537	حُجَّة ج حُجَج	구실, 핑계	pretext
4538	حَجَر(ة) ج. حِجَارَة	돌	stone
4539	حُجْرَة	방	room
4540	حَجَرِيّ	돌의, 돌이 많은	stoney
4541	حَدّ ج. حُدُود	범위, 한계; 경계	extent; limit
4542	حَدَث ج. أَحْدَاث	사건	incident, event
4543	حُدُوث	발생, 사건	happening
4544	حَدِيث	현대의, 새로운, 최근의	new, recent
4545	حَدِيثًا	최근에	recently
4546	حَدِيدِيّ	강철 같은	steely
4547	حَذْف	삭제	deletion
4548	حُرّ	자유로운	free
4549	حَرَارَة	온도, 열	heat
4550	حِرَاسَة	경비	guard, protection
4551	حَرَاك	운동, 움직임	activity
4552	حَرِج	치명적인; 위험한; 어려운	critical
4553	حَرَس	경비대, 경비원	guard, bodyguard
4554	حِرْص	열망	desire, eagerness

번호	아랍어	한국어	영어
4555	حَرْق ج. حُرُوق	불탐, 화상, 불	burn, fire
4556	حَرَكَة	움직임, 이동, 행동	move
4557	حِرْمَان مِنْ	박달	deprivation
4558	حُرِّيَّة	자유	freedom
4559	حَرِيق	화재	fire
4560	حَرِيق الْغَابَات	산불	forest fire
4561	حُزْمَة ج. حُزَم	묶음	package, bundle
4562	حَزِيم	굳센, 결연한	resolute
4563	حَسْم	결정, 마무리	settlement, end
4564	حُسْن	아름다움; 뛰어남; 좋음	beauty; exellence
4565	حُسْن الضِّيَافَة	환대	hospitality
4566	حَسَن ج. حِسَان	좋은, 훌륭한; 멋있는, 아름다운	good
4567	حَشْد	군중	crowd
4568	حَشْو	채움	filling
4569	حُشُود ضَخْمَة	수많은 군중	a large crowd
4570	حَصَاد	추수	harvest
4571	حِصَار	포위	siege
4572	حَصَانَة	정복불가능한, 면역된	impregnability, immune
4573	حَصْر	봉쇄	containment, bounds
4574	حَصْرِيّ	독점적인	exclusive

명사

번호	아랍어	한국어	영어
4575	حُصُول عَلَى	획득, 취득	achievement
4576	حَضْرَة ج. حَضَرَات	(존칭) 귀하	Mr., Ms.
4577	حُضُور	참석; 참석자	attending; attendee, present
4578	حَظّ ج. حُظُوظ	운	lucky
4579	حَظْر التَّجَوُّل	통행금지	curfew
4580	حَفْلَة ج. حَفَلَات	파티, 잔치	party
4581	حَقِيقَة ج. حَقَائِقُ	진리, 진실	truth
4582	حَقِيقِيّ	사실의; 참된, 진실의	real, true
4583	حِكَايَة	이야기	story
4584	حِكْمَة ج. حِكَم	지혜	wisdom
4585	حَكَوَاتِيّ	이야기꾼	storyteller
4586	حَكِيم ج. حُكَمَاءُ	현명한, 현인	wise
4587	حَلّ ج. حُلُول	해결책	solution
4588	حَلْف	맹세	oath
4589	حُلْم ج. أَحْلَام مَنَام	꿈	dream
4590	حَمْلَة	원정	expedition
4591	حِوَار	대화, 회화	dialogue
4592	حَوْض ج. أَحْوَاض	대야, 욕조	tub, basin
4593	حَوْلَ	~에 대해서; ~주위에	about; around
4594	حَيَاة ج. حَيَوَات	생활, 삶	life
4595	حَيَاة عَامَّة	공적 생활	public life

번호	아랍어	한국어	영어
4596	حِينَ	~때에	when
4597	حَيَوِيّ	살아있는, 생명의	lively, vital
4598	حَيَوِيَّة	활력	vitality
4599	خَائِن	배반자	traitor
4600	خَارِجِيّ	밖의, 외국의	outside, foreign
4601	خَارِق	기이한, 놀라운	marvellous, extraorinary
4602	خَاصّ	특별한; 개인의	private
4603	خَاصِّيَّة ج. خَصَائِصُ	특성	characteristic
4604	خَانِق	숨이 막히는	suffocating
4605	خِبْرَة	경험	experience
4606	خَدْع	속임, 기만	deception
4607	خِدْمَة	봉사, 서비스	service
4608	خِدْمَة الْعُمَلَاء	고객 서비스	customer service
4609	خُرُوج	나감; 출구	exit
4610	خِزَانَة ج. خَزَائِنُ	수납장; 저장소	cabinet
4611	خَزَف	도자기	ceramics
4612	خَسَارَة ج. خَسَائِرُ	손해	loss
4613	خَشَب ج. أَخْشَاب	목재	wood
4614	خَشِن	거친	rough, rude
4615	خُشُونَة	거침	roughness
4616	خُصُوصِيّ	특별한; 개인의	special; private

번호	아랍어	한국어	영어
4617	خُضُوع	항복, 굴복	submission
4618	خَطّ ج. خُطُوط	선, 라인	line
4619	خَطَأ ج. أَخْطَاء	잘못, 실수	mistake
4620	خُطَّة ج. خُطَط	계획	plan
4621	خُطَّة بَدِيلَة	대안	alternative plan
4622	خَطَر	위험	danger
4623	خَطْوَة ج. خَطَوَات	걸음; 한 걸음	step
4624	خُطُورَة	위험성	danger
4625	خَطِّيّ	손으로 쓴, 서면의	handwritten
4626	خَطِيئَة ج. خَطَايَا	오류, 실수	mistake, error
4627	خَطِير	위험한; 치명적인	dangerous
4628	خَفِيف	가벼운	light
4629	خَلَاص	구원, 구출, 지불, 청산	salvation
4630	خِلَافَ	~다르게	contrary to
4631	خِلَاف ج. خِلَافَات	차이; 의견의 상이, 불화, 다툼	dispute
4632	خِلَالَ	~동안	during
4633	خَلْع	벗기, 뽑기	extraction, removal
4634	خَلْفَ	뒤	behind
4635	خَلْق	창조	creation
4636	خُلُق ج. أَخْلَاق	인격, 도덕	character, morality
4637	خِيَارَات	옵션, 선택권	options

번호	아랍어	한국어	영어
4638	خِيَاطَة	재봉, 바느질	sewing
4639	خَيَالِيّ	상상의	fantasy
4640	خَيْر ج. خُيُور	좋은 (것), 선, 축복, 이익; 복지	goodness; benefit
4641	خَيْمَة ج. خِيَام	천막	tent
4642	دَائِر	지속되는	going on
4643	دَائِرَة ج. دَوَائِرُ	원	circle
4644	دَائِم	영원한, 항구적인	permanent
4645	دَاخِلَ	~안에	inside
4646	دَاخِلِيّ	내부의, 내부적인	internal
4647	دَارِجَة	방언	dialect, colloquial language
4648	دَافِىء	따뜻한, 온화한	warm
4649	دَافِع ج. دَوَافِعُ	동기	motive
4650	دُخُول	들어가기, 입장	entrance
4651	دِرَايَة	이해함	knowing
4652	دَرَج ج. أَدْرَاج	계단	stairs
4653	دَرَجَة	등급, 급	rank
4654	دُعَابَة	농담, 웃음거리	humor
4655	دَعْوَة	초대	invitation
4656	دِفْء	따뜻함	warmth
4657	دَفْع	강요	forcing
4658	دَفْن	매장	burial

명사

번호	아랍어	한국어	영어
4659	دَقِيق	세밀한	accurate
4660	دَلِيل ج. أَدِلَّاءُ	안내, 지도서; 안내원, 가이드	guide
4661	دَلِيل ج. أَدِلَّة	증거	proof, evidence
4662	دَوَام	지속	lasting
4663	دَوْر ج. أَدْوَار	회전, 역할, 순서	role, part
4664	دَوْرَة	과정; 회, 회기	course
4665	دُونَ	~없이	without
4666	ذَا	소유하는 (ذو의 목적격)	having
4667	ذَات ج. ذَوَات	소유하는 (ذو의 여성형)	having
4668	ذَاهِب إِلَى	~로 가는	going to
4669	ذُرْوَة	정점	climax
4670	ذَكَر	남성	male
4671	ذِكْرَى ج. ذِكْرَيَات	기념	commermoration, anniversary
4672	ذَلِكَ ج. أُولَئِكَ	저것, 그것	that
4673	ذُو ج. ذُوو	소유자, 부여된	possessor, owner, endowed with
4674	ذُو الشُّبْهَان	평판이 나쁜	people of ill-repute
4675	ذِي	소유하는 (ذو의 소유격)	having
4676	رَائِج	퍼진, 유포된, 보급된	popular
4677	رَائِحَة ج. رَوَائِحُ	냄새, 향	smell

번호	아랍어	한국어	영어
4678	رَائِد ج. رُوَّاد	개척자	pioneer
4679	رَائِع	화려한; 훌륭한	splendid
4680	رَابِط ج. رَوَابِطُ	결합, 연결	link
4681	رَاحَة	휴식, 안정	rest, comfort
4682	رَاسِخ	견고한, 튼튼한	firm, strong
4683	رَاغِب	희망자, 원하는 사람	wisher
4684	رَامٍ إِلَى	~을 목표로	aiming at
4685	رَاهِن	현재의, 지금의	current
4686	رَأْي ج. آرَاء	의견, 견해	opinion
4687	رَجَاء	소망, 희망	wish
4688	رَجُل ج. رِجَال	남자	man
4689	رُجُوع	돌아감, 돌아옴	return, coming back
4690	رَخَاء	번영, 안락	prosperity
4691	رَدّ ج. رُدُود	대답, 답변	reply
4692	رَدّ فِعْل ج. رُدُود أَفْعَال	반응	reaction
4693	رِسَالَة ج. رَسَائِلُ	편지	letter
4694	رِقَّة	부드러움, 섬세함	gentleness
4695	رَقِيق ج. رِقَاق	가는, 부드러운, 섬세한	gentle, sensitive
4696	رَمْز ج. رُمُوز	상징	symbol
4697	رِوَايَة	서술; 소설	(telling) narrating; novel

명사

번호	아랍어	한국어	영어
4698	رَوْعَة	화려함, 훌륭함	splendor
4699	رُومَانْسِيّ	로맨틱한	romantic
4700	رَئِيسِيّ	주된, 주요한	main
4701	زَائِر ج. زُوَّار	방문객	visitor
4702	زَاوِيَة ج. زَوَايَا	각	angle
4703	زُبُون ج. زَبَائِن	손님, 고객	customer
4704	زُجَاجَة	유리병	bottle
4705	زِرّ ج. أَزْرَار	버튼, 단추	button
4706	زِيَارَة	방문	visit
4707	سَائِد	지배적인, 우세한	dominant
4708	سَائِر	나머지의, 기타의	remaining
4709	سَابِق	이전의, 전임의	former
4710	سَابِقًا	미리, 사전에	previously
4711	سَابِقَة ج. سَوَابِقُ	전례, 선례	precedent, priority
4712	سَابِلَة ج. سَوَابِلُ	길 가는 사람들, 동행인, 동행자	passers-by
4713	سَاحِب	끄는, 당기는	pulling
4714	سَاحَة	영역, 분야	field, area
4715	سَاحِق	파괴적인; 압도적인	overwhelming
4716	سَاخِن	더운, 뜨거운	hot
4717	سَاطِع	밝은, 빛나는, 눈부신	bright, glistening
4718	سَاكِع	방랑자, 배회자	wanderer

번호	아랍어	한국어	영어
4719	سَاكِن ج. سُكَّان	주민, 거주자	resident
4720	سَبَب ج. أَسْبَاب	이유	cause
4721	سَبِيل ج. سُبُل	방법	method
4722	سِجَارَة ج. سَجَائِرُ	담배	cigarette
4723	سِجْف ج. سُجُوف	커튼, 장막	curtain
4724	سِجِلّ ج. سِجِلَّات	기록부, 등록부, 일지	register, record, archive
4725	سَحَّارَة ج. سَحَاحِيرُ	상자	box
4726	سِحْر	마법	magic
4727	سَحْق ج.سُحُوق	누더기, 넝마	worn garment
4728	سَحِيق	먼, 아득한, 깊은	remote, long ago
4729	سَدَاد	적절성	appropriateness
4730	سَدِيد	적절한, 옳은	relevant, correct
4731	سَذَاجَةً	선천적으로, 자연적으로	natively
4732	سُرْعَة	빠름, 신속	speed
4733	سَرَف	지나침, 과도함	excess, extravagance
4734	سُرُور	행복	happiness
4735	سِرِّي	비밀의	secret, private
4736	سَرِيع	(움직임이) 빠른, (짧은 시간) 빠른	fast
4737	سَطْح ج. سُطُوح	표면, 지붕	surface, roof
4738	سَطْر ج. أَسْطُر، سُطُور	줄, 열	line, row

명사

번호	아랍어	한국어	영어
4739	سَطَع	손뼉치는 소리, 박수	applause, clapping
4740	سَطِيح	평평한, 고른	flat
4741	سَعَة	수용력	capacity
4742	سَعْي	노력	endeavor
4743	سُكَّان	인구	population
4744	سُكَّان الْجَنَان	고인, 죽은 사람들	the deceased
4745	سَكَنَة	안정상태, 정지상태, 고착	calm, still, rest, repose
4746	سِلْسِلَة ج. سَلَاسِلُ	사슬, 쇠줄, 일련, 띠	chain
4747	سُلُوك ج. سُلُوكِيَّات	행동, 품위	behavior
4748	سَلِيم	안전한	safe
4749	سَمّ ج. سُمُوم	독	poison
4750	سَمَاح	허용	permission
4751	سَمَّاعَة	이어폰, 청진기, 수화기	earphone, stethoscope
4752	سَمْع، سَمَاع	듣기, 청력	hearing
4753	سِنّ ج. أَسْنَان	치아	tooth
4754	سَهْل	쉬운, 수월한, 용이한	easy
4755	سُهُولَة	용이함, 평이함	easiness
4756	سُؤَال ج. أَسْئِلَة	질문, 의문	question
4757	سُؤْر ج. أَسْآرُ	나머지, 잔여물	remainder, leftover
4758	سَوْط ج. سِيَاط	채찍	whip

번호	아랍어	한국어	영어
4759	سِوَى	~을 제외하고	other than, except for
4760	سُيُولَة	유동성	liquidity
4761	شَائِع	널리퍼진, 광범위한	extensive
4762	شَاخِص	고정된	fixed
4763	شَاطِر	총명한, 영리한	smart, clever
4764	شَاغِر	공허한, 한가한	vacant
4765	شَامِل	포괄적인, 총체적인	total
4766	شَأْن ج. شُؤُون	이슈, 문제, 일	matter
4767	شَبَح ج. شُبُوح ، أَشْبَاح	유령	ghost
4768	شِبْه	유사	similarity
4769	شَخْص ج. أَشْخَاص	사람, 개인	person
4770	شَخْصِيّ	개인의	personal
4771	شَدِيد ج. أَشِدَّاءُ	강한, 격렬한	intense
4772	شَرّ ج. شُرُور	악; 해	evil
4773	شَرْح	설명	explanation
4774	شَرَف	명예, 영예	honor
4775	شُرُوح	설명	explanation
4776	شَفْرَة	날	blade
4777	شَفَوِيّ	구두의	oral
4778	شَكْل ج. أَشْكَال	형식	form, shape
4779	شُمُول	포함	inclusion

번호	아랍어	한국어	영어
4780	شُذُوذ جِنْسِيّ	동성애	homosexuality
4781	شُهْرَة	운명, 명성, 평판	fame, reputation
4782	شَهِير	유명한	famous
4783	شَوْك ج. أَشْوَاك	가시	thorn
4784	شُوَيَّة	조금	a little bit
4785	شَيْء ج. أَشْيَاءُ	사물, 물건	thing, something
4786	شَيْخُوخَة	노령	old age, seniority
4787	صَافٍ	순수한, 깨끗한	pure
4788	صَالِح	행복, 복지, 후생; 이로운	welfare, good, benefit
4789	صَحِيح	옳은	right
4790	صَدَاقَة	우정	friendship
4791	صُدْفَة ج. صُدَف	우연의 일치, 동시발생, (의견 등의) 일치	coincidence, chance
4792	صَدْمَة	충격	shock
4793	صَرْف	환전, 소비, 배수, 형태론	exchange, spending, drainage, morphology
4794	صَعْب	힘든, 어려운	difficult
4795	صُعُوبَة	어려움, 곤경, 장애	difficulty
4796	صُعُود	상승	rise
4797	صَغِير ج. صِغَار	(사물이) 작은; (나이가) 어린, 젊은	small; young
4798	صِفَة	특질, 특성	feature

번호	아랍어	한국어	영어
4799	صُلْب الْمَوْضُوع	핵심주제, 중점	crux, heart of matter
4800	صَلْصَال	점토, 찰흙	clay
4801	صُنْدُوق ج. صَنَادِيقُ	상자	box
4802	صُنْدُوق الْبَرِيد	사서함, 우체통	P.O. Box
4803	صُنْع	만들기, 제작, 생산	making
4804	صِنْف ج. أَصْنَاف	종류	kind, category
4805	صَوْت ج. أَصْوات	소리	sound
4806	صُورَة ج. صُوَر	사진	photo, picture, image
4807	صُورَة نَمَطِيَّة	고정관념	stereotype
4808	صُوف	양털, 모직	wool
4809	ضَارّ	해로운	harmful
4810	ضَجَّة	소음	noise
4811	ضِدَّ	~에 반해서	against
4812	ضَرْب	두드리기, 연달아 치기	beating
4813	ضَرْبَة	발길질, 치기	kick, strike
4814	ضَرَر ج. أَضْرَار	손상, 피해	damage
4815	ضَرِيح ج. أَضْرِحَة	묘, 능	tomb, mausoleum
4816	ضَعِيف	약한	weak
4817	ضَغْط ج. ضُغُوط	압력	pressure
4818	ضَمّ	결합, 협력	combining

번호	아랍어	한국어	영어
4819	ضَمَان	보증, 보증서	guarantee, warrant; insurance
4820	ضَوْضَاء	소음	noise
4821	ضِيَافَة	환대	hospitality
4822	ضَيْف ج. ضُيُوف	손님	guest
4823	ضَيْف الشَّرَف	주빈	guest of honor
4824	ضَيِّق	좁은	narrow
4825	طَبِيعِيّ	자연적인	natural
4826	طَرِيقَة ج. طُرُق	방법	method
4827	طَرِيقَة الْبَحْث	연구방법	research method
4828	طَلَب	요청; 신청; 요구	request, order
4829	طِوَالَ	~내내	throughout (time period)
4830	طَوْر ج. أَطْوَار	단계, 시기	stage, phase
4831	طَوِيل ج. طِوَال	긴; (키가)큰	tall
4832	طَيِّب	좋은, 훌륭한	good
4833	ظَرَافَة	우아함	elegance
4834	ظِلّ ج. أَظْلَال ، ظِلَال	그림자	shadow
4835	ظُلْمَة	어둠, 우울함	darkness, gloom
4836	ظَنّ ج. ظُنُون	가정, 전제	assumption
4837	ظُهُور	외관, 용모	appearance
4838	عَاجِز عَنْ	~할 수 없는	unable
4839	عَاجِل	긴급한	urgent

번호	아랍어	한국어	영어
4840	عَادَة	습관, 관습	custom
4841	عَادِيّ	보통의; 일상의	normal
4842	عَارٍ ج. عُرَاة	노출된, 드러난, 솔직한, 적나라한	naked, bare
4843	عَارٍ مِنَ الصِّحَّةِ	사실이 아닌, 거짓된	untrue
4844	عَارِف	알고 있는	knowing
4845	عَاقِبَة ج. عَوَاقِبُ	결과; 영향	result, repercussions
4846	عَالٍ	높은	high
4847	عَامّ	보편적인, 일반적인, 공공의	common, public
4848	عَامِل ج. عَوَامِلُ	요인	factor
4849	عِبَارَة	표현	expression
4850	عَجَلَة	서두름	hurry
4851	عَدَم	없는것, 비.., 불.., 무…	absence of
4852	عَدَم الْاِسْتِقْرَار	불안정	instability
4853	عَدَم الْأَمَان	불안, 확신이없음	insecurity
4854	عَزْل	없애기, 제거, 해임	removal, dismissal
4855	عُزْلَة	고립, 고독	isolation
4856	عَطْشَان	목이 마른	thirsty
4857	عَقَبَة ج. عِقَاب، عَقَبَات	장애물	obstacle
4858	عَقْد	개최	holding
4859	عَقْل	이성	reason, mind, intellect

명사

번호	아랍어	한국어	영어
4860	عَقْلَانِيَّة	이성주의, 합리주의	rationalism
4861	عَلَاقَة	관계	relationship
4862	عَلَامَة تَبْوِيب	꼬리표, 색인표	tab
4863	عَلَامَة مَرْجِعِيَّة	서표, 즐겨찾기	bookmark
4864	عُلْبَة ج. عُلَب	상자	box
4865	عَلَم ج. أَعْلَام	기, 깃발	flag
4866	عُمْر ج. أَعْمَار	나이	age
4867	عَمَلِيّ	실용적인, 실제적인	practical
4868	عَمُود ج. عَوَامِيدُ	칼럼, 기둥	column
4869	عَمِيق	깊은, 깊이있는	deep
4870	عَنَاصِرُ خَارِجِيَّة	외부요소	external factors
4871	عِنَايَة	돌봄	care
4872	عِنْدَ	~에, 가까이에	at; near; by
4873	عُنْصُر ج. عَنَاصِرُ	요소	element
4874	عُنْوَان ج. عَنَاوِينُ	제목, 주소	title, address
4875	عُنْوَان رَئِيسِي	주 제목	main title
4876	عُود ج. أَعْوَاد	막대기	stick, wood
4877	عَوْدَة	돌아옴	return
4878	عَيْب	결점, 단점	shame, flaw
4879	عَيْشَة	삶	life
4880	غَالِب	과반수	majority

번호	아랍어	한국어	영어
4881	غَالِبُ ...	대부분의 ~	most of
4882	غَامِض	불분명한, 애매한	obscure
4883	غَرَض ج. أَغْرَاض	목적	purpose, goal
4884	غُرْفَة ج. غُرَف	방, -실	room, chamber
4885	غَزِير	풍부한	abundant
4886	غَيرُ	이외의, ~이 아닌	other than; non-, in-, dis-
4887	فُؤَاد ج. أَفْئِدَة	마음	heart, mind
4888	فِئَوِيّ	작은 그룹의, 계층의	factional, hierarchical
4889	قَائِم	현존하는	remaining, existing
4890	قَائِمَة ج. قَوَائِمُ	목록	list
4891	فَارِق ج. فَوَارِقُ	차이, 다름	difference
4892	فَاصِل	중대한, 결정적인	crucial
4893	فَاصِلَة	쉼표	comma
4894	فَاضٍ	공허한, 한가한, 빈	vacant
4895	فَتْح	열음, 정복함	opening
4896	فَخْر	명예, 영광	pride, glory
4897	فَرَاغ	비어있는	blank
4898	فَرْد ج. أَفْرَاد	각각, 개인	individual, person
4899	فَرْدِيّ	각각의, 개인의	individual, personal
4900	فُرْصَة ج. فُرَص	기회, 가능성	opportunity, chance
4901	فَرْعِيّ	부차적인, 보조적인	secondary, ancillary

번호	아랍어	한국어	영어
4902	فَرْق ج. فُرُوق	차이, 다름	difference
4903	فَسَاد	부패	rot
4904	فَصْل ج. فُصُول	장	chapter
4905	فَصِيح ج. فُصُحَاءُ	유창한, 명백한	eloquent, clear, standard
4906	فَضْل	장점, 선호, 명성	preference, merit, fame
4907	فِعْل ج. أَفْعَال	행함, 행동; 동사	action; verb
4908	فِعْلِيّ	실제적인	actual
4909	فَقْد	잃음, 여읨	loss
4910	فِقْدَان	잃음, 여읨	loss
4911	فَقْرَة	절, 단락	paragraph
4912	فِكْرَة ج. أَفْكَار	생각	idea
4913	فِهْرِس ج. فَهَارِسُ	목록, 리스트	table of contents; list
4914	فَهْم	이해	understanding
4915	فَهْم الْمَسْمُوع	청해	listening comprehension
4916	فَهْم الْمَقْرُوء	독해	reading comprehension
4917	فَوْقَ	~위에	on, over; above, up
4918	قَادِم	다가오는	coming
4919	قَاصِر	미성년	minor
4920	قَاعِدَة ج. قَوَاعِدُ	규칙, 기초; (복수) 문법	base, (plural) grammar

번호	아랍어	한국어	영어
4921	قُبْلَة	키스	kiss
4922	قُبُول	수용	accepting, acceptance
4923	قَبِيح	못생긴, 추한	ugly
4924	قِتَال	싸움, 분쟁	fighting
4925	قَدَر ج. أَقْدَار	운명	fate, destiny
4926	قُدْرَة	능력, 힘	capacity
4927	قُدْرَة التَّنَافُسِيَّة	경쟁력	competitiveness
4928	قُدْوَة	모범, 본보기	example; model; pattern
4929	قَرَار	결정	decision
4930	قُرْبَ	~의 가까이에	near
4931	قُرْص ج. أَقْرَاص	디스크(컴퓨터); 알약	disc; pill
4932	قَرِيب	가까운	near
4933	قِسْم ج. أَقْسَام	과, 부, 부문	department, chapter
4934	قَسَم ج. أَقْسَام	맹세, 선서	oath-taking
4935	قَصَاء	멀리 떨어져 있음	remoteness
4936	قَصْد	목적	heading for
4937	قَصِير ج. قِصَار	짧은, (키가)작은	short
4938	قَضِيَّة ج. قَضَايَا	문제; 일	case, issue
4939	قَطْع	횡단, 가로지름	crossing
4940	قِطْعَة ج. قِطَع	조각	piece

명사

번호	아랍어	한국어	영어
4941	قِلَّة	감소, 부족, 소량	decreasing, shortage, fewness
4942	قَلِيل	적은	few
4943	قِمَّة ج. قِمَم	정상, 절정	peak
4944	قَمَر ج. أَقْمَار	달	moon
4945	قُوَّة	힘	force
4946	قَوْل	말, 발화	saying
4947	قَوِيّ ج. أَقْوِيَاءُ	힘있는	strong
4948	قِيَام بِـ	~를 실시	undertaking, carrying out
4949	قَيِّم	가치있는	valuable
4950	قِيَم أَخْلَاقِيَّة	도덕적 가치	moral value
4951	قِيمَة ج. قِيَم	가치	value
4952	كَاذِب ج. كُذَّاب	거짓말쟁이	liar
4953	كَامِل	완전한	complete
4954	كَبْت	억제, 저지, 유지	repression, contain
4955	كَبِير ج. كِبَار	큰	large
4956	كِتَابَة	쓰기, 작문	writing
4957	كَثِير ج. كِثَار	많은	many
4958	كَرَامَة	존엄, 존엄성	dignity
4959	كَرَامَة إِنْسَانِيَّة	인간의 존엄성	human dignity
4960	كَرَم	너그러움, 후함	generosity
4961	كَفَاءَة	효율성	proficiency, abillity

번호	아랍어	한국어	영어
4962	كِفَايَة	충분함	sufficiency
4963	كُلّ	모든, 각각, 전체	every, each, all
4964	كِلَا م. كِلْتَا	양쪽의	both
4965	كِلَاسِيكِيّ	고전의	classic
4966	كَلَام	말, 대화	talk, dialogue
4967	كَلَام فَارِغ	허튼소리	nonsense
4968	كَلِمَات أُغْنِيَّة	가사	lyrics
4969	كَلِمَات مِفْتَاحِيَّة	키워드	keyword
4970	كَلِمَة السِّرّ	비밀번호	password
4971	كَلِمَة الْمُرُور	비밀번호	password
4972	كَوْكَبَة	별, 떼, 무리	star, group, crowd
4973	كِيس ج. أَكْيَاس	가방, 자루, 포대	bag, sack
4974	لَا إِنْسَانِيَّة	인간미 없는, 잔혹한	inhuman
4975	لَازِم	필요한	necessary
4976	لَازِمَة ج. لَوَازِمُ	필수품, 자격요건	necessity, requirement
4977	لَاصِق	들러붙은	adhesive
4978	لَافِتَة	벽보, 현수막, 간판	placard
4979	لَامِح	빛나는, 반짝거리는	shiny
4980	لُبَاب	핵심, 정수	core, kernel
4981	لِبَاس	의복	apparel, clothing
4982	لِجَام ج. أَلْجِمَة	재갈	gag, bit

번호	아랍어	한국어	영어
4983	لَحْد ج. أَلْحَاد	무덤	tomb
4984	لِحُسْنِ الْحَظّ	운좋게, 다행히	fortunately
4985	لَدَى	~에게	to
4986	لَذِيذ	맛있는	delicious
4987	لِزَاز	빗장	bolt, bar
4988	لَطِيف	좋은, 온화한, 사려깊은	nice, pleasant, gentle
4989	لُغز	미스터리, 수수께끼	mystery
4990	لَغْو	잡담	chat
4991	لَفَّة	두루마리, 통	roll
4992	لِقَاء	만남, 모임	meeting, encounter
4993	لَوْحَة	널빤지, 도표, 그림, 사진	rod, diagram, painting, picture
4994	لَيْفَة	스펀지	sponge
4995	لَيِّن	부드러운	soft
4996	مَادَّة ج. مَوَادّ	대상, 주제, 조항, 과목, 요소	subject, element, article
4997	مَأْسَاة ج. مَآسٍ	비극	tragedy
4998	مُبَاح	허용되는	be allowed
4999	مُبَاشِر	직접의	direct
5000	مُبَالَغ	과장된	exaggerated
5001	مُتَابَعَة	계속함, 추구함	continue
5002	مُتَبَقٍّ	남겨진, 잔여물	remaining

번호	아랍어	한국어	영어
5003	مُتَحَجِّب	감춰진	veiled
5004	مُتَدَاعٍ	흔들리는, 불안정한; 불확실한	shaking, unsteady, uncertain
5005	مُتَذَكِّر	기억하는, 잘 잊지 않는	retentive
5006	مُتَرَاكِم	누적적인, 쌓이는	accumulative
5007	مُتَزَايِد	늘어나는	growing
5008	مُتَّزِن	균형잡힌	balanced
5009	مُتَصَاعِد	고조되는, 상승하는	rising
5010	مُتَعَدِّد	다양한	various
5011	مُتَعَفِّن	썩은, 부패한	rotten
5012	مُتَفَاوِت	다른, 차이나는	different
5013	مُتَفَرِّق	퍼져 있는, 흩뜨려진, 잡동사니의	dispersed, scatter
5014	مُتَقَلِّب	바뀔 수있는, 불안정한	changeable, unsteady
5015	مُتَقَوْقِع	고립된	isolated, confined
5016	مُتَمَيِّز	특별한	unique
5017	مُتَنَاقِض	모순된	contradictory
5018	مُتَنَوِّع	여러 가지의, 각양각색의, 다양한	various, many kinds of
5019	مُتَوَافِق مَعَ	~와 조화를 이루는, ~에 잘 맞는	harmonious
5020	مُتَيَقِّظ	세심한, 주의 깊은	alert, attentive
5021	مَتِين	강건한, 굳센	strong

번호	아랍어	한국어	영어
5022	مِثَال ج. أَمْثِلَة	예시	example
5023	مِثْلَ	~와 같은, 비슷한	like, similar
5024	مُثَلَّث	삼각형	triangle
5025	مُثَلَّج	얼어붙은	iced
5026	مُثِير	감정을 고무시키는, 논란을 일으키는	arousing, inspiring
5027	مَجَال ج. مَجَالَات	영역, 분야	field, area
5028	مَجَّانِيّ	무료의	complimentary
5029	مُجْتَمَع بَشَرِيّ	인간 사회	human society
5030	مُجْتَمَع ج. مُجْتَمَعَات	사회, 공동체	society, community
5031	مُجْتَمَعِيّ	사회의, 사회적인	social
5032	مُجْتَهِد	근면한, 부지런히 일하는	hardworking
5033	مُجَدَّدًا	새롭게, 다시	again, anew
5034	مُجَرَّد	단지, 오로지	mere, so, barely
5035	مُجَرَّد مِنْ	~이 없는; ~로부터 자유로운	devoid of; free from
5036	مَجْمُوعَة	그룹, 단체	bloc, group
5037	مُحَارَبَة	싸움	fighting
5038	مُحَاصَرَة	둘러쌈, 포위	besieging
5039	مُحَافَظَة عَلَى	~을 유지함, 보존함, 방어함	maintaining, protecting
5040	مُحَاوَلَة	시도	attempting, attempt
5041	مُحْتَاج	어려운, 궁핍한	poor

번호	아랍어	한국어	영어
5042	مُحْتَشِم	숫기없는, 겸손한	modest, bashful
5043	مُحْتَمَل	가능성이 있는, 잠재적인	possible, potential
5044	مَحْرُوق	바짝탄, 그을린	adust, burned
5045	مَحْسُوس	느낄 수 있는; 지각할 수 있는	noticable, palpable
5046	مَحْظُوظ	운이 좋은	lucky
5047	مِحفَظَة .ج مَحَافِظُ	서류가방, 지갑	briefcase, wallet
5048	مَحْق	소멸, 섬멸	extinction, annihilation
5049	مِحْوَر	축	axis
5050	مِحْوَرِيّ	축을 이루는, 중심되는	pivotal
5051	مُخَابَرَة	전화	phone
5052	مُخَاطَرَة	위험	risk
5053	مُخْتَلِف	다른, 차이나는; 다양한	different; various
5054	مَخْرَج ج. مَخَارِجُ	출구	exit, way out
5055	مَدْخَل ج. مَدَاخِلُ	입구	entrance
5056	مُدَخَّن	그을린, 훈제한	smoked
5057	مُدَمِّر	파괴적인, 해로운	destructive
5058	مُذَكِّرَة	필기, 메모, 비망록	note, memo, adversaria
5059	مَرْء	사람	person, one
5060	مُرَاجَعَة	복습, 검토	review

명사

번호	아랍어	한국어	영어
5061	مُرَاسَلَة	서신교환, 통신	correspondence, communication
5062	مُرَافَقَة	동행	accompanying
5063	مُرْبِح	유익한	profitable
5064	مُرْتَبِك	혼동되는	confusable
5065	مَرْكَزِيّ	중앙의, 중심의	central
5066	مُرُور بِـ	~를 통과	passing by
5067	مُزْدَحِم	붐비는, 복잡한	crowded
5068	مَزِيَّة ج. مَزَايَا	우월, 우세, 특권	excellence, superiority, privilege
5069	مَزِيد مِنْ	더 많은 ...	more than
5070	مُسَاعَدَة	도움, 지원	help aid
5071	مَسْأَلَة ج. مَسَائِلُ	일, 문제	matter
5072	مَسْأَلَة شَخْصِيَّة	개인적인 문제	personal matter
5073	مُسَاوٍ لِـ	(~와) 같은, 동등한, 맞먹는	equivalent
5074	مُسْبَق	이전의, 선행의	previous
5075	مَسْبُوق	선행된	preceded
5076	مُسْتَجِدَّات	경과, 발전	development
5077	مُسْتَحِيل	불가능한	impossible
5078	مُسْتَدَام	지속된, 지속 가능한	sustainable
5079	مُسْتَعْصٍ	어려운, 고질의	difficult, irremediable
5080	مُسْتَقْبَل	미래	future

번호	아랍어	한국어	영어
5081	مُسْتَقِرّ	안정된	stable
5082	مُسْتَقِلّ	독립적인	independent
5083	مُسْتَقِيم	곧은, 일직선의	straight
5084	مُسْتَلْزَمَات	필요, 필요조건	requirements
5085	مُسْتَوًى ج. مُسْتَوَيَات	수준, 레벨	level
5086	مُسْتَيْقِظ	잠들지 않은, 깨어있는	awake
5087	مُسَطَّح	평평한, 평탄한	flat
5088	مِسْطَرَة	자	ruler
5089	مِسْكِين	비참한, 가난한, 불쌍한	miserable, poor
5090	مُسَوَّر	벽으로 둘러싼	walled in
5091	مُسِيء	해를 끼치는, 나쁘게 하는	harmful
5092	مُشَابِه	닮은, 비슷한	similar
5093	مُشَارَكَة فِي	참가	participation
5094	مُشَاهَدَة	봄, 보기	viewing
5095	مُشْتَرِك	참가자	participant
5096	مُشَجَّر	숲이 우거진	wooded
5097	مَشْغُول بِ	~로 바쁜	busy (with)
5098	مُشْكِلَة ج. مَشَاكِلُ	문제	problem
5099	مُشْمِش	해가 난	sunny
5100	مَشْهَد ج. مَشَاهِدُ	광경	sight, scene

명사

번호	아랍어	한국어	영어
5101	مَشْهُور بِ	~로 유명한	famous for
5102	مُصَادَقَة	친구가 됨, 사귐	acquaintance
5103	مُصَالَحَة	화해	reconciliation
5104	مِصْبَاح ج. مَصَابِيحُ	램프, 등	lamp
5105	مَصْدَر ج. مَصَادِرُ	출처, 원천; 동명사	source; gerund
5106	مَضْمُون بِ	보장된, 보증된	guaranteed
5107	مِطْرَقَة ج. مَطَارِقُ	망치, 해머	hammer
5108	مَطْلَب ج. مَطَالِبُ	요구	demand
5109	مِظَلَّة	우산, 낙하산	umbrella, parachute
5110	مَظْهَر ج. مَظَاهِرُ	모습, 특징	appearance
5111	مَعًا	함께	together
5112	مُعَامَلَة	다룸	treatment
5113	مُعْتَدِل	온화한, 따뜻한; 보통의, 중간의	moderate, mild, temerate
5114	مُعْتَرَف فِي	인정된	recognized
5115	مَعْذِرَة عَلى	~대한 변명	excuse for
5116	مَعْرُوف بِ	~으로 알려진	purported, well-know for
5117	مُعْظَم	대부분의	most
5118	مُعَقَّد	풀기힘든, 뒤엉킨, 복잡한, 난해한	complex, complicated
5119	مَعْنَى ج. مَعَانٍ	의미	meaning
5120	مُعَيَّن	특정한, 일정한	specific

번호	아랍어	한국어	영어
5121	مُغَادَرَة	출발	departing
5122	مُغْلَق	닫힌, 잠긴	closed, locked
5123	مُفَاجَأَة	놀라운 일	surprise
5124	مَفْتُوح	열려있는	opened
5125	مَفْرُوم	다진	minced
5126	مُفَضَّل	선호하는	favorite
5127	مُفْلِس	파산된, 결핍된	bankrupt
5128	مُفِيد	유용한	useful
5129	مُقَابِلَ	~와 대조적으로	in contrast to
5130	مُقَارَنَة	비교	comparison
5131	مُقَاطِع	방해하는	interrupting
5132	مُقَاوَمَة	대항, 저항	resistance
5133	مَقْبَرَة ج. مَقَابِرُ	묘지	cemetery
5134	مُقْبِل	미래의, 다가오는	future, forthcoming
5135	مَقْبُول	받아들여진, 수락된, 합격	accepted, admitted
5136	مُقْتَرِح	제안하는	suggesting
5137	مُقْتَنِع	확신하는, 만족하는	convinced, satisfied
5138	مُقَدِّمَة	소개, 도입(부)	introduction
5139	مَقَرّ	거주, 거주지	residence
5140	مُقَرْمَش	바삭바삭한	crunchy
5141	مَقْصِد ج. مَقَاصِدُ	목적, 목표	purpose, destination

명사

번호	아랍어	한국어	영어
5142	مُقطَّع إِلَى شَرَائِح	조각낸	sliced
5143	مَقْطُوع	찢어진, 잘린	torn, cut
5144	مَقْعَد ج. مَقَاعِدُ	의자, 벤치	chair, bench
5145	مُقَلَّم	줄무늬의	striped
5146	مَقْلُوب	거꾸로 된, 전도된	reversed
5147	مُكَافَحَة	싸움, 격투	combating, fighting
5148	مَكْتَب ج. مَكَاتِبُ	책상, 사무실	desk, office
5149	مَكْتُوب	쓰여진; 예정된	written; destined
5150	مَكْر	기만	deception
5151	مَكْسُور	깨진, 부러진	broken
5152	مَكِنَة	능력, 재능	skill, talent
5153	مِكْيَاج	메이크업, 화장	make-up
5154	مُلَائِم	적절한, 적합한	appropriate
5155	مَلَامِحُ	모습, 특징	features
5156	مُلِحّ	집요한, 고집하는	insistent
5157	مَلْمُوس	명백한	tangible, noticable
5158	مَلِيء بِـ	~로 가득찬	full of
5159	مُمْتَاز	훌륭한	excellent
5160	مُمْكِن	가능한	possible
5161	مُمَيَّز	뛰어난, 독특한	distinguished, unique
5162	مُنَاسَبَة	경우, 행사, 경사, 경조사	occasion

번호	아랍어	한국어	영어
5163	مَنَاظِرُ طَبِيعِيَّة	풍경	landscape
5164	مُنَافِق	위선자	hypocrite
5165	مَنَام	꿈	dream
5166	مِنْبَر ج. مَنَابِرُ	설교단, 플랫폼	pulpit, platform
5167	مُنْتَشِر	널리퍼진, 광범위한	spread
5168	مَنْظَر ج. مَنَاظِرُ	경치, 광경	scene
5169	مُهَاجِم	공격자	attacker
5170	مُهِمّ	중요한	important
5171	مُوَاصَلَة	계속함	continuing
5172	مَوْثُوق بِهِ	믿을 만한	reliable
5173	مَوْجُود	존재하는	present
5174	مُوَحَّد	연합한	united
5175	مُوَقَّت	일시적인	temporary
5176	مَوْقِف ج. مَوَاقِفُ	태도, 입장, 처지	attitude
5177	مِيدَالِيَّة	메달, 훈장	medal, badge
5178	نَائِم	자는, 자고있는	sleeping
5179	نَادِر	드문, 진귀한	rare
5180	نَادِل ج. نُدُل	웨이터	waiter
5181	نَامٍ	성장하는	developing
5182	نَبَعَان	유출, 분출	outflow, vent
5183	نَبِيه ج. نُبَهَاءُ	영리한	smart

명사

번호	아랍어	한국어	영어
5184	نَتِيجَة ج. نَتَائِجُ	결과	result
5185	نَجَاح ج. نَجَاحَات	성공	success
5186	نَحْوَ	~쪽으로, ~로 향하여	towards
5187	نَحِيف	얇은, 날씬한	thin
5188	نَزَاهَة	공정함	integrity
5189	نِسَائِيّ	여성의	feminine
5190	نِسْيَان	잊음	forgetting
5191	نَشَاط	움직임, 활동	activity
5192	نَشِيط ج. نُشَطَاءُ	적극적인, 활동적인	energetic
5193	نَصْح	조언	advice
5194	نِصْف ج. أَنْصَاف	반	half
5195	نَصِيحَة ج. نَصَائِحُ	충고, 조언	advice
5196	نِضَال	분투	struggling, struggle
5197	نَظَر ج. أَنْظَار	응시, 전망; 의견	view, prospect, overlook
5198	نَظِيف	깨끗한	clean
5199	نَعِيم	안락; 행복	comfort; bliss
5200	نَفَاق	위선	hypocrisy
5201	نَفْس ج. نُفُوس	자신	self
5202	نَقَابَة	연합	union
5203	نُقْصَان	결핍	lacking
5204	نُقْطَة ج. نِقَاط	점, 지점	point, location

번호	아랍어	한국어	영어
5205	نُقْطَةُ الْإِبْتِدَاء	출발점	starting point
5206	نُقْطَةُ الْإِرْتِكَاز	지탱점	fulcrum
5207	نُقْطَةُ التَّحَوُّل	전환점	turning point
5208	نُقْطَةُ الضَّعْف	약점	weak point
5209	نَقْل	나름, 옮김	transmission, translation
5210	نُكْتَة ج. نُكَت	농담	joke
5211	نَمُوذَج ج. نَمَاذِجُ	본보기, 모범, 양식	example, model, style
5212	نَمِيمَة	소문, 험담	gossip
5213	نِهَائِيّ	마지막, 최종적, 결정적	final, definitive, conclusive
5214	نِهَايَة	끝	end
5215	نُور ج. أَنْوَار	빛	light
5216	نَوْعِيَّة	질	quality
5217	نَوْعِيَّة جَيِّدَة	양질	good quality
5218	نِيَّة ج. نَوَايَا	의도, 목적	intend, purpose
5219	... ـهُ	그의	his
5220	... هَا	그녀의	her
5221	هَؤُلَاءِ	이들(사람)	these
5222	هَامّ	중요한	important
5223	هِبَة	선물	present, gift
5224	هَدَف ج. أَهْدَاف	목표, 목적	aim, goal

명사

번호	아랍어	한국어	영어
5225	هُدُوء	고요함, 조용함	serenity, placidity
5226	هَدِيَّة ج. هَدَايَا	선물	gift, present
5227	هَرَاوَة	곤봉	club, cudgel
5228	هُرُوب	도망, 탈출	flee, escape
5229	هُرُوبًا مِنْ	도망쳐서	running away from
5230	هُمْ	그들	they
5231	هُمَا	그들 둘 (쌍수)	they (dual)
5232	هُنَا	여기	here
5233	هُوَ	그	he
5234	هُوِيَّة	신분, 정체	identity
5235	هِيَ	그녀	she
5236	هَيْكَلِيّ	골격의, 구조적인	structural
5237	وَاجِب ج. وَاجِبَات	의무; 과제; 숙제	duty, homework
5238	وَاسِع	넓은	wide
5239	وَاسِع النِّطَاق	광범위한, 널리퍼진	extensive
5240	وَاضِح	뚜렷한, 명백한	marked
5241	وَاقِعِيّ	현실적인	realistic
5242	وَجْهَة	목적, 의향	purpose, intention
5243	وِجْهَة النَّظَر	견해	point of view
5244	وُجُود	존재	presence, existence
5245	وَحْشِيَّة	잔인성, 야생성	brutality

번호	아랍어	한국어	영어
5246	وَحِيد	홀로, 외로이	lonely, alone
5247	وِدّ	애정, 애착, 보살핌	affection
5248	وَدُود	애정 어린	affectionate
5249	وَزْن ج. أَوْزَان	무게	weight
5250	وَسِخ	더러운	dirty
5251	وُسْع	능력	ability
5252	وَشِيك	임박한, 목전의	imminent
5253	وَصْفَة	설명서, 처방전	description, prescription
5254	وُصُول	도착	arrival, reaching
5255	وَضْع ج. أَوْضَاع	상황, 상태	situation
5256	وَطِيد	견고한, 공고한	firm
5257	وَعْد ج. وُعُود	약속	promise
5258	وَعْي	의식, 깨어있음	awareness, consciousness
5259	وَفَاة	사망	death
5260	وِقَايَة	예방, 방지	prevention
5261	وَقْف	정지, 주차	stop, park, brake
5262	وُقُوف	정지, 중단, 일어남	stop, rising
5263	وِلَادَة	출생, 태어남	birth
5264	يَتِيم ج. أَيْتَام	고아	orphan
5265	يَسَار	왼쪽	left
5266	يَسَارِيّ	왼쪽의	leftward

명사

번호	아랍어	한국어	영어
5267	يَمِين	오른쪽	right side
5268	يَمِينِيّ	오른쪽의	rightward

동사

الفعل

번호	아랍어	한국어	영어
5269	لَيْسَ	~이 아니다 (명사문 부정사)	is not(present tense negation)
5270	أَثَّ ـُ	(머리카락) 숱이 많다	to have thick hair
5271	بَتَلَ ـِ	끊다, 잘라내다	to sever, to finalize
5272	بَحَثَ ـَ	토의하다	to discuss
5273	بَحَثَ ـَ عَنْ	찾다	to search for; look for
5274	بَخَّ ـُ	코골다, 액체를 내뿜다	to snore, to spray
5275	بَدَا ـُ	일 것 같다, 인 듯하다	to seem to be
5276	بَدَأَ ـَ	시작하다	to begin
5277	بَدَرَ ـُ	서두르다	to be in a hurry
5278	بَدَلَ ـُ	바꾸다	to change
5279	بَذَلَ ـُ جُهوداً	(노력을)기울이다	to concentrate effort
5280	بَشَرَ ـُ	벗기다, 긁어내다	to peel, to scrape
5281	بَعَثَ ـَ	보내다, 파견하다	to send
5282	بَقِيَ ـَ	남다, 머무르다, 계속~하다	to stay, to remain

동사

번호	아랍어	한국어	영어
5283	بَنَى ـِ	짓다, 세우다, 건축하다	to build
5284	تَابَ ـُ	회개하다, 뉘우치다	to repent
5285	تَبِعَ ـَ	따르다	to follow
5286	تَرَكَ ـُ	남기다, 떠나다	to leave
5287	تَلَا ـُ	뒤따르다	to follow
5288	تَمَّ ـِ	완성되다, 달성하다	to conclude, to take place
5289	ثَقَبَ ـُ	구멍을 내다	to drill, to pierce
5290	ثَنَى ـِ	접다, 굽히다	to fold, to bend
5291	جَاءَ ـِ	오다	to come
5292	جَازَ ـُ	통과하다; 허가하다	be allowed, be possible
5293	جَاعَ ـُ	굶주리다	to be hungry, to starve
5294	جَالَ ـُ	돌아다니다	to wander about
5295	جَبَلَ ـُ	만들다; 창조하다; 형성하다	to make; create; mode
5296	جَثَّ ـُ	근절하다	to uproot
5297	جَحَفَ ـُ	휩쓸다	to sweep
5298	جَدَّ ـُ، ـِ فِي	노력하다, 신중히 하다	be serious
5299	جَدُرَ ـُ بِ	적합하다	to be suitable
5300	جَدَلَ ـُ، ـِ	꼬다, 땋다	to twist, to braid
5301	جَذَبَ ـِ	끌다, 유혹하다	to attract, to pull
5302	جَرَّ ـُ	끌다, 당기다	to pull, to drag

번호	아랍어	한국어	영어
5303	جَرُؤَ ـُ عَلَى	대담성을 보이다, 감히 하다	to dare, to risk
5304	جَرَسَ ـِ	울리다	to ring
5305	جَرَشَ ـُ	분쇄하다	to crush, to grind
5306	جَرَى ـِ	달리다, 일어나다, 발생하다	to run; to take place
5307	جَزَّ ـُ	깎다	to mow, to shear
5308	جَزَرَ ـُ، ـِ	도살하다, 학살하다	to slaughter, to butcher
5309	جَزَمَ ـِ عَلَى	결심하다	be certain
5310	جَزَى ـِ	보상하다	to reward, to repay
5311	جَسَّ ـُ	만지다, 더듬다; 탐지하다	to touch, to probe
5312	جَسِدَ ـَ	굳어지다	to harden
5313	جَشِرَ ـَ	목이 쉬다	to get hoarse
5314	جَشِعَ ـَ	욕심부리다	be covetous, be greedy
5315	جَعَلَ ـَ	창조하다, 만들다	to make
5316	جَلَّ ـِ	위대하다, 거룩하다	be majestic
5317	جَلَا ـُ	명백해지다	to make clear
5318	جَلَبَ ـُ	가져오다	to bring
5319	جَلَسَ ـِ	앉다	to sit
5320	جَلَى ـِ	닦다, 윤을 내다	to polish, to burnish
5321	جَمَعَ ـَ	모으다, 결합하다	to gather

번호	아랍어	한국어	영어
5322	جَمَعَ بَيْنَ	결합하다	to combine
5323	جَنَى ـِ	따다, 수확하다	to harvest
5324	جَهَدَ ـَ	노력하다, 애쓰다	to endeavor, to strive
5325	جَهِلَ ـَ	무시하다	to ignore
5326	حَانَ ـِ	(시간이) 되다	to come
5327	حَبَسَ ـِ	감금하다	to confine
5328	حَبِطَ ـَ	실패하다, 좌절하다	to fail, be frustrated
5329	حَبَكَ ـُ، ـِ	뜨다, 짜다	to weave
5330	حَثَّ ـُ ه عَلَى ه	...에게 ~하도록 촉구하다, 부추기다, 재촉하다	to urge A on B
5331	حَجَرَ ـُ	제지하다, 막다	to prohibit, to detain
5332	حَدَّ ـُ	한정하다, 경계를 짓다	to limit
5333	حَدَا ـُ	낙타를 몰다; 선동하다, 부추기다	to spur on, to instigate
5334	حَدَثَ ـُ	일어나다	to happen, to take place
5335	حَذَا ـُ	모방하다	to imitate
5336	حَذِرَ ـَ	조심하다, 경계하다	to be careful
5337	حَذَفَ ـِ	제거하다	to delete
5338	حَرَصَ ـِ	열망하다	to desire, to be eager
5339	حَرَقَ ـِ	태우다, 불사르다	to burn
5340	حَسَبَ ـُ	계산하다; 고려하다	to compute

번호	아랍어	한국어	영어
5341	حَسَمَ ـُ	최종결정하다; 종결짓다	to end, to conclude
5342	حَشَا ـُ ه فِي ه	…를 ~에 채우다	to stuff, to fill
5343	حَشَدَ ـُ، ـِ	모으다, 집결시키다	to gather
5344	حَصَدَ ـُ، ـِ	수확하다	to harvest
5345	حَصَرَ ـُ، ـِ	둘러싸다; 제지하다	to surround, to blockade
5346	حَصَلَ ـُ	일어나다, 발생하다	to occur, to happen
5347	حَصَلَ ـُ عَلَى	얻다, 획득하다	to obtain
5348	حَضَرَ ـُ	참석하다	to attend
5349	حَظَرَ ـُ	금지하다	to prohibit
5350	حَفَرَ ـِ	파다, 캐다	to dig
5351	حَفِظَ ـَ	지키다; 암기하다	to memorize
5352	حَقَنَ ـِ	주입하다, 주사하다	to inject
5353	حَكَى ـِ	이야기하다, 전하다	to narrate, to pass on
5354	حَلَّ ـُ	풀다	to loosen
5355	حَلَقَ ـِ	면도하다	to shave
5356	حَمَى ـِ	보호하다	to protect
5357	خَدَمَ ـِ	공헌하다, 봉사하다	to serve
5358	خَرَجَ ـُ	나가다	to go out
5359	خَسِرَ ـَ	손해보다	to lose
5360	خَصَّ ـُ	관련되다	relate to
5361	خَضَعَ ـَ لِ	항복하다, 굴복하다	to submit

동사

번호	아랍어	한국어	영어
5362	خَطَرَ ... عَلَى بَالِهِ	…가 떠오르다, 생각나다	to occur to mind, to come to mind
5363	خَطِئَ ـَ	실수하다	be mistaken
5364	خَفَضَ ـِ	낮추다, 덜다	to reduce
5365	خَفَقَ ـُ	흔들다	to shake, vibrate
5366	خَلَطَ ـُ	섞다	to mix
5367	خَلَعَ ـَ	벗다, 뽑다	to take off, to remove
5368	خَلَقَ ـُ	창조하다, 만들어내다	to create
5369	دَارَ ـُ	돌다, 회전하다	to go around, turn
5370	دَامَ ـُ	계속되다, 지속하다	to last
5371	دَخَلَ ـُ	들어가다	to enter
5372	دَرَى ـِ بِـ	알다	to know
5373	دَعَا ـُ ه لِـ، إِلَى ه	…를 ~로 부르다, 초청하다	invite A to B
5374	دَعَا ـُ ه لِـ، إِلَى ه	…에게 ~을 요구하다, 주장하다	require A to B
5375	دَعَمَ ـَ	받들다, 지지하다, 지원하다; 강화하다	to support
5376	دَفَعَ ـَ	밀다	to push
5377	دَفَنَ ـِ	묻다	to bury
5378	دَلَّ ـُ عَلَى	나타내다, 증명하다	to prove
5379	دَلَقَ ـُ	붓다	to pour
5380	ذَكَرَ ـُ	언급하다, 말하다; 기억하다	to mention

번호	아랍어	한국어	영어
5381	ذَهَبَ ـَ إِلَى	가다	to go
5382	ذَهَبَ ـَ بِـ	데리고 가다	to take to
5383	رَأَى ـَ	보다, 여기다	to see
5384	رَبَطَ ـُ	묶다, 연결하다	link
5385	رَجَا ـُ	바라다, 요청하다	to wish
5386	رَجَعَ ـِ إِلَى	돌아오다, 돌아가다	to return
5387	رَحَلَ ـَ عَنْ	떠나다, 퇴진하다	to leave
5388	رَحِمَ ـَ	~에게 자비를 베풀다, 동정하다	to have mercy
5389	رَدَّ ـُ عَلَى	대답하다	to reply on
5390	رَسَبَ ـَ	가라앉다, 내려앉다	to fall slowly
5391	رَسَمَ ـُ	그리다	to paint, to draw
5392	رَصَفَ ـُ	길을 닦다	to pave
5393	رَعَى ـَ	후원하다	to sponsor
5394	رَفَضَ ـُ	거절하다, 반대하다	to reject
5395	رَمَى ـِ	던지다, 쏘다	to shoot
5396	رَوَى ـِ	말하다, 이야기하다	to tell
5397	زَادَ ـِ عَنْ	초과하다	to exceed
5398	زَارَ ـُ	방문하다	to visit
5399	زَالَ ـُ	멈추다, 그만두다; 사라지다	to cease; disappear
5400	زَعَمَ ـُ	주장하다	to claim

동사

번호	아랍어	한국어	영어
5401	سَادَ ـُ	유행하다, 퍼지다, 지배하다	to dominate, prevail
5402	سَارَ ـِ	걷다, 행진하다, 가다, 진행되다	to go, to run
5403	سَاقَ ـُ	운전하다	to drive
5404	سَأَلَ ـَ	묻다	to ask
5405	سَبَّ ـُ	욕하다, 비방하다	to curse
5406	سَبَغَ ـُ	완전하다, 원만하다, 넉넉하다	be abundant, be long and wide
5407	سَبَقَ ـُ	앞서다, 선행하다	to precede, to antecede
5408	سَتَرَ ـُ	덮다, 가리우다	to cover, to hide
5409	سَجَا ـُ	(바다, 밤이) 조용하다, 잔잔하다	be quiet, be tranquil
5410	سَجِلَ ـُ	흘리다, 쏟다, 붓다	to shed, to spill, to pour
5411	سَجَمَ ـُ	흐르다, 쏟아지다	to flow, to pour forth
5412	سَحَّ ـُ	흐르다	to flow, to stream
5413	سَحَبَ ـَ	물러나다, 철수하다	to withdraw
5414	سَحَلَ ـَ	깎아내다, 쓸다	to scrape off, to make smooth
5415	سَخَّ ـُ	두드리다, 때리다	to beat
5416	سَدَلَ ـُ	늘어뜨리다, (막을) 내리다	to hang down, to let drop
5417	سَرَجَ ـُ	(머리를)땋다	to braid
5418	سَرَدَ ـُ	찌르다, 구멍내다	to pierce, to perforate

번호	아랍어	한국어	영어
5419	سَطَرَ ـُ	줄을 긋다, 쓰다	to draw line, jot down
5420	سَطَعَ ـَ	빛나다, 명백하다	to shine, be obvious
5421	سَعَى ـَ إِلَى	노력하다, 애쓰다	to try, attempt
5422	سَفَقَ ـُ	(얼굴을) 탁 때리다, (문을) 쾅 닫다	to slam, shut
5423	سَفِلَ ـَ	낮다, 저열하다, 비천하다	to be low
5424	سَقَطَ ـُ	떨어지다; (비행기가)추락하다	to fall; fall down
5425	سَكَّ ـُ	(문을) 막다, 잠그다	to lock
5426	سَكَبَ ـُ	붓다	to pour
5427	سَكَعَ ـَ	목적없이 거닐다, 떠돌아 다니다	to wander
5428	سَلَخَ ـَ ، ـُ	껍질, 가죽을 벗기다	to skin
5429	سَمَحَ ـُ لِـ ه بِـ ه	~에게 ...을 허락하다, 허용하다	to allow, to permit
5430	سَمِعَ ـَ	듣다	to hear
5431	سَهِرَ ـَ	밤을 새다	to stay up late
5432	شَالَ ـِ	운반하다, 들어올리다	to carry, to lift
5433	شَبَطَ ـُ	매달리다, 집착하다	to cling, hold on
5434	شَبِعَ ـَ	만족시키다	to satisfy one's appetite
5435	شَرَحَ ـَ	설명하다	to explain
5436	شَمَّ ـُ	냄새를 맡다	to smell

동사

번호	아랍어	한국어	영어
5437	شَمِلَ، شَمَلَ ـَ	포함하다	to include
5438	صَاحَ ـِ	소리치다, 외치다	to shout
5439	صَارَ ـِ	~이 되다, ~해지다	to become
5440	صَاغَ ـُ	~을 만들다	to create, to formulate
5441	صَبَّ ـُ	붓다	to pour
5442	صَحَا ـُ	정신을 차리다, 잠에서 깨어나다	wake up
5443	صَرَخَ ـُ	소리치다, 외치다	to shout
5444	صَعَدَ ـَ	탑승하다, 오르다	to board
5445	صَنَعَ ـَ	만들다	to make
5446	ضَرَبَ ـِ	치다, 때리다	to beat
5447	ضَغَطَ ـَ	누르다	to press
5448	ضَمَّ ـُ	결합시키다, 포함하다	to combine, include
5449	طَرَحَ ـَ	의견을 제시하다; 던지다	to suggest; cast
5450	طَلَعَ ـَ	뜨다, 타다	to appear, rise, get on, get in
5451	ظَلَّ ـَ	계속~하다, 유지하다	to continue
5452	ظَنَّ ـُ	생각하다, 추측하다	to think, to guess
5453	ظَهَرَ ـَ	나타나다	to appear, to show
5454	عَادَ ـُ إِلَى	~으로 돌아가다, 돌아오다	to return
5455	عَاشَ ـِ	살다, 살아있다	to live, to exist
5456	عُثِرَ ـَ عَلَى	발견되다	be founded

번호	아랍어	한국어	영어
5457	عَرَضَ ـِ	보이다, 보여주다	to show
5458	عَرَفَ ـِ	알다	to know
5459	عَزَلَ ـِ ه عَنْ ه	~를 ...에서 면직시키다, 해임시키다	to depose, to dismiss
5460	عَزَمَ ـِ عَلَى	결심하다, 결의하다, 마음먹다	to decide, to resolve
5461	عَقَدَ ـِ	열다, 개최하다	to hold
5462	عَكَسَ ـِ	반사하다, 반영하다	to reflect
5463	عَلِمَ ـَ بِـ	~을 알다, ~에 정통하다	to know
5464	عَنَى ـِ	의미하다	to mean
5465	غَرَبَ ـُ	떠나다	to leave
5466	غَفَرَ ـِ لِـ	용서하다	grant forgiveness to
5467	فَازَ ـُ بِـ	(메달 등을) 따다, 이기다	win (a medal)
5468	فَتَحَ ـَ	열다, 정복하다	to open, conquer
5469	فَتَكَ ـُ	분해되다, 해체되다	to disintegrate, be dismantled
5470	فَحَصَ ـَ	검사하다, 진찰하다	to examine
5471	فَرَغَ ـَ مِنْ	~을 비우다	be empty; be unoccupied
5472	فَشَلَ ـِ فِي	실패하다	to fail
5473	فَعَلَ ـَ	(어떤 동작이나 행위를) 하다	to do
5474	فَقَدَ ـِ	잃다, 여의다	lose
5475	فَهِمَ ـَ	이해하다	to understand

동사

번호	아랍어	한국어	영어
5476	قَالَ ـُ	말하다	to say
5477	قَامَ ـُ بِـ	(~을) 행하다, 착수하다	to undertake
5478	قَبِلَ ـَ	수락하다, 받아들이다	to accept
5479	قَصَّ ـُ	자르다	to cut
5480	قَصَدَ ـُ	의미하다	to mean
5481	قَصَدَ ـِ	향하다	to head, go to
5482	قَضَى ـِ	(시간을) 보내다	to spend
5483	قَطَعَ ـَ	횡단하다, 가로지르다	to cross, to cut
5484	قَلَّ ـِ	감소하다	to decrease
5485	قَهَرَ ـَ	억누르다	to suppress
5486	كَادَ ـَ	거의~하다, ~할 뻔하다	almost
5487	كَانَ ـُ	~이 있었다 (존재)	was/were
5488	كَبَرَ ـُ	자라다, 나이가 들다	to grow up, get older
5489	كَتَبَ ـُ	쓰다, 작성하다	to write
5490	كَفَّ ـِ عَنْ	그만두다, 중지하다, 해고하다	to lay off, to suspend
5491	كَفَى ـِ	넉넉하다, 충분하다	to be enough
5492	لَبِسَ ـَ	입다	to wear
5493	لَحَظَ إِلَى	~을 곁눈질하다, 보다, 살피다	look sideways, examine
5494	لَحِقَ ـَ	~을 뒤따르다, 따라잡다	catch up
5495	لَصَقَ ـِ	붙이다, 접착하다	to stick to, paste

번호	아랍어	한국어	영어
5496	لَمَّ ـُ	모으다, 모이다	gather, collect
5497	لَمَحَ ـَ	힐끗 보다, 잠깐 보다	to glimpse
5498	لَمَسَ ـِ ، ـُ	~을 만지다	to touch
5499	مَاتَ ـُ	사망하다	to die
5500	مَالَ ـِ إِلَى	~로 기울다, 치우치다, 편향되다	lean, be biased
5501	مَدَحَ ـَ	칭찬하다, 높이다	to praise to
5502	مَرَّ ـُ بِـ	거쳐가다	to pass through
5503	مَزَجَ ـُ	혼합하다	to mix
5504	مَزَحَ ـَ	농담하다	to joke
5505	مَسَكَ ـِ	~을 쥐다, 붙잡다	to hold, to detain
5506	مَشَى ـِ	걷다	to walk
5507	مَنَحَ ـَ ه ه	...에게 ~을 수여하다	to confer A on B
5508	نَبَذَ ـُ، ـِ	버리다, 팽개치다; 포기하다	to throw
5509	نَبَقَ ـُ	뿜어나오다	to spew
5510	نَزَلَ ـِ	머무르다; (비 등이) 내리다	to stay
5511	نَسَخَ ـَ	복사하다	to imitate, to copy
5512	نَسِيَ ـَ	잊어버리다	to forget
5513	نَصَحَ ـَ	조언하다	to advise
5514	نَفَى ـِ	부인하다	to deny
5515	نَقَصَ ـُ	결핍되다, 부족하다	to lack

동사

번호	아랍어	한국어	영어
5516	نَقَلَ ـُ	옮기다, 이동하다	to move
5517	نَكَزَ ـُ	~을 쏘다, 자극하다	to sting, to goad
5518	نَمَا ـُ	자라다, 성장하다	to grow
5519	نَوَى ـِ	~할 작정이다, ~하려고 생각하다	intend to ~
5520	وَجَبَ عَلَى ... أَنْ ~	…는 ~해야 한다	have to, must
5521	وَجَدَ ـِ	찾다, 구하다	to find
5522	وَدَّ ـَ	원하다, 바라다	to want
5523	وَصَلَ ـِ إِلَى	도착하다	to arrive, reach to~
5524	وَضَعَ ـَ	두다, 놓다; (정책 등을) 세우다	to lay down, write, draft
5525	وَعَدَ ـِ ه بِ ه	…에게 ~을 약속하다	promise (someone) of (something)
5526	وَقَعَ ـَ	발생하다	to happen
5527	وُلِدَ	태어나다 (수동)	to be born
5528	أَدَّى إِلَى	초래하다, 야기하다 (II형)	to result to
5529	أَوَّقَ	괴롭히다, 부담을 주다 (II형)	to burden, impose
5530	أَيَّدَ	지지하다; 지원하다 (II형)	to support
5531	بَجَّلَ	존경하다 (II형)	to respect
5532	ثَبَّتَ	굳게하다, 견실하게 하다; 입증하다 (II형)	to prove
5533	ثَقَّلَ	무겁게 하다 (II형)	to burden
5534	جَدَّدَ	개조하다 (II형)	to renovate

번호	아랍어	한국어	영어
5535	جُدِّدَ مُؤَخَّراً	최근에 개조되었다 (II형)	was renovated lately
5536	جَدَّلَ	엮다, 꼬다 (II형)	to braid
5537	جَذَّرَ	뿌리 뽑다, 근절하다 (II형)	to extract the root, take root
5538	جَرَّبَ	시도하다, 실험하다 (II형)	to try, to test
5539	جَرَّدَ	가죽을 벗기다; 탈취하다; 징집하다 (II형)	to strip; deprive of; draft
5540	جَرَّسَ بـ	비방하다, 중상하다 (II형)	to discredit
5541	جَزَّأَ	분할하다 (II형)	to divide
5542	جَسَّدَ	구체화하다, 구현하다 (II형)	to materialize, to embody
5543	جَسَّمَ	형성하다, 구현하다; 확대하다 (II형)	to materialize, to enlarge
5544	جَفَّفَ	건조하다, 건조시키다 (II형)	to be dry, to make dry
5545	جَلَّدَ	얼리다 (II형)	to freeze
5546	جَلَّسَ	앉히다 (II형)	to make sit down
5547	جَلَّى	명백하게 하다 (II형)	to make clear
5548	جَمَّعَ	모으다, 조립하다 (II형)	to gather, to assemble
5549	جَمَّلَ	치장하다 (II형)	to embellish
5550	جَنَّنَ	미치게 하다 (II형)	to drive insane, to make crazy
5551	جَهَّزَ	준비하다 (II형)	to prepare

동사

번호	아랍어	한국어	영어
5552	جَوَّفَ	텅비게 하다 (II형)	to make hollow
5553	حَتَّمَ هـ عَلَى ه	…에게 ~을 책임지우다 (II형)	to make a duty, to impose on
5554	حَدَّثَ	말하다, 이야기하다 (II형)	to tell
5555	حَدَّدَ	한정하다, 제한하다, 확정하다 (II형)	to determine, to define, to specify
5556	حَذَّرَ	경고하다 (II형)	to warn
5557	حَرَّرَ	자유롭게 하다, 해방하다 (II형)	to liberate
5558	حَرَّشَ	부추기다, 자극하다 (II형)	to incite, to provoke
5559	حَرَّضَ	부추기다 (II형)	to provoke
5560	حَرَّكَ	불러일으키다; 뒤흔들다 (II형)	to awake; to agitate
5561	حَسَّنَ	개선하다 (II형)	to upgrade
5562	حَصَّنَ	견고히 하다 (II형)	to fortify
5563	حَطَّمَ	무너뜨리다 (II형)	to smash, to demolish
5564	حَقَّقَ	실현하다, 성취하다 (II형)	to achieve
5565	حَقَّقَ إِنْجَازًا	성취하다, 위업 달성하다 (II형)	to achieve of acievement
5566	حَلَّلَ	분석하다 (II형)	to analyse
5567	حَوَّلَ	변화시키다, 변경시키다, 전환시키다 (II형)	to transfer, to turn
5568	حَيَّا	인사하다 (II형)	to greet

번호	아랍어	한국어	영어
5569	خَرَّجَ	배출하다; 졸업하다 (II형)	to emit; to graduate
5570	خَزَّنَ	저장하다 (II형)	to store
5571	خَصَّصَ	배당하다, 할당하다 (II형)	to allocate, to designate
5572	خَفَّفَ	가볍게 하다; 완화하다, 덜어주다 (II형)	to abate; reduce
5573	خَيَّمَ	야영하다, 캠프하다, 거주하다 (II형)	camp
5574	دَقَّقَ	세밀히 조사하다, 검사하다 (II형)	to probe
5575	دَمَّرَ	파괴하다 (II형)	to destroy
5576	دَوَّنَ	기입하다 (II형)	to write down
5577	رَبَّى	기르다, 양육하다 (II형)	to bring up
5578	رَحَّبَ بِـ	환영하다, 반기다 (II형)	to welcome
5579	رَسَّخَ	굳건히 하다, 공고히 하다 (II형)	to make firm, establish
5580	رَقَّقَ	가늘게 하다, 연하게 하다 (II형)	to slenderize, tenderize
5581	رَكَّزَ عَلَى	집중하다 (II형)	to concentrate
5582	زَوَّدَ	제공하다 (II형)	to provide
5583	سَبَّبَ	야기하다, 초래하다 (II형)	to cause
5584	سَبَّقَ	미리 손쓰다, 미리하다 (II형)	to do prematurely, do before
5585	سَبَّلَ	희사하다, 기부하다 (II형)	to give to charity

동사

번호	아랍어	한국어	영어
5586	سَتَّفَ	저장하다, 넣어두다 (II형)	to store up
5587	سَجَّلَ	등록하다, 기록하다 (II형)	to register, to record
5588	سَخَّنَ	뜨거워지다, 따뜻하게하다 (II형)	to heat up
5589	سَلَّف	빌려주다 (II형)	to lend(money)
5590	سَمَّى	이름을 지어주다, 부르다 (II형)	to name, call
5591	سَوَّى	고르게 하다; 조정하다 (II형)	to equalize; control, fix
5592	شَبَّبَ	젊어지게 하다 (II형)	to rejuvenate
5593	شَدَّدَ عَلَى	강조하다 (II형)	to stress on
5594	صَحَّحَ	고치다 (II형)	to correct
5595	صَرَّحَ	선언하다 (II형)	to declare
5596	صَفَّقَ	박수를 치다 (II형)	to clap
5597	صَلَّحَ	개선하다; 고치다, 수선하다 (II형)	to repair
5598	صَمَّمَ	결정하다, 결심하다 (II형)	to determine, decide
5599	صَوَّبَ	수정하다 (II형)	to rectify
5600	صَوَّرَ	그리다, 묘사하다 (II형)	to depict
5601	ضَمَّنَ	에워싸다, 둘러싸다 (II형)	to enclose
5602	عَبَّرَ عَنْ	나타내다, 표현하다 (II형)	to express, indicate
5603	عَرَّفَ	소개하다 (II형)	to introduce

번호	아랍어	한국어	영어
5604	عَزَّزَ	강화하다 (II형)	to enhance
5605	عَلَّقَ عَلَى	~에 걸다, 달다 (II형)	to hang
5606	غَطَّى ـَ	덮다 (II형)	to cover
5607	غَنَّى	노래부르다 (II형)	to sing
5608	غَيَّرَ	바꾸다, 변화시키다 (II형)	to change
5609	فَتَّشَ عَنْ	찾다, 구하다 (II형)	to search, seek
5610	فَرَّشَ	솔질하다, 칫솔질하다 (II형)	to brush (teeth)
5611	فَرَّقَ	나누다, 분리시키다 (II형)	to separate, differentiate
5612	فَسَّرَ	설명하다 (II형)	to explain
5613	فَصَّلَ	구별하다, 분류하다 (II형)	to distinguish, classify
5614	فَضَّلَ هـ عَلَى هـ	~보다 ...을 더 좋아하다 (II형)	to prefer A than B
5615	فَكَّرَ	생각하다 (II형)	think
5616	فَكَّكَ	분해하다, 해체하다 (II형)	to decompose; to disengage
5617	قَبَّلَ	키스하다 (II형)	to kiss
5618	قَدَّرَ	평가하다, 기리다 (II형)	to estimate
5619	قَدَّمَ	제출하다 (II형)	to submit
5620	قَرَّرَ	결정하다 (II형)	to decide
5621	قَطَّعَ	자르다 (II형)	to cut
5622	قَلَّبَ	젓다, 섞다; 뒤집다 (II형)	to stir; to flip

번호	아랍어	한국어	영어
5623	قَيَّمَ	평가하다 (II형)	to evaluate
5624	كَثَّفَ	빽빽하게 하다, 밀도를 높이다, 집약화하다 (II형)	to concentrate
5625	كَرَّرَ	되풀이하다, 반복하다 (II형)	to repeat
5626	كَسَّرَ	깨뜨리다, 부수다 (II형)	to break
5627	كَفَّنَ	수의를 입히다, 싸다 (II형)	to shroud
5628	لَخَّصَ	요약하다 (II형)	to summarize
5629	لَقَّبَ ه بِ ه	...을 ~라는 별명으로 부르다 (II형)	to title
5630	لَمَّحَ	암시하다, 넌지시 말하다 (II형)	to allude
5631	لَوَّثَ	더럽히다 (II형)	to pollute
5632	مَثَّلَ	묘사하다, 연기하다 (II형)	to illustrate, act
5633	مَحَّصَ	검토하다, 연구하다 (II형)	to examine, to review
5634	نَسَّقَ	배열하다, 조화롭게 하다, 조정하다 (II형)	to arrange
5635	نَصَّبَ	설치하다 (II형)	to install
5636	نَفَّذَ	실행하다, 실천하다 (II형)	to implement
5637	نَمَّى	발전시키다; 육성하다 (II형)	to promote
5638	هَدَّدَ ه بِ ه	…을 ~으로 위협하다 (II형)	to threaten

번호	아랍어	한국어	영어
5639	هَنَّأَ ه عَلَى ه	...에게 ~을 축하하다 (II형)	congratulate A on B
5640	وَسَّعَ	넓히다, 확장하다, 확대하다 (II형)	to grow up, expand
5641	وَصَّى ه بِ ه	…에게 ~을 충고하다 (II형)	to give advice A to B
5642	وَفَّرَ	저장하다; 제공하다 (II형)	to save, provide
5643	وَفَّقَ	성공시키다 (II형)	to grant success
5644	وَلَّعَ	불붙이다, 촉발하다 (II형)	to kindle, to set fire to
5645	تَابَعَ	계속하다 (III형)	to follow
5646	ثَابَرَ عَلَى	견지하다, 완강하게 하다 (III형)	to persist, to persevere
5647	جَابَهَ	맞서다, 대면하다 (III형)	to confront, to defy
5648	جَازَى ه عَنْ ه	…에게 ~을 보상하다; 처벌하다 (III형)	to reward, to punish
5649	جَانَسَ	유사하다, 동종이다 (III형)	be of same kind as
5650	جَاوَزَ	넘다 (III형)	to pass, to exceed
5651	حَارَبَ	싸우다 (III형)	to fight
5652	حَاسَبَ	계산하다 (III형)	to calculate
5653	حَاصَرَ	둘러싸다 (III형)	to besiege
5654	حَافَظَ عَلَى	유지하다, 보존하다; 방어하다 (III형)	to conserve
5655	حَاوَلَ	시도하다 (III형)	to attempt
5656	خَاطَبَ	이야기 나누다 (III형)	to chat

동사

번호	아랍어	한국어	영어
5657	ذَاكَرَ	검토하다 (III형)	to review
5658	رَاجَعَ	검사하다, 검열하다, 검토하다 (III형)	to review
5659	رَاسَلَ	서신 왕래하다 (III형)	to contact
5660	رَافَقَ	같이 가다, 동행하다 (III형)	to accompany
5661	رَاقَبَ	감시하다, 감독하다 (III형)	to overwatch
5662	سَابَّ	서로 욕하다, 서로 저주하다 (III형)	to exchange insults
5663	سَارَعَ فِي	서두르다, 바삐가다, 다그치다 (III형)	to hasten, hurry
5664	سَاعَدَ ه عَلَى، فِي ه	…가 ~하는 것을 돕다 (III형)	to help A to B
5665	سَافَرَ إِلَى	여행하다, 떠나다 (III형)	to travel
5666	سَانَدَ	지지하다, 지원하다, 성원하다 (III형)	to support, cheer
5667	سَاهَمَ فِي	공헌하다; 참가하다 (III형)	to contribute
5668	سَاوَمَ	흥정하다 (III형)	to haggle, bargain
5669	سَاوَى	평등하다, 같다 (III형)	to same, equal
5670	شَارَكَ في	참석하다, 참가하다 (III형)	to participate
5671	شَاهَدَ	보다 (III형)	to see
5672	شَاوَرَ	조언을 구하다, 상담받다 (III형)	to consult with
5673	صَادَقَ	~와 친구가 되다, 사귀다 (III형)	to befriend

번호	아랍어	한국어	영어
5674	صَارَعَ	투쟁하다; 싸우다 (III형)	to struggle with
5675	ضَاعَفَ	배로 하다; 곱하다 (III형)	to double
5676	طَالَبَ ه بِـ ه	…에게 ~을 요구하다 (III형)	to demand
5677	عَارَضَ	반대하다 (III형)	to oppose
5678	عَامَلَ	대하다, 다루다 (III형)	to treat
5679	عَانَى	(좋지 않은 상황에) 처하다, 겪다 (III형)	to suffer
5680	غَادَرَ	떠나다, 출발하다 (III형)	to depart, to leave
5681	قَابَلَ	만나다 (III형)	to meet
5682	قَاتَلَ	싸우다 (III형)	to fight
5683	قَارَنَ	비교하다 (III형)	to compare
5684	قَاطَعَ	훼방놓다, 방해하다 (III형)	to interrupt
5685	قَاوَمَ	저항하다, 싸우다 (III형)	to fight
5686	كَافَحَ	싸우다, 격투하다 (III형)	to combat
5687	لَاحَظَ	알다, 의식하다 (III형)	notice
5688	لَاقَى	받다, 받아들이다 (III형)	to receive
5689	مَارَسَ	연습하다, 실행하다, 행사하다 (III형)	to practise, to exercise
5690	نَاشَدَ	간청하다 (III형)	to appeal
5691	نَاوَلَ	넘겨주다, 이양하다 (III형)	to hand over
5692	وَاجَهَ	직면하다 (III형)	to confront

동사

번호	아랍어	한국어	영어
5693	وَاصَلَ	계속하다 (III형)	to keep, continue to~
5694	وَافَقَ	동의하다 (IV형)	to agree
5695	أَتْقَنَ	능통하다, 잘하다 (IV형)	to master
5696	أَخْلَطَ	섞다, 혼합하다 (IV형)	to mix
5697	أَصْدَرَ	발간하다; 공표하다 (IV형)	to publish, to issue
5698	أَطْلَعَ ه عَلَى ه	…에게 ~을 알리다, 통보하다 (IV형)	to inform
5699	أَطْلَقَ	착수하다 (IV형)	to release, start
5700	أَوْقَظَ	깨우다 (IV형)	to awake someone
5701	أَنْكَرَ	부인하다 (IV형)	to deny
5702	أَنْهَى	끝내다 (IV형)	to finish
5703	أَهْمَلَ	무시하다 (IV형)	to neglect
5704	أَوْجَدَ	야기하다 (IV형)	to create, bring about
5705	أَوْرَدَ	언급하다, 인용하다 (IV형)	to mention, cite
5706	أَوْشَكَ عَلَى	곧 하려하다, 하려는 찰나이다 (IV형)	to be about to, almost
5707	أَوْصَى	충고하다 (IV형)	to recommend
5708	تَأَثَّرَ بِـ	~의 영향을 받다 (V형)	to be affected by
5709	تَأَجَّجَ	불타다, 타오르다 (V형)	to blaze up, be kindled
5710	تَأَخَّرَ	늦어지다, 지체하다, 지각하다 (V형)	to be late

번호	아랍어	한국어	영어
5711	تَأَسَّفَ عَلَى، لِـ	유감스럽게 생각하다 (V형)	to be sorry, to regret
5712	تَأَكَّدَ مِنْ	확신하다 (V형)	to ascertain
5713	تَبَرَّعَ بِـ	기부하다, 기증하다 (V형)	to donate
5714	تَجَدَّدَ	갱신되다, 새로워지다 (V형)	to be renewed
5715	تَجَسَّدَ	구현되다, 구체화되다 (V형)	to materialize
5716	تَجَمَّعَ	회집하다, 모이다 (V형)	to gather
5717	تَجَنَّبَ	회피하다, 멀리하다 (V형)	to avoid
5718	تَجَوَّلَ	돌아다니다, 배회하다 (V형)	to wander
5719	تَحَجَّبَ	히잡을 쓰다, 감추다 (V형)	to veil
5720	تَحَدَّثَ	이야기하다 (V형)	to talk
5721	تَحَدَّى	대항하다, 도전하다 (V형)	to challenge
5722	تَحَسَّنَ	개선되다, 좋아지다 (V형)	to improve
5723	تَحَمَّلَ	견디다, 참다 (V형)	to bear
5724	تَحَوَّلَ مِنْ ه إِلَى ه	...에서 ~으로 변화되다, 바뀌다 (V형)	to transform
5725	تَخَلَّصَ مِنْ	벗어나다 (V형)	to be free from
5726	تَذَكَّرَ	기억하다 (V형)	to remember
5727	تَرَدَّدَ	주저하다, 머뭇거리다 (V형)	to hesitate

동사

번호	아랍어	한국어	영어
5728	تَرَدَّى	악화되다 (V형)	to backslide
5729	تَسَبَّبَ فِي	야기하다 (V형)	to cause to
5730	تَسَلَّقَ	올라가다, 오르다 (V형)	to climbing
5731	تَسَلَّمَ	받다, 인수하다 (V형)	to receive
5732	تَسَلَّى	위로받다; 즐기다 (V형)	to entertain
5733	تَشَرَّفَ بِ	영광이다 (V형)	to be honored
5734	تَصَرَّفَ	처신하다, 행동하다 (V형)	to behave
5735	تَطَلَّبَ	요구하다, 필요로 하다 (V형)	to ask
5736	تَطَوَّعَ	자원하다 (V형)	to volunteer
5737	تَعَدَّى	넘어서다, 초과하다 (V형)	to exceed
5738	تَعَرَّضَ لِ	노출되다, 겪다 (V형)	to be exposed of
5739	تَعَرَّفَ عَلَى	알게되다 (V형)	to get to know
5740	تَعَطَّلَ	실업자가 되다; 고장나다 (V형)	to be unemployed; cease to function
5741	تَعَلَّقَ بِ	관련이 있다 (V형)	to be connected with
5742	تَعَهَّدَ بِ	약속하다 (V형)	to promise
5743	تَغَيَّبَ عَنْ	결석하다 (V형)	to be absent from
5744	تَغَيَّرَ	변화하다 (V형)	to change
5745	تَفَحَّصَ	조사하다 (V형)	to scan
5746	تَقَبَّلَ	수락하다 (V형)	to accept

번호	아랍어	한국어	영어
5747	تَقَدَّمَ	개선되다, 앞서다 (V형)	to progress
5748	تَقَدَّمَ بِـ	제출하다, 내다 (V형)	to submit
5749	تَكَلَّمَ	말하다 (V형)	to speak
5750	تَلَقَّى	받다, 얻다 (V형)	to receive
5751	تَمَكَّنَ مِنْ	할 수 있다 (V형)	be able to
5752	تَمَيَّزَ	구별되다, 특색있다 (V형)	be distinguished
5753	تَنَبَّأَ	예지하다, 예견하다 (V형)	to foresee
5754	تَوَجَّهَ إِلَى، نَحْوَ	향하다 (V형)	to head for, to direct to
5755	تَوَسَّعَ	넓어지다, 확장되다 (V형)	to grow up, to expand
5756	تَوَعَّدَ	위협하다 (V형)	to threaten
5757	تَوَفَّرَ	풍부하다 (V형)	be abundant
5758	تَوَلَّى	다스리다; 책임을 맡다 (V형)	to take responsibility for
5759	تُوُفِّيَ	사망하다 (완곡한 표현)(V형, 수동)	to pass away
5760	تَبَادَلَ	서로 교환하다, 주고받다 (VI형)	to exchange
5761	تَتَالَى	연속되다, 뒤따르다 (VI형)	to follow one another, be successive
5762	تَخَاطَبَ	서로 대화하다 (VI형)	to converse
5763	تَدَاعَى	무너져 내리다; 서로 부르다 (VI형)	to crumble

동사

번호	아랍어	한국어	영어
5764	تَرَاسَلَ	서로 서신을 주고 받다 (VI형)	to correspond
5765	تَرَاهَنَ	서로 내기하다 (VI형)	to bet
5766	تَسَاوَى	서로 평등하다, 동등하다 (VI형)	to be equal
5767	تَشَابَهَ	서로 유사하다, 닮다 (VI형)	to be similar
5768	تَصَادَقَ	서로 친하다 (VI형)	to be friends
5769	تَصَاعَدَ	고조되다 (VI형)	to rise
5770	تَضَاءَلَ	차츰 약해지다, 점점 작아지다 (VI형)	to fade
5771	تَضَاعَفَ	배가 되다, 증대되다 (VI형)	to be doubled
5772	تَظَاهَرَ بِ	~인 척하다 (VI형)	to act as if
5773	تَعَارَفَ	서로 알다, 사귀다 (VI형)	to get acquainted with each other
5774	تَعَاوَنَ	협력하다 (VI형)	to cooperate
5775	تَغَابَنَ	상호 기만하다, 뒷담화하다 (VI형)	deceive one another
5776	تَفَاعَلَ	상호작용하다 (VI형)	to interact
5777	تَقَابَلَ	서로 만나다 (VI형)	to meet
5778	تَقَاعَدَ	퇴직하다 (VI형)	to retire
5779	تَلَاءَمَ مَعَ	잘 어울리다, 알맞다 (VI형)	to match with
5780	تَنَاحَرَ	서로 경쟁하다, 싸우다 (VI형)	to fight each other
5781	تَنَاوَلَ	다루다; 먹다; 복용하다 (VI형)	to deal with, to eat

번호	아랍어	한국어	영어
5782	تَوَاصَلَ	계속되다 (VI형)	be kept, continued
5783	تَوَالَى	이어지다, 연속되다 (VI형)	to continue
5784	اِنْخَرَطَ فِي	가담하다, 돌입하다 (VII형)	to engage in
5785	اِنْخَفَضَ	하락하다 (VII형)	to drop, go down, decrease
5786	اِنْقَسَمَ	분리되다 (VII형)	to split
5787	اِنْقَطَعَ	끊어지다; 끝나다, 중단되다 (VII형)	to cut off
5788	اِنْهَارَ	무너지다, 붕괴되다 (VII형)	to destroy
5789	اِتَّهَمَ بِـ	비난하다 (VIII형)	to accuse, charge of/with
5790	اِطَّلَعَ عَلَى	알아내다, 이해하다 (VIII형)	to be aware of
5791	اِعْتَرَضَ	반대하다 (VIII형)	to block, be opposed to
5792	اِلْتَقَطَ	(사진을) 찍다 (VIII형)	to take (a photo)
5793	اِهْتَمَّ بِـ	흥미를 갖다, 관심 갖다 (VIII형)	to be interest in
5794	اِسْتَضَافَ	초대하다, 주최하다 (X형)	to host
5795	جَمْهَرَ	모으다, 집결시키다 (4자근)	to assemble, to gather
5796	دَرْدَشَ	이야기 나누다 (4자근)	to chat
5797	سَلْسَلَ	연결하다 (4자근)	to link, connect
5798	سَيْطَرَ ـِ عَلَى	지배하다; 만연하다, 널리미치다 (4자근)	to dominate, prevail

동사

번호	아랍어	한국어	영어
5799	تَرَعْرَعَ	자라다, 성장하다 (4자근, II형)	to grow up
5800	تَزَحْلَقَ	구르다, 미끄러지다 (4자근, II형)	to sled

불변사(전치사 및 부사)

الحرف

번호	아랍어	한국어	영어
5801	إِنَّمَا	그러나, 어쨌거나, 오히려, 반대로	but
5802	أَوْ	또는	or
5803	أَيْنَ	어디	where
5804	بِ	으로, 가지고	at, on, by
5805	بَلْ	오히려	rather
5806	ثُمَّ	그리고	then
5807	حَتَّى	까지; 조차도; 위해	until; even; for
5808	حَيْثُ	(상황; 경우; 장소)	when; in which; where
5809	سَ	(미래사, 동사 연결) 할 것이다	will (future marker)
5810	سَوْفَ	(미래사, 동사 앞에) 할 것이다	will (future marker)
5811	عَلَى	~위에	on, over; above, up
5812	عَنْ	~에 대하여	about, away from, out of
5813	فَ	그래서; 그리고	therefore; then

불변사

번호	아랍어	한국어	영어
5814	فَقَطْ	단지, 오직	only
5815	فِي	…에, 에서	in
5816	قَدْ	(완료형 앞에) 이미	has have
5817	قَدْ	(미완료형 앞에) 아마	may/might
5818	كَمْ	얼마나	how many/much
5819	لَا	아니오	no
5820	لَعَلَّ	아마도	perhaps, maybe
5821	لَكِنَّ	그러나, 하지만	but
5822	مَا	무엇	what
5823	مَا	아니다(부정사) (완료형 앞)	not
5824	مَعَ	~와 함께, ~을 가진	with
5825	مَنْ	누구	who
5826	وَ	그리고	and

인사말 및 관용표현

التَّحيَّة وتعبيرات أخرى

번호	아랍어	한국어	영어
5827	اَلسَّلَامُ عَلَيْكُمْ	안녕하세요 (이슬람식 인사: 당신들에게 평화가 함께 하기를)	hello!
5828	اَلسَّيِّدَات وَالسَّادَة	신사숙녀 여러분	Ladies and Gentlemen
5829	إِلَى اللِّقَاء	또 만나요	see you again
5830	أَهْلًا بِك!	환영합니다!	welcome to you!
5831	أَهْلًا وَسَهْلًا!	환영합니다!	welcome!
5832	بِاتِّجَاهِ ~	~방향으로	in the direction of
5833	بِاسْتِمْرَارٍ	계속해서	with continuation
5834	بِالْإِضَافَة إِلَى ~	게다가	in additon to
5835	بِالتَّفْصِيل	자세하게	in detail
5836	بِالتَّوْفِيق	성공을 기원합니다	Good luck!
5837	بِالرَّغْمِ مِنْ ~	~에도 불구하고	in spite of
5838	بِالضَّبْط	정확하게	exactly
5839	بِالطَّبْع	물론	of course
5840	بِالْعَكْس	반대로	contrarily

번호	아랍어	한국어	영어
5841	بِالنِّسْبَةِ إِلَى ~	~와 관련하여	with regard to
5842	بِامْتِيَازِ ~	~와 구분하여	with distinction
5843	بِحَاجَةٍ إِلَى ~	~이 필요한	(in) need
5844	بِحَدٍّ أَدْنَى	최소한	minimum
5845	بِحَدٍّ أَقْصَى	최대한	maximum
5846	بِحَسَبِ	~에 따르면	according to
5847	بِخِلَافِ ذَلِكَ	그것과는 달리	unlike that
5848	بِخَيْرٍ	잘(지내)	fine
5849	بَدَلاً مِنْ ~	~대신에	instead of
5850	بِدُونِ ~	~없이	without
5851	بِذَلِكَ	그로써, 이로써	so
5852	بِرِئَاسَةِ ~	~지도 아래에	under leadership
5853	بِسَبَبِ ~	~때문에	because of
5854	بِسَدَادٍ	정확히, 적절하게	appropriately
5855	بِسُرْعَةٍ	서둘러, 신속히	with speed, quickly
5856	بِسُهُولَةٍ	쉽게	easily
5857	بِشَأْنِ ~	~에 관하여	about
5858	بِشَكْلٍ خَاصٍّ	특히	in particular, especially
5859	بِشَكْلٍ عَامٍّ	일반적으로, 널리	generally
5860	بِطَلَاقَةٍ	유창하게	fluently
5861	بَعْدَ ذَلِكَ	그 후에	after that

번호	아랍어	한국어	영어
5862	بِعُنْوانِ ~	~라고 제목 붙여진	entitled
5863	بِغَرَضِ ~	~위해, 목적으로	with intent to
5864	بِغَيْرِ ~	~없이	without
5865	بِفَحْوَى أَنَّ ~	그것이 의미하는 바는 …이다	it means that
5866	بِفَضْلِ ~	~덕분에	thanks to
5867	بِقَدْرِ الْإِمْكَان	가능한한 많이	as much as possible
5868	بِقَصْدِ ~	~할 목적으로	for the purpose of
5869	بِقِيَادَةِ ~	~지도 하에	under leadership
5870	بِكامِلِه	완전히, 온전히	(in its) entirety
5871	بِكُلِّ سُرُورٍ	기꺼이	with pleasure!
5872	بِلَمْح الْبَصَر	눈 깜빡할 사이에, 순식간에	in a twinkle
5873	بِمَا فِي ذَلِكَ	그 중에는	including
5874	بِمَعْنَى أَنَّ ~	~의 의미로	with meanging of
5875	بِهَدَفِ ~	~의 목적으로	with the objective of
5876	بِوُسْعِ ه أَنْ ~	...가 ~하는 것이 가능하다	~ are able to ….
5877	بِيَدِ ~	~에 의해	by
5878	بَيْنَ حِينٍ وَحِينٍ	가끔, 때때로	from time to time
5879	بَيْنَ فَتْرَة وَأُخْرَى	가끔, 때때로	from time to time
5880	بَيْنَمَا ~	(문장)~하는 동안에	while
5881	تَبَعًا لِ ~	~에 따르면	according to

인사말

번호	아랍어	한국어	영어
5882	تَحْتَ نَظَرِ ~	~을 고려하여	under consideration
5883	تَحَمَّلَ مَسْؤُولِيَّةً	책임지다	to take responsibility
5884	تَخْلِيْداً لِذِكْرَى ~	~을 기리며	in commemoration of
5885	تُصْبِحُ عَلَى خَيْرٍ	안녕히 주무세요	good night
5886	تَعَالَ م. تَعَالَيْ	이리오세요	come on
5887	تَعَالَ مَعِي	날 따라오세요	come with me
5888	تَفَضَّلْ	(권유)하세요, 드세요, 앉으세요	please, if you please (take)
5889	تَفَضَّلِي	(권유)하세요, 드세요, 앉으세요 (تَفَضَّلْ의 여성형)	please, if you please (take)
5890	تَقْدِيرًا لِـ ~	~을 인정하여	in recognition of
5891	تَقْرِيبًا	거의, 약	almost
5892	تَمَّ تَنْفِيذُ ~	~이 실행되다	be done
5893	تَمَّ حَفْلُ ~	~파티가 열리다	party take place
5894	تَمَالَكَ نَفْسَهُ	자신을 억제하다, 자제하다	control one's self
5895	تَمَامًا	정확하게	exactly
5896	تَنْفِيذًا لِـ ~	~을 실행하기 위해	implementation for
5897	جَارِي الْاِتِّصَال	연락 중	contacting
5898	جَدِيدًا	새롭게, 새로	newly, modern
5899	جَذْعًا	다시, 재차	once again
5900	جَلِيًّا	뚜렷하게, 명백하게	obviously, evidently

번호	아랍어	한국어	영어
5901	جَمِيعًا	다 함께, 동시에	all together
5902	جَنُوبًا	남쪽으로	to the south
5903	جَهْرًا	공개적으로, 노골적으로	publicly
5904	جَيِّدًا	잘	well
5905	حَالًا	당장	immediately
5906	حَالِيًّا	현재의, 최근의, 한창	currently
5907	حَتْمًا	분명히, 틀림없이	definitely
5908	حَتَّى لَوْ ~	설령 ~한다고 할지라도	even if
5909	حَثِيثًا	민첩하게	rapidly, quickly
5910	حُدُوثُ شَغَبٍ	폭동 발생	outbreak of rioting
5911	حِرْصًا عَلَى ~	~를 원해서, ~하기 위해서	so as to do something
5912	حَسَبَ ~	~에 따라, ~에 따르면	according to
5913	حَسَنًا	좋다! 훌륭하다!	good
5914	حَصْرِيًّا	독점적으로	exclusively
5915	حَظٌّ سَعِيدٌ	행운을 빕니다	Good luck!
5916	حِفَاظًا عَلَى ~	~을 보호하기 위해	to protect
5917	حَقًّا	정말로, 실로	trully
5918	حِينَمَا ~	(문장)~때에	when, while
5919	حِينَئِذٍ	그 때에	at that tine
5920	خَارِجَ ~	~바깥의	outside

인사말

번호	아랍어	한국어	영어
5921	خَارِجَ الْبَيْتِ	문 밖의	outdoors
5922	خَاصَّةً	특히	especially
5923	خُصُوصًا	특히	in particular, especially
5924	خَلَاص!	끝났어, 됐어	done, finished, enough
5925	خَلِّي بَالَك!	조심해	be careful!
5926	خَوفًا مِنْ ~	~이 두려워서	fear of
5927	دَائِمًا	항상	always
5928	دُونَ شَكّ	의심 없이	undoubtedly
5929	دُونَ وَعْي	무의식적으로	unconsciously
5930	رُبَّمَا	아마도	perhaps
5931	رِحْلَة سَعِيدَة	즐거운 여행되세요	have a nice trip
5932	رَدًّا عَلَى ~	~에 응하여, ~에 답하여	in response to
5933	رَغْبَةً فِي ~	~하고 싶어서	desire on
5934	رَغْمَ (أَنَّ) ~	~에도 불구하고	in spite of
5935	رَغْمَ أَنَّ ... إِلَّا ~	...에도 불구하고 ~이다	in spite of ... is ~
5936	سَوَاءً ... أَمْ ~	...든지 ~든지	whether A or B
5937	شَخْصِيًّا	개인적으로	personally
5938	شُكْرًا جَزِيلًا	매우 감사합니다	thank you very much
5939	شُوَيَّة شُوَيَّة	조금씩 점점	bit by bit, slowly

번호	아랍어	한국어	영어
5940	شَيْء آخَرُ	다른 것	something else
5941	صَبَاحَ الْخَيْر	안녕하세요? (아침 인사)	good morning
5942	صَبَاحَ النُّور	안녕하세요? (아침 인사에 대한 대답)	good morning
5943	صَبَاحًا	아침에	in the morning
5944	طَبْعًا	물론	of course, naturally
5945	طَبْقًا لِـ ~	~에 따라, ~에 따른	according to
5946	عَفْوًا	실례합니다!	excuse me! I beg your pardon!
5947	عَلَنًا	공개적으로, 공공연하게	in public
5948	عَلَى أَثَرِ ~	~로 인해, ~한 결과로; ~한 이후	due to, as a result; After
5949	عَلَى أَثَرِ ذَلِكَ	그 결과; 그 직후	as a result; shortly thereafter
5950	عَلَى أَسَاسِ ~	~에 근거하여	on the basis of
5951	عَلَى الْأَبْوابِ	임박한	imminent, near
5952	عَلَى الْأَخَصِّ	특히	in particular, especially
5953	عَلَى الْأَقَلِّ	최소한, 적어도	at least
5954	عَلَى الْأَكْثَرِ	최대로	at the most
5955	عَلَى التَّوَالِي	연이어, 계속해서	continuously
5956	عَلَى الرَّغْمِ مِنْ ~	불구하고	in spite of
5957	عَلَى الْعَكْسِ مِنْ ~	~와 대조하여, ~와 반대로	at contrast, as opposed to

번호	아랍어	한국어	영어
5958	عَلَى الْمَدَى الْبَعِيدِ	장기적으로	in the long term
5959	عَلَى المَدَى الْقَرِيبِ	단기적으로	in the short term
5960	عَلَى الْيَسَارِ	왼쪽에	on the left
5961	عَلَى الْيَمِينِ	오른쪽에	on the right
5962	عَلَى حَالِهِ	손상되지 않은, 온전한	intact
5963	عَلَى حَدٍّ سَوَاءٍ	동일하게, 균등하게	equally
5964	عَلَى حَسَبِ ~	~에 따라, 따르면	according to
5965	عَلَى ذَلِكَ	이렇게, 그렇게, 따라서	so, therefore,
5966	عَلَى رَأْيٍ وَاحِدٍ	한 의견의, 일치하여, 동의하여	of opinion, to match, to accept
5967	عَلَى صَعِيدٍ آخَرَ	다른 한편	on the other hand
5968	عَلَى عَجَلَةٍ	서둘러서	hurriedly
5969	عَلَى غِرَارِ ~	~같은, 비슷한	like
5970	عَلَى كُلِّ حَالٍ	어쨌든, 여하튼	in any case
5971	عَلَى وَجْهِ التَّحْدِيدِ	정확하게	exactly
5972	عَلَيْهِ أَنْ ~	반드시 ~해야한다	it is necessary
5973	عَنْ قَرِيْبٍ	곧, 머지않아	soon
5974	عَنْ كَثَبِ ~	~와 가까이	at a short-distance
5975	عِنْدَئِذٍ	그 때에	at that time
5976	عِنْدَمَا ~	(문장)~한 때	when (non-interrogative)

번호	아랍어	한국어	영어
5977	عِوَضًا عَنْ ~	~의 대신에; ~와 교환으로	in place of
5978	فَوْقَ ذَلِكَ	더구나, 게다가	in addition to
5979	فَوْقَ كُلِّ شَيْءٍ	무엇보다도 (중요한 것은)	above all
5980	فِي إِطَارِ ~	~의 일환으로, ~의 틀에서	in the context of
5981	فِي أَعْقَابِ ~	~에 뒤이어; 여파로	in the wake of
5982	فِي الْحَقِيقَةِ	실제로, 사실은	actually
5983	فِي الصَّبَاحِ	아침에	in the morning
5984	فِي الْقَرِيبِ الْعَاجِلِ	곧, 머지않아	soon
5985	فِي الْمَسَاءِ	저녁에	in the evening
5986	فِي الْمُسْتَقْبَلِ	미래에	in the future
5987	فِي الْوَقْتِ نَفْسِهِ	동시에	at the same time
5988	فِي الْيَوْمِ التَّالِي	이튿날	on the following day
5989	فِي رَأْيِي ~	~의 의견으로는	in one's opinion
5990	فِي طَرِيقِ ~	~하는 도중에	on one's way
5991	فِي غُضُونِ ~	~동안에	meanwhile
5992	فِي كُلِّ أَنْحَاءِ الْعَالَمِ	세계 곳곳에서	all over the world
5993	فِي نَظَرِ ~	~의 시각으로	in one's view of
5994	فِي نَفْسِ الْوَقْتِ	동시에	at the same time
5995	فِي هَذِهِ الْأَثْنَاءِ	그 동안에	meanwhile
5996	فِيمَا ~	(문장)~하는 동안에	while

번호	아랍어	한국어	영어
5997	فِيمَا بَعْدُ	그 뒤에, 나중에	subsequently, hereafter
5998	فِيمَا عَدَا ~	~을 제외하고	excluding
5999	فِيمَا يَتَعَلَّق بِـ ~	~와 관련하여	as regards
6000	قَادِمًا مِنْ ~	~로 부터 오는	coming from
6001	قَرِيبًا	곧, 머지않아	soon
6002	قَلَّمَا	드물게	rarely
6003	قَلِيلًا	약간	a little
6004	كَالْعَادَةِ	보통처럼	as usual
6005	كَأَنَّ ~	마치~인 것처럼	as if
6006	كَذَلِكَ	그렇게, 그처럼; 또한, 역시	likewise; also
6007	كُلّ مَا ~	~하는 모든 것	all that
6008	كَمَا ~	또한; ~처럼	also; as
6009	كَهَذَا	이와 같이	like this
6010	كَيْ ~	~하기 위해서	in order to
6011	لَا هـ وَلَا ها	...도 아니고 ~도 아니다	neither A nor B
6012	لَا بَأْسَ	신경쓰지 마세요	never mind
6013	لَا بُدَّ أَنْ ~	반드시 ~해야한다	it is necessary
6014	لَا تَقِلُّ عَنْ ~	~보다 적지 않다 (~이상이다)	not less than
6015	لَا دَاعِيَ لِـ ~	~할 필요는 없다	it is not necessary
6016	لَا شَيْءَ	아무 것도 아니다	nothing

번호	아랍어	한국어	영어
6017	لَا مُشْكِلَةَ	문제없다	no problem!
6018	لَا يُحْصِى	무수한, 헤아릴 수 없는	innumerable
6019	لَا يَزَالُ	여전히 ~하다	continues, still
6020	لَاحِقًا	나중에, 그 뒤에	afterwards, later on
6021	لِأَنَّ	왜냐하면	because
6022	لِذَلِكَ	그래서, 그러므로	so, thus
6023	لِكَيْ	~하기 위해서	in order to
6024	لِلْغَايَةِ	매우, 아주, 정말	very
6025	لِمَاذَا	왜?	why?
6026	لَوْ ... لَ ~	만약 …이라면 ~일 텐데	if (hypothetical)
6027	لَوْ سَمَحْتَ	실례합니다 (당신이 허락한다면)	Excuse me, if you please (to call attention)
6028	لَوْ كُنْتُ مَكَانُكَ	내가 너였다면	if I were you
6029	لَيْتَ	~였으면 좋겠다	if only
6030	لَيْسَ ... فَقَطْ، بَلْ ~ أَيْضًا	… 뿐만 아니라 ~ 또한 그러하다	not only A but also B
6031	مَا زَالَ	여전히 ~하다	still
6032	مَا شَاءَ اللَّه	훌륭하구나!(알라가 원하는 바이다)	great! (as Allah wills)
6033	مَا عَدَا ~	~을 제외하고, ~이외에	except (with accusative)
6034	مَبْرُوك	축복받은; 축하해요	blessed; congratulations

인사말

번호	아랍어	한국어	영어
6035	مَثَلًا	예를들면	for example
6036	مَرَّةً أُخْرَى	다시	again
6037	مَرَّةً ثَانِيَةً	다시	again
6038	مَرْحَبًا	안녕!	hello, hi
6039	مَسَاءَ الْخَيْرِ	안녕하세요? (저녁 인사)	good evening
6040	مَسَاءَ النُّور	안녕하세요? (저녁 인사에 대한 대답)	good evening (responsive)
6041	مُسْتَعِدٌّ لِـ ~	~에 준비가 된	prepared
6042	مَعَ الْأَسَفِ	불행하게도	unfortunately
6043	مَعَ السَّلَامَة	안녕히 가세요	goodbye (peace be with you)
6044	مَعَ أَنَّ ~	~임에도 불구하고	even though
6045	مَعَ أَنَّ ... إِلَّا أَنَّ ~	~함에도 불구하고.. 하다	though
6046	مَعَ ذَلِكَ	그러나, 아직도	however, yet
6047	مَعَ مَرْتِبَةِ الشَّرَف	영광, 존경과 함께	with honor
6048	مِمَّا أَدَّى إِلَى ~	그로 인해 ~이 초래되었다	directed by ~ to ~, lead by ~ to ~
6049	مِنْ ... حَتَّى ~	...부터 ~까지	from A untill B
6050	مِنْ أَجْلِ ~	~을 위해	for
6051	مِنَ الْأَبِ إِلَى الِابْنِ	자자손손 대대로	from generation to generation
6052	مِنَ الْآنَ فَصَاعِدًا	이제부터	from now on
6053	مِنَ الْجَانِبَيْنِ	쌍방의	bilateral

번호	아랍어	한국어	영어
6054	مِنَ الْجَيِّدِ أَنْ ~	~하는 것이 좋다	it is good
6055	مِنَ الرَّأْسِ إِلَى أَخْمَصِ الْقَدَمِ	머리부터 발끝까지	from head to toe
6056	مِنَ السَّهْلِ أَنْ ~	~하는 것이 쉽다	it is easy to
6057	مِنَ الصَّعْبِ أَنْ ~	~하는 것이 어렵다	it is hard to
6058	مِنَ الضَّرُورِيِّ أَنْ ~	~하는 것이 필요하다	it is need to
6059	مِنَ اللَّازِمِ أَنْ ~	~하는 것이 필요하다, 반드시 ~해야 한다	it is need to, pressured to
6060	مِنَ الْمُتَّفَقِ عَلَيْهِ أَنْ ~	~은 일치 되는 바이다, ~은 일치된다	it is agreed that
6061	مِنَ الْمُتَوَقَّعِ أَنْ ~	~하는 것이 기대된다	it is expected that
6062	مِنَ الْمُجْزِي أَنْ ~	~하는 것이 이익이 있다	it is profitable for
6063	مِنَ الْمُحْتَمَلِ أَنْ ~	~하는 것이 가능하다	it is possible that
6064	مِنَ الْمُسْتَبْعَدِ أَنْ ~	가능성이 희박하다, ~할 것 같지 않다	it is unlikely that
6065	مِنَ الْمُسْتَحِيلِ أَنْ ~	~하는 것이 불가능하다	it is impossible that
6066	مِنَ الْمَعْرُوفِ أَنْ ~	~이 알려졌다, ~으로 알고 있다	it is known that
6067	مِنَ الْمَفْرُوضِ أَنْ ~	~하기로 되어 있다	it is supposed to
6068	مِنَ الْمُفِيدِ أَنْ ~	~하는 것이 유익하다	it is useful to
6069	مِنَ الْمُقَرَّرِ أَنْ ~	~하는 것이 결정되었다	it is determined that
6070	مِنَ الْمُمْكِنِ أَنْ ~	~하는 것이 가능하다	it is possible that
6071	مِنَ الْمُنْتَظَرِ أَنْ ~	~하는 것이 예상된다, 기대된다	it is expected that

인사말

번호	아랍어	한국어	영어
6072	مِنَ الْمُهِمِّ أَنْ ~	~하는 것은 중요하다	it is important that
6073	مِنَ النَّادِرِ أَنْ ~	~하는 것이 드물다	it is unusual for
6074	مِنَ الْوَاضِحِ أَنْ ~	~은 분명하다	it is obvious
6075	مِنْ جَانِبٍ آخَرَ	다른 한편으로는	on the other hand
6076	مِنْ جَانِبٍ وَاحِدٍ	일방적으로	unilaterally
6077	مِنْ جَانِبِهِ	한편	meanwhile
6078	مِنْ جِهَةٍ	한편으로	on the one hand
6079	مِنْ فَضْلِكَ	(정중하게 무엇을 부탁할 때 덧붙이는 말)	please
6080	مِنْ قَبْلَ	전에	before
6081	مِنْ قِبَلِ ~	~를 통해서	throughout, by
6082	مَنْذُ الْآنَ	지금부터	from now on
6083	مُنْذُ زَمَان	오래전부터	from a long time ago
6084	مُنْذُ سَنَة	일 년 전부터	from a year ago
6085	مُنْذُ يَوْمَيْن	이틀 전부터	from two days ago
6086	مُوَفَّق	성공을 기원합니다	good luck!
6087	مُوَقَّتًا	일시적으로	temporarily
6088	نَادِرًا	드물게	rarely
6089	نَتِيجَةً لِـ ~	~의 결과로	result of
6090	نَظَرًا لِـ ~	~때문에, ~을 고려해서	with consideration for~, allow for~
6091	نَعَمْ	네	yes

번호	아랍어	한국어	영어
6092	نَفْسُكَ	너 자신, 너 스스로	yourself
6093	هَلُمَّ جَرًّا	기타 등등	and so on
6094	هَيَّا	갑시다	lets go, come on!
6095	وَاللهِ	정말로	really
6096	وَإِنْ ~	비록 ~일지라도	even though
6097	وَدَاعًا	잘 가거라, 잘 있거라	good bye, farewell
6098	وَسْطَ ~	~가운데에	middle
6099	وَعَلَيْكُمُ السَّلَام	안녕하세요 (대답, 이슬람식 인사: 당신들에게도 평화가 함께 하기를)	hello
6100	وَغَيْرُ ذَلِك	기타 등등	and so on
6101	وَفْقًا لِ ~	~에 따르면, ~에 의하면	according to
6102	وَمَا إِلَيْهِ	기타 등등	etcetera
6103	يَا سَلَامُ	어머나!	wow!
6104	يَا لِلْمُفَاجَأَةِ	놀래라!	what a surprise!
6105	يَجِبُ أَنْ ~	반드시 ~해야한다	it is necessary
6106	يُمْكِنُ أَنْ ~	~이 가능하다	possible to
6107	يَوْمًا مَا	언젠가	someday

인사말

POWER ARABIC
주제별 소사전

PART 3

부록

الفصل الثّالث: ملحق

• 5대양 6대주

유럽
Europe
أُورُوبَّا

북아메리카
North America
أَمْرِيكَا الشَّمَالِيَّة

남아메리카
South America
أَمْرِيكَا الْجَنُوبِيَّة

المحيطات الخمسة والقارّات السّتّ

아프리카
Africa
أَفْرِيقِيَا

아시아
Asia
آسِيَا

오세아니아
Oceania
أُوقِيَانُوسِيَا

• 중동국가명 및 수도, 국기

아랍어	한국어
اَلْجُمْهُورِيَّة الْجَزَائِرِيَّة الدِّيمُقْرَاطِيَّة الشَّعْبِيَّة	알제리
مَمْلَكَة الْبَحْرَيْن	바레인
اَلاِتِّحَاد الْقَمَرِيّ	코모로
جُمْهُورِيَّة جِيبُوتِي	지부티
جُمْهُورِيَّة مِصْر الْعَرَبِيَّة	이집트
جُمْهُورِيَّة الْعِرَاق	이라크
اَلْمَمْلَكَة الأُرْدُنِّيَّة الْهَاشِمِيَّة	요르단
دَوْلَة الْكُوَيْت	쿠웨이트
اَلْجُمْهُورِيَّة اللُّبْنَانِيَّة	레바논
لِيبِيَا	리비아
اَلْجُمْهُورِيَّة الإِسْلَامِيَّة الْمُورِيتَانِيَّة	모리타니아
اَلْمَمْلَكَة الْمَغْرِبِيَّة	모로코
سَلْطَنَة عُمَان	오만
اَلسُّلْطَة الْوَطَنِيَّة الْفِلَسْطِينِيَّة	팔레스타인
دَوْلَة قَطَر	카타르
اَلْمَمْلَكَة الْعَرَبِيَّة السُّعُودِيَّة	사우디아라비아
جُمْهُورِيَّة الصُّومَال الْفِدِرَالِيَّة	소말리아
جُمْهُورِيَّة السُّودَان	수단
اَلْجُمْهُورِيَّة الْعَرَبِيَّة السُّورِيَّة	시리아
اَلْجُمْهُورِيَّة التُّونِسِيَّة	튀니지
اَلإِمَارَات الْعَرَبِيَّة الْمُتَّحِدَة	아랍에미리트
اَلْجُمْهُورِيَّة الْيَمَنِيَّة	예멘
اَلْجُمْهُورِيَّة الإِسْلَامِيَّة الإِيرَانِيَّة	이란
جُمْهُورِيَّة تُرْكِيَا	터키
دَوْلَة إِسْرَائِيل	이스라엘

أسماء الدّول في الشّرق الأوسط وعواصمها وأعلامها

아랍어

اَلْجُمْهُورِيَّة الْجَزَائِرِيَّة الدِّيمُقْرَاطِيَّة الشَّعْبِيَّة

اَلْجَزَائِر

اَلْجَزَائِر

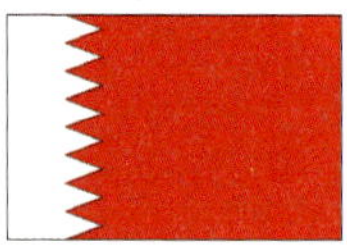

مَمْلَكَة الْبَحْرَيْن

اَلْبَحْرَيْن

اَلْمَنَامَة

اَلاِتِّحَاد الْقَمَرِيّ

جُزُر الْقَمَر

مُورُونِي

جُمْهُورِيَّة جِيبُوتِي

جِيبُوتِي

جِيبُوتِي

جُمْهُورِيَّة مِصْر الْعَرَبِيَّة

مِصْرُ

اَلْقَاهِرَة

한국어	영어
알제리 인민 민주주의 공화국	People's Democratic Republic of Algeria
알제리	Algeria
알제	Alger
바레인왕국	Kingdom of Bahrain
바레인	Bahrain
마나마	Manama
코모로 연합	Union of the Comoros
코모로	Comoros
모로니	Moroni
지부티 공화국	Republic of Djibouti
지부티	Djibouti
지부티	Djibouti
이집트 아랍 공화국	Arab Republic of Egypt
이집트	Egypt
카이로	Cairo

아랍어

جُمْهُورِيَّة الْعِرَاق

اَلْعِرَاق

بَغْدَادُ

اَلْمَمْلَكَة الْأُرْدُنِّيَّة الْهَاشِمِيَّة

اَلْأُرْدُنّ

عَمَّانُ

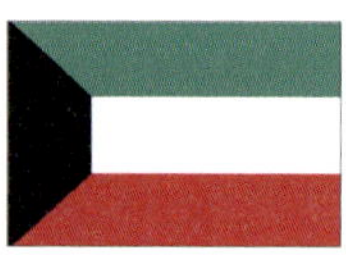

دَوْلَة الْكُوَيْت

اَلْكُوَيْت

اَلْكُوَيْت

اَلْجُمْهُورِيَّة اللُّبْنَانِيَّة

لُبْنَانُ

بَيْرُوتُ

لِيبِيَا

طَرَابُلُس

한국어	영어
이라크 공화국	Republic of Iraq
이라크	Iraq
바그다드	Baghdad
요르단 하쉬마이트 왕국	The Hashemite Kingdom of Jordan
요르단	Jordan
암만	Amman
쿠웨이트국	State of Kuwait
쿠웨이트	Kuwait
쿠웨이트 시티	Kuwait
레바논 공화국	Lebanese Republic
레바논	Lebanon
베이루트	Beirut
리비아	Libya
트리폴리	Tripoli

아랍어

اَلْجُمْهُورِيَّة الْإِسْلَامِيَّة الْمُورِيتَانِيَّة

مُورِيتَانِيَا

نَوَاكْشُوطُ

اَلْمَمْلَكَة الْمَغْرِبِيَّة

اَلْمَغْرِب

اَلرِّبَاط

سَلْطَنَة عُمَانَ

عُمَانُ

مَسْقَطُ

اَلسُّلْطَة الْوَطَنِيَّة الْفِلَسْطِينِيَّة

فِلَسْطِينُ

رَام الله

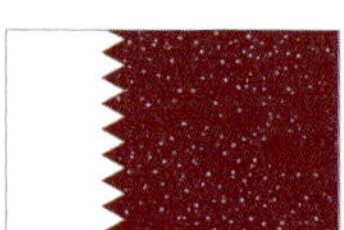

دَوْلَة قَطَرَ

قَطَرُ

اَلدَّوْحَة

한국어	영어
모리타니아 이슬람 공화국	Islamic Republic of Mauritania
모리타니아	Mauritania
누악쇼트	Nouakchott
모로코 왕국	Kingdom of Morocco
모로코	Morocco
라바트	Rabat
오만 술탄국	Sultanate of Oman
오만	Oman
무스카트	Muscat
팔레스타인 자치정부	Palestinian National Authority
팔레스타인	Palestine
라말라	Ramallah
카타르국	State of Qatar
카타르	Qatar
도하	Doha

아랍어

اَلْمَمْلَكَة الْعَرَبِيَّة السَّعُودِيَّة

اَلسَّعُودِيَّة

اَلرِّيَاض

جُمْهُورِيَّة الصُّومَال الْفِدِرَالِيَّة

اَلصُّومَال

مَقْدِشُو

جُمْهُورِيَّة السُّودَان

اَلسُّودَان

اَلْخَرْطُوم

اَلْجُمْهُورِيَّة الْعَرَبِيَّة السُّورِيَّة

سُورِيَا

دِمَشْقُ

اَلْجُمْهُورِيَّة التُّونِسِيَّة

تُونِس

تُونِس

한국어	영어
사우디아라비아	Kingdom of Saudi Arabia
사우디아라비아	Saudi Arabia
리야드	Riyadh
소말리아 연방 공화국	Federal Republic of Somalia
소말리아	Somalia
모가디슈	Mogadishu
수단 공화국	Republic of the Sudan
수단	Sudan
카르툼	Khartoum
시리아 아랍 공화국	Syrian Arab Republic
시리아	Syria
다마스커스	Damascus
튀니지 공화국	Republic of Tunisia
튀니지	Tunisia
튀니스	Tunis

아랍어

اَلْإِمَارَات الْعَرَبِيَّة الْمُتَّحِدَة

اَلْإِمَارَات

أَبُوظَبِي

اَلْجُمْهُورِيَّة الْيَمَنِيَّة

اَلْيَمَن

صَنْعَاءُ

اَلْجُمْهُورِيَّة الْإِسْلَامِيَّة الْإِيرَانِيَّة

إِيْرَانُ

طَهْرَانُ

جُمْهُورِيَّة تُرْكِيَا

تُرْكِيَا

أَنْقَرَة

دَوْلَة إِسْرَائِيلَ

إِسْرَائِيلُ

اَلْقُدْس

한국어	영어
아랍에미리트	United Arab Emirates
아랍에미리트	Arab Emirates
아부다비	Abu Dhabi
예멘 공화국	Republic of Yemen
예멘	Yemen
사나	Sanaa
이란 이슬람 공화국	Islamic Republic of Iran
이란	Iran
테헤란	Tehran
터키 공화국	Republic of Turkey
터키	Turkey
앙카라	Ankara
이스라엘국	State of Israel
이스라엘	Israel
예루살렘	Jerusalem

• 아랍화폐

	화폐단위 (아랍어)
	جُنَيْه مِصْرِيّ
	دِينَار عِرَاقِيّ
	لِيرَة سُورِيَّة
	لِيرَة لُبْنَانِيَّة
	دِينَار أُرْدُنِّيّ
	رِيَال سُعُودِيّ
	رِيَال يَمَنِيّ
	دِينَار لِيبِيّ
	جُنَيْه سُودَانِيّ
	دِرْهَم مَغْرِبِيّ

النَّقود العربيّة

화폐단위(한국어)	사용국가	화폐단위 약어(아랍어)	화폐단위 약어(영어)
파운드	이집트	ج.م	EGP
디나르	이라크	د.ع	IQD
리라	시리아	ل.س	SYP
리라	레바논	ل.ل	LBP
디나르	요르단	د.ا	JOD
리얄	사우디아라비아	ر.س	SAR
리얄	예멘	ر.ي	YER
디나르	리비아	د.ل	LYD
파운드	수단	ج.س	SDG
디르함	모로코	د.م	MAD

화폐단위 (아랍어)

	دِينَار تُونِسِيّ
	دِينَار كُوَيْتِيّ
	دِينَار جَزَائِرِيّ
	أُوقِيَة مُورِيتَانِيَّة
	دِينَار بَحْرَيْنِيّ
	رِيَال قَطَرِيّ
	دِرْهَم إِمَارَاتِيّ
	رِيَال عُمَانِيّ
	شِلِن صُومَالِيّ
	فُرَنْك جِيبُوتِيّ
	فُرَنْك قَمَرِيّ

화폐단위(한국어)	사용국가	화폐단위 약어(아랍어)	화폐단위 약어(영어)
디나르	튀니지	د.ت	TND
디나르	쿠웨이트	د.ك	KWD
디나르	알제리	د.ج	DZD
우기야	모리타니	أ.م	MRO
디나르	바레인	د.ب	BHD
리얄	카타르	ر.ق	QAR
디르함	아랍에미리트	د.إ	AED
리얄	오만	ر.ع	OMR
실링	소말리아	ش.ص	SOS
프랑	지부티	ف.ج	FDJ
프랑	코모로	ف.ق	KMF

• 아랍음식

	아랍어
	كُسْكُس، كُسْكُسِي
	طَاجِن، طَاجِين
	مَحْشِيّ
	تَبُّولَة
	حِمَّص
	كُشَرِيّ
	فَلاَفِل

한국어	영어
쿠스쿠스 좁쌀 모양의 파스타에 고기, 각종 채소를 넣어 찐 요리 (모로코, 알제리, 튀니지)	Cous Cous
타진 고기류와 채소를 '타진'이라는 도자기 그릇에 넣어서 쪄낸 스튜 요리 (모로코, 알제리, 튀니지)	Tagine
마흐쉬 쌀과 으깬 토마토, 향신료 등을 버무려 포도나무잎에 싸거나 가지, 애호박, 피망 등의 야채 속을 파내어 그 속을 채워 넣는 찜 요리 (이집트, 요르단)	Mahshi
탑불라 파슬리, 양파, 민트, 레몬, 향신료 등을 섞은 샐러드 (레바논)	Tabbulah
훔무스 병아리 콩을 으깨어 만든 음식. 빵에 발라 먹거나 야채에 찍어 먹는 요리	Hummus
쿠샤리 쌀과 파스타, 렌조콩, 볶은 양파에 매운 토마토 소스를 섞어 만든 요리 (이집트)	Koushari
팔라펠 병아리콩과 마늘, 양파, 파슬리, 고수잎 등을 함께 갈아 만든 반죽을 튀긴 요리 (이집트, 요르단)	Falafel

아랍어

مَنْسَف

كَبَاب

بَقْلَاوَة

كُبَّة

طَحِينَة

فُول مُدَمَّس

بِرِيَانِي

한국어	영어
만사프 밥과 양고기 또는 염소고기 위에 요구르트를 끼얹어 쉬라키 빵으로 덮어서 만든 요리 (요르단, 사우디아라비아)	Mansaf
케밥 꼬챙이에 고기와 각종 야채를 끼워 오븐에 구운 요리	Kebap
바끌라와 견과류가 들어간 밀가루 반죽을 구워 꿀을 뿌려 만든 디저트 요리	Baklava
쿱바 통밀과 고기 등을 반죽해 튀긴 요리	Kubba
타히나 참깨를 갈아 만든 소스	Tahinah
풀-무담마스 콩에 갖은 양념을 더해 삶아낸 요리	Ful-mudammas
비리야니 쌀과 고기, 야채에 갖은 양념을 더해 쪄낸 요리	Biryani

• 신체

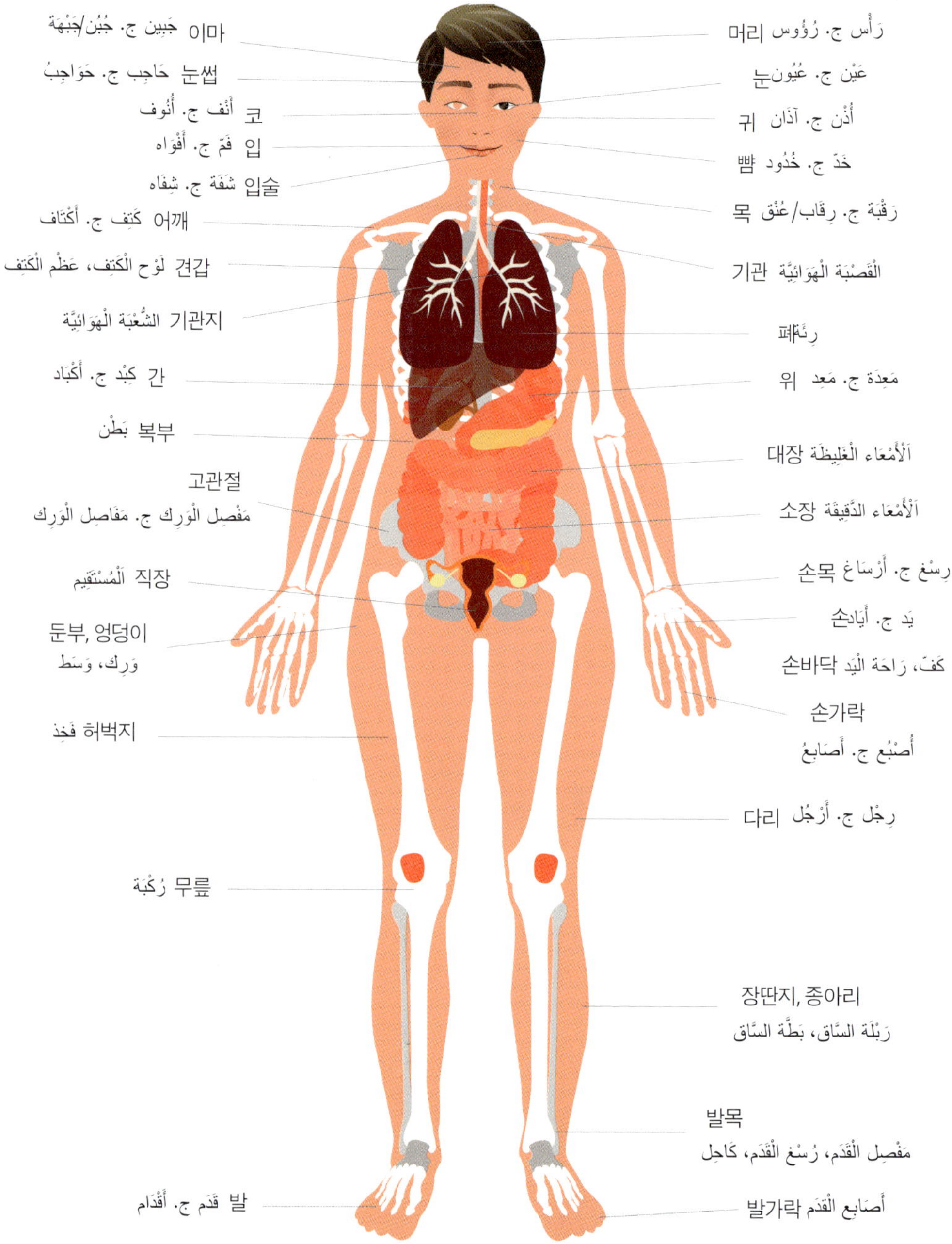

이마 جَبِين ج. جُبُن/جَبْهَة
눈썹 حَاجِب ج. حَوَاجِبُ
코 أَنْف ج. أُنُوف
입 فَمّ ج. أَفْوَاه
입술 شَفَة ج. شِفَاه
어깨 كَتِف ج. أَكْتَاف
견갑 لَوْح الْكَتِف، عَظْم الْكَتِف
기관지 الشُّعْبَة الْهَوَائِيَّة
간 كَبِد ج. أَكْبَاد
복부 بَطْن
고관절 مَفْصِل الْوَرِك ج. مَفَاصِل الْوَرِك
직장 اَلْمُسْتَقِيم
둔부, 엉덩이 وَرِك، وَسَط
허벅지 فَخِذ
무릎 رُكْبَة
발 قَدَم ج. أَقْدَام
머리 رَأْس ج. رُؤُوس
눈 عَيْن ج. عُيُون
귀 أُذُن ج. آذَان
뺨 خَدّ ج. خُدُود
목 رَقَبَة ج. رِقَاب/عُنُق
기관 الْقَصَبَة الْهَوَائِيَّة
폐 رِئَة
위 مَعِدَة ج. مَعِد
대장 اَلْأَمْعَاء الْغَلِيظَة
소장 اَلْأَمْعَاء الدَّقِيقَة
손목 رِسْغ ج. أَرْسَاغ
손 يَد ج. أَيَادٍ
손바닥 كَفّ، رَاحَة الْيَد
손가락 أُصْبُع ج. أَصَابِعُ
다리 رِجْل ج. أَرْجُل
장딴지, 종아리 رَبْلَة السَّاق، بَطَّة السَّاق
발목 مَفْصِل الْقَدَم، رُسْغ الْقَدَم، كَاحِل
발가락 أَصَابِع الْقَدَم

الجسم

아랍어	한국어	영어
جِلْد	피부	skin
عَصَب ج. أَعْصَاب	신경	nerve
عَظْم ج. عِظَام	뼈	bone
خَلِيَّة ج. خَلَايَا	세포	cell
رَأْس ج. رُؤُوس	머리	head
شَعْر	머리카락	hair
جُمْجُمَة ج. جَمَاجِم	두개골	skull
جَبِين ج. جُبُن	이마	forehead
جَبْهَة	이마	forehead
وَجْه ج. وُجُوه	얼굴	face
عَيْن ج. عُيُون	눈	eye
أُذْن ج. آذَان	귀	ear
أَنْف ج. أُنُوف	코	nose
فَمّ ج. أَفْوَاه	입	mouth
خَدّ ج. خُدُود	뺨	cheek
رَقْبَة ج. رِقَاب	목	neck

아랍어	한국어	영어
عُنْق	목	neck
حَنْجَرَة ج. حَنَاجِرُ	후두	larynx
حَلْق ج. حُلُوق	목구멍	throat
ذِقْن ج. ذُقُون	턱(입술 아래 턱부분)	chin
فَكّ ج. فُكُوك	턱(턱뼈)	jaw
شَفَة ج. شِفَاه	입술	lip
لِسَان ج. أَلْسِنَة	혀	tongue
سِنّ ج. أَسْنَان	치아	tooth
حَاجِب ج. حَوَاجِبُ	눈썹	eyebrow
هُدْب، رِمْش	속눈썹	eyelash
جَفْن الْعَيْن	눈꺼풀	eyelid
قُزَحِيَّة، حَدَقَة	홍채	iris
قَرْنِيَّة	각막	cornea
شَبَكِيَّة	망막	retina
مُلْتَحِمَة	결막	conjunctiva
عَدَسَة	수정체	lens
بُؤْبُؤ	동공, 눈동자	pupil
عَصَب بَصَرِيّ ج. أَعْصَاب بَصَرِيَّة	시신경	optic nerve

아랍어	한국어	영어
جِذْع، بَدَن	몸통	body, trunk
صَدْر	가슴	chest
ثَدْي، نَهْد	젖가슴	breast
حَلَمَة	유두	nipple
غُدَّة ثَدْيِيَّة ج. غُدَد ثَدْيِيَّة	유선	mammary glands
قَنَاة لَابِنَة ج. قَنَوَات لَابِنَة	유관	galactophore
زَوْر	흉곽	thorax
تَجْوِيف الْبَطْن، جَوْف الْبَطْن	복강	abdominal cavity
بَطْن	복부(배)	abdomen
سُرَّة	배꼽	navel
خَصْر	허리	waist
ظَهْر	등	back
قَضِيب	음경	penis
صَفَن، كِيس الْخُصْيَتَيْن	음낭	scrotum
فَرْج	음문	vulva
كَتِف ج. أَكْتَاف	어깨	shoulder
إِبْط	겨드랑이	ampit
لَوْح الْكَتِف، عَظْم الْكَتِف	견갑	the shoulder joint

아랍어	한국어	영어
ذِرَاع	위팔(상완)	arm
سَاعِد	아래팔(전완)	forearm
مِرْفَق، كُوع	팔꿈치	elbow
يَد ج. أَيَادٍ	손	hand
رِسْغ ج. أَرْسَاغ	손목	wrist
أُصْبُع ج. أَصَابِعُ	손가락	finger
ظُفْر ج. أَظَافِرُ	손톱	nail
إِبْهَام ج. أَبَاهِيمُ	엄지손가락, 대지	thumb
سَبَّابَة	둘째손가락, 식지	index finger
وُسْطَى ج. وُسَط	가운뎃손가락, 중지	middle finger
بِنْصِر ج. بَنَاصِرُ	약손가락, 약지	ring finger
خِنْصَر ج. خَنَاصِرُ	새끼손가락, 소지	little finger
قَبْضَة الْيَد	주먹	fist
كَفّ، رَاحَة الْيَد	손바닥	palm
رِجْل ج. أَرْجُل	다리	leg
وَرِك	엉덩이	butt
وَسَط	둔부, 엉덩이	butt
مَفْصِل الْوَرِك ج. مَفَاصِل الْوَرِك	고관절	a hip joint

아랍어	한국어	영어
رِدْف، كَفَل، عَجْز، أَلْيَة	궁둥이	buttock
أُرْبِيَّة	서혜부, 샅(사타구니)	the groin region
فَخِذ	허벅지(대퇴)	thigh
رُكْبَة	무릎	knee
رَبْلَة السَّاق، بَطَّة السَّاق	장딴지, 종아리	calf
سَمَانَة السَّاق	정강이	shin
قَدَم ج. أَقْدَام	발	foot
مَفْصِل الْقَدَم، رُسْغ الْقَدَم، كَاحِل	발목	ankle
مُؤَخَّر الْقَدَم، عَقِب، كَعْب	뒷꿈치	heel
إِبْهَام الْقَدَم	엄지발가락	big toe
أَصَابِع الْقَدَم	발가락	toe
ظُفْر ج. أَظَافِر	발톱	toenail
ظَهْر الْقَدَم	발등	top of the foot
سَطْح الْقَدَم	발바닥	sole
قَلْب ج. قُلُوب	심장	heart
وِعَاء دَمَوِيّ ج. أَوْعِيَّة دَمَوِيَّة	혈관	blood vessel
تَجْوِيف أَنْفِيّ، خُوْرَمَة	비강	nasal cavity
لَهَاة	후두개	epiglottis

아랍어	한국어	영어
بُلْعُوم	인두	pharynx
حَنْجَرَة	후두	larynx
وَتَر صَوْتِيّ	성대	vocal cords
رِئَة	폐	lung
اَلْحِجَاب الْحَاجِز	횡경막	diaphragm
اَلْقَصَبَة الْهَوَائِيَّة	기관	windpipe
اَلشُّعْبَة الْهَوَائِيَّة	기관지	bronchial tubes
مَجْرَى الْهَوَاء	기도	respiratory tract
كُلْيَة ج. كُلَى	신장	kidney
مِعًى ج. أَمْعَاء	장	intestine
اَلْقَنَاة الْهَضْمِيَّة الْمَعِدِيَّة الْمِعَوِيَّة	위장관	gastrointestinal tract
مَرِيء ج. أَمْرِئَة	식도	esophagus
مَعِدَة ج. مَعِد	위	stomach
اَلْأَمْعَاء الدَّقِيقَة	소장	small intestine
اَلْاِثْنَا عَشَرَ، اَلْعَفَج	십이지장	duodenum
صَائِم	빈창자, 공장(空腸)	jejunum
لَفَائِفِيّ	회장(돌창자)	ileum
اَلْأَمْعَاء الْغَلِيظَة	대장(큰창자)	large intestine

아랍어	한국어	영어
اَلْقُولُون	결장(주름창자)	colon
اَلْأَعْوَر	맹장(막창자)	appendix
الزَّائِدَة الدُّودِيَّة	충수	the vermiform appendix
فَتْحَة الزَّائِدَة	충수구	ostium appendicis vermiformis
اَلْمُسْتَقِيم	직장(곧창자)	rectum
عَاصِرَة شَرَجِيَّة	괄약근, 항문조임근	a sphincteral muscle
شَرَج، إِسْت، مُؤَخَّرَة	항문	anus
بَنْكْرِيَاس	췌장	pancreas
اَلْمَرَارَة	담낭(쓸개주머니)	the gall(bladder)
غِشَاء مُخَاطِيّ ج. أَغْشِيَة مُخَاطِيَّة	점액막, 점막	the layer of mucus
كَبِد ج. أَكْبَاد	간	liver
طِحَال	비장(지라)	spleen
ثَرْب	장막(복막의 주름)	serous membrane
صِفَاق	복막	the peritoneum
اَلْجِهَاز الْغِلَافِيّ، اللِّحَافِيّ	피부계	integumentary System
اَلْهَيْكَل الْعَظْمِيّ	골격계	skeletal system
اَلْجِهَاز الْعَضَلِيّ	근육계	musculature, muscle system
جِهَاز الدَّوَرَان	순환기계	circulatory system

아랍어	한국어	영어
اَلْجِهَاز التَّنَفُّسِيّ	호흡기계	respiratory system
اَلْجِهَاز الْهَضْمِيّ	소화기계	digestive system
اَلْجِهَاز التَّنَاسُلِيّ	생식기계	genital system
اَلْجِهَاز الْبَوْلِيّ	비뇨기계	urinary system

• 수

아랍어	한국어	영어
وَاحِد	1, 일	one
اِثْنَانِ	2, 이	two
ثَلَاثَة	3, 삼	three
أَرْبَعَة	4, 사	four
خَمْسَة	5, 오	five
سِتَّة	6, 육	six
سَبْعَة	7, 칠	seven
ثَمَانِيَة	8, 팔	eight
تِسْعَة	9, 구	nine
عَشَرَة	10, 십	ten
أَحَدَ عَشَرَ	11, 십일	eleven
اِثْنَا عَشَرَ	12, 십이	twelve
ثَلَاثَةَ عَشَرَ	13, 십삼	thirteen
أَرْبَعَةَ عَشَرَ	14, 십사	fourteen
خَمْسَةَ عَشَرَ	15, 십오	fifteen
سِتَّةَ عَشَرَ	16, 십육	sixteen

아랍어	한국어	영어
سَبْعَةَ عَشَرَ	17, 십칠	seventeen
ثَمَانِيَةَ عَشَرَ	18, 십팔	eighteen
تِسْعَةَ عَشَرَ	19, 십구	nineteen
عِشْرُونَ	20, 이십	twenty
ثَلَاثُونَ	30, 삼십	thirty
أَرْبَعُونَ	40, 사십	fourty
خَمْسُونَ	50, 오십	fifty
سِتُّونَ	60, 육십	sixty
سَبْعُونَ	70, 칠십	seventy
ثَمَانُونَ	80, 팔십	eighty
تِسْعُونَ	90, 구십	ninety
مِائَة ج. مِئَات	100, 백	hundred
أَلْف ج. آلَاف، أُلُوف	1,000, 천	thousand
مِلْيُون ج. مَلَايِين	1,000,000, 백만	million
مِلْيَار ج. مِلْيَارَات	1,000,000,000, 십억	billion
بِلْيُون ج. بَلَايِين	1,000,000,000, 십억	billion
تِرِيلْيُون ج. تِرِيلْيُونَات	1,000,000,000,000, 일조	trillion

• 색 اللّون

아랍어	한국어	영어
أَحْمَرُ	빨간 색	red
أَصْفَرُ	노란 색	yellow
أَخْضَرُ	초록 색	green
أَزْرَقُ	파란 색	blue
بُنِّيّ	갈 색	brown
أَسْوَدُ	검정 색	black
وَرْدِيّ	분홍 색	pink
رَمَادِيّ	회 색	gray
أُرْجُوَانِيّ	보라색	purple
كُحْلِيّ	짙은 청색, 곤색	Dark blue, navy blue
بُرْتُقَالِيّ	주황 색	orange-colored
ذَهَبِيّ	금 색	gold-colored
فِضِّيّ	은 색	silver-colored
بُرُونْزِيّ	구리 색	copperish

• 시간

아랍어	한국어	영어
اَللَّيْل وَالنَّهَار	밤과 낮	night and day
مُنْتَصَف اللَّيْل	자정, 한밤중	midnight
شُرُوق الشَّمْس	동틀녘, 일출, 해돋이	sunrise
فَجْر	새벽	dawn
صَبَاح	아침	morning
غُرُوب الشَّمْس	해질녘, 일몰, 해넘이	sunset
مُنْتَصَف النَّهَار	정오, 낮 12시, 한낮	noon
غَسَق	황혼	dusk
مَسَاء	저녁, 밤	evening
قَبْلَ الظُّهْر	오전	morning
بَعْدَ الظُّهْر	오후	afternoon
مُبَكِّر	초(창)기의, 이른, 조기의	early
فِي الْمَوْعِد	제시간에, 정각에	on time
مُتَأَخِّر	늦은, …말의	late
التَّقْوِيم	달력	calendar
شَهْر ج. شُهُور، أَشْهُر	달, 월	month

الوقت

아랍어	한국어	영어
عَام ج. أَعْوَام	해, 년	year
سَنَة ج. سَنَوَات	해, 년	year
يَوْم ج. أَيَّام	하루, 날	day
يَوْم الْعَمَل	근무일	work day
أُسْبُوع ج. أَسَابِيعُ	주	week
تَارِيخ	날짜	date
أَمْسِ	어제	yesterday
اَلْيَوْمَ	오늘	today
غَدًا	내일	tomorrow
نِهَايَة الْأُسْبُوع	주말	weekend
اَلْأَحَد	일요일	Sunday
اَلْاِثْنَيْن	월요일	Monday
اَلثُّلَاثَاء	화요일	Tuesday
اَلْأَرْبِعَاء	수요일	Wednesday
اَلْخَمِيس	목요일	Thursday
اَلْجُمْعَة	금요일	Friday
اَلسَّبْت	토요일	Saturday

• 서력 شهور السّنة الميلاديّة

아랍어	한국어	영어
يَنَايِرُ	1월(서양력)	January
فِبْرَايِرُ	2월(서양력)	February
مَارِسُ	3월(서양력)	March
إِبْرِيلُ	4월(서양력)	April
مَايُو	5월(서양력)	May
يُونِيُو	6월(서양력)	June
يُولِيُو	7월(서양력)	July
أُغُسْطُسُ	8월(서양력)	August
سِبْتَمْبِرُ	9월(서양력)	September
أُكْتُوبِرُ	10월(서양력)	October
نُوفَمْبِرُ	11월(서양력)	November
دِيسَمْبِرُ	12월(서양력)	December

• 태양력 شهور السّنة الشّمسيّة

아랍어	한국어	영어
كَانُونُ الثَّانِي	1월	January
شُبَاطُ	2월	February
آذَارُ	3월	March
نِيسَانُ	4월	April
أَيَّارُ	5월	May
حُزَيْرَانُ	6월	June

아랍어	한국어	영어
تَمُّوز	7월	July
آبُ	8월	August
أَيْلُول	9월	September
تِشْرِينُ الْأَوَّل	10월	October
تِشْرِينُ الثَّانِي	11월	November
كَانُونُ الْأَوَّل	12월	December

• 히즈라력 شهور السّنة الهجريّة

아랍어	한국어	영어
مُحَرَّمُ	1월	January
صَفَرُ	2월	February
رَبِيعُ الْأَوَّل	3월	March
رَبِيعُ الثَّانِي	4월	April
جُمَادَى الْأَوَّل	5월	May
جُمَادَى الْآخِرَة	6월	June
رَجَبُ	7월	July
شَعْبَانُ	8월	August
رَمَضَانُ	9월	September
شَوَّالُ	10월	October
ذُو الْقَعْدَة	11월	November
ذُو الْحِجَّة	12월	December

• 단위

아랍어	한국어	영어
طُول	길이	length
مِلِّيمِتْر ج. مِلِّيمِتْرَات	밀리미터(mm)	millimeter
سَنْتِيمِتْر ج. سَنْتِيمِتْرَات	센티미터(cm)	centimeter
قَدَم ج. أَقْدَام	피트(ft)	foot
بُوصَة	인치(in)	inch
مَسَافَة	거리	distance
مِتْر ج. أَمْتَار	미터	meter
كِيلُومِتْر ج. كِيلُومِتْرَات	킬로미터	klilometer
يَارْدَة	야드	yard
مِيل ج. أَمْيَال	마일	mile
مَسَاحَة	면적	area
مِتْر مُرَبَّع ج. أَمْتَار مُرَبَّعَة	평방 미터, 제곱 미터	square meter
قَدَم مُرَبَّع ج. أَقْدَام مُرَبَّعَة	평방 피트	square foot
وَزْن	무게	weigh
مِلِّيجِرَام ج. مِلِّيجِرَامَات	밀리그램(mg)	milligram
جِرَام ج. جِرَامَات	그램(g)	gram

القياس

아랍어	한국어	영어
غِرَام ج. غِرَامَات	그램(g)	gram
كِيلُوجِرَام ج. كِيلُوجِرَامَات	킬로그램(kg)	kilogram
طُنّ ج. أَطْنَان	톤	ton
رَطْل	파운드(lb)	pound
أُوقِيَّة	온스(oz)	ounce

• 야채 및 과일

	아랍어	한국어	영어
	أَنَانَس	파인애플	pineapple
	بَذِنْجَان	가지	eggplant
	بُرْتُقَال	오렌지	orange
	بِسِلَّة	완두콩	pea
	بَصَل	양파	onion
	بَصَل أَخْضَر	파	green onion
	بَطَاطَا	감자	potato
	بَطَاطِس	고구마	sweet potato

الخضروات والفواكه

	아랍어	한국어	영어
	تُفَّاح	사과	apple
	ثَوْم	마늘	garlic
	جَوَافَة	구아바	guava
	خَسّ	상추	lettuce
	خَوْخ	복숭아	peach
	خِيَار	오이	cucumber
	دِيُوسْبِيرُوس	감	persimmon
	ذُرَّة	옥수수	corn

	아랍어	한국어	영어
	رُمَّان	석류	pomegranate
	طَمَاطِم	토마토	tomato
	عِنَب	포도	grape
	فِجْل	무	radish
	فَرَاوْلَة، فَرَاوِلَة	딸기	strawberry
	فِطْر	버섯	mushroon
	فِلْفِل	고추	pepper
	فُول	콩	bean

	아랍어	한국어	영어
	قَرْنَبِيط أَخْضَر	브로콜리	broccoli
	كُمَّثْرَى	배	pear
	كُوسَة	호박	zucchini
	لَفْط	순무	turnip
	مَانْجُو	망고	mango
	مِشْمِش	살구	apricot
	مَوْز	바나나	banana

• 스포츠와 취미

	아랍어	한국어	영어
	إِبْحَار	보트타기	sailing
	جُولْف، غُولْف	골프	golf
	رَجْبِي، رَغْبِي	럭비	rugby
	بُولِينْج	볼링	bowling
	تَزَحْلُق عَلَى الْمَاء	수상 스키	waterskiing
	تَزَحْلُق نَفَّاث	제트 스키	jet skiing
	تَزَلُّج	스키	skiing
	تَايْكُونْدُو	태권도	taekwondo

الرّياضة والهواية

	아랍어	한국어	영어
	رُكُوب الْأَمْوَاج	서핑	surfing
	رُكُوب الْخَيْل	승마	horseback riding
	رُكُوب الرَّمَث	레프팅	rafting
	سِبَاحَة	수영	swimming
	سِبَاحَة فِي الْفَضَاء	스카이다이빙	skydiving
	صُعُود الصُّخُور	암벽등반	rock climbing
	صَيْد السَّمَك	낚시	fishing
	غَطْس	다이빙	diving

	아랍어	한국어	영어
	غِنَاء	노래	singing
	فَخَّار	도기	pottery
	فَنّ تَمْثِيلِيّ	극, 연극	act, play
	كُرَة السَّلَّة	농구	basketball
	كُرَة الطَّائِرَة	배구	volleyball
	كُرَة الْقَاعِدَة	야구	baseball
	كُرَة الْقَدَم	축구	soccer
	كُرَة الْقَدَم الْأَمْرِيكِيَّة	미식축구	(american) football

	아랍어	한국어	영어
	كُرَة الْمِضْرَب، لَعْبَة التِّنِس	테니스	tennis
	كَرْتُون	만화	cartoon
	كُرِيكِت، لُعْبَة الْكُرَة وَالْمَضْرِب	크리켓	cricket
	كِينْدُو	검도	kendo
	لَعْبَة الْهُوكِي	하키	hockey
	لَعْبَة ج. أَلْعَاب	게임	game
	مُصَارَعَة	레슬링	wrestling
	مُلَاكَمَة	권투, 복싱	boxing

• 행성 الكوكب

아랍어	한국어	영어
اَلشَّمْس	태양	Sun
اَلْقَمَر	달	Moon
عُطَارِدُ	수성	Mercury
اَلزُّهْرَة	금성	Venus
اَلْأَرْض	지구	Earth
اَلْمِرِّيخ	화성	Mars
اَلْمُشْتَرِي	목성	Jupiter
زُحَل	토성	Saturn
أُورَانُوس	천왕성	Uranus
نَبْتُون	해왕성	Neptune
بُلُوتُو	명왕성	Pluto

• 대명사

아랍어	한국어	영어
أَنَا	나	I
أَنْتَ	너(남성)	you(m)
أَنْتِ	너(여성)	you(f)
أَنْتُمَا	너희 둘	you two
هُوَ	그	he
هِيَ	그녀	she
هُمَا	그 둘, 그녀 둘	they two
نَحْنُ	우리	we
أَنْتُمْ	너희들(남성)	you(p.m)
أَنْتُنَّ	너희들(여성)	you(p.f)
هُمْ	그들	they(m)
هُنَّ	그녀들	they(f)
هَذَا	이것, 이 사람(남성형)	this(m)
هَذَانِ	이것 둘, 이 둘(남성형)	these two(m)
هَذِهِ	이것, 이 사람(여성형)	this(f)
هَاتَانِ	이것 둘, 이둘(여성형)	these two(f)

아랍어	한국어	영어
هَؤُلَاءِ	이것들, 이 들	these
ذَلِكَ	저것(남성형)	that(m)
ذَانِكَ	저것 둘, 저 둘(남성형)	those two(m)
تِلْكَ	저것(여성형)	that(f)
تَانِكَ	저것 둘, 저 둘(여성형)	those two(f)
أُولَئِكَ	저것들, 저 들	those

• 전치사 및 부사

아랍어	한국어	영어
عِنْدَ	~에	at
فِي	~안에	in
مِنْ	~로부터	from
إِلَى	~로	to
لِ	~에게; ~를 위해	to;for
مَعَ	~와 함께	with
عَنْ	~에 대해	about
عَلَى، فَوْقَ	~위에	on;above
تَحْتَ	~아래에	under
بِجَانِبِ، بِجِوَارِ	~옆에	beside
أَمَامَ	~앞에	in front of
خَلْفَ، وَرَاءَ	~뒤에	behind
دَاخِلَ	~안에	inside
خَارِجَ	~밖에	outside
حَوْلَ	~주변에; ~에 대해	around; on
خِلَالَ، حَوْلَ	~동안	through

حرف الجرّ

아랍어	한국어	영어
مُنْذُ	~부터	since
حَتَّى	~까지	until
بَيْنَ	~사이에	between
نَحْوَ	~를 향해	toward
عَبْرَ	~을 통해	across
طُولَ، طِوَالَ	~내내	during
بِدُونِ	~없이	without
قَبْلَ	~전에	before
بَعْدَ	~후에	after
دَائِمًا	항상	always
غَالِبًا	자주	often
كَثِيرًا	많이	often
قَلِيلًا	약간	slightly
نَادِرًا	드물게	rarely
أَبَدًا	전혀	never

• 의문사 اسم الاستفهام

아랍어	한국어	영어
مَا	무엇?	what?
مَاذَا	무엇?	what?
مَنْ	누구?	who?
مَتَى	언제?	when?
أَيْنَ	어디서?	where?
لِمَاذَا	왜?	why?
هَلْ	~입니까?(긍정문)	…?
أَ	~입니까?(부정문)	…?
كَيْفَ	어떻게?	how?
أيّ	어느, 무슨?	which?
كَمْ	얼마나?	how many/much?
بِكَمْ	얼마?(가격)	how much?

POWER ARABIC
주제별 소사전

색인

الفهرس

أ

آب 135

آذَار 135

آذَى 134

آرَامِيّ 73

آسِيَا 167

آلِيّ 62

آمَنَ 232

آنِسَة 4

آيَة 226

آيِس كُرِيم 195

أَب ج. أَبَاء 3

أَبْجَدِيّ 73

أَبْجَدِيَّة 73

أَبْدَعَ 232

أَبْرَشُ م. بَرْشَاءُ 135

أَبْرَصُ ج. بُرُص 151

أَبْكَمُ ج. بُكْم 151

أَبْنَاء الشَّعْب 207

أَبُو الْهَوْل 167

أَبَوَانِ 3

أُبُوَّة 3

أَبَوِيّ 3

أَبْيَضُ م. بَيْضَاءُ 135

أَتْقَنَ 308

أَثَّ ـُ 285

أَثَاث 3

أَثَر ج. آثَار 167

أَثَرِيّ 167

أَثَّمَ 133

أَثِيم ج. أُثَمَاءُ 117

أُجْرَة ج. أُجَر 37

أَجْر ج. أُجُور 73

أَجْمَعَ عَلَى 223

أَجْنَبِيّ ج. أَجَانِبُ 167

أَجِنْدَة 207

أَجْهِزَة أَمْنِيَّة 117

أَحَبَّ 35

أَحْجَمَ 223

أَحَدَ عَشَرَ 135

أَحَسَّ 35

أَحْمَرُ م. حَمْرَاءُ 135

أَخْبَرَ ه بـ ه 71

أُخْت ج. أَخَوَات 3

أَخ ج. إِخْوَة 3

أَخَذَ دُشًّا 20

أَخْضَرُ م. خَضْرَاءُ 135

أُخْطُبُوط ج. أُخْطُبُوطَات 109

أَخْلَاق 21

أَخْلَصَ 35

أَخْلَطَ 308

أَخْمَصُ ج. خُمْص 151

أَخِير 135

أَخِيرًا 135

أَدَان 133

أَدَّبَ 90

أَدَب ج. آدَاب 73، 185

أَدَوَات الْبَيْت 3

أَدَّى إِلَى 298

أَدِيب ج. أُدَبَاءُ 73

أَذَاعَ 71

أُذْن ج. آذَان 151

أَذًى 151

أَرْبَعَة 136

أَرْبَعَةَ عَشَرَ 136

أَرْبَعُون 136

أَرْثُوذُكْسِيَّة 225

أُرْجُوَانِيّ 136

أُرْدُنِّيّ 73

أَرْز 109

أُرْز، أَرُزّ 195

أَرْسَلَ 71

أَرْشَفَة 61

أَرْشِيف 61

أَرْض ج. أَرَاضٍ 61

أَرَق 151
أَرْمَلَة ج. أَرَامِلُ، أَرَامِلَة 3
أَرْمَلُ ج. أَرَامِلُ 3
أَرْنَب ج. أَرَانِبُ 109
أَرِيكَة ج. أَرَائِكُ 3
أَزْرَقُ م. زَرْقَاءُ 136
أَسْبِرِين 151
أُسْبُوع ج. أَسَابِيعُ 136
أُسْبُوعِيّ 136
أُسْبُوعِيًّا 136
أُسْتَاذ ج. أَسَاتِذَة 73
أُسْتُرَالِيّ 73
أُسْتُرَالِيَا 167
أَسَد ج. أُسُود 109
أُسْرَة ج. أُسَر 4
أُسْطُوَانَة 185
أُسْطُورَة ج. أَسَاطِيرُ 61
أُسْطُورِيّ 225
أَسْعَدُ 21
أَسْعَفَ 165
أَسْلِحَة الدَّمَار الشَّامِل 93
أَسْلِحَة كِيمَاوِيَّة 93
أَسْلِحَة نَوَوِيَّة 93
أُسْلُوب ج. أَسَالِيبُ 61
أَسْمَرُ م. سَمْرَاءُ 136
أَسْوَانُ 167
أَسْوَدُ م. سَوْدَاءُ 136
أَسِير ج. أُسَرَاءُ 117
أَشْعَة إِكْس 151
أَشْقَرُ م. شَقْرَاءُ 136
أَصَابَ 165
أَصْدَرَ 308
أَصْفَرُ م. صَفْرَاءُ 136
أَصْل ج. أُصُول 225
أَضْلَعُ ج. ضُلْع 151
أُصُولِيَّة 208
أُصِيبَ بـ 165
أَطَاحَ 223
أَطَاعَ 223
أَطْرَشُ م. طَرْشَاءُ 151

أُطْرُوحَة 74

أَطْلَسُ ج. أَطَالِسُ 167

أَطْلَعَ ه عَلَى هـ 308

أَطْلَقَ 99, 308

أَعْجَبَ 35

أَعْدَمَ 134

أَعْرَجُ م. عَرْجَاءُ 152

أَعْشَاب ضَارَّة 109

أَعْفَى من 134

أَعْلَمَ 72

أَعْلَنَ 72

أَعْمَى 152

أَغْذِيَة مُجَمَّدَة 4

أَغُسْطُس 136

أَغْضَبَ 35

أَغْلَبِيَّة 136

أُغْنِيَة ج. أَغَانٍ 185

أَفْطَرَ 19

أَفْعًى ج. أَفَاعٍ 109

أَفْلَاطُون 225

أَفْلَسَ 58

أَفُوكَادُو 195

أَقَالَ 91

أُقْحُوانُ ج. أَقَاحٍ 109

أَقَرَّ 134

أَقْرَضَ 58

أَقَلِّيَّة 136

أُكْتُوبِر 136

أَكْثَرُ 136

أَكْسَدَ 72

أُكْسِيد 62

أَكَلَ ـُ 206

أَلَّفَ 90

أَلْف ج. آلاف 137

أَلْمَانِيّ 169, 74

أَلْمَانِيَا 169

أَلَم ج. آلام 153

أَلْهَمَ 35

أَلْيَاف صِنَاعِيَّة 4

أَمَازُون 170

أَمَانَة 21 ,118
أُمَّة ج. أُمَم 170
أُمّ ج. أُمَّهَات 4
أَمْرَاض جِلْدِيَّة 153
أَمْرَاض نَفَسِيَّة 153
أَمْر ج. أُمُور، أَوَامِرُ 93
أَمْرِيكَا 170
أَمْرِيكَا الْجَنُوبِيَّة 170
أَمْرِيكَا الشَّمَالِيَّة 170
أَمْرِيكَا اللَّاتِينِيَّة 170
أَمْرِيكَا الْوُسْطَى 170
أَمْرِيكِيّ 74
أَمْسِ 137
أَمْطَار حَمْضِيَّة 101
أُمّ كُلْثُوم 185
أَمَلَ ـُ 33
أَمَل ج. آمَال 21
أَمَّمَ 222
أُمَمِيّ 208
أَمْن 118
أَمَّنَ عَلَى 57
أُمُومَة 4
أُمَوِيّ 4
أُمِّيّ 74
أُمِّيَّة 74
أَمِير ج. أُمَرَاءُ 208
أَنَابِيب غَاز 38
أَنَابِيب مِيَاه 38
أَنَابِيب نَفْط 38
أَنَانَاس 195
أَنَانِيّ 21
أَنَانِيَّة 21
أُنْبُوب ج. أَنَابِيبُ 38
أُنْبُوب قَصَبِيّ 153
أَنْتَجَ 58
أَنْجَبَ 19
أَنْس 22
أَنْشَأَ 223
أَنْف ج. أُنُوف، آنَاف 153
أَنْفَقَ 58

أَنْكَرَ 308
أَنْهَى 308
أَنِيس 22
أَنِيق 235
أَهْلًا بِك! 317
أَهْلًا وَسَهْلًا! 317
أَهْل ج. أَهَالٍ 4
أَهْلِيّ 170
أَهْمَلَ 308
أَهَمِّيَّة 235
أَوْ 315
أُوبِرَا 185
أُوتُوبِيسُ ج. أُوتُوبِيسَات 170
أُوتُوبِيس سَرِيع 170
أَوْجَدَ 308
أَوْدَعَ 58
أَوْرَاق اِعْتِمَاد 118
أَوْرَاق اللَّعْب 38
أُورَانُوس 101
أَوْرَدَ 308
أُورُوبَّا 170
أُورُوبِيّ 74
أُورُوغْوَاي 170
أَوْسَاط سِيَاسِيَّة 209
أَوْشَكَ عَلَى 308
أَوْصَى 308
أَوْعِيَة دَمَوِيَّة 153
أَوَّق 298
أَوْقَظَ 308
أُولَئِكَ 236
أَوَّلًا 137
أَوَّلُ ج. أَوَائِلُ 137
أَوَّلِيّ 62
أَيّ 236
أَيَّار 137
أَيَّدَ 57, 298
أَيْضًا 236
أَيْقُونَة 185
أَيَّل 109
أَيْلُول 137

أَيَّنَ 71
أَيْنَ 315
أَيُّهَا 236
أَيْوَه 236
إبَادَة جَمَاعِيَّة 93
إبْدَاء 225
إبْرِيق ج. أَبَارِيقُ 3
إبْرِيل 135
إبْهَام ج. أَبَاهِيمُ 151
إتْقَان 235
إجَازَة 73
إجَازَة سَنَوِيَّة 135
إجَّاص 195
إجْرَام 117
إجْمَاع 207
إجْمَالِيّ 135
إجْهَاض 151
إحْسَاس ج. أَحَاسِيسُ 21
إحْصَاء 37
إحْصَائِيَّة 37
إحْيَاء 225
إخْلَاص 21
إدَارَة الْأَعْمَال 73
إدَارَة تَعْلِيمِيَّة 73
إدَارِيّ 117
إدَانَة 117
إدْلَاء بِالْأَصْوَات 207
إذَاعَة 61
إرَادَة 21
إرْث ج. إرَاث 37
إرْسَال 61
إرْهَاب 93
إرْهَابِيّ 93
إسْبَانِيّ 73
إسْبَانِيَا 167
إسْرَائِيلُ 167
إسْرَائِيلِيّ 74
إسْعَاف 151
إسْكَافِيّ 74
إسْلَام 225

إِسْلَامِيّ 225
إِسْهَال 151
إِشَارَة مُرُور 167
إِشْعَاع 62
إِشْعَاعِيَّة 62
إِصَابَات مَدَنِيَّة 93
إِصَابَة 151
إِصْبَع ج. أَصَابِعُ 151
إِصْلَاح 235
إِضْرَاب 74
إِعَادَة تَدْوِير النُّفَايَات 101
إِعَانَة 37
إِعْصَار ج. أَعَاصِيرُ 101
إِعْلَام 62
إِعْلَان 62
إِفْرِيقِيَا 168
إِفْلَاس 38
إِقَالَة 74
إِقْطَاعِيَّة 208
إِقْلِيم ج. أَقَالِيمُ 168
إِقْلِيمِيّ 168
إِلْحَاد 225
إِلْغَاء دُيُون 38
إِلِكْتُرُونِيّ 62
إِلْهَام 21
إِلَه ج. آلِهَة 226
إِلَهِيَّات 226
إِلَى اللِّقَاء 317
إِمَارَة 170
إِمَام ج. أَئِمَّة 226
إِمْبُرَاطُورِيّ 170
إِمْبُرَاطُورِيَّة 170
إِمْبِرْيَالِيَّة 208
إِمْسَاك 153
إِمْلَاء 74
إِنْتَاج 38
إِنْتَاج النَّفْط 38
إِنْتَرْنِت 62
إِنْجِلْتِرَا، إِنْكِلْتِرَا 170
إِنْجِيل 226

إِنْدُونِيسِيَا 170
إِنْسَان 4
إِنْسَانِيّ 4
إِنْسَانِيَّة 4
إِنْش 137
إِنْعَاش 153
إِنْفَاق 38
إِنْفُلُونْزَا 153
إِنْكِلِيزِيّ 74
إِنَّمَا 315
إِنْهَاء 235
إِهْبَاط 22
إِهْمَال 235
إِوَزّ 109
إِيثَار 236
إِيجَابِيّ 22
إِيجَاد 226
إِيجَار 38
إِيدز، نَقْص الْمَنَاعَة الْمُكْتَسَبَة 153
إِيرَاد 38
إِيرَانُ 170
إِيرَانِيّ 74
إِيصَال 39
إِيضَاح 236
إِيطَالِيّ 74
إِيطَالِيَا 171
إِيقَاع 185
إِيمَان 226
اِئْتِلَاف 207
اِبْتِدَائِيّ 73
اِبْتِسَام 21
اِبْتِكَار 61
اِبْنُ بَطّوطَةَ 225
اِبْنَة 3
اِبْن ج. أَبْنَاء 3
اِبْنُ خَلْدُون 225
اِبْن عَمّ ج. أَبْنَاء عَمّ 3
اِتِّجَاه صَحِيح 167
اِتِّحَاد ج. اِتِّحَادَات 207
اِتَّحَدَ 223

اِتِّصَالَات الْأَقْمَار الصِّنَاعِيَّة 61
اِتَّصَلَ بِـ 72
اِتِّهَام 117
اِتَّهَمَ بِـ 134، 313
اِثْنَا عَشَرَ 135
اِثْنَانِ 135
اِجْتَاحَ 100
اِجْتِهَاد 21
اِجْتِيَاح 93
اِحْتَجَّ 223
اِحْتِجَاج 207
اِحْتِجَاز 207
اِحْتَجَزَ 223
اِحْتِكَار 37
اِحْتَكَرَ 59
اِحْتَلَّ 100
اِحْتِلَال 93
اِحْتِيَاطِيَّات النَّقْد الْأَجْنَبِي 37
اِحْتِيَال 117
اِحْمَرَّ 149
اِخْتِطَاف 117
اِخْتَطَفَ 134
اِدِّعَاء 117
اِرْتِشَاء 117
اِرْتِفَاع الْأَسْعَار 37
اِرْتَكَبَ 134
اِرْتِيَاب 117
اِرْتِيَاح 235
اِرْتِيَاد الْفَضَاء 61
اِزْدِحَام 167
اِزْدَهَرَ 184
اِزْدِيَاد 235
اِزْرَقَّ 149
اِسْتِئْثَار 37
اِسْتِئْنَاف 117
اِسْتِبْدَادِيَّة 207
اِسْتِثْمَار 37
اِسْتَثْمَرَ 59
اِسْتِجْوَاب 117
اِسْتَجْوَبَ 134

اِسْتَحَمَّ 20
اِسْتِخْبَار 61
اِسْتِخْبَارَات عَسْكَرِيَّة 93
اِسْتِرَاتِيجِيّ 37
اِسْتِشْهَاد 225
اِسْتَضَافَ 313
اِسْتِطْلَاع 61
اِسْتِطْلَاع رَأْي 61
اِسْتِعْدَاد لِـ 167
اِسْتِفْتَاء 207
اِسْتِفْسَار 73
اِسْتِفْهَام 74
اِسْتَفْهَمَ 91
اِسْتَقَالَ 224
اِسْتِقَالَة 207
اِسْتِقَالَة الْحُكُومَة 207
اِسْتِقْرَار الْأَسْعَار 37
اِسْتَقَلَّ 224
اِسْتِقْلَال 207
اِسْتِمَاع 74
اِسْتَمْتَعَ بِـ 35
اِسْتِنْسَاخ 61
اِسْتَنْسَخَ 72
اِسْتِنْكَار 207
اِسْتَنْكَرَ 224
اِسْتِهْلَاك 37
اِسْتِهْلَاكِيَّة 37
اِسْتَوْرَدَ 59
اِسْتَوْلَى 224
اِسْتِيرَاد 37
اِسْم الْمُسْتَخْدِم 61
اِسْوَدَّ 149
اِشْتِبَاك 93
اِشْتِرَاكِيّ 208
اِشْتِرَاكِيَّة 208
اِصْطِنَاعِيّ 62
اِصْفَرَّ 149
اِطَّلَعَ عَلَى 313
اِعْتِدَاء 93
اِعْتِدَال 21

اِعْتَرَضَ 313

اِعْتَزَلَ 224

اِعْتِصَام 208

اِعْتِقَال 118

اِعْتَقَدَ بِ، أَنَّ 232

اِعْتَقَلَ 134

اِفْتِخَار 21

اِقْتِحَام 93

اِقْتِرَاح 208

اِقْتِرَاحَات وَمُلَاحَظَات 235

اِقْتِرَاع 208

اِقْتِصَاد 38

اِقْتِصَادِيّ 38

اِقْتِنَاع 235

اِكْتِئَاب 152

اِكْتِشَاف 62

اِكْتَشَفَ 72

اَلْآنَ 136

اَلْأُرْدُنّ 168

اَلْأَرْض 101

اَلْأُسْبُوع الْقَادِم 136

اَلْأُسْبُوع الْمَاضِي 136

اَلْأُقْصُر 168

اَلْأُمَم الْمُتَّحِدَة 118

اَلْأَمِين الْعَامّ لِلْأُمَم الْمُتَّحِدَة 118

اَلْأَنْدَلُس 168

اَلْأَهْرَام 62

اَلْإِخْوَان الْمُسْلِمُونَ 208

اَلْإِسْكَنْدَرِيَّة 168

اَلْإِمَارَات الْعَرَبِيَّة الْمُتَّحِدَة 168

اَلْاِتِّحَاد الدَّوْلِيّ لِكُرَة الْقَدَم 118

اَلْاِتِّحَاد السُّوفِيَاتِيّ 168

اَلْاِنْقِلَاب الشَّتَوِيّ 136

اَلْاِنْقِلَاب الصَّيْفِيّ 137

اَلْبَتْرَاء 168

اَلْبَحْر الْأَبْيَض الْمُتَوَسِّط 168

اَلْبَحْر الْأَحْمَر 168

اَلْبَحْر الْأَسْوَد 168

اَلْبَحْر الْمَيِّت 168

اَلْبَحْرَيْن 168

اَلْبَصْرَة 168
اَلْبَنْك الدُّوَلِيّ 38
اَلْبَنْك الْمَرْكَزِيّ 38
اِلْتِقَاط 235
اِلْتَقَطَ 313
اِلْتِهَاب 152
اِلْتِهَاب الأَمْعَاء 152
اِلْتِهَاب التَّأْمُور 152
اِلْتِهَاب الْجِلْد 152
اِلْتِهَاب الْحَبْل 152
اِلْتِهَاب الدِّمَاغ 152
اِلْتِهَاب الرِّئَتَيْن 152
اِلْتِهَاب الرَّحْم 152
اِلْتِهَاب الزَّائِدَة الدُّودِيَّة 152
اِلْتِهَاب السَّحَايَا 152
اِلْتِهَاب الشُّعَب 152
اِلْتِهَاب الْكَبِد 152
اِلْتِهَاب الْكِلَى 152
اِلْتِهَاب اللَّوْزَتَيْن 152
اِلْتِهَاب الْمَعِدَة 152
اِلْتِهَاب الْمَفَاصِل 152
اِلْتِهَاب الْمُلْتَحِمَة 152
اِلْتِهَاب الْوَرِيد 152
اِلْتِهَابِيّ 153
اَلْجَزَائِر 168
اَلْخَلِيج الْعَرَبِيّ 168
اَلدُّوحَة 169
اَلدُّوَل الْعَرَبِيَّة 169
اَلدَّوْلَة الإِسْلَامِيَّة الْعِرَاقِيَّة وَالشَّامِيَّة (دَاعِش) 208
اَلزُّهْرَة 101
اَلسَّلَامُ عَلَيْكُمْ 317
اَلسَّلَفِيَّة 208
اَلسُّودَان 169
اَلسُّوَيْد 169
اَلسَّيِّدَات وَالسَّادَة 317
اَلشَّارِقَة 169
اَلشَّرْق الأَوْسَط 169
اَلشَّمْس 101
اَلصَّلِيب الأَحْمَر 118
اَلصُّومَال 169

اَلصِّين 169
اَلضِّفَّة الْغَرْبِيَّة 169
اَلْعِرَاق 169
اَلْعَصْر الْجَاهِلِيّ 225
اَلْعَقَبَة 169
اَلْغَازَات السَّامَّات 93
اَلْفِلِبِين 169
اَلْقَارَّة الْقُطْنِيَّة الْجَنُوبِيَّة 169
اَلْقَاعِدَة 208
اَلْقَاهِرَة 169
اَلْقُدْس 225
اَلْقُرْآن 226
اَلْقَمَر 101
اَلْكِتَاب الْمُقَدَّس 226
اَلْكُوفَة 169
اَلْكُوَيْت 169
اَللّٰه 226
اَلْمَدِينَة 170
اَلْمِرِّيخ 101
اَلْمُسَاوَاة بَيْنَ الْجِنْسَيْنِ 118
اَلْمُشْتَرِي 101
اَلْمَمْلَكَة الْعَرَبِيَّة السُّعُودِيَّة 169
اَلْمَمْلَكَة الْمُتَّحِدَة 170
اَلنَّاتِج الْقَوْمِيّ الْإِجْمَالِيّ 38
اَلنَّاتِج الْمَحَلِيّ الْإِجْمَالِيّ 38
اَلْهِلَال الْأَحْمَر 118
اَلْوِلَايَات الْمُتَّحِدَة 170
اِمْتِحَان الدُّخُول 74
اِمْتِحَان ج. اِمْتِحَانَات 74
اِمْتِحَان شَفَوِيّ 74
اِمْتِحَان كِتَابِيّ 74
اِمْتِنَاع 208
اِمْتَنَعَ 224
اِمْرَأَة 4
اِنْبِعَاث 62
اِنْتَحَى 224
اِنْتِخَاب 208
اِنْتِخَابَات 208
اِنْتِخَابَات رِئَاسِيَّة 208
اِنْتِخَابَات عَامَّة 208

اِنْتَخَبَ 224

اِنْتَصَرَ 100

اِنْتِفَاضَة 94

اِنْتِفَاضَة شَعْبِيَّة 94

اِنْتِقَالِيّ 209

اِنْتِقَام 235

اِنْتِهَاك 118

اِنْتِهَاك حُقُوق الْإِنْسَان 118

اِنْتَهَكَ 134

اِنْحَازَ 99

اِنْحِيَاز 94

اِنْخَرَطَ فِي 313

اِنْخِفَاض 38

اِنْخِفَاض الْأَسْعَار 38

اِنْخَفَضَ 313

اِنْدِثَار 109

اِنْدِمَاج 38

اِنْدِهَاش 21

اِنْشِغَال 22

اِنْضِبَاط 118

اِنْضِمَام 235

اِنْطِبَاع 22

اِنْطَبَعَ 35

اِنْطِوَائِيّ 22

اِنْفِتَاح 235

اِنْفِجَار 94

اِنْفَجَرَ 100

اِنْفِصَالِيَّة 209

اِنْفَصَلَ 223

اِنْفِعَالِيّ 22

اِنْقَسَمَ 313

اِنْقَطَعَ 313

اِنْقِلَاب 209

اِنْقِلَاب أَبْيَضُ 94

اِنْهَارَ 313

اِنْهِيَار 209

اِهْتِمَام 235

اِهْتَمَّ بِـ 313

ب

بِـ 315

بُؤْبُؤ 153

بُؤْرَة 237

بِئْر بِتْرُول ج. آبَار بِتْرُول 39

بِئْر نَفْط ج. آبَار نَفْط 39

بَائِع ج. بَاعَة 75

بَاب ج. أَبْوَاب 4

بِاتِّجَاهِ ~ 317

بَاحَة 4

بَاحَثَ 223

بَاحِث 75

بَاخِرَة 171

بَادِرَة ج. بَوَادِرُ 236

بَاذِخ 236

بَاذِنْجَان 109

بَارِجَة 94

بَارِد 101

بَارِز 236

بَارَكَ 232

بَارُودَة 94

بَارِيس 171

بَازِلَاءُ 109

بِاسْتِمْرَارٍ 317

بَاسُور 153

بَاص 171

بَاعَ ـِ 56

بَاعِث ج. بَوَاعِثُ 22

بَاقٍ 236

بَاقِيَة 236

بَاكِسْتَان 171

بَال 236

بَالَ ـُ 164

بِالْإِضَافَةِ إِلَى ~ 317

بِالتَّفْصِيل 317

بِالتَّقْسِيط 59

بِالتَّوْفِيق 317

بِالْجُمْلَة 59

بِالرَّغْمِ مِنْ ~ 317

بِالضَّبْط 317

بِالطَّبْع 317
بِالْعَكْس 317
بَالِغ 4
بِاللَّيْل 137
بِالْمِائَة 137
بِالنِّسْبَة إِلَى ~ 318
بَالِيه 185
بِامْتِيَازِ ~ 318
بَاهِظ 39
بَايِنْت 137
بَبْر ج. بُبُور 109
بَبَّغَاء ج. بَبَّغَاوَات 109
بَتْر 153
بِتْرُول 39
بَتَلَ ـِ 285
بَثَّ ـُ 71
بَثْرَة ج. بُثُور 153
بَثَقَ ـُ 107
بَجَّجَ بِـ 35
بَجْدَة 101
بَجَع 109
بَجَّلَ 298
بَجَّنَ 19
بَحَّ ـِ 164
بِحَاجَةٍ إِلَى ~ 318
بَحَّار ج. بَحَّارَة 75
بُحْبُوحَة 22
بَحَثَ ـَ 285
بَحْث ج. بُحُوث ، أَبْحَاث 75
بَحَثَ ـَ عَنْ 285
بِحَدٍّ أَدْنَى 318
بِحَدٍّ أَقْصَى 318
بَحْر ج. بِحَار، بُحُور، أَبْحَار 101
بَحْرِيَّة 94
بِحَسَبِ 318
بُحَيْرَة 101
بَخَّ ـُ 285
بَخَّاخَة 4
بَخْت ج. بُخُوت 236
بَخَّرَ 71

بِخِلَافِ ذَلِكَ 318

بَخُور ج. بَخُورَات 4

بَخِيت 22

بِخَيْرٍ 318

بَخِيل ج. بُخَلَاءُ 75

بَدْء 236

بَدَأَ ـَ 285

بَدَا ـُ 285

بَدَائِيَّة 75

بِدَايَة 236

بَدَّدَ 57

بَدَرَ ـُ 285

بِدْعَة 226

بَدَلَ ـُ 285

بَدَلاً مِنْ ~ 318

بِدُونِ ~ 318

بَدَوِيّ ج. بَدَاوِيّ، بَدْو 4

بَدِيع 236

بَدِيل ج. بَدَائِلُ 236

بَذَرَ ـُ 56

بِذْلَة ج. بِذَل 4

بَذَلَ ـُ جُهوداً 285

بِذَلِكَ 318

بَرّ 101

بِرِئَاسَةِ ~ 318

بَرَاءَة 118

بَرَّاد 75

بِرَاز 153

بُرْتُغَالِيّ 171

بُرْتُقَال 195

بُرْتُقَالِيّ 137

بُرْثُن ج. بَرَاثِنُ 109

بُرْج ج. أَبْرَاج 171

بَرَد 101

بَرْد 153

بَرْدَان 102

بَرِشَ ـَ 148

بَرَضَ ـُ 107

بَرْطَل 134

بَرْطَم 35

بِرْطِيل ج. بَرَاطِيلُ 118
بُرْغُل 195
بُرْغُوث ج. بَرَاغِيثُ 110
بُرْغِيّ ج. بَرَاغِيُّ 62
بَرْق ج. بُرُوق 102
بَرْقَشَة 137
بَرْقُوق 195
بَرْقُوق مُجَفَّف 195
بِرْكَار 75
بُرْكَان ج. بَرَاكِينُ 102
بَرَكَة 226
بِرْكَة ج. بِرَك 101، 171
بَرْلَمَان 209
بَرْلِين 171
بِرْمَائِيَّة 110
بَرْمَجَ 72
بَرْمِيل ج. بَرَامِيلُ 39
بَرْنَامَج ج. بَرَامِجُ 62
بَرْهَنَ 91
بِرْوَاز ج. بَرَاوِيزُ 4
بُرُوتُوكُول 118
بَرْوَزَ 91
بُرُوز 236
بُرُوكَار 4
بَرِيء ج. أَبْرِيَاءُ 118
بِرِيَانِي 195
بَرِّيَّة 102
بَرِيد 62
بَرِيد إِلِكْتُرُونِيّ 62
بَرِيدِيّ 62
بَرِيطَانِيَا 171
بِزْرَة 102
بِسَبَبِ ~ 318
بُسْتَان ج. بَسَاتِينُ 5
بُسْتَنَة 5
بِسَدَادٍ 318
بِسُرْعَةٍ 318
بَسْكُوِيت 195
بِسُهُولَةٍ 318
بَسِيط 236

بِشَأْنِ ~ 318

بَشَر 5

بَشَرَ ـُ 285

بَشَرَ ـُ بِـ 33

بَشَرِيّ 5

بَشِع 22

بِشَكْلٍ خَاصٍّ 318

بِشَكْلٍ عَامٍّ 318

بَصَر ج. أَبْصَار 153

بَصَل 195

بَصْمَة رَقْمِيّ 63

بَضَائِعُ اِسْتِهْلَاكِيَّة 39

بِضَاعَة ج. بَضَائِعُ 39

بَطّ 110

بَطَاطَا 195

بِطَاقَة 39

بِطَاقَة اِئْتِمَان 39

بِطَاقَة بَرِيدِيَّة 63

بِطَاقَة شَخْصِيَّة 237

بَطَالَة 39

بِطَلَاقَةٍ 318

بَطَل ج. أَبْطَال 237

بَطْن ج. بُطُون، أَبْطُن 153

بُطُولَة 22

بَطِيء 237

بِطِّيخ 195

بَعَثَ ـَ 285

بَعْثَة 237

بَعْدَ 237

بَعْدَ الظُّهْر 137

بُعْد النَّظَر 154

بَعْدَ ذَلِكَ 318

بَعْدَ غَدٍ 137

بَعْض 137

بِعُنْوَانِ ~ 319

بَعُوض 110

بَعِيد 171

بُعَيْدَ 137

بَغْدَادُ 171

بِغَرَضِ ~ 319

بُغْض 22
بِغَيْرِ ~ 319
بِفَحْوَى أَنَّ ~ 319
بِفَضْلِ ~ 319
بَقَّال 75
بِقَدْر الْإِمْكَان 319
بَقْدُونِس 196
بَقَر 196
بَقْشِيش 171
بِقَصْدِ ~ 319
بَقْلَاوَة 196
بَقِيَ ـَ 285
بِقِيَادَةِ ~ 319
بَكَّاء 22
بُكَاء 22
بَكَارَة 237
بَكَالُورِيُوس 75
بِكامِلِهِ 319
بِكُلِّ سُرُورٍ 319
بَكَى ـِ 33
بَلْ 315
بَلَاط 171
بَلَاغ 118
بَلَح 196
بَلَد ج. بِلَاد، بُلْدَان 171
بَلَدِيّ 171
بَلْطَجِيّ ج. بَلْطَجِيَّة 118
بَلَغَ ـُ 71
بِلَمْح الْبَصَر 319
بُلُوتُو 102
بَلُوزَة 5
بَلَى 237
بِمَا فِي ذَلِكَ 319
بِمَعْنَى أَنّ ~ 319
بُنّ 110
بَنَّاء 209
بِنَاء ج. أَبْنِيَة 171
بَنَامَا 171
بِنَايَة 171
بِنْت ج. بَنَات 5

بُنْدُق 110
بَنْدُورَة 196
بِنْصِر ج. بَنَاصِرُ 154
بَنْطَلُون ج. بَنَاطِيلُ 5
بَنْغْلَادِيش 171
بَنْك ج. بُنُوك 171
بَنُو آدَمَ 226
بَنُو إِسْرَائِيلَ 226
بَنَوِيّ 5
بَنَى ـِ 286
بُنِّيّ 137
بُنْيَة تَحْتِيَّة ج. بُنَى تَحْتِيَّة 39
بَهَار ج. بَهَارَات 196
بِهَدَفِ ~ 319
بَهْو ج. أَبْهَاء 5
بَهِيمَة ج. بَهَائِمُ 110
بَوَّاب 75
بَوَّابَة 5
بَوَار 102
بُوتِيك 172
بُوذِيّ 226
بُوذِيَّة 226
بُورْسَعِيد 172
بُورْصَة 39
بِوُسْعِ ه أَنْ ~ 319
بُوصَة 137
بُوصَلَة 137
بُوظَة 196
بُوفِيه 196
بُوق ج. أَبْوَاق 185
بُولَنْدَا 172
بُولَنْدِيّ 75
بُومَة 110
بِيئَة 102
بِيئَة التَّعْلِيم الْإِفْتِرَاضِيّ 75
بَيَان 237
بَيَانَات 63
بَيَان صُحُفِيّ 63
بَيْت الْمَال 39
بَيْت ج. بُيُوت 172

بِيتْزَا 196

بَيْت شَبَاب 172

بَيْت ضِيَافَة 172

بَيّت لَحْم 172

بَيْت مُتَنَقِّل 172

بِيجَامَة 5

بِيَدِ ~ 319

بِيرَة 196

بِيرَة بَارِدَة 196

بَيْرُوتُ 172

بِيزَنْطِيّ 185

بِيسْبُول 185

بَيْض 196

بَيْع 39

بَيْنَ 237

بَيْنَ حِينٍ وَحِينٍ 319

بَيْنَ فَتْرَة وَأُخْرَى 319

بَيْنَمَا ~ 319

بِيُولُوجِيَا 75

ت

تَأَثَّرَ بِـ 308

تَأْثِير 237

تَأَجَّجَ 308

تَأْجِيل 237

تَأَخُّر 237

تَأَخَّرَ 308

تَأْدِيب 75

تَأْدِيَة 237

تَأَسَّفَ عَلَى، لِـ 309

تَأْسِيس 237

تَأْشِيرَة 172

تَأْشِيرَة دُخُول 172

تَأَكَّدَ مِنْ 309

تَأْكِيد 237

تَأْمِين 39

تَأْمِين إِجْبَارِيّ 118

تَأْمِين ضِدَّ الْحَوَادِث 119

تَأْمِين عَلَى الْحَيَاة 119

تَأْيِيد 209
تَابَ ـُ 286
تَابَعَ 305
تَاجَرَ 58
تَاجِر ج. تُجَّار 39
تَارِيخ الْمِيلَاد 138
تَارِيخ ج. تَوَارِيخُ 137
تَارِيخِيّ 209
تَاسِع 138
تَافِه 237
تَاكْسِي ج. تَاكْسِيَات 172
تَالٍ 237
تَالِيَة 237
تَبَادَلَ 311
تَبَادُل تِجَارِيّ 39
تَبَرَّعَ بِـ 309
تَبْرِير 237
تَبِعَ ـَ 286
تَبَعًا لِـ ~ 319
تَبْغ ج. تُبُوغ 238
تَبَنَّى 223
تَبَنَّى قَرَارًا 224
تَبُّولَة 196
تَبْيِيض الْأَمْوَال 119
تَتَالَى 311
تَثْبِيت 238
تِجَارَة 39
تِجَارَة الْمُخَدِّرَات 119
تِجَارِيّ 39
تُجَاهَ 238
تَجَدَّدَ 309
تَجْدِيد 238
تَجْدِيف 226
تَجْرِبَة ج. تَجَارِبُ 238
تَجْرِبَة نَوَوِيَّة 94
تَجْرِيبِيّ 238
تَجَسَّدَ 309
تَجْسِيد 238
تَجَمَّعَ 309
تَجْمِيد الْأَرْصِدَة 119

تَجْمِيد الْأَمْوَال 119
تَجْمِيد الْحِسَابَات 119
تَجَنَّبَ 309
تَجْنِيد 94
تَجَوَّلَ 309
تَحَالُف 209
تَحْتَ 238
تَحْتَ الطَّاوِلَة 224
تَحْتَ نَظَرِ ~ 320
تَحَجَّبَ 309
تَحَدَّثَ 309
تَحَدٍّ ج. تَحَدِّيَات 238
تَحَدَّى 309
تَحْدِيث 238
تَحْدِيد 119
تَحْذِير 119
تَحَرُّش جِنْسِيّ 119
تَحْرِير 63، 209
تَحَسَّنَ 309
تَحْسِين 238
تَحْسِين الْأَحْوَال الْمَعِيشِيَّة 209
تَحْسِين الظُّرُوف الْاِقْتِصَادِيَّة 40
تُحْفَة ج. تُحَف 185
تَحْقِيق 238
تَحْقِيق جِنَائِيّ 119
تَحْلِيل 238
تَحَمَّلَ 309
تَحَمَّلَ مَسْؤُولِيَّةً 320
تَحْمِيل 238
تَحَوَّلَ مِنْ ه إِلَى ه 309
تَحْوِيل 238
تَحْوِيل مَصْرَفِيّ 40
تَحِيَّة 238
تَخَاطَبَ 311
تَخْدِير 154
تَخَرَّجَ 91
تَخْرِيب 238
تَخَصَّصَ فِي 91
تَخْفِيض 40
تَخْفِيض تَصْنِيف اِئْتِمَانِيّ 40

تَخْفِيض قِيمَة 40
تَخَلَّصَ مِنْ 309
تَخَلُّف 238
تَخْلِيْداً لِذِكْرَى ~ 320
تُخْمَة 154
تَخْيِيم 238
تَدَاعَى 311
تَدَخُّل فِي الشُّؤُونِ الدَّاخِلِيَّة 209
تَدْخِين 154
تَدْرِيب 185
تَدْرِيب عَسْكَرِيّ 94
تَدْرِيب مِهَنِيّ 75
تَدْرِيس 75
تَدْقِيق إِمْلَائِيّ وَنَحْوِيّ 63
تَدْقِيق حِسَابَات 40
تَدْمُرُ 172
تَدْمِير 238
تَدَهْوُر 238
تَذَبْذَبَ 59
تَذَكَّرَ 309
تَذْكِرَة ج. تَذَاكِرُ 172
تَذْكِرَة ذَهَاب 172
تَذَوُّق 239
تَرَأَّسَ 223
تُرَاب ج. أَتْرِبَة 102
تَرَاجَعَ 58
تَرَاجُع الْأَسْعَار 40
تَرَاجُع شَعْبِيَّة 209
تَرَاسَلَ 312
تَرَانْزِيت 172
تَرَاهَنَ 312
تَرَاوَحَ بَيْنَ 58
تَرْبَوِيّ 75
تَرَبَّى 91
تَرْبِيَة 75
تَرْجَمَ 91
تَرْجَمَة 75
تَرْجَمَة تَتَبُّعِيَّة 75
تَرْجَمَة فَوْرِيَّة 76
تَرْحِيب 239

تَرْحِيل 209
تَرْخِيص ج. تَرَاخِيصُ 239
تَرَدَّدَ 309
تَرَدًّى 310
تَرْسَانَة 94
تِرْسَة 110
تُرْس ج. تُرُوس 40
تَرْشِيح 209
تَرَعْرَعَ 314
تَرَف، تُرْفة 239
تَرَقًّى 91
تَرْقِيَة 76
تَرْقِيم 239
تَرَكَ ـُ 286
تَرَكَ السُّلْطَةَ 209
تُرْكِيَا 172
تُرْكِيّ ج. أَتْرَاك 76
تَرْكِيز 239
تِرْمُومِتْر ج. تِرْمُومِتْرَات 154
تَزَحْلَقَ 314
تَزَحْلُق عَلَى الْجَلِيد 185
تَزَلَّج 193
تَزَلُّج عَلَى اللَّوْح 185
تَزَوَّجَ 19
تَزْوِيد 40
تَزْوِير 119
تَزْوِير الْاِنْتِخَابَات 209
تَسَاقُط الشَّعْر 154
تَسامُح 239
تَسَاوَى 312
تَسَبَّبَ فِي 310
تَسْجِيل 239
تَسْدِيد 40
تَسْرِيح 239
تِسْعَة 138
تِسْعَةَ عَشَرَ 138
تِسْعُونَ 138
تَسَلَّقَ 310
تَسَلُّق الْجِبَال 186
تَسَلَّمَ 310

تَسَلَّى 310
تَسْلِيَة 239
تَسْلِيم 239
تَسَمُّم 154
تَسْمِيَة 239
تَسْمِير 154
تَسَوُّس 239
تَسَوَّق 58
تُسونَامِي 102
تَسْوِيَة سِلْمِيَّة 209
تَسْوِيق 40
تَشَاؤُم 209، 226
تَشَاؤُمِيّ 22
تَشَابَهَ 312
تَشْجِيع 22
تَشَدُّد 239
تَشْدِيد 239
تَشَرَّفَ بِـ 310
تَشْرِيع 119
تِشْرِين الْأَوَّل 138
تِشْرِين الثَّانِي 138
تَشْغِيل 40
تَشْكِيل الْحُكُومَة 210
تَصَادَقَ 312
تَصَاعَدَ 312
تُصْبِحُ عَلَى خَيْرٍ 320
تَصْدِير 40
تَصْدِيق 119
تَصَرَّفَ 310
تَصْرِيح 63
تَصَفُّح الْإِنْتِرْنِت 63
تَصْفِيَة 239
تَصْفِيق 239
تَصْلِيح 239
تَصْمِيم 40
تَصْمِيم الْأَزْيَاء 186
تَصْنِيع 40
تَصْنِيف 239
تَصْنِيف اِئْتِمَانِيّ 40
تَصْوِيت 210

تَصْوِير 186
تَصْوِير سِينَمَائِيّ 186
تَضَاءَلَ 312
تَضَاعَفَ 312
تَضْحِيَة 239
تَضَخُّم 40
تَضْمِين 239
تَطْبِيع الْعَلَاقَات 210
تَطْبِيق 240
تَطْبِيقَات تَعْلِيمِيَّة 63
تَطْبِيق الْوِيب ج. تَطْبِيقَات الْوِيب 63
تَطَلَّبَ 310
تَطَوَّرَ 58
تَطَوُّرَات 240
تَطَوَّعَ 310
تَظَاهَرَ 223
تَظاهَرَ بِـ 312
تَعَارَفَ 312
تَعازٍ 240
تَعَاسَة 22
تَعَاطَفَ 35
تَعَاطِي الْمُخَدِّرَات 154
تَعَاقَدَ 59
تَعَاقُد 40
تَعَالَ م. تَعَالَيْ 320
تَعَالَ مَعِي 320
تَعَامَلَ مَعَ 59
تَعَاوَنَ 312
تَعَب 22
تَعْبِير 22
تَعْبِيرَات وَجْه 23
تَعَجَّبَ مِنْ 35
تَعَدَّى 310
تَعْدِيل 240
تَعْدِيل الدُّسْتُور 119
تَعْدِيل مَوَادّ الدُّسْتُور 119
تَعْدِيل وِزَارِيّ 210
تَعَرَّضَ لِـ 310
تَعَرَّفَ عَلَى 310
تَعْرِيب 76

تَعْرِيف 240
تَعْزِيَة 5
تَعَشَّى 206
تَعَصُّب 226
تَعَطَّلَ 310
تَعْطِيل الْعَمَل بِالدُّسْتُور 210
تَعْقِيد 240
تَعَلَّقَ بِ 310
تَعَلَّمَ 91
تَعْلِيق 63
تَعْلِيل 240
تَعْلِيم 76
تَعْلِيم إِلِكْتُرُونِيّ 76
تَعْلِيم اِفْتِرَاضِيّ 76
تَعْلِيم جَوَّال 76
تَعْلِيم عَبْرَ الْإِنْتِرْنِت 76
تَعْلِيم مُدْمَج 76
تَعْلِيم نَقَّال 76
تَعْلِيمِيّ 76
تَعْمِير 40
تَعَهَّدَ بِ 310
تَعْوِيض 119
تَعْيِين 210
تَغَابَنَ 312
تَغَدَّى 206
تَغْذِيَة 240
تَغْطِيَة 240
تَغَيَّبَ عَنْ 310
تَغَيَّرَ 310
تَغَيُّرَات فُجَائِيَّة فِي الْمُنَاخ 102
تَغَيُّر الْمُنَاخ 102
تَغْيِير 240
تَفَاؤُل 227
تَفَاؤُلِيّ 23
تُفَّاح 196
تَفَاعَلَ 312
تَفَاهُم مُشْتَرَك 210
تَفْتِيش 240
تَفْجِير 94
تَفَحَّصَ 310

تَفْرِقَة بَيْنَ الْجِنْسَيْن 240
تَفْرِقَة عُنْصُرِيَّة 240
تَفْرِيق 240
تَفْسِير 240
تَفْصِيل ج. تَفَاصِيلُ 240
تَفَضَّلْ 320
تَفَضَّلِي 320
تَفْضِيل هـ على هـ 240
تَفْكِير بـ 240
تَفْوِيض صَلَاحِيَّات 210
تَقَابَلَ 312
تَقَارُب 240
تَقَاطُع طُرُق 172
تَقَاعَدَ 312
تَقَبَّلَ 310
تَقَدَّمَ 311
تَقَدُّم 241
تَقَدَّمَ بِـ 311
تَقَدَّمَ بِطَلَبٍ 91
تَقْدِمَة 241
تَقْدِيرًا لِـ ~ 320
تَقْدِيم 241
تَقْرِيبًا 320
تَقْرِير 241
تَقْرِير الشُّرْطَة 119
تَقْرِير مَدْرَسِيّ 76
تَقْرِير مَصِير 119
تَقْسِيط 40
تَقَلُّص 241
تَقْلِيد ج. تَقَالِيدُ 241
تَقْلِيدِيّ 241
تِقْنِيّ 41
تَقَيُّو 154
تَقْيِيم تَرْبَوِيّ 76
تَكَاثُف 241
تَكَالِيف الإِنْتَاج 41
تَكَالِيف الْمَعِيشَة 41
تَكَامُل اِقْتِصَادِيّ 41
تَكَبُّر 241
تَكْتِيك 94

تَكْتِيكِيّ 94
تِكْسَاس 172
تَكَلَّفَ 58
تَكْلِفَة التَّصْلِيح 5
تَكْلِفَة ج. تَكَالِيفُ 41
تَكَلَّمَ 311
تِكْنُولُوجِيّ 63
تِكْنُولُوجِيَا الْمَعْلُومَات وَالاِتِّصَالَات 63
تِكْنُولُوجِيَا النَّانُو 63
تِكْنُولُوجِيَا ج. تِكْنُولُوجِيَات 63
تِكْنُولُوجِيَا حَيَوِيَّة 63
تِكْنُولُوجِيَا رَقْمِيَّة 63
تَكَهَّنَ 241
تَكْيِيف هَوَاء 63
تَلَا ـُ 286
تَلَاءَمَ مَعَ 312
تَلّ ج. تِلَال 102
تَلْخِيص 241
تَلَف 241
تِلْفَاز ج. تِلْفَازَات 5
تِلِفِزِيُون ج. تِلِفِزِيُونَات 5
تَلَقَّى 311
تِلْكَ 241
تِلْمِيذ ج. تَلَامِيذُ 76
تِلْوَ 241
تَلَوُّث 102
تَلَوُّث الْمِيَاه 102
تَلَوُّث الْهَوَاء 102
تَلَوُّث ضَوْضَائِيّ 102
تَلْوِين 241
تَمَّ ـِ 286
تَمَارِينُ رِيَاضِيَّة 186
تَمَالَكَ نَفْسَهُ 320
تَمَام 241
تَمَامًا 320
تَمَّ تَنْفِيذُ ~ 320
تَمَّ تَوْقِيع 224
تِمْثَال ج. تَمَاثِيلُ 186
تَمْثِيل 186، 241
تَمَّ حَفْلُ ~ 320

تَمْر 196
تَمَرُّد 94
تَمْرِير 241
تَمْرِيض 154
تَمْرِين ج. تَمَارِينُ 186
تِمْسَاح ج. تَمَاسِيحُ 110
تَمَكَّنَ مِنْ 311
تَمَلُّق 241
تَمْهِيد 241
تَمْهِيدِيّ 241
تَمُّوز 138
تَمْوِيل 41
تَمَيَّزَ 311
تَمْيِيز 242
تَمْيِيز عُنْصُرِيّ 76، 120
تَنَاحَرَ 312
تَنَازُل 242
تَنَاغُم 186
تَنَاقُض 242
تَنَاوَلَ 312
تَنَبَّأَ 311
تَنَبُّؤ 242
تَنَحٍّ 210
تَنَحَّى 223
تَنْزِيل 41
تِنِس طَاوِلَة 186
تَنْسِيق 242
تَنْسِيق بَيْنَ الْأَحْزَاب 210
تَنْظِيف 242
تَنْظِيم 210
تَنَفَّسَ 165
تَنْفِيذًا لِـ ~ 320
تَنْمِيَة مُسْتَدَامَة 41
تَنُّورَة 5
تَنْوِيم مَغْنَاطِيسِيّ 154
تِنِّين ج. تَنَانِينُ 110
تَهْرِيب 120
تَهْرِيب الْأَسْلِحَة 120
تَهْرِيب الْمُخَدِّرَات 120
تُهْمَة ج. تُهَم 120

تَهَوُّر 242
تَوَابِلُ 196
تَوَاصَلَ 313
تَوَالَى 313
تَوْبَة 23
تُوت 196
تُوت أَزْرَقُ 196
تُوت أَسْوَدُ 197
تَوَتُّر 210
تُوت عَنْخ أَمُون 227
تَوَجَّهَ إِلَى، نَحْوَ 311
تَوْحِيد 210
تَوْزِيع 41
تَوَسُّط 210
تَوَسَّعَ 311
تَوْسِيع 242
تَوْصِيَة 242
تَوْصِيل 242
تَوْطِيد 242
تَوْظِيف 76
تَوَعَّدَ 311
تَوَفَّرَ 311
تُوُفِّيَ 311
تَوْفِير 242
تَوْفِيق 242
تَوَلَّى 311
تُونَة 197
تُونِسُ 172
تُونِسِيّ 76
تَيَّار ج. تَيَّارَات 63
تَيَّار يَسَارِيّ 210
تَيَّار يَمِينِيّ 210
تِيفُوئِيد 154
تِين 197
تِين شَوْكِيّ 110

ث

ثَائِر ج. ثُوَّار 210
ثَابِت 242
ثَابَرَ عَلَى 305

ثَارَ ـُ 222
ثَاقِب 242
ثَالِث 138
ثَالِثَ عَشَرَ 138
ثَامِن 138
ثَانٍ 138
ثَانَوِيّ 76
ثَانِيًّا 138
ثَانِيَة ج. ثَوَانٍ 138
ثَانِيَ عَشَرَ 138
ثَبَّتَ 298
ثُبُوت 242
ثَخَانَة 138
ثَخِن، ثَخِين 242
ثَدْي ج. أَثْدَاء 154
ثَرْثَار 242
ثَرْثَرَة 242
ثَرْوَة 243
ثُعْبَان ج. ثَعَابِينُ 110
ثَعْلَب ج. ثَعَالِبُ 110
ثُغْرَة 243
ثِقَاب ج. ثُقُب 5
ثَقَافَة 186
ثَقَافِيّ 186
ثَقَبَ ـُ 286
ثِقَة 23
ثِقَة بِالنَّفْس 23
ثَقَّفَ 90
ثَقَّلَ 298
ثِقْل ج. أَثْقَال 243
ثَقِيل 243
ثَلَاثَة 138
ثَلَاثَةَ عَشَرَ 138
ثَلَاثُونَ 138
ثَلَّاجَة 5
ثُلْثَان 138
ثُلْث ج. أَثْلَاث 138
ثَلَّجَ 206
ثَلْج ج. ثُلُوج 102
ثَلْجِيّ 243

ثُمَّ 315
ثَمَانُونَ 139
ثَمَانِيَة 139
ثَمَانِيَةَ عَشَرَ 139
ثَمَرَة ج. ثِمَار 110
ثَمَّنَ 57
ثَمَن ج. أَثْمَان 243
ثَمِين 243
ثُنَائِيَّة 243
ثُنَائِيَّة لُغَوِيَّة 77
ثَنَى ـِ 286
ثَوْب النَّوْم 5
ثَوْب ج. ثِيَاب 5
ثَوْرَة 210
ثَوْرَة شَعْبِيَّة 210
ثَوْر ج. ثِيرَان 110
ثَوْرِيّ 211
ثُوْم 197

ج

جَاءَ ـِ 286
جَاءَ ـِ فِي 71
جَائِز 243
جَائِزَة الْأَسَد الذَّهَبِيّ 186
جَائِزَة ج. جَوائِزُ 243
جَائِع 23
جَابٍ ج. جُبَاة 41
جَابَهَ 305
جَاثُوم، جُثَام 243
جَادّ 243
جَاذِب 243
جَاذِبِيَّة 243
جَارٍ 243
جَارّ 243
جَارٍ ج. جِيرَان 5
جَارُوشَة ج. جَوَارِيشُ 6
جَارُوف ج. جَوَارِيفُ 41
جَارِي الْإِتِّصَال 320

جَارِي التَّحْمِيل 64
جَارِيَة 6
جَازَ ـُ 286
جَازِع 23
جَازِم 243
جَازَى ه عَنْ هـ 305
جَاسُوس ج. جَوَاسِيسُ 94
جَاسُوسِيَّة 94
جَاعَ ـُ 286
جَافّ 243
جَالَ ـُ 286
جَالُون 139
جَامِعَة 77
جَامِعَة اِفْتِرَاضِيَّة 77
جَامِعَة الدُّوَل الْعَرَبِيَّة 120
جَامِع ج. جَوَامِعُ 227
جَامُوس ج. جَوَامِيسُ (الْمَاء) 110
جَانِبَان 243
جَانِب ج. جَوَانِبُ 243
جَانٍ ج. جُنَاة 120
جَانَسَ 305
جَاهِز 243
جاهِل 244
جَاوَزَ 305
جَبَّار 244
جِبَال الزَّيْتُون 173
جَبَان ج. جُبَنَاءُ 23
جِبَايَة 41
جَبْر 77
جَبَرِيّ 244
جَبَّسَ 165
جِبْس ج. أَجْبَاس 154
جَبَلَ ـُ 286
جَبَلَاوِيّ 244
جَبَل ج. جِبَال 102
جَبَل جَلِيدِيّ 102
جَبُنَ ـُ 33
جُبْن 197
جَبْهَة 244
جَبْهَة تَحْرِير فِلَسْطِين 211

جَبَى ـِ 56
جَبِين ج. أَجْبِنَة 154
جَثَّ ـُ 286
جُثَّة ج. جُثَث 244
جَحَفَ ـُ 286
جَحِيم 227
جِدّ 244
جِدًّا 244
جِدَار ج. جُدُر، جُدْرَان 244
جَدُبَ ـُ 107
جَدَّة 6
جَدّ ج. أَجْدَاد 6
جَدَّدَ 298
جُدِّدَ مُؤَخَّراً 299
جَدَرَ ـُ بِـ 286
جَدَرِيّ 154
جَدَرِيّ الدَّجَاج 154
جَدَّ ـُ، ـِ فِي 286
جَدَل 244
جَدَلَ ـُ، ـِ 286
جَدَّلَ 299
جَدَلِيّ 244
جَدْوَل أَعْمَال 211
جَدْوَل ج. جَدَاوِلُ 244
جِدِّيّ 23
جَدِيب 103
جِدِّيَّة 23
جَدِيدًا 320
جَدِيد ج. جُدَد 244
جَدِير بِـ 244
جَذَّاب 23
جُذَام 154
جَذَبَ ـِ 286
جَذْب 244
جَذَّرَ 299
جِذْر ج. جُذُور 244
جِذْرِيّ 244
جَذْعًا 320
جَذَّف 193
جَرَّ ـُ 286

جَرّ 244
جُرْأَة 23
جَرُؤَ ـُ عَلَى 287
جَرَّاء 186
جَرَاءَة 244
جَرَائِم الْكَرَاهِيَّة 120
جَرَائِم ضِدَّ الْإِنْسَانِيَّة 120
جِرَاب ج. جِرَابَات 6
جَرَّاح 154
جِرَاحَة 155
جَرَادَة ج. جَرَاد 110
جَرَّارَة 41
جِرَانِيتُ 110
جَرَّبَ 299
جَرْثَمَة 155
جُرْثُومَة ج. جَرَاثِيمُ 155
جُرْح ج. جُرُوح 155
جَرَّدَ 299
جَرْدَاءُ 103
جَرْدَل ج. جَرَادِلُ 6
جُرَذ ج. جُرْذَانُ 110
جَرَسَ ـِ 287
جَرَّسَ بـ 299
جَرَس ج. أَجْرَاس 244
جَرَشَ ـُ 287
جُرْعَة 155
جُرْف ج. أَجْرَاف 103
جَرَى ـِ 287
جَرْي 186
جَرِيئَة ج. جَرَاءٍ 245
جَرَيَان 245
جُرَيْب فُرُوت 197
جَرِيح ج. جَرْحَى 155
جَرِيدَة ج. جَرَائِدُ 64
جَرِيمَة الْحَرْب 120
جَرِيمَة ج. جَرَائِمُ 120
جَزَّ ـُ 287
جُزْء ج. أَجْزَاء 245
جَزَّأَ 299
جُزْئِيّ 245

جُزْئِيًّا 245
جُزْئِيَّات 64
جَزَاء 245
جَزَائِرِيّ 77
جَزَائِيّ 120
جَزَّار 41
جَزَر 197
جَزَرَ ـُ، ـِ 287
جَزْر 245
جَزَر الْقَمَر 173
جَزْم 245
جَزَمَ ـِ عَلَى 287
جَزَى ـِ 287
جَزِيرَة ج. جَزَائِرُ، جُزُر 173
جَسَّ ـُ 287
جَسَارَة 245
جَسَامَة 245
جَسِدَ ـَ 287
جَسَّدَ 299
جَسَد ج. أَجْسَاد 155
جَسَدِيّ 155
جِسْر ج. جُسُور 173
جَسَّمَ 299
جِسْم ج. أَجْسَام 155
جِسْمِيّ 155
جَسِيم 245
جُسَيْمَة 64
جَشَّأَ 165
جُشْأَة، جُشَاء 155
جَشِرَ ـَ 287
جَشَع 245
جَشِعَ ـَ 287
جَعَلَ ـَ 287
جَفَاف 245
جِفْرَة 245
جَفَّفَ 299
جَفْن ج. جُفُون 155
جَلَّ ـِ 287
جَلَا ـُ 287
جَلَاء 245

جَلَال 245
جَلَبَ ـُ 287
جَلْب 245
جُلَّة ج. جُلَل 6
جَلَّدَ 299
جِلْد ج. جُلُود 110
جِلْدِيّ 245
جَلَسَ ـِ 287
جَلَّسَ 299
جَلْسَة 211
جَلْسَة الْمَحْكَمَة 120
جُلْطَة 245
جُلْطَة دِمَاغِيَّة 155
جُلُوس 245
جَلَى ـِ 287
جَلَّى 299
جَلِيّ 246
جَلِيًّا 320
جَلِيد 246
جَلِيل 246
جُمَادَى الْآخِرَة 139
جُمَادَى الْأُوَّل 139
جَمَادِيّ 64
جَمَاعَة 246
جَمَاعِيّ 246
جَمَال 246
جُمْبَاز 186
جَمْبَرِي 111، 197
جُمْجُمَة ج. جَمَاجِم 155
جَمَّدَ 57
جَمَّدَ أَرْصِدَة 59
جَمَّدَ دُيُونًا 59
جُمْرُك ج. جَمَارِك 41
جَمَعَ ـَ 287
جَمَّعَ 299
جَمْع الطَّوَابع 246
جَمَعَ بَيْنَ 288
جَمْعِيَّة 120
جَمْعِيَّة الشَّابَات الْمَسِيحِيَّات 120
جَمْعِيَّة عَامَّة 120

جَمَّلَ 299

جُمَلًا 246

جُمْلَة ج. جُمَل 77

جَمَل ج. جِمَال 111

جَمْهَرَ 313

جُمْهُور ج. جَمَاهِيرُ 211

جُمْهُورِيَّة 211

جُمُود 246

جَمِيع 246

جَمِيعًا 321

جَمِيعُ الْحُقُوقِ مَحْفُوظَة 246

جَمِيل 246

جِنّ 227

جِنَائِيّ 120

جَنَاح ج. أَجْنِحَة 173

جَنَازَة 246

جِنَايَة ج. جَنَايَا 120

جَنْب ج. جُنُوب 246

جَنَّة 227

جُنْحَة ج. جُنَح 120

جَنَّدَ 99

جُنْدِيّ ج. جُنُود 94

جُنْدِيّ مُشَاة 94

جِنِرَال 94

جِنْس ج. أَجْنَاس 246

جِنْسِيَّة 173

جَنَّنَ 299

جَنُوب 173

جَنُوبًا 321

جُنُون 155

جَنَى ـِ 288

جَنِين ج. أَجِنَّة 155

جُنَيْه إِسْتَرلِينِيّ 139

جُنَيْه ج. جُنَيْهَات 139

جِهَاز التَّحَكُّم 6

جِهَاز الْمَنَاعَة 155

جِهَاز تَنَاسُلِيّ 155

جِهَاز تَنَفُّسِيّ 155

جِهَاز ج. أَجْهِزَة 64

جِهَاز دَوْرِيّ 155

جِهَاز عَصَبِيّ 155
جِهَاز هَضْمِيّ 156
جِهَة 246
جَهَدَ ـَ 288
جَهْد ج. جُهُود 246
جَهْرًا 321
جَهَّزَ 299
جَهِلَ ـَ 288
جَهْل 246
جَوّ 246
جَوَاب ج. أَجْوِبَة 246
جَوَاز سَفَر ج. جَوَازَات سَفَر 173
جَوّ ج. أَجْوَاء 103
جَوْرَب ج. جَوَارِبُ 6
جَوْز الْهِنْد 197
جَوْز عَيْنِ الْجَمَل 111
جُوع 23
جَوْعَانُ م. جَوْعَى 23
جَوَّفَ 300
جَوْقَة 186
جَوْلَة 173، 211
جُولْف 186
جَوْهَر 246
جَوْهَرَة ج. جَوَاهِرُ 247
جَوِّيًّا 173
جَيْب ج. جُيُوب 6
جِيبُوتِي 173
جَيِّد 247
جَيِّدًا 321
جِير 64
جَيْش ج. جُيُوش 95
جَيْش نِظَامِيّ 95
جِيل الْإِنْتِرْنِت 64
جِيل الِاسْتِحْمَام 6
جِيل ج. أَجْيَال 247
جِين ج. جِينَات 64

ح

حَائِر 23
حَائِط الْبُرَاق، حَائط الْمَبْكَى 173

حَائِط ج. حَوَائِطُ 247
حَاجَة إِلَى 247
حَاجِز ج. حَوَاجِزُ 247
حَادّ 247
حَادّ الطَّبْع 23
حَادِث ج. حَوَادِثُ 247
حَادِي عَشَرَ 139
حَاذِر 23
حَارّ 247
حَارَبَ 305
حَارِس ج. حَرَسَة 247
حَارِس مَرْمَى 186
حَازِم 247
حَاسَبَ 305
حَاسَّة الْبَصَر 156
حَاسَّة الذَّوْق 156
حَاسَّة السَّمْع 156
حَاسَّة الشَّمّ 156
حَاسَّة اللَّمْس 156
حَاسَّة ج. حَوَاسُّ 247
حَاسِد 23
حَاسِم 247
حَاسُوب الْمَكْتَب 64
حَاسُوب ج. حَوَاسِيبُ 64
حَاسُوب دَفْتَرِيّ 64
حَاسُوب شَخْصِيّ 64
حَاسُوب لَوْحِيّ 64
حَاسُوب مَحْمُول 64
حَاسُوب نَقَّال 64
حَاشِد 247
حَاصَرَ 305
حَاصِل عَلَى 247
حَاضَرَ 91
حَاضِر 247
حَافِز ج. حَوَافِزُ 247
حَافَظَ عَلَى 305
حَافِلَة ج. حَوَافِلُ 173
حَاقِد 23
حَاكِم ج. حُكَّام 120
حَاكِم ج. حُكَّام 211

حَالًا 321
حَالَة 247
حَالَة الطَّوَارِئ 247
حَال ج. أَحْوَال 247
حَالِيّ 247
حَالِيًّا 321
حَامِض 197
حَامِل ج. حَوَامِلُ 156
حَانَ ـِ 288
حَانَة 173
حَاوَلَ 305
حُبّ 23
حَبَّار 111
حَبَّاك 77
حِبَاكَة 41
حَبّ ج. حُبُوب 197
حَبَسَ ـِ 288
حَبْس 121
حَبِطَ ـَ 288
حَبَكَ ـُ، ـِ 288
حَبْل ج. حِبَال 248
حَبْل سُرِّيّ 156
حَبْل شَوْكِيّ 156
حُبُوط 248
حَبِيبَة 6
حَبِيب ج. أَحِبَّاءُ 6
حَتْمًا 321
حَتَّمَ ه عَلَى ه 300
حَتَّى 315
حَتَّى لَوْ ~ 321
حَثَّ ـُ ه عَلَى ه 288
حَثِيث 248
حَثِيثًا 321
حَجّ 227
حِجَاب ج. حُجُب، أَحْجِبَة 6
حِجَاب حَاجِز 156
حُجَّة ج حُجَج 248
حَجَرَ ـُ 288
حُجْرَة 248
حُجْرَة الْمُوسِيقَى 173

حَجَر(ة) ج. حِجَارَة 248

حُجْرَة عَمَلِيَّات 156

حَجَرِيّ 248

حَجَزَ ـُ ، ـِ 184

حَجْز 173

حَجْم التِّجَارَة 41

حَجْم ج. أَحْجَام 139

حَدَّ ـُ 288

حَدَا ـُ 288

حَدَّاد 77

حَدَثَ ـُ 288

حَدَّثَ 300

حَدَث ج. أَحْدَاث 248

حَدّ ج. حُدُود 248

حَدَّدَ 300

حُدُوث 248

حُدُوثُ شَغَبٍ 321

حَدِيث 248

حَدِيثًا 248

حَدِيد ج. حَدَائِدُ 41

حَدِيدِيّ 248

حَدِيقَة ج. حَدَائِقُ 173

حَدِيقة حَيَوَان 173

حَذَا ـُ 288

حِذَاء ج. أَحْذِيَة 6

حَذِرَ ـَ 288

حَذَّرَ 300

حَذَفَ ـِ 288

حَذْف 248

حُرّ 248

حَرَارَة 248

حِرَاسَة 248

حَرَاك 248

حَرَام 227

حَرْب أَهْلِيَّة 95

حَرْب بَارِدَة 95

حَرْب بِالْوِكَالَة 95

حَرْب ج. حُرُوب 95

حَرْب عِصَابَات 95

حَرَج 23

حَرِج 248
حَرَّرَ 300
حَرَس 248
حَرَس رِئَاسِيّ 95
حَرَّشَ 300
حَرَصَ ـِ 288
حِرْص 248
حِرْصًا عَلَى ~ 321
حَرَّضَ 300
حِرْفَة ج. حِرَف 77
حَرْف ج. حُرُوف 77
حَرَقَ ـِ 288
حَرَقَان 156
حَرْق ج. حُرُوق 249
حَرَّكَ 300
حَرَكَة 249
حَرَكة اِحْتِجَاجِيَّة 121
حَرَم 227
حِرْمَان مِنْ 249
حَرَم جَامِعِيّ 77
حُرُوف الْهِجَاء 77
حُرِّيَّة 249
حُرِّيَّة الْإِعْلَام 121
حُرِّيَّة التَّعْبِير 121
حُرِّيَّة التَّمَلُّك 121
حُرِّيَّة الْعِبَادَة 121
حُرِّيَّة تَغْيِير الْجِنْسِيَّة 121
حَرِير ج. حَرَائِرُ 6
حَرِيق 249
حَرِيق الْغَابَات 249
حِزَام ج. أَحْزِمَة 6
حِزْب الْعُمَّال 211
حِزْب الله 211
حِزْب الْمُحَافِظِينَ 211
حِزْب ج. أَحْزَاب 211
حَزْم 23
حُزْمَة ج. حُزَم 249
حَزِنَ ـَ 33
حُزْن 24
حُزَيْرَان 139

حَزِيم 249

حَزِين 24

حِسَاء 197

حِسَاب تَوْفِير 41

حِسَاب جَارٍ 42

حِسَاب ج. حِسَابَات 41

حِسَاب مَصْرَفِيّ 42

حَسَّاس 24

حَسَاسِيَّة 156

حَسَبَ ~ 321

حَسَبَ ـُ 288

حَسَد 24

حَسَمَ ـُ 289

حَسْم 249

حَسَّنَ 300

حُسْن 249

حَسَنًا 321

حُسْن الضِّيَافَة 249

حَسَن ج. حِسَان 249

حَسُود 24

حَشَا ـُ ه فِي ه 289

حَشَدَ ـُ، ـِ 289

حَشْد 249

حَشَرَة 111

حِشْمَة 24

حَشْو 249

حُشُود ضَخْمة 249

حَصَّاد 249

حِصَار 249

حِصَان الْبَحْر ج. أَحْصِنَة الْبَحْر 111

حَصَانَة 249

حِصَان ج. أَحْصِنَة 111

حِصَّة ج. حِصَص 139

حَصَدَ ـُ، ـِ 289

حَصَرَ ـُ، ـِ 289

حَصْر 249

حَصْرِيّ 249

حَصْرِيًّا 321

حَصَلَ ـُ 289

حَصَلَ ـُ عَلَى 289

حَصَّنَ 300
حَصْوَة ج. حَصَوَات 156
حُصُول عَلَى 250
حَصِيلَة ج. حَصَائِلُ 139
حَصِيلَة دَخْل 42
حَضَارَة 186
حَضَانَة 174
حَضَرَ ـُ 289
حَضْرَة ج. حَضَرَات 250
حُضُور 250
حَطَّمَ 300
حَظّ ج. حُظُوظ 250
حَظَرَ ـُ 289
حَظْر اِقْتِصَادِيّ 42
حَظْر التَّجَوُّل 250
حَظْر تِجَارِيّ 42
حَظّ سَعِيد 321
حِفَاظًا عَلَى ~ 321
حَفَّاظ ج. حَفَّاظَات 6
حَفَرَ ـُ 289
حَفِظَ ـَ 289
حِفْظ الْأَمْن 121
حَفْلَة ج. حَفَلَات 250
حَفْلَة زِفَاف 6
حَفِيدَة 6
حَفِيد ج. أَحْفَاد 6
حَفِيظَة ج. حَفَائِظُ 24
حَقًّا 321
حَقّ التَّصْوِيت 121
حَقّ الْحِمَايَة 121
حَقّ الزَّوَاج 121
حَقّ الصَّمْت 121
حَقّ اللُّجُوء السِّيَاسِيّ 121
حَقّ الْمُحَاكَمَة الْعَادِلَة 121
حَقّ النَّقْض 121
حَقّ الْهِجْرَة 121
حَقّ ج. حُقُوق 121
حِقْد ج. أَحْقَاد 24
حَقَّقَ 300
حَقَّقَ إِنْجَازًا 300

حَقْل ج. حُقُول 103
حَقْل نَفْط 42
حَقَنَ ـِ 289
حُقْنة ج. حُقَن 156
حُقُوق الْإِنْسَان 121
حُقُوق الْمَرْأَة 122
حَقِيبَة ج. حَقَائِبُ 77
حَقِيبَة وِزَارِيَّة 211
حَقِيبَة يَد 7
حَقِيقَة ج. حَقَائِقُ 250
حَقِيقِيّ 250
حِكَايَة 250
حُكْم إِعْدَام 122
حُكْم بَرَاءَة 122
حِكْمَة ج. حِكَم 250
حُكْم ج. أَحْكَام 122
حُكْم ذَاتِيّ 211
حُكْم عُرْفِيّ 95
حَكَمَ ـُ عَلَى ه بِ ه 132
حُكْم لَامَرْكَزِيّ 211
حُكْم مَرْكَزِيّ 211
حَكَوَاتِيّ 250
حُكُومَة 211
حُكُومَة اِئْتِلَافِيَّة 211
حُكُومَة اِشْتِرَاكِيَّة 211
حُكُومَة اِنْتِقَالِيَّة 211
حُكُومَة مُحَافِظَة 212
حُكُومَة مَدَنِيَّة 212
حُكُومَة مُؤَقَّتَة 212
حُكُومِيّ 212
حَكَى ـِ 289
حَكِيم ج. حُكَمَاءُ 250
حَلَّ ـُ 289
حَلَّاق 77
حِلَاقَة 7
حَلّ الْبَرْلَمَان 212
حَلَب 174
حَلّ ج. حُلُول 250
حَلْف 250
حِلْف ج. أَحْلَاف 212

حَلَق 7
حَلَقَ ـُ 289
حَلْق ج. حُلُوق 156
حَلَّ 300
حُلْم ج. أَحْلَام مَنَام 250
حُلْو 197
حَلّ وَسَط 212
حَلْوَى ج. حَلَوَيَات 197
حَلِيب 197
حَلِيب أَطْفَال 197
حَلْي ج. حُلِي 7
حَمَاة ج. حَمَوَات 7
حِمَار ج. حَمِير، أَحْمِرَة 111
حِمَار وَحْشِيّ 111
حَمَاس (حَرَكَة الْمُقَاوَمَة الإِسْلَامِيَّة) 212
حَمَّال 77
حَمَام ج. حَمَائِمُ 111
حَمَّام ج. حَمَّامَات 7
حَمَّام سِبَاحَة 186
حِمَايَة الْبِيئَة 103
حَمْد 227
حِمِّص 197
حَمْل 42, 156
حَمْلَة 250
حَمْلَة التَّسْوِيق 42
حَمْلَة اِنْتِخَابِيَّة 212
حَمْو ج. أَحْمَاء 7
حَمَى ـِ 289
حُمَّى 156
حُمَّى تِيفِيَّة 156
حَنْجَرَة ج. حَنَاجِرُ 156
حَوَاجِز 187
حِوَار 250
حَوَالَيْ 139
حَوْت ج. حِيتَان 111
حَوْض الْاِسْتِحْمَام 7
حَوْض ج. أَحْوَاض 103، 156، 250
حَوَّلَ 300
حَوْلَ 250
حَيَّا 300

حَيَاة ج. حَيَوَات 250
حَيَاة عَامَّة 250
حِيَازَة الْمُخَدِّرَات 122
حَيْثُ 315
حَيّ ج. أَحْيَاء 174
حَيَّرَ 35
حَيْرَة 24
حِينَ 251
حِينَئِذٍ 321
حِين ج. أَحْيَان 139
حِينَمَا ~ 321
حَيَوَانَات أَلِيفَة 111
حَيَوَان ج. حَيَوَانَات 111
حَيَوِيّ 251
حَيَوِيَّة 251

خ

خَائِف 24
خَائِن 251
خَاتِم ج. خَوَاتِمُ 7
خَاتِم خِطْبَة 7
خَاتِم زَوَاج 7
خَادِم 77
خَارِجَ ~ 321
خَارِجَ الْبَيْتِ 322
خَارِجَ الشَّبَكَة 64
خَارِجِيّ 251
خَارِجِيَّة 212
خَارِق 251
خَاصّ 251
خَاصَّةً 322
خَاصِّيَّة ج. خَصَائِصُ 251
خَاطَبَ 305
خَاطِب 7
خَاطِبَة 7
خَافَ ـَ 33
خَالَة 7
خَال ج. أَخْوَال 7
خَامِس 139
خَانِق 251

خَبَّاز 77
خِبْرَة 251
خِبْرَة عَمَل 77
خَبَر ج. أَخْبَار 64
خَبَزَ ـِ 206
خُبْز ج. أَخْبَاز 197
خَبِير ج. خُبَرَاءُ 77
خِتَان 227
خَجَل 24
خَجِلَ ـَ 33
خَجْلَانُ م. خَجْلَى 24
خَجُول 24
خَدّ ج. خُدُود 157
خَدَر 157
خَدْع 251
خَدَمَ ـِ 289
خِدْمَة 251
خِدْمَة الشَّبَكَات الْاِجْتِمَاعِيَّة 64
خِدْمَة الْعُمْلَاء 251
خِدْمَة الْغُرَف 174
خِدْمَة الْمَطَاعِم 197
خَرَجَ ـُ 289
خَرَّجَ 301
خَرَسَانَة 42
خُرْشُوف 197
خُرُوج 251
خَرُوف ج. خِرَاف 111
خِرِّيج 77
خَرِيطَة الْمَوْقِع 64
خَرِيطَة ج. خَرَائِطُ 174
خَرِيف 103
خِزَانَة ج. خَزَائِنُ 251
خِزَانَة مَلَابِسَ 7
خَزَف 251
خَزَّنَ 301
خَسّ 197
خَسَارَة ج. خَسَائِرُ 251
خَسِرَ ـَ 289
خَشَبَة الْمَسْرَح 187
خَشَب ج. أَخْشَاب 251

خَشَبِيّ 42
خَشِن 251
خُشُونَة 251
خَصَّ ـُ 289
خَصْخَصَة 42
خَصَّصَ 301
خَصْم ج. خُصُوم 42
خُصُوصًا 322
خُصُوصِيّ 251
خُضَار 198
خَضْرَوَات 198
خُضَرِيّ 77
خَضَعَ ـَ لِ 289
خُضُوع 252
خَطَأ ج. أَخْطَاء 252
خَطِئَ ـَ 290
خِطَاب تَوْصِيَة 78
خِطَاب ج. خِطَابَات 212
خَطّ اِسْتِوَاء 103
خَطّ الطُّول 103
خَطّ الْعَرْض 103
خُطِبَ لِـ 19
خُطَّة بَدِيلَة 252
خُطَّة ج. خُطَط 252
خَطّ ج. خُطُوط 252
خَطَر 252
خَطَرَ ... عَلَى بَالِهِ 290
خَطَفَ ـِ 99
خَطّ مُسْتَقِيم 139
خُطُوبَة 7
خَطْوَة ج. خَطَوَات 252
خُطُورَة 252
خُطُوط الْكَفّ 157
خَطِّيّ 252
خَطِيئَة ج. خَطَايَا 252
خَطِيب ج. خُطَبَاءُ 7
خَطِير 252
خُفَّاش ج. خَفَافِيشُ 111
خُفّ ج. أَخْفَاف 7
خَفَضَ ـِ 290

خَفَّضَ 57
خَفَّضَ ضَرَائِبَ 59
خَفَّفَ 301
خَفَّفَ الْعَجْز فِي الْمِيزانِيَّة 59
خَفَقَ ـُ 290
خَفِيف 252
خَلّ 198
خَلَاص! 322
خَلَاص 252
خَلَّاط 7
خِلَافَ 252
خِلَاف ج. خِلَافَات 252
خِلَالَ 252
خَلَطَ ـُ 290
خَلَعَ ـَ 290
خَلْع 252
خَلْفَ 252
خَلَقَ ـُ 290
خَلْق 252
خُلْق ج. أَخْلَاق 252
خَلِّي بَالَك! 322
خَمْر 198
خَمْسَة 139
خَمْسَةَ عَشَرَ 139
خَمْسُونَ 139
خَنْجَر ج. خَنَاجِرُ 95
خِنْزِير ج. خَنَازِيرُ 111
خُنْفُسَاء ج. خَنَافِسُ 111
خَوْخ 198
خَوْف 24
خَوفًا مِنْ ~ 322
خِيَار 198
خِيَارَات 252
خَيَّاط 78
خِيَاطَة 253
خَيَال عِلْمِيّ 64
خَيَالِيّ 253
خِيَانَة 212
خَيْبَة الْأَمَل 24
خَيْر ج. خُيُور 253

خَيْزَران ج. خَيَاجِرُ 111
خَيْل ج. خُيُول 111
خَيَّمَ 301
خَيْمَة ج. خِيَام 253

د

دَائِر 253
دَائِرَة اِنْتِخَابِيَّة 212
دَائِرَة تَسْجِيل الْأَرَاضِي 42
دَائِرَة ج. دَوَائِرُ 122، 253
دَائِم 253
دَائِمًا 322
دَائِن 42
دَاخِلَ 253
دَاخِلِيّ 253
دَارَ ـُ 290
دَارِجَة 253
دَار ج. دُور، دِيَار 174
دَار ضِيَافَة 174
دَافِع ج. دَوَافِعُ 253
دَافِىء 253
دَاكِن 140
دَامَ ـُ 290
دَبَّابَة 95
دُبّ ج. دِبَبَة 111
دَبْكَة 187
دِبْلُوم 78
دِبْلُومَاسِيَّة 212
دُبَيّ 174
دَجَاج 198
دَخَلَ ـُ 290
دَخْل ج. دُخُول 42
دَخَلَ حَيْزَ التَّنْفِيذ 224
دَخْل قَوْمِيّ 42
دَخَّنَ 165
دُخُول 253
دَرَّاجَة 174
دَرَّاجَة نَارِيَّة 174
دِرَاسَات عُلْيَا 78
دِرَاسَة 78

دُرَّاق 198

دِرَامَا 65

دِرَايَة 253

دَرَجَة 253

دَرَجَة أُولَى 174

دَرَجَة الْحَرَارَة 103

دَرَجَة رِجَال أَعْمَال 174

دَرَج ج. أَدْرَاج 253

دُرْج ج. أَدْرَاج 7

دَرَج مُتَحَرِّك 174

دَرْدَشَ 313

دَرْدَشَة الْإِنْتِرْنِت 65

دَرَسَ ـُ 90

دَرَّسَ 90

دَرْس ج. دُرُوس 78

دَرَى ـِ بِ 290

دَزِّينَة 140

دُسْتُور ج. دَسَاتِيرُ 122

دُشّ 7

دُعَابَة 253

دَعَا ـُ ه لِ، إِلَى ه 290

دِعَايَة 65

دَعَمَ ـَ 290

دَعْوَة 253

دَعْوَى ج. دَعَاوٍ 122

دِفْء 253

دِفَاع 95

دِفَاع جَوِّيّ 95

دَفْتَر الْحِسَاب 42

دَفْتَر ج. دَفَاتِرُ 78

دَفّ ج. دُفُوف 187

دَفَعَ ـَ 56, 290

دَفْع 253

دَفَنَ ـِ 290

دَفْن 253

دَقَّقَ 301

دَقِيق 198، 254

دَقِيقَة ج. دَقَائِقُ 140

دُكَّان ج. دَكَاكِينُ 174

دِكْتَاتُور 212

دِكْتَاتُورِيَّة 212
دُكْتُورَاه 78
دُكْتُور ج. دَكَاتِرَة 78
دَلَّ ـُ عَلَى 290
دُلْفِين 111
دَلَقَ ـُ 290
دَلِيل ج. أَدِلَّاءُ 254
دَلِيل ج. أَدِلَّة 254
دَلِيل سِيَاحِيّ 174
دِمَاغ ج. أَدْمِغَة 157
دَم ج. دِمَاء 157
دَمَّرَ 301
دِمَشْقُ 174
دُمْيَة 8
دُنْيَا 174
دُنْيَوِيّ، دُنْيَاوِيّ 174
دِهَان 187
دَهْشَة 24
دُهْنِيّ 198
دَوَاء ج. أَدْوِيَة 157
دَوَاجِنُ 198
دُوَّار 157
دَوَام 254
دَوْخَة 157
دُودَة ج. دِيدَان 112
دَوْر الْبُطُولَة 187
دَوْرَة 254
دَوْرَة الْمِيَاه 8
دَوْرَة بَرْلَمَانِيَّة 212
دَوْرَة دِرَاسِيَّة 78
دَوْرَة دِرَاسِيَّة شَتَوِيَّة 78
دَوْرَة دِرَاسِيَّة صَيْفِيَّة 78
دَوْر ج. أَدْوَار 8، 254
دُولَارَانِ 140
دُولَار ج. دُولَارَات 140
دُوَل الْخَلِيج 174
دَوْلَة الرَّفَاهَة 213
دَوْلَة ج. دُوَل 212
دَوْلَة دِينِيَّة 227
دَوْلَة مُتَقَدِّمَة 42

دَوْلَة مَدَنِيَّة 213
دَوْلَة نَامِيَة 42
دُوَل كُبْرَى 213
دَوْلِيّ، دُوَلِيّ 213
دَوَّنَ 301
دُونَ 254
دُونَ شَكّ 322
دُونَ وَعْي 322
دِيَانَة 227
دَيْر ج. أَدْيِرَة 227
دِيسَمْبِر 140
دِيك ج. دُيُوك 112
دِيك رُومِيّ 112
دِيمُقْرَاطِيَّة 227
دِينَار ج. دَنَانِيرُ 140
دِين ج. أَدْيَان 227
دَيْن ج. دُيُون 42
دِينِيّ 227
دِيوَان ج. دَوَاوِينُ 122

ذ

ذِئْب ج. ذِئَاب 112
ذا 254
ذَات ج. ذَوَات 254
ذَاقَ ـُ 206
ذَاكَرَ 306
ذَاكِرَة حَاسُوب 65
ذَاهِب إِلَى 254
ذُبَابَة 112
ذَبَحَ ـَ 99
ذَخِيرَة 95
ذِرَاع ج. أَذْرُع 157
ذُرَّة 198
ذُرْوَة 254
ذُعْر 24
ذِقْن ج. ذُقُون 157
ذَكَاء 78
ذَكَاء اِصْطِنَاعِيّ 65
ذَكَر 254

ذَكَرَ ـُ 290
ذِكْرَى ج. ذِكْرَيَات 254
ذَكِّيّ ج. أَذْكِيَاءُ 78
ذُلّ 24
ذَلِكَ ج. أُولَئِكَ 254
ذَنْب ج. ذُنُوب 122
ذَهَاب وَإِيَّاب 175
ذَهَاب وَعَوْدَة 175
ذَهَب 112
ذَهَبَ ـَ إِلَى 291
ذَهَبَ ـَ بِـ 291
ذَهَبِيّ 140
ذُهُول 24
ذُو الْإِهْتِمَامِ الْمُشْتَرَك 213
ذُو الْحِجَّة 140
ذُو الشُّبْهَان 254
ذُو الْقَعْدَة 140
ذُو ج. ذُوو 254
ذُو شَأْنٍ 213
ذِي 254

ر

رَأْس ج. رُؤُوس 157
رَأْس مَال ج. رُؤُوس أَمْوَال 43
رَأَى ـَ 291
رَأْي ج. آرَاء 255
رُؤْيَة 213
رِئَاسَة 213
رِئَاسِيّ 213
رِئَة 157
رَئِيس الْبَرْلَمَان 213
رَئِيس التَّحْرِير 65
رَئِيس الْجَامِعَة 78
رَئِيس الْجُمْهُورِيَّة 213
رَئِيس الْحَيّ 213
رَئِيس الطُّلَّاب 78
رَئِيس الْمَحْكَمَة 122
رَئِيس الْمَدِينَة 213
رَئِيس الْوُزَرَاء 213
رَئِيس تَنْفِيذِيّ 43

رَئِيس ج. رُؤَسَاءُ 213
رَئِيس مَجْلِس الْإِدَارَة 43
رَئِيس مَجْلِس الشَّعْب 214
رَئِيسِيّ 256
رَائِج 254
رَائِحَة ج. رَوَائِحُ 254
رَائِد ج. رُوَّاد 255
رَائِد ج. رُوَّاد 95
رَائِد فَضَاء ج. رُوَّاد فَضَاء 65
رَائِع 255
رَابِطَة ج. رَوَابِطُ 122
رَابِط ج. رَوَابِطُ 255
رَابِع 140
رَابِعاً 140
رَاتِب التَّقَاعُد 43
رَاتِب ج. رَوَاتِبُ 42
رَاجَعَ 306
رَاحَة 255
رَاحَة الْيَد، كَفّ 157
رَادَار 95
رَادِيُو 43
رَاسِخ 255
رَاسَلَ 306
رَاشِد 24
رَاضٍ 24
رَاغِب 255
رَافَقَ 306
رَاقَبَ 306
رَاكِب ج. رُكَّاب 175
رَامٍ إِلَى 255
رَاهِن 255
رَبّ الْبَيْت 43
رَبَّة الْمَنْزِل 78
رَبّ ج. أَرْبَاب 8
رِبْح ج. أَرْبَاح 43
رَبَطَ ـُ 291
رَبْطَة الْعُنُق 8
رَبْط عُمْلَة بِالدُّولَار 43
رُبْع 140
رُبَّمَا 322

رَبْو 157

رَبَّى 301

رُبْيَان 198

رَبِيع 103

رَبِيع الْأَوَّل 140

رَبِيع الثَّانِي 140

رُتْبَة ج. رُتَب 95

رَجَا ـُ 291

رَجَاء 255

رَجَب 140

رَجَعَ ـِ إِلَى 291

رَجُل إِطْفَاء 78

رِجْل ج. أَرْجُل 157

رَجُل ج. رِجَال 255

رُجُوع 255

رَجِيم 227

رَحَّبَ بِـ 301

رَحَلَ ـَ 184

رِحْلَة 175

رِحْلَة سَعِيدَة 322

رِحْلَة عَمَل 175

رَحَلَ ـَ عَنْ 291

رَحِمَ ـَ 291

رَحْمَة 227

رَحِيل 213

رَخَاء 255

رُخْصَة ج. رُخَص 122

رُخْصَة قِيَادَة 175

رَخِيص 43

رَدًّا عَلَى ~ 322

رَدّ ج. رُدُود 255

رَدَّ ـُ عَلَى 291

رَدّ فِعْل ج. رُدُود أَفْعَال 255

رُزّ 198

رِزْق ج. أَرْزَاق 43

رَسَائِلُ غَيْرُ مَرْغُوبٍ فِيهَا 65

رِسَالَة إِلِكْتُرُونِيَّة 65

رِسَالَة ج. رَسَائِلُ 255

رَسَّام 78

رَسَبَ ـَ 291

رَسَّخَ 301
رِسْغ ج. أَرْسَاغ 157
رَسَمَ ـُ 291
رَسْم 187
رَسْم ج. رُسُوم 43، 187
رَسْمِيّ 213
رَسُول ج. رُسُل 227
رُسُوم الْاِشْتِرَاك 43
رُسُوم التَّعْلِيم 78
رُسُوم الْعُضْوِيَّة 43
رُسُوم جُمْرُكِيَّة 43
رُسُوم مُتَحَرِّكَة 187
رَشَّاشَة 8، 95
رَشَّحَ 222
رَشَّحَ نَفْسَهُ 213
رَشْوَة 122
رَصَاص 112
رَصَاص حَيّ 95
رَصَاص مَطَاطِيّ 95
رَصَفَ ـُ 291
رَصِيد ج. أَرْصِدَة 43
رَصِيف ج. أَرْصِفَة 175
رَضَاعَة طَبِيعِيَّة 157
رَضِيع ج. رَضَائِعُ 8
رَطْب 103
رُطُوبَة 103
رُعْب 25
رَعْد ج. رُعُود 103
رَعَى ـَ 291
رَغْبَة 25
رَغْبَةً فِي ~ 322
رَغِبَ ـَ فِي 33
رَغْمَ (أَنَّ) ~ 322
رَغْمَ أَنَّ ... إِلَّا ~ 322
رَغْوَة حِلَاقَة 8
رَغِيف ج. أَرْغِفَة 140
رَغِيف خُبْز 198
رَفَاهَة 213
رُفّ ج. رُفُوف 8
رَفَضَ ـُ 291

رَفْع الْأَثْقَال 187

رَفَعَ قُيُودًا 224

رُفُوف كُتُب 8

رَقَّاص 78

رَقَبَة ج. رِقَاب 157

رِقَّة 255

رَقَصَ ـُ 192

رَقْص 187

رَقْص شَرْقِيّ 187

رَقْص شَعْبِيّ 187

رَقَّق 301

رَقَّمَ 148

رَقْم ج. أَرْقَام 140

رَقْم حِسَاب 43

رَقْم قِيَاسِيّ 43

رَقِيب ج. رُقَبَاءُ 96

رَقِيق ج. رِقَاق 255

رَكِبَ ـَ 184

رُكْبَة ج. رُكَب 157

رَكَّزَ عَلَى 301

رَكَلَ ـُ 192

رُكُوب الْأَمْوَاج 187

رُكُوب الْخَيْل 187

رُكُوب الدَّرَّاجَات 187

رُكُود اِقْتِصَادِيّ 43

رَمَادِيّ 140

رُمَّان 198

رِمَايَة 187

رَمْز ج. رُمُوز 255

رَمْزِيَّة 227

رَمَضَان 140

رَمْل ج. رِمَال 103

رَمَى ـِ 291

رَهْن ج. رُهُون 43

رَهْن عَقَارِيّ 43

رَهِينَة ج. رَهَائِنُ 96

رِوَائِيّ 79

رَوَاج 43

رِوَايَة 255

رُوح ج. أَرْوَاح 228

رُوسِيّ 79
رُوسِيَا 175
رَوْضَة أَطْفَال 175
رَوْعَة 256
رُوكْبِي، رُجْبِي 187
رُومَا 175
رُومَان 79
رُومَانْسِيّ 256
رَوَى ـِ 291
رِيَاضَة 187
رِيَاضِيّ 187
رِيَاضِيَّات 79
رِيَال ج. رِيَالَات 141
رِيح ج. رِيَاح 103
رِيف ج. أَرْيَاف، رُيُوف 175

ز

زَائِر ج. زُوَّار 256
زَاحِف ج. زَوَاحِفُ 112
زَادَ ـِ عَنْ 291
زَارَ ـُ 291
زَالَ ـُ 291
زَاوِيَة ج. زَوَايَا 256
زُبْدَة 198
زُبُون ج. زَبَائِنُ 256
زَبِيب 198
زُجَاجَة 256
زُجَاجَة رِضَاعَة 8
زُحَل 103
زِرَاعَة 44
زِرَاعِيّ 44
زَرَافَة 112
زِرّ ج. أَزْرَار 256
زَرْع الْقَلْب 157
زَعَامَة 214
زَعْتَر 198
زَعْفَرَان 198
زَعْلَانُ م. زَعْلَى 25
زَعَمَ ـُ 291
زَعِيم ج. زُعَمَاءُ 214

زُقَاق ج. أَزِقَة 175

زَكَاة 228

زُكَام 157

زِلْزَال ج. زَلَازِلُ 103

زَمَن ج. أَزْمَان 141

زَمِيل ج. زُمَلَاءُ 8

زُنَّار ج. زَنَانِيرُ 8

زَنْجَبِيل 198

زَهْرَة الذَّهَب 112

زَهْرَة ج. زُهُور، أَزْهَار 112

زَوَاج ج. زَوَاجَات 8

زَوَاج عُرْفِيّ 122

زَوْبَعَة ج. زَوَابِعُ 103

زَوَّجَ 19

زَوْج أُمّ 8

زَوْجَان 8

زَوْجَة 8

زَوْجَة أَب 8

زَوْج ج. أَزْوَاج 8

زَوَّدَ 301

زَوْرَق ج. زَوَارِقُ 175

زِيَادَة 44

زِيَادَة الْأُجُور 44

زِيَارَة 256

زِيَارَة رَسْمِيَّة 214

زَيْت الزَّيْتُون 199

زَيْت ج. زُيُوت 198

زَيْتُون 199

زِيّ ج. أَزْيَاء 8

زَيَّنَ 193

س

سَ 315

سَأَلَ ـَ 292

سُؤَال ج. أَسْئِلَة 258

سُؤْر ج. أَسْآرُ 258

سَؤُوم 25

سَئِم 25

سَئِمَ ـَ 34

سَائِح ج. سُيَّاح 175

سَائِد 256
سَائِر 256
سَائِق ج. سُوَّاق، سَاقَة 79
سَائِل لِلتَّرْطِيب 8
سَابَّ 306
سَابَاط ج. سَوَابِيطُ 187
سَابِع 141
سَابِق 256
سَابِقًا 141، 256
سَابِقَة ج. سَوَابِقُ 256
سَابِلَة ج. سَوَابِلُ 256
سَاجٍ 25
سَاجَلَ 193
سَاحِب 256
سَاحَة 175، 256
سَاحِر ج. سُحَّار 79
سَاحِق 256
سَاحِل ج. سَوَاحِلُ 104
سَاخِر 25
سَاخِط 25
سَاخِن 256
سَادَ ـُ 292
سَادِس 141
سَاذِج 25
سَارَ ـِ 292
سَارَعَ فِي 306
سَارَقَ 133
سَارِق ج. سُرَّاق 122
سَاطِع 256
سَاطُور ج. سَوَاطِيرُ 9
سَاعَة 141
سَاعَة مُنَبِّه 141
سَاعَة يَد 141
سَاعَتَانِ 141
سَاعِد ج. سَوَاعِدُ 158
سَاعَدَ ه عَلَى، فِي ه 306
سَاعَرَ 58
سَاعٍ م. سَاعِيَة ج. سُعَاة 79
سَاعِي الْبَرِيد 79
سَافَرَ إِلَى 306

سَافِيَاءُ 104
سَاقَ ـُ 292
سَاكِع 256
سَاكِن ج. سُكَّان 257
سَامِيّ 79
سَانَدَ 306
سَاهَمَ فِي 306
سَاوَمَ 306
سَاوَى 306
سَبَّ ـُ 292
سَبَّابَة 158
سُبَات 158
سَبَّاح 188
سِبَاحَة 188
سِبَاحَة حُرَّة 188
سِبَاحَة عَلَى الصَّدْر 188
سِبَاحَة عَلَى الظَّهْر 188
سِبَاحَة فَرَاشَة 188
سِبَاق 188
سِبَاق الْخَيْل 188
سَبَّاك 79
سِبَاكَة 44
سَبَانِخ 199
سَبَّبَ 301
سَبَب ج. أَسْبَاب 257
سِبْتَمْبِر 141
سَبَحَ ـَ 192
سَبَخَ ـُ 164
سَبْخَة ج. سِبَاخ 44
سَبَرَ ـِ 56
سَبْر 44
سَبْرَة 104
سَبْعَة 141
سَبْعَةَ عَشَرَ 141
سَبْع ج. سِبَاع 112
سَبْعُونَ 141
سَبْعِينِيَّات 141
سَبَغَ ـُ 292
سَبَقَ ـُ 292
سَبَّقَ 301

سَبَكَ ـِ 56
سَبْك الْمَعَادِن 44
سَبَّلَ 301
سُبُل التَّعَاوُن الْمُشْتَرَك 214
سَبُّورَة 79
سَبُّورَة تَفَاعُلِيَّة 65
سَبَى ـِ 99
سَبِيّ ج. سَبَايَا 96
سَبِيل ج. سُبُل 257
سِتَار ج. سُتُر 9
سِتَّة 141
سِتَّةَ عَشَرَ 141
سَتَرَ ـُ 292
سُتْرَة ج. سُتَر 9
سِتْر ج. أَسْتَار 188
سَتَّفَ 302
سِتُودِيُو ج. سِتُودِيُوهَات 188
سِتُّونَ 141
سَجَا ـُ 292
سَجَّادَة 9
سِجَارَة ج. سَجَائِرُ 257
سَجَّان 122
سَجْسَج 104
سِجْف ج. سُجُوف 257
سَجِلَ ـُ 292
سَجَّلَ 302
سِجِلّ التَّشْرِيفَات 188
سِجِلّ الزِّيَارَات 188
سِجِلّ تِجَارِيّ 44
سِجِلّ ج. سِجِلَّات 257
سَجَمَ ـُ 292
سَجَنَ ـُ 132
سِجْن ج. سُجُون 122
سَجْن مُؤَبَّد 122
سَجِيَّة ج. سَجَانَا ، سَجِيَّات 25
سَجِين ج. سُجَنَاءُ 122
سَجِين سِيَاسِيّ 123
سَحَّ ـُ 292
سِحَاءَة ج. سَحَايَا 158
سَحَابَة ج. سُحُب 104

سَحَّاح 25

سَحَّارَة ج. سَحَاحِيرُ 257

سَحَبَ ـَ 292

سَحْب 123

سَحَرَ ـَ 192

سِحْر 257

سَحْق ج.سُحُوق 257

سَحَلَ ـَ 292

سِحْلِيَّة ج. سَحَال 112

سَحِيق 257

سَخَّ ـُ 292

سَخَاء 25

سَخَافَة 25

سُخَام 65

سَخَّان 9

سَخَّانَة الْمِيَاه 9

سَخَرَ ـَ 90

سُخْرَة 79

سُخْرِيّ 25

سُخْرِيَّة 25

سُخْط 25

سَخِطَ ـَ عَلَى 34

سَخُفَ ـُ 34

سَخَّف 35

سَخَّمَ 149

سَخَّنَ 302

سَخُوَ ـُ 34

سُخُونَة 104

سَخِيّ 25

سَخِيف 25

سَخِيمَة ج. سَخَائِمُ 26

سَدَاد 257

سِدَادَة 9

سُدَّة ج. سُدَد 9

سَدّ ج. سُدُود 175

سَدَّدَ إِلَى 193

سَدِرَ ـَ 34

سِدْرَة 112

سَدَلَ ـُ 292

سَدَم 26

سَدِمَ ـَ 34
سَدِيد 257
سَدِيم ج. أَسْدَام 104
سَذَاجَة 257
سَرَّ ـُ 34
سَرَاب 104
سِرَاج ج. سُرُج 9
سُرَادِق 175
سَرِبَ ـَ 107
سُرْبَة ج. سُرَب 112
سِرْب ج. أَسْرَاب 112
سِرْبِيّ 79
سُرَّة ج. سُرَر 158
سَرَجَ ـُ 292
سَرَحَ ـَ 116
سَرَّحَ 116
سَرَدَ ـُ 292
سَرْد 188
سَرْطَان 112
سَرْطَان الْبَحْر 112
سُرْعَة 257
سَرَف 257
سَرَقَ ـِ 132
سَرْكِيّ ج. سَرَاكِي 44
سِرْوَال ج. سَرَاوِيلُ 9
سُرُور 257
سِرِّي 257
سَرِير ج. أَسِرَّة 9
سَرِير نَقَّال 158
سَرِيع 257
سَطْح ج. سُطُوح 257
سَطَرَ ـُ 293
سَطْر ج. أَسْطُر، سُطُور 257
سَطَع 258
سَطَعَ ـَ 293
سَطَمَ ـُ 19
سَطْو 96
سَطِيح 258
سَعَادَة 26
سُعَال 158

سَعَة 258

سَعِدَ ـَ 34

سَعْدَان ج. سَعَادِينُ 112

سَعَرَ ـَ 99

سِعْر أَصْلِيّ 44

سِعْر الْبَيْع 44

سِعْر الْخَصْم 44

سِعْر الصَّرْف 44

سِعْر الْفَائِدَة 44

سَعْرَانُ م. سَعْرَى 26

سُعْرَة حَرَارِيَّة 158

سِعْر ج. أَسْعَار 44

سِعْر رَخِيص 44

سِعْر غَالٍ 44

سِعْر قِطْعَة 44

سِعْر مَعْقُول 44

سَعَلَ ـُ 164

سُعُودِيّ 79

سَعَى ـَ 193

سَعَى ـَ إِلَى 293

سَعْي 258

سَعِيد 26

سَفَّ ـِ 164

سِفَارَة 123

سَفَر ج. أَسْفَار 175

سَفَقَ ـُ 293

سَفِلَ ـَ 293

سَفَى ـِ 107

سَفِير ج. سُفَرَاءُ 123

سَفِينَة ج. سُفُن 175

سَفِينَة حَاوِيَات 45

سَفِينَة رُكَّاب 175

سَفِينَة سِيَاحِيَّة 175

سَفِيه 26

سَقْسَقَ 116

سَقَطَ ـُ 293

سَقْف ج. سُقُوف 9

سَقِمَ ـَ 164

سَقَى ـِ 19

سَكَّ ـُ 56، 165، 293

سُكَّان 258
سُكَّان الْجَنَان 258
سَكَبَ ـُ 293
سِكَّة ج. سِكَك 45
سَكَتَ ـُ 34
سَكّ ج. سُكُوك 9
سُكَّر 199
سِكْرِتِير 79
سَكَعَ ـَ 293
سَكَّكَ 19
سَكَنَة 258
سَكَنَ ـُ فِي 19
سُكُوت 26
سَكِيب 104
سِكِّين ج. سَكَاكِينُ 9
سَلَا ـُ 34
سِلَاح ج. أَسْلِحَة 96
سِلَاح نَارِيّ 96
سُلَالَة 9
سُلَالَة مَلَكِيَّة 228
سُلّ الْعِظَام 158
سَلَام 214
سَلَامَة 158
سَلَبَ ـُ 222
سَلْبِيّ 26
سَلَّة ج. سِلَال 9
سَلَّة مُهْمَلَات 9
سُلَحْفَاة ج. سَلَاحِفُ 112
سَلَخَ ـَ ، ـُ 293
سَلَخَانَة 112
سَلِس 26
سَلْسَلَ 313
سِلْسِلَة الْأَحْدَاث 123
سِلْسِلَة الْبَاب 9
سِلْسِلَة ج. سَلَاسِلُ 258
سُلْطَان ج. سَلَاطِينُ 214
سَلَطَة 199
سُلْطَة 214
سُلْطَة تَشْرِيعِيَّة 214
سُلْطَة تَنْفِيذِيَّة 214

سُلْطَة قَضَائِيَّة 214
سَلْطَعُون 113
سَلْطَنَة 214
سِلَع أَسَاسِيَّة 9
سِلَع اِسْتِهْلَاكِيَّة 45
سِلْعَة ج. سِلَع 45
سِلَع صِنَاعِيَّة 45
سِلَع غِذَائِيَّة 9
سِلَع مُسْتَعْمَلَة 45
سَلَّف 302
سَلَفًا 141
سِلْفَة 9
سِلْف ج. أَسْلَاف 9
سَلَقَ ـُ 206
سِلْك هَوَائِيّ 10
سِلْكِيّ 65
سَلَّمَ 91
سُلَّم ج. سَلَالِمُ 10
سُلَّم مُتَحَرِّك 176
سَلْمُون 113
سَلْمُون مُرَقَّط 113
سِلْمِيّ 96
سُلُوك اِجْتِمَاعِيَّة 123
سُلُوك ج. سُلُوكِيَّات 258
سَلِيخ 199
سَلِيط 26
سَلِيم 258
سُلَيْمان الْحَكِيم 228
سُلَيْمانُ بْنُ دَاوِد 228
سَمَّ ـُ 165
سَمَاء ج. سَمَوَات 104
سَمَاح 258
سَمَاد بَلَدِيّ 45
سَمَّاعَة 258
سَمّ الْفَأْر 113
سَمَاوِيّ 104
سَمّ ج. سُمُوم 258
سَمَحَ ـُ لِ ه بِ ه 293
سُمْرَة 141
سِمْسَار ج. سَمَاسِرَة 45

سَمَعَ ـَ 293

سَمْع، سَمَاع 258

سَمَك ج. أَسْمَاك 199

سمًّى 302

سَمِين 158

سُنَّة 228

سَنَة ج. سَنَوَات 141

سَنْتِيمِتر ج. سَنْتِيمِترَات 142

سِنّ ج. أَسْنَان 258

سِنْجَاب 113

سَنَد ج. سَنَدَات 45

سَنْدَوِيشَة 199

سَنَوِيّ 142

سَنَوِيًّا 142

سَهِرَ ـَ 293

سَهْل 258

سَهْم ج. أَسْهُم 45

سُهُولَة 258

سُوء الْخُلُق 26

سَوَاءً ... أَمْ ~ 322

سِوَار ج. أَسَاوِر 10

سَوَّاق 79

سُوبَرمَارْكِت 199

سُورَة ج. سُوَر 228

سُور ج. أَسْوَار 176

سُورِيّ 79

سُورِيَا 176

سُوِسْرِيّ 79

سَوْط ج. سِيَاط 258

سَوْفَ 315

سُوْق الْأَوْرَاق الْمَالِيَّة 45

سُوق الْحَمِيدِيَّة 176

سُوق الصَّاغَة 176

سُوق الصَّرَافَة 45

سُوق الصَّرْف الْأَجْنَبِيّ 45

سُوق الْعُمْلَات الْأَجْنَبِيَّة 45

سُوق ج. أَسْوَاق 176

سُوق حُرَّة 45

سُوق سَوْدَاءَ 45

سُوق مَالِيَّة 45

سَوَّى 302

سِوَى 259

سُوِيسْرَا 176

سَيِّء 26

سِيَاحَة 176

سِيَاحِيّ 176

سِيَادَة 214

سَيَّارَة 176

سَيَّارَة أُجْرَة 176

سَيَّارَة إِسْعَاف 176

سَيَّارَة إِطْفَاء 176

سَيَّارَة مُفَخَّخَة 96

سِيَاسَة 214

سِيَاسَة التَّقَشُّف 214

سِيَاسِيّ 214

سِيَاق 188

سِيَاقَة 176

سِيبَوَيْهِ 79

سَيِّدَة 10

سَيِّدَة الْبَيْت 80

سَيِّد ج. سَادَة 10

سِيدْنِي 176

سِيرَة ج. سِيَر 80

سِيرَة ج.سِيَر 80

سِيرَة ذَاتِيَّة ج. سِيَر ذَاتِيَّة 80

سِيرَة مِهْنِيَّة 80

سِيرْك 80

سَيْطَرَ ـِ عَلَى 313

سَيْنَاء 176

سِينَارِيُو ج. سِينَارِيُوهَات 188

سِينَمَا 176

سُيُول 176

سُيُولَة 259

ش

شَأْن ج. شُؤُون 259

شُؤُون الْأَفْرَاد 123

شُؤُون دَاخِلِيَّة 215

شُؤُون عَالَمِيَّة 215

شُؤُون عَرَبِيَّة 215

شُؤُون قَانُونِيَّة 123
شُؤُون مَنْزِلِيَّة 10
شَاءَ ـِ 34
شَائِع 259
شَابَّة 10
شَابّ ج. شَبَاب، شُبَّان 10
شَاحِنَة 176
شَاخِص 259
شَارِب 158
شَارِح 80
شَارِع ج. شَوَارِعُ 177
شَارَكَ في 306
شَاشَة 65
شَاشَة لَمْس 65
شَاطِئ ج. شَوَاطِئُ 104
شَاطِر 259
شَاعِر ج. شُعَرَاءُ 80
شَاغِر 259
شَاكِر 26
شَالَ ـِ 293
شَامْبَانِيَا 199
شَامْبُو 10
شَامِل 259
شَاهَدَ 306
شَاهِد ج. شُهَدَاءُ، شُهُود 123
شَاوَرَ 306
شَاي 199
شَبَّ ـِ 107
شُبَاط 142
شُبَّاك التَّذَاكِر 177
شُبَّاك ج. شَبَابِيكُ 10
شَبَّبَ 302
شَبَح ج. شُبُوح ، أَشْبَاح 259
شِبْشِب 10
شَبَطَ ـُ 293
شَبعَ ـَ 293
شَبْعَان 199
شَبكَة 65
شَبَكَة رَقْمِيَّة 65
شَبكَة عَنْكَبُوتِيَّة عَالَمِيَّة 65

شِبْه 259
شِتَاء 104
شَتَوِيّ 104
شَجَاعَة 26
شَجَر 113
شَجَّعَ ه عَلَى هـ 35
شَخْص ج. أَشْخَاص 259
شَخْصِيّ 259
شَخْصِيًّا 322
شَخْصِيَّة 26
شَدَّدَ عَلَى 302
شَدِيد ج. أَشِدَّاءُ 259
شَذَبَ ـُ 19
شِرَاء 45
شَرَاب ج. أَشْرِبَة 199
شَرَاكَة 45
شَرِبَ ـَ 206
شُرْب 199
شَرّ ج. شُرُور 259
شَرَحَ ـَ 293
شَرَّحَ 19
شَرْح 259
شُرْطَة 123
شُرْطَة الْحُدُود 123
شُرْطَة عَسْكَرِيَّة 123
شَرْط ج. شُرُوط 123
شُرْطِيّ 123
شَرْعِيّ 123
شَرْعِيَّة 123
شَرَف 259
شُرْفَة ج. شُرَف 10
شَرْق 142
شَرْق أَدْنَى 177
شَرْق أَقْصَى 177
شَرْقِيّ 142
شَرِكَة 123
شَرِكَة التَّأْمِين 45
شَرِكَة بِنَاء 123
شَرِكَة عَالَمِيَّة 123
شَرِكَة مُسَاهِمَة 123

شُرُوح 259
شُرُوط الْاِسْتِخْدَام 124
شُرُوق 104
شِرْيَان ج. شَرَايِينُ 158
شَرِيحَة ج. شَرَائِحُ 142
شَرِيط ج. شَرَائِطُ 10
شَرِيط لَاصِق 10
شَرِيك تِجَارِيّ 46
شَرِيك ج. شُرَكَاءُ 46
شَطْرَنْج 188
شِعَار ج. شِعَارَات 188
شَعْبَان 142
شَعْب ج. شُعُوب 214
شَعْبِيّ 188
شَعْبِيَّة 188
شَعَرَ ـُ بِ 34
شِعْر ج. أَشْعَار 80
شِعْر جَاهِلِيّ 188
شَعْر ج. شُعُور 158
شِعْر حُرّ 189
شُعُور 26
شَغَب 214
شَغَّلَ 91
شُغْل ج. أَشْغَال 46
شِفَاء 158
شَفَافِيَّة 214
شَفَة ج. شِفَاه 158
شَفْرَة 10، 259
شَفْرَة حِلَاقَة كَهْرَبَائِيَّة 10
شَفَوِيّ 259
شَفَى ـِ 165
شَقَّة ج. شُقَق 177
شَقِيّ 26
شَكّ ج. شُكُوك 214
شُكْر 26
شُكْرًا جَزِيلًا 322
شَكَرَ ـُ ه عَلَى ه 34
شَكَّ ـُ فِي 132
شَكَّلَ 133
شَكْل ج. أَشْكَال 259

شَكْوَى ج. شَكَاوَى 26
شَمَّ ـُ 293
شَمَال 142
شَمَالِيّ 142
شَمْعَة ج. شَمْع، شَمَعَات 10
شَمْع ج. شُمُوع 46
شَمِلَ، شَمَلَ ـَ 294
شُمُول 259
شُمُولِيَّة 215
شَنْطَة ج. شُنَط 10
شَنْق 124
شُذُوذ جِنْسِيّ 260
شِهَاب ج. شُهُب 65
شَهَادَة 80, 228
شَهَادَة الزَّوَاج 124
شَهَادَة مَرَضِيَّة 158
شَهَادَة وَفَاة 158
شَهَامَة 26
شَهِدَ ـَ 132
شُهَدَاء الثَّوْرَة 228
شُهْرَة 260
شَهْر ج. أَشْهُر، شُهُور 142
شَهْرِيًّا 142
شَهْوَة 158
شَهِيَّة 158
شَهِيْد ج. شُهَدَاءُ 228
شَوَّال 142
شُورْبَة 199
شَوْكَة ج. شَوك 10
شَوْك ج. أَشْوَاك 260
شُوكُولاَتَة 199
شُوَيَّة 260
شُوَيَّة شُوَيَّة 322
شَيْء آخَرُ 323
شَيْء ج. أَشْيَاءُ 260
شَيْخ ج. شُيُوخ 10
شَيْخُوخَة 260
شَيَّدَ 57
شَيْطَان ج. شَيَاطِينُ 228
شِيعَة 228

شِيك 46

شُيُوعِيّ 215

شُيُوعِيَّة 215

ص

صَابُون 11

صَاحَ ـِ 294

صَاحِب الْبَيْت 46

صَاحِب الْجَلَالَة 215

صَاحِب الْعَمَل 80

صَاحِب ج. أَصْحَاب 80

صَاحِب شَرِكَة 80

صَادِرَات 46

صَادَقَ 306

صَادِق 26

صَارَ ـِ 294

صَارَعَ 307

صَارُوخ ج. صَوَارِيخُ 65

صَاغَ ـُ 294

صَافٍ 260

صَافِي الْإِيرَاد 46

صَالَة الْمُوسِيقَى 189

صَالِح 260

صَالُون حِلَاقَة 177

صَامَ ـُ 232

صَبَّ ـُ 294

صَبَاح 142

صَبَاحًا 323

صَبَاحَ الْخَيْر 323

صَبَاحَ النُّور 323

صَبَّار 113

صَبَرَ ـِ 34

صَبْر 27

صَبُور 27

صَبِيَّة ج. صَبَايَا 11

صَبِيّ ج. صِبْيَان 11

صَحَا ـُ 294

صِحَّة 158

صَحَّحَ 302

صَحْرَاءُ ج. صَحَارَى 177

صَحْرَاوِيّ 104
صُحُفِيّ 66
صَحْن ج. صُحُون 199
صَحْن فِنْجَان 199
صَحِيح 260
صَحِيفَة ج. صُحُف 66
صَخْرَة ج. صُخُور 113
صُدَاع 159
صَدَاقَة 260
صَدَّرَ 57
صُدْرَة 11
صَدْر ج. صُدُور 159
صُدْفَة ج. صُدَف 260
صَدَّقَ 232
صِدْق 27
صَدْمَة 260
صَدْمَة كَهْرَبَائِيَّة 124
صَدِيْق ج. أَصْدِقَاءُ 80
صَدِيق دَرْدَشَة 80
صَرَاحَة 27
صَرَّاف 46
صَرَّاف آلِيّ 46
صِرَافَة 46
صَرَّحَ 302
صَرَخَ ـُ 294
صُرْصُور 113
صَرْف 260
صَرِيح 27
صَعْب 260
صَعَدَ ـَ 294
صُعُوبَة 260
صُعُود 260
صَعِيد ج. أَصْعِدَة 80
صَغِير السِّنّ ج. صِغَار السِّنّ 11
صَغِير ج. صِغَار 260
صِفَة 260
صَفّ ج. صُفُوف 80
صَفْحَة الثَّقَافَة 66
صَفْحَة الْحَوَادِث 66
صَفْحَة الرِّيَاضَة 66

صَفْحَة الْوَفَيَات 66
صَفْحَة ج. صَفَحَات 66
صَفْحَة رَئِيسِيَّة 66
صَفْحَة شَخْصِيَّة 66
صَفَر 142
صِفْر 142
صَفَّقَ 302
صَفْقَة 46
صُفُوف الْقِيَادَة 215
صَقْر ج. صُقُور 113
صَقِيع 104
صَلَاة ج. صَلَوَات 228
صَلَاحِيَّة 215
صَلَبَ ـِ 232
صُلْب الْمَوْضُوع 261
صَلَّحَ 302
صَلْصَال 261
صَلْصَة 199
صَلَّى 232
صَلِيب ج. صُلْبَانُ 228
صِمَام الْأَمَان 46
صَمْغ ج. صُمُوغ 80
صَمَّمَ 302
صِنَاعَة 46
صِنَاعِيّ 46
صُنْبُور ج. صَنَابِيرُ 11
صُنْدُوق الْاقْتِرَاع 215
صُنْدُوق الْبَرِيد 261
صُنْدُوق النَّقْد الدُّوَلِيّ 46
صُنْدُوق ج. صَنَادِيقُ 261
صَنَعَ ـَ 294
صَنَّعَ 57
صُنْع 261
صَنْعَاءُ 177
صُنْع الْيَد 81
صِنْف ج. أَصْنَاف 261
صِهْر ج. أَصْهَار 11
صَهْيُونِيَّة 228
صَوَاب 27
صَوَّبَ 302

صَوْت ج. أَصْوات 261
صَوَّر 302
صُورَة ج. صُوَر 261
صُورَة نَمَطِيَّة 261
صُوف 261
صُوفَة 11
صُوفِيَّة 228
صَوْم 228
صَيْد 81
صَيْدَلَة 159
صَيْدَلِيَّة 159
صَيْدَلِيّ ج. صَيَادِلَة 159
صَيْرَفِيّ 46
صِيْغَة تَوَافُقِيَّة 215
صَيْف 104
صِينِيّ 81

ض

ضَابِط ج. ضُبَّاط 96
ضَابِط ج. ضَوَابِطُ 124
ضَاحِيَة ج. ضَوَاحٍ 177
ضَارّ 261
ضَاعَف 307
ضَبَاب 104
ضَبْع ج. ضِبَاع 113
ضَجَّة 261
ضَجَر 27
ضَحِكَ ـَ 34
ضَحَّى بِ 222
ضَحِيَّة ج. ضَحَايَا 215
ضِدَّ 261
ضَرَبَ ـِ 294
ضَرْب 261
ضَرْبَة 261
ضَرَر ج. أَضْرَار 261
ضَرِيبَة الْأَرْبَاح الرَّأْسُمَالِيَّة 46
ضَرِيبَة الْإِسْتِهْلَاك 46
ضَرِيبَة التَّرِكَات 47
ضَرِيبَة الدَّخْل 47
ضَرِيبَة الْقِيمَة الْمُضَافَة 47

ضَرِيبَة ج. ضَرَائِبُ 46
ضَرِيح ج. أَضْرِحَة 261
ضَعِيف 261
ضَغَطَ ـَ 294
ضَغْط الدَّم 159
ضَغْط ج. ضُغُوط 261
ضُغُوط أَجْنَبِيَّة 215
ضَفْدَع ج. ضَفَادِعُ 113
ضِلْع ج. ضُلُوع، أَضْلَاع 159
ضَمّ 261
ضَمَّ ـُ 294
ضِمَاد 159
ضَمَان 262
ضَمَّنَ 302
ضَوْضَاء 262
ضِيَافَة 262
ضَيْف الشَّرَف 262
ضَيْف ج. ضُيُوف 262
ضَيِّق 262

ط

طَائِر التَّدْرُج، التُّدْرُج 113
طَائِرَة 177
طَائِر ج. طُيُور 113
طَائِفَة ج. طَوَائِفُ 113
طَائِفِيَّة 228
طَابَع بَرِيدِيّ 124
طَابِعَة 47
طَابَع ج. طَوَابِعُ 124
طَابَع جَوِّي 124
طَابَع عَادِيّ 124
طَابِق أَرْضِيّ 11
طَابِق أَوَّلُ 11
طَابِق ج. طَوَابِقُ 11
طَابِق سُفْلِيّ 11
طَابِق عُلْوِيّ 11
طَاجِن، طَاجِين 199
طَاحِنَة 159
طَاحُونَة 177

طَارَ ـِ 116
طَارِئ 159
طَازِج 200
طَاعُون 159
طَاقَة 66
طَاقَة الرِّيَاح 66
طَاقَة حَيَوِيَّة 66
طَاقَة شَمْسِيَّة 66
طَاقَة غَيْر مُتَجَدِّدَة 66
طَاقَة مُتَجَدِّدَة 66
طَاقَة نَوَوِيَّة 66
طَاقِم ج. طَوَاقِمُ 81
طَالِب أَجْنَبِيّ 177
طَالِب ج. طُلَّاب، طَلَبَة 81
طَالَبَ ه بِ ه 307
طَالِق 11
طَاوِلَة 11
طَاوُوس ج. طَوَاوِيسُ 113
طِبّ 159
طِبّ الْأَسْنَان 159
طِبّ الْقَلْب 159
طَبَخَ ـُ 19
طَبْشُورَة ج. طَبَاشِيرُ 81
طَبَعَ ـَ 132
طَبْعًا 323
طَبْعَة 124
طَبْقًا لِ ~ 323
طَبَقَة 215
طَبَقَة اِجْتِمَاعِيَّة 215
طَبَقَة الْأُوزُون 66
طَبَقَة عُلْيَا 47
طَبَقَة فَقِيرَة 47
طَبَقَة مُتَوَسِّطَة 47
طَبَق ج. أَطْبَاق 200
طَبَقِيَّة 47
طَبْلَة 189
طِبّ نَفْسِيّ 159
طَبِيب أَسْنَان 159
طَبِيب ج. أَطِبَّاء 159
طَبِيعَة ج. طَبَائِعُ 104

طَبِيعِيّ 105، 262
طَحِين 200
طَحِينَة 200
طَرَابُلُسْ 177
طُرْبِيد 96
طَرَحَ ـَ 294
طَرَدَ ـُ 222
طَرْد ج. طُرُود 124
طَرَف ج. أَطْرَاف 177
طَرِيف 27
طَرِيقَة الْبَحْث 262
طَرِيقَة ج. طُرُق 262
طَرِيْق ج. طُرُق 177
طَرِيق رِيفِيّ 177
طَرِيق سَرِيع 177
طَعَام ج. أَطْعِمَة 200
طَعْم ج. طُعُوم 200
طَغَى ـَ عَلَى 222
طَفَّايَة حَرِيق 124
طِفْل أَنَابِيب 159

طِفْل ج. أَطْفَال 11
طِفْل مُتَبَنَّى 215
طُفُولَة 11
طَقْس ج. طُقُوس 105
طَقْم أَسْنَان 159
طُقُوس دِينِيَّة 228
طِلَاء 189
طَلَاق 11
طَلَاقَة 81
طَلَب 262
طَلَعَ ـَ 294
طَلَّقَ 19
طَمَاطِم 200
طَمَّاع 27
طُمُوح 27
طَنّ 142
طُهْر 124
طَهَى ـَ 206
طَوَّافَة 177
طِوَالَ 262

طَوَّرَ 57

طَوْر ج. أَطْوَار 262

طَوْعِيّ 47

طُوَل 142

طُولَ الْأُسْبُوع 142

طَوِيلًا 142

طَوِيل ج. طِوَال 262

طَيَّار 81

طَيِّب 262

طَيَرَان 177

طَيْر ج. طُيُور 113

طِين ج. أَطْيَان 105

ظ

ظَالِم ج. ظُلَّام 124

ظَاهِرَة الْإِحْتِبَاس الْحَرَارِيّ 105

ظَاهِرَة الْإِحْتِرَار الْعَالَمِيّ 105

ظَبِي ج. ظِبَاء 113

ظَرَافَة 262

ظَرْف ج. ظُرُوف 105

ظُرُوف الْعَمَل 81

ظُرُوف صِحِّيَّة 159

ظُرُوف مَعِيشِيَّة 11

ظَرِيف 27

ظُفْر ج. أَظْفَار، أَظْفُر، أَظَافِيرُ 159

ظَلَّ ـَ 294

ظِلّ ج. أَظْلَال ، ظِلَال 262

ظُلْمَة 262

ظَنَّ ـُ 294

ظَنّ ج. ظُنُون 262

ظَهَرَ ـَ 294

ظُهْرًا 143

ظُهْر ج. أَظْهَار، ظُهُور 142

ظَهْر ج. ظُهُور، أَظْهُر 160

ظُهُور 262

ع

عَائِدَة ج. عَوَائِدُ 47

عَائِق ج. عَوَائِقُ 160

عَائِلَة 11

عَاجِز عَنْ 262
عَاجِل 262
عَاجِلًا 143
عَادَ ـُ إِلَى 294
عَادَة 263
عَادِل 27
عَادِيّ 263
عَارٍ ج. عُرَاة 263
عَارَضَ 307
عَارِضَة 81
عَارِف 263
عَارٍ مِنَ الصِّحَّةِ 263
عَازِف الْجِيْتَار 81
عَاشَ ـِ 294
عَاشِر 143
عَاشُورَاء 143
عَاصَرَ 149
عَاصِف 105
عَاصِفَة ج. عَوَاصِفُ 105
عَاصِمَة ج. عَوَاصِمُ 177
عَاطِفَة ج. عَوَاطِفُ 27
عَاطِفِيّ 27
عَاطِل ج. عَوَاطِلُ 81
عَاقِبَة ج. عَوَاقِبُ 263
عَاقِل 27
عَاكِس 66
عَالٍ 263
عَالَجَ 165
عَالِم ج. عُلَمَاءُ 81
عَالَم ج. عَوَالِمُ 177
عَالَمِيّ 178
عَالِيَة الوُضُوح 47
عَامّ 263
عَام ج. أَعْوَام 143
عَامَلَ 307
عَامِل ج. عُمَّال 81
عَامِل ج. عَوَامِلُ 263
عَامُود 160
عَامِّيّ 81
عَامِّيَّة 81

عَانِس ج. عَوَانِسُ 11
عَانَى 307
عَاهِل ج. عَوَاهِلُ 215
عِبْء ج. أَعْبَاء 47
عِبْء مَالِيّ 47
عَبَاءَة 12
عِبَارَة 263
عَبَّاس 228
عَبَدَ ـُ 232
عَبَّرَ عَنْ 302
عِبْرِيّ 81
عَبْقَرِيّ ج. عَبَاقِرَةُ 81
عُبُوَّة نَاسِفَة 96
عَتَاد الْحَاسُوب 66
عَثَرَ ـَ عَلَى 294
عُثْمَانِيّ 228
عَجْز 47
عَجْز تِجَارِيّ 47
عَجَلَة 263
عَجُوز ج. عَجَائِزُ، عُجُز 12
عَجِيب 27
عَجِين 200
عَدَّ ـُ 56
عَدَاء 96
عَدَّاء 189
عَدَّاد ج. عَدَّادَات 178
عَدَالَة 124
عَدَاوَة 96
عِدَّة 143
عَدَد ج. أَعْدَاد 143
عَدَس 200
عَدَم 263
عَدَم الْأَمَان 263
عَدَم الْإِسْتِقْرَار 263
عَدَم الْإِنْحِيَاز 96
عَدَم الثِّقَة فِي 27
عَدَم الْمُسَاوَاة الْإِجْتِمَاعِيَّة 215
عَدَن 178
عُدْوَانِيّ 215
عَدُوّ ج. أَعْدَاء 96

عَدْوَى 160
عَذاب ج. عَذَابَات، أَعْذِبَة 124
عَذَّبَ 133
عَذْرَاءُ ج. عَذَارَى، عَذَارٍ 12
عَذْراءُ مَرْيَمُ 229
عِرَاقِيّ 81
عِرَاك 215
عَرَّبَ 184
عَرَبَة أَطْفَال 12
عُرْبُون 47
عَرَبِيّ ج. عَرَب 81
عُرْس ج. أَعْرَاس 12
عَرَضَ ـِ 295
عَرْض 143
عَرْض أَزْيَاء 189
عَرَض تَقْدِيمِيّ ج. عُرُوض تَقْدِيمِيَّة 66
عَرْض ج. عُرُوض 189
عَرَفَ ـِ 295
عَرَّفَ 302
عُرْف 189
عُرْف ج أَعْرَاف 124
عِرْق ج. عُرُوق 113
عَرُوسَانِ 12
عَرُوس ج. عُرُس، عَرَائِسُ 12
عَرِيس ج. عِرْسَان 12
عَرِيف ج. عُرَفَاءُ 96
عِزْبَة ج. عِزَب 178
عَزَّزَ 303
عَزَفَ ـِ عَلَى 193
عَزْل 263
عُزْلَة 263
عَزَلَ ـِ ه عَنْ ه 295
عَزَمَ ـِ عَلَى 295
عُزُوبِيَّة 12
عَزُومَة ج. عَزَائِمُ 12
عَزَّى 19
عَزِيز ج. أَعِزَّاءُ 27
عَسْكَرِيّ 96
عَسَل 200
عَشَاء 200

عُشْب ج. أَعْشَاب 113
عَشَرَة 143
عِشْرُونَ 143
عِشْرِينِيَّات 143
عِشْق 12
عَصًا ج. عِصِيّ، عَصَوَان 12
عَصَبِيَّة 12
عَصْر ج. عُصُور 143
عَصْفُور ج. عَصَافِيرُ 113
عُصُور وُسْطَى 229
عِصْيَان مَدَنِيّ 216
عَصِير ج. عَصَائِرُ 200
عَضَّ 116
عَضَلَة ج. عَضَل 160
عُضْو ج. أَعْضَاء 124
عُضْو مَجْلِس الشَّعْب 216
عُضْوِيّ 160
عَطَّار 12
عُطَارِدُ 105
عِطْر ج. عُطُور 12
عَطَسَ ـِ 165
عَطْسَة 160
عَطَش 160
عَطْشَان 263
عُطْلَة ج. عُطَل 143
عُطْلَة رَسْمِيَّة 143
عَظْم ج. عِظَام 160
عَظِيم 27
عَفَا ـُ عَن 132
عِفَّة 124
عَفْو 124
عَفْوًا 323
عَفَوِيّ 27
عَفَوِيَّة 27
عَفِيف 229
عِقَاب 125
عِقَابِيّ 125
عَقَار ج. عَقَارَات 47
عَقَب 143
عَقَبَة ج. عِقَاب، عَقَبَات 263

عَقَدَ ـِ 295
عَقْد 263
عَقْد إِيْجَار 47
عَقْد بَيْع 47
عَقْد ج. عُقُود 47
عِقْد ج. عُقُود 12
عَقْد زَوَاج 12
عَقْل 263
عَقْلَانِيَّة 264
عَقْلِيّ 28
عَقْلِيَّة 229
عُقُوبَات اِقْتِصَادِيَّة 47
عُقُوبَة 125
عَقِيدَة ج. عَقَائِدُ 229
عَقِيد ج. عُقَدَاءُ 96
عَكَسَ ـِ 295
عِلَاج 160
عِلَاج طَبِيعِيّ 160
عَلَاقَات اِقْتِصَادِيَّة 48
عَلَاقَات ثُلَاثِيَّة 216
عَلَاقَات ثُنَائِيَّة 216
عَلَاقَات دُوَلِيَّة 216
عَلَاقَات مُتَعَدِّدَة الْأَطْرَاف 216
عَلَاقَة 264
عَلَّاقَة مَلَابِسَ 12
عَلَامَات مُرُور 178
عَلَامَة تَبْوِيب 264
عَلَامَة مَرْجِعِيَّة 264
عِلَاوَة 82
عُلْبَة ج. عُلَب 264
عُلْبَة طَعَام 200
عَلَّقَ 71
عَلَّقَ عَلَى 303
عِلْم الْأَحْيَاء 82
عِلْم الْإِنْسَان 82
عِلْم الْاِجْتِمَاع 82
عِلْم الْاِقْتِصَاد 82
عِلْم الْبِيئَة 82
عِلْم الْحَاسُوب 82
عِلْم الْحُقُوق 82

عِلْم السِّيَاسَة 82
عِلْم الطِّبّ 82
عِلْم الْفَلْسَفَة 82
عِلْم الْفَلَك 82
عِلْم الْفِيزِيَاء 82
عِلْم الْكِيمِيَاء 82
عِلْم اللَّاهُوت 229
عِلْم الْمُجْتَمَع 82
عِلْم النَّبَاتَات 82
عِلْم النَّفْس 82
عِلْم الْوِرَاثِيَّة 82
عَلْمَانِيَّة 125
عَلِمَ - بِ 295
عَلَم ج. أَعْلَام 264
عِلْم ج. عُلُوم 67
عِلْم جُغْرَافِيَا 82
عِلْم جِيُلُوجِيَا 82
عِلْمِيّ 67
عَلَنًا 323
عَلَى 315
عَلَى أَثَرِ ~ 323
عَلَى أَثَرِ ذَلِكَ 323
عَلَى أَسَاسِ ~ 323
عَلَى الْأَبْوَابِ 323
عَلَى الْأَخَصِّ 323
عَلَى الْأَقَلِّ 323
عَلَى الْأَكْثَرِ 323
عَلَى التَّوَالِي 323
عَلَى الرَّغْمِ مِنْ ~ 323
عَلَى الْعَكْسِ مِنْ ~ 323
عَلَى الْمَدَى الْبَعِيدِ 324
عَلَى المَدَى الْقَرِيبِ 324
عَلَى الْيَسَارِ 324
عَلَى الْيَمِينِ 324
عَلَى حَالِهِ 324
عَلَى حَدٍّ سَوَاءٍ 324
عَلَى حَسَبِ ~ 324
عَلَى ذَلِكَ 324
عَلَى رَأْيٍ وَاحِدٍ 324
عَلَى صَعِيدٍ آخَرَ 324

عَلَى عَجَلَةٍ 324
عَلَى غِرَارِ ~ 324
عَلَى كُلِّ حَالٍ 324
عَلَى وَجْهِ التَّحْدِيد 324
عَلَيْهِ أَنْ ~ 324
عِمَارَة 178
عَمَّانُ 178
عُمَانُ 178
عَمّ ج. أَعْمَام 12
عُمْرَة 229
عُمْر ج. أَعْمَار 264
عُمْق 143
عَمِلَ ـَ 90
عَمَل إِنْسَانِيّ 82
عُمْلَة 48
عُمْلَة أَجْنَبِيَّة 48
عُمْلَة نَقْدِيَّة 48
عُمْلَة وَرَقِيَّة 48
عَمَل ج. أَعْمَال 82
عَمَل خَيْرِيّ 83
عَمَلِيّ 264
عَمَلِيَّة 160
عَمَلِيَّة السَّلَام 96
عَمَلِيَّة تَجْمِيل 160
عَمُود ج. عَوَامِيدُ 264
عَمُود فِقَرِيّ 160
عُمُولَة 48
عَمِيد ج. عُمَدَاءُ 83، 96
عَمِيق 264
عَمِيل ج. عُمَلَاءُ 83
عَنْ 315
عِنَاد 28
عَنَاصِرُ خَارِجِيَّة 264
عِنَايَة 264
عِنَب 200
عِنْدَ 264
عِنْدَئِذٍ 324
عِنْدَمَا ~ 324
عُنْصُر ج. عَنَاصِرُ 264
عُنْصُرِيَّة 67، 125

عُنْف 125
عُنْف أُسَرِيّ 125
عُنْف الْعِصَابَات 125
عُنْف حُكُومِيّ 125
عُنْف مَنْزِلِيّ 125
عُنْق ج. أَعْنَاق 160
عَنْ قَرِيْبٍ 324
عُنْقُود عِنَب 200
عَنْكَبُوت ج. عَنَاكِبُ 114
عَنْ كَثَبِ ~ 324
عُنْوَان بَرِيد إِلِكْتُرُونِيّ 67
عُنْوَان ج. عَنَاوِينُ 264
عُنْوَان رَئِيسِي 264
عُنُوسَة 12
عَنَى ـِ 295
عَنِيد 28
عَنِيف 28
عَهْد ج. عُهُود 143
عَوَامَة إِنْقَاذ 160
عُود أَسْنَان ج. أَعْوَاد أَسْنَان 200
عَوْدَة 264
عُود ج. أَعْوَاد 264
عَوَّضَ 57
عِوَضًا عَنْ ~ 325
عِيَادَة 160
عَيْب 264
عَيَّدَ 193
عِيد الأَضْحَى 229
عِيد الاِسْتِقْلَال 216
عِيد الشُهَدَاء 229
عِيد الْعُمَّال 83
عِيد الْفِصْح 143
عِيد الْفِطْر 229
عِيد الْمِيلَاد 143
عِيد ج. أَعْيَاد 143
عِيْد ج. أَعْيَاد 189
عِيد مِيلَاد 144
عَيْش 200
عَيْشَة 264
عَيِّل ج. عِيَال 12

عَيَّنَ 91

عَيْن ج. عُيُون 160

غ

غَائِب 83

غَائِم 105

غَابَ ـِ 90

غَابَة 114

غَادَرَ 307

غَارَة جَوِّيَّة 96

غَاز الْقِتَال 97

غَاز ج. غَازَات 97

غَاز طَبِيعِيّ 105

غَاز مُسِيل لِلدُّمُوع 97

غَاضِب 28

غَافِل 28

غَالٍ 48

غَالِب 97، 264

غَالِبُ ... 265

غَامِض 265

غَامِق 144

غَبَاء 28

غُبَار ج. أَغْبِرَة 105

غَبِيّ 28

غَدًا 144

غَدَاء 200

غَدَّار 28

غَدْر 125

غَرَابَة 28

غُرَاب ج. غِرْبَان 114

غَرَامَة 125

غِرَام ج. غِرَامَات 144

غَرَبَ ـُ 295

غَرْب 144

غِرْبَال ج. غَرَابِيلُ 200

غَرْبِيّ 144، 178

غَرَض ج. أَغْرَاض 265

غُرْفَة اِجْتِمَاعَات 178

غُرْفَة الْأَمْن 178

غُرْفَة الْإِسْتِقْبَال 13

غُرْفَة الْإِنْتِظَار 178
غُرْفَة الْجُلُوس 13
غُرْفَة الْحَارِس 178
غُرْفَة الْحَاسُوب 178
غُرْفَة الرِّيَاضَة 178
غُرْفَة السُّفْرَة 13
غُرْفَة الضُّيُوف 13
غُرْفَة الطَّعَام 13
غُرْفَة الْقِيَاس 178
غُرْفَة الْمَعِيشَة 13
غُرْفَة النَّوْم 13
غُرْفَة ج. غُرَف 265
غُرْفَة دَرْدَشَة 178
غُرْفَة عَمَلِيَّات 160
غُرْفَة لِفَرْد وَاحِد 178
غُرْفَة لِفَرْدَيْن 178
غُرْفَة مُزْدَوِجَة 178
غَرَّمَ 133
غُرُوب 144
غُرُور 28
غَرِيب ج. غُرَبَاءُ 28
غَزَال ج. غَزَلَة 114
غَزِير 265
غَسَّالَة 13
غَسَّالَة صُحُون 13
غَسِيل الْأَمْوَال 48
غَشَّ ـُ 132
غَشَّاش 125
غَضَب 28
غَضِبَ ـَ 34
غِطَاء الطَّاوِلَة 13
غَطْس 189
غَطَّى ـ 303
غَفَر ـِ لِـ 295
غَلَاء الْمَعِيشَة 48
غِلَاف جَوِّيّ 105
غَلَّايَة 13
غَلَّى 19
غِنَاء 189
غَنَم ج. أَغْنَام 114

غَنَّى 303

غَنِّيّ ج. أَغْنِيَاءُ 48

غُوطِيّ 189

غُولْف 189

غَيْبُوبَة 160

غَيرُ 265

غَيَّرَ 303

غَيْر النَّاخِبِين 216

غَيْرَة 28

غَيْظ 28

غَيْظ شَدِيد 28

غَيْم ج. غُيُوم 105

ف

فَ 315

فَأْرَة حَاسُوب 67

فَأْر ج. فِئْرَان 114

فَأْس ج. فُؤُوس 13

فُؤَاد ج. أَفْئِدَة 265

فِئَوِيّ 265

فِئَوِيَّة 216

فَائِدَة ج. فَوَائِدُ 48

فَائِض تِجَارِيّ 48

فَائِض ج. فَوَائِضُ 48

فَاتِح 144

فَاتُورَة ج فَوَاتِيرُ 48

فَارِسِيّ 83

فَارِق ج. فَوَارِقُ 265

فَازَ ـُ بِـ 295

فَاسِد 200

فَاصَلَ 58

فَاصِل 265

فَاصِلَة 265

فَاضٍ 265

فَاكْس 67

فَاكِهَة ج. فَوَاكِهُ 200

فِبْرَايِر 144

فَتَاة ج. فَتَيَات 13

فَتَحَ ـَ 295

فَتْح 265

فَتْرَة 144

فَتْرَة سَمَاح 125

فَتَّشَ عَنْ 303

فَتَكَ ـُ 295

فِتْنَة 216

فِتْنَة طَائِفِيَّة 229

فَتًى ج. فِتْيَان، فِتْيَان 13

فَجْأَةً 144

فَجْر 144

فُجْل 201

فَحَصَ ـَ 295

فَحْص الْأَسْنَان 161

فَحْم حَجَرِيّ 114

فَحْم نَبَاتِيّ 114

فَخَّار 189

فَخْذ ج. أَفْخَاذ 161

فَخْر 265

فَخُور 28

فَرَاشَة ج. فَرَاش 114

فِرَاش ج. أَفْرِشَة 13

فُرَاطَة 48

فَرَاغ 265

فَرَاوْلَة 201

فَرَح 28

فَرْحَانُ م. فَرْحَى 28

فَرْد ج. أَفْرَاد 265

فَرْدِيّ 265

فَرَس الْبَحْر ج. أَفْرَاس الْبَحْر 114

فَرَس النَّهْر ج. أَفْرَاس النَّهْر 114

فَرَّشَ 303

فُرْشَاة أَسْنَان 161

فُرْصَة ج. فُرَص 265

فَرَضَ غَرَامَةً مَالِيَّةً عَلَى 133

فَرَضَ ـِ ه عَلَى ه 132

فَرْع ج. فُرُوع 48

فِرْعَوْن ج. فَرَاعِنَة 229

فَرْعِيّ 265

فَرَغَ ـَ مِنْ 295

فَرَّقَ 303

فِرْقَة الْإِطْفَاء 125

فِرْقَة الْوِسَاطَة 125
فِرْقَة ج. فِرَق 83
فُرْقَة مُدَرَّعَة 97
فِرْقَة مَسْرَحِيَّة 125
فُرْقَة مُشَاة 97
فَرْق ج. فُرُوق 266
فُرْن ج. أَفْرَان 48
فَرَنْسَا 179
فَرَنْسِيّ 83
فِرَنْك ج. فِرَنْكَات 48
فَرِيد 28
فَزَع 29
فَسَاد 266
فُسْتَان ج. فَسَاتِينُ 13
فُسْتَان زِفَاف 13
فُسْتُق 201
فَسَّرَ 303
فُسَيْفِسَاء 189
فَشَلَ ـِ فِي 295
فَصَاحَة 29
فُصْحَى 83
فَصَّلَ 303
فَصْل اِفْتِرَاضِيّ 83
فَصْل ج. فُصُول 83، 105، 266
فَصْل دِرَاسِيّ 83
فَصِيح ج. فُصَحَاءُ 266
فَضَاء مَعْلُومَاتِيّ 67
فَضّ اِعْتِصَام 125
فِضَّة 114
فَضْل 266
فَضَّلَ هـ عَلَى هـ 303
فُضُول 29
فُضُولِيّ 29
فَطَرَ ـُ 206
فِطْر 201
فَطُور 201
فَطِيرَة ج. فَطَائِرُ 201
فَعَّال 29
فَعَلَ ـَ 295
فِعْلًا 144

فِعْل ج. أَفْعَال 266
فِعْلِيّ 266
فَقَدَ ـِ 295
فَقْد 266
فِقْدَان 266
فَقْر 48
فَقْرَة 266
فَقَطْ 316
فَقِير ج. فُقَرَاءُ 48
فُكَاهَة 189
فَكّ ج. فُكُوك 161
فَكَّرَ 303
فِكْرَة ج. أَفْكَار 266
فِكْرِيّ 29
فَكَّكَ 303
فَلَّاح 48
فَلَافِل 201
فِلَسْطِينُ 179
فِلَسْطِينِيّ 83
فُلْفُل 201
فُلْفُل أَحْمَرُ 201
فُلْفُل أَسْوَدُ 201
فِلْفِل مُخَلَّل 204
فُلُوس 49
فُلَيْفِلَة حَادَّة 201
فَم ج. أَفْوَاه 161
فِنَاء ج. أَفْنِيَة 13
فَنَّان 83
فَنّ تَمْثِيلِيّ 189
فِنْجَان ج. فَنَاجِينُ، فِنْجَانَات 13
فَنّ ج. فُنُون 189
فَنّ حَدِيث 189
فُنْدُق ج. فَنَادِقُ 179
فُنْدُق مِنَ الدَّرَجَة الْمُمْتَازَة 179
فَنِّيّ 189
فِهْرِس ج. فَهَارِسُ 266
فَهِمَ ـَ 295
فَهْم 266
فَهْم الْمَسْمُوع 266
فَهْم الْمَقْرُوء 266

فَوْج ج. أَفْوَاج 97
فَوْرَ 144
فورًا 144
فَوْرِيّ 144
فَوْضَى 125
فُوطَة ج. فُوَط 13
فَوْقَ 266
فَوْقَ ذَلِكَ 325
فَوْقَ كُلِّ شَيْءٍ 325
فُول 201
فُول سُودَانِيّ 201
فُول مُدَمَّس 201
فِي 316
فِي أَعْقَابِ ~ 325
فِي إِطَارِ ~ 325
فِي الْأُسْبُوعِ الْقَادِم 144
فِي الْأُسْبُوعِ الْمَاضِي 144
فِي الْحَقِيقَةِ 325
فِي الصَّبَاحِ 325
فِي الْقَرِيْبِ الْعَاجِلِ 325
فِي الْمَسَاءِ 325
فِي الْمُسْتَقْبَلِ 325
فِي الْوَقْتِ نَفْسِهِ 325
فِي الْيَوْمِ التَّالِي 325
فِيتُو 125
فِيدْيُو ج. فِيدْيُوهَات 83
فِي رَأْيِ ~ 325
فِيزَا 179
فَيَضَان ج. فَيَضَانَات 105
فِي طَرِيقِ ~ 325
فِي غُضُونِ ~ 325
فِي كُلِّ أَنْحَاءِ الْعَالَم 325
فِيلَا ج. فِلَل 14
فِيل ج. فِيَلَة، أَفْيَال 114
فَيْلَق ج. فَيَالِقُ 97
فِيلم ج. أَفْلَام 189
فِيلم وَثَائِقِيّ 190
فِيمَا ~ 325
فِيمَا بَعْدُ 326
فِيمَا عَدَا ~ 326

فِيمَا يَتَعَلَّق بِـ ~ 326
فِي نَظَرِ ~ 325
فِي نَفْسِ الْوَقْتِ 325
فِي هَذَا اَلْأُسْبُوع 144
فِي هَذِهِ الْأَثْنَاءِ 325

ق

قَائِد أَعْلَى 97
قَائِد ج. قَادَة 83
قَائِد طَائِرَة 83
قَائِم 265
قَائِمَة الطَّعَامِ 201
قَائِمَة ج. قَوَائِمُ 265
قَابِسَة ج. قَوَابِسُ 14
قَابَلَ 307
قَاتَلَ 307
قَاتِل ج. قَتَلَة 126
قَادَ ـُ 184
قَادِم 266
قَادِمًا مِنْ ~ 326
قَارِئ ج. قُرَّاء 83
قَارِب ج. قَوَارِبُ 179
قَارِب نَجَاة 179
قَارَّة 179
قَارَنَ 307
قَاسٍ 126
قَاصِر 266
قَاضٍ ج. قُضَاة 83
قَاطِرَة بُخَارِيَّة 179
قَاطَعَ 307
قَاطِع 161
قَاطِع تَذَاكِرَ 83
قَاعَة 179
قَاعَة فُنُون 179
قَاعَة مُحَاضَرَات 179
قَاعِدَة بَيَانَات 67
قَاعِدَة ج. قَوَاعِدُ 266
قَاعِدَة عَسْكَرِيَّة 97
قَافِيَة ج. قَوَافٍ 190
قَالَ ـُ 296

قَامَ ـُ بِ 296
قَامُوس إِلِكْتُرُونِيّ 84
قَامُوس ج. قَوَامِيسُ 84
قَانُون الْحُقُوق الْمَدَنِيَّة 126
قَانُون الطَّوَارِئ 126
قَانُون الْمُسَاوَاة 126
قَانُون ج. قَوَانِينُ 126
قَانُون جِنَائِيّ 126
قَانُون دُوَلِيّ 126
قَانُون عَدَم التَّمْيِيز 126
قَانُون مَدَنِيّ 126
قَانُونِيّ 126
قَاوَمَ 307
قُبَّة ج. قِبَاب 179
قَبْر ج. قُبُور 179
قُبْرُص 179
قَبْضَة الْيَد 161
قَبَضَ ـِ عَلَى 133
قُبْطَان ج. قَبَاطِينَة 84
قِبْطِيَّة 229
قُبَّعَة 14
قَبِلَ ـَ 296
قَبَّلَ 303
قَبْلَ 144
قَبْلَ الظُّهْر 144
قَبْلَ الْمِيلَاد 229
قُبْلَة 267
قَبْو 179
قُبُول 84, 267
قَبِيح 267
قُبَيْل 145
قَبِيلَة ج. قَبَائِلُ 229
قِتَال 267
قَتَلَ ـُ 133
قَتْل 126
قَتِيل ج. قَتْلَى 126
قَدْ 316
قَدَّرَ 303
قُدْرَة 267
قُدْرَة التَّنَافُسِيَّة 267

قَدَر ج. أَقْدَار 267
قِدْر ج. قُدُور 14
قَدَّمَ 303
قَدَم ج. أَقْدَام 161
قُدْوَة 267
قِدِّيس 229
قَدِيم ج. قُدَمَاءُ 229
قَرَأَ ـَ 90
قِرَاءَة 84
قَرَار 267
قُرْبَ 267
قِرْد ج. قُرُود 114
قَرَّرَ 303
قِرْش ج. قُرُوش 114
قُرْصَان ج.قَرَاصِينُ 84
قُرْص ج. أَقْرَاص 267
قَرْض ج. قُرُوض 49
قَرْض دِرَاسِيّ ج. قُرُوض دِرَاسِيَّة 49
قَرْع 201
قَرْفَة 201
قُرْمُوط ج. قَرَامِيطُ 114
قَرْنَبِيط 201
قَرْن ج. قُرُون 229
قَرَنْفُل 114
قَرَنِيَّة 161
قُرُون وُسْطَى 229
قَرِيب 267
قَرِيبًا 326
قَرِيب ج. أَقْرِبَاءُ، أَقَارِبُ 14
قَرْيَة ج. قُرًى 14
قَرْيَة كَوْنِيَّة 179
قُرَيْدِس 114
قِسْط شَهْرِيّ 49
قِسْم الْأَعْصَاب 161
قِسْم الْأَمْرَاض 161
قِسْم التَّجْمِيل 161
قِسْم الْجِلْدِيَّة 161
قِسْم الْحِسَابَات 126
قِسْم السَّرْطَان 161
قِسْم الشُّرْطَة 179

قِسْم الْعُيُون 161
قِسْم الْغُدَد وَالصَّمَاء 161
قَسَم ج. أَقْسَام 267
قِسْم ج. أَقْسَام 267
قَسْوَة 97
قَشَّرَ 19
قُشَعْرِيرَة 105
قَصَّ ـُ 296
قَصَاء 267
قَصَّاص 84
قَصَب الْمَصّ 201
قِصَّة ج. قِصَص 190
قَصَدَ ـُ 296
قَصْد 267
قَصْر الْحَمْرَاء 230
قِصَر النَّظَر 161
قَصْر ج. قُصُور 229
قَصَفَ ـِ 99
قَصْف 97
قَصِيدَة ج. قَصَائِدُ 190
قَصِير ج. قِصَار 267
قَضَى ـِ 296
قَضِيَّة ج. قَضَايَا 267
قِطَار ج. قِطَارَات 179
قِطَاعَات الصِّنَاعَات 49
قِطَاع خَاصّ 126
قِطَاع عَامّ 126
قِطَاع غَزَّة 180
قِطَّة ج. قِطَط 114
قَطَرُ 180
قُطْر ج. أَقْطَار 145
قَطَعَ ـَ 296
قَطَّعَ 303
قَطْع 267
قِطْعَة ج. قِطَع 267
قُطْن ج. أَقْطَان 14
قُفَّار ج. قَفَافِيزُ 14
قَفَزَ ـِ 193
قُفْل ج. أَقْفَال 14
قَلَّ ـِ 296

قِلَادَة ج. قَلَائِدُ 14
قَلَايَة 202
قَلْب 303
قَلْب ج. قُلُوب 161
قِلَّة 268
قَلْعَة ج. قِلَاع، قَلَعَات 180
قَلَق 29
قَلَّمَا 326
قَلَم ج. أَقْلَام 84
قَلَم رَصَاص 84
قَلَم رَقْمِيّ 84
قَلِيل 268
قَلِيلًا 326
قِمَار 126
قُمَاش ج. أَقْمِشَة 14
قِمَّة ج. قِمَم 268
قِمَّة مُسْتَدِقَّة 180
قَمْح 202
قَمَر اِصْطِنَاعِيّ 67
قَمَر ج. أقْمَار 268
قَمَع ـ 133
قَمِيص ج. قُمْصَان، أَقْمِصَة 14
قَمِيص مُقَلَّم 14
قَمِيص نَوْم 14
قَنَاة ج. قَنَوَات، قُنِيّ 180
قَنَّاص ج. قَنَّاصَة 97
قِنَاع ج. أَقْنِعَة 97
قِنَاع وَاقٍ 97
قُنْبُلَة ج. قَنَابِلُ 97
قُنْبُلَة حَارِقَة 97
قُنْبُلَة ذَرِّيَّة 97
قُنْبُلَة عُنْقُودِيَّة 97
قُنْبُلَة مُسِيلَة لِلدُّمُوع 97
قُنْبُلَة مَوْقُوتَة 97
قُنْبُلَة هِيدْرُوجِينِيَّة 98
قِنْدِيل الْبَحْر ج. قَنَادِيل الْبَحْر 114
قِنْدِيل ج. قَنَادِيلُ 14
قُنْصُل ج. قَنَاصِلُ 126
قُنْصُلِيَّة 126
قَنْطَرَة ج. قَنَاطِرُ 180

قِنِّينَة ج. قَنَانٍ 14
قَهَرَ ـَ 296
قَهْوَة 202
قَوَائِم الْاِفْتِرَاع 216
قُوَّات الشُّرْطَة 126
قُوَّات جَوِّيَّة 98
قُوَّات حِفْظِ السَّلَام 98
قُوَّات مُسَلَّحَة 98
قُوَّة 268
قُوَّة الشِّرَاء 49
قُوَّة سِيَاسِيَّة 216
قَوْس ج. أَقْوَاس 190
قَوْس قُزَح 105
قَوْصَرَّة 180
قَوْل 268
قَوْم 230
قَوْمِيّ 230
قَوْمِيَّة 230
قَوِيّ ج. أَقْوِيَاءُ 268
قِيَادَة 180، 216
قِيَاس 145
قِيَام بِـ 268
قِيَامَة 230
قِيثَارَة ج. قَيَاثِيرُ 190
قَيْد ج. قُيُود 127
قَيَّمَ 304
قَيِّم 268
قِيَم أَخْلَاقِيَّة 268
قِيمَة الْعَجْز 49
قِيمَة الْفَائِض 49
قِيمَة ج. قِيَم 268
قُيُود قَانُونِيَّة 127

ك

كَأْس الْعَالَم 190
كَأْس ج. كُؤُوس 14
كَأَنَّ ~ 326
كَاتِب السِّينَارِيُو 84
كَاتِب ج. كُتَّاب 84
كَاثُولِيكِيّ 230

كَاثُولِيكِيَّة 230
كَاحِل ج. كَوَاحِلُ 161
كَادَ ـَ 296
كَاذِب ج. كُذَّاب 268
كَارِثَة ج. كَوَارِثُ 105
كَارِي 202
كَارِيكَاتِير 67
كَافَح 307
كَافِر ج. كُفَّار 230
كَالْعَادَةِ 326
كَالِيفُورْنِيَا 180
كَامِل 268
كَامِيرَا 67
كَانَ ـُ 296
كَانُون الْأَوَّل 145
كَانُون الثَّانِي 145
كَبَاب 202
كِبَار الْمَسْؤُولِينَ 127
كُبَّة 202
كَبْت 268
كَبِد ج. أَكْبَاد، كُبُود 161
كَبَرَ ـُ 296
كَبَسَ ـِ 71
كَبِير السِّنّ ج. كِبَار السِّنّ 14
كَبِير ج. كِبَار 268
كِتَاب إِلِكْتُرُونِيّ 84
كِتَابَة 268
كِتَاب ج. كُتُب 84
كِتَاب رَقْمِيّ 84
كِتَاب مَدْرَسِيّ 84
كِتَابِيّ 230
كَتَبَ ـُ 296
كَتِف، كِتْف ج. أَكْتَاف، كُتُوف 161
كُتْلَة ج. كُتَل 216
كَتِيبَة ج. كَتِيبَات، كَتَائِبُ 98
كَثَّف 304
كَثِيب ج. كُثْبَان، كُثُب 105
كَثِير ج. كِثَار 268
كُحْلِيّ 145
كَدْمَة 162

كَذَلِك 326
كَرَاج 180
كُرَّاسَة 84
كَرَامَة 268
كَرَامَة إِنْسَانِيَّة 268
كَرَاهِيَّة 29
كَرْبَلَاءُ 180
كُرَة 190
كُرَة أَرْضِيَّة 105
كُرَة السَّلَّة 190
كُرَة الطَّائِرَة 190
كُرَة الْقَاعِدَة 190
كُرَة الْقَدَم 190
كُرَة الْقَدَم الْأَمْرِيكِيَّة 190
كُرَة الْمِضْرَب 190
كَرْتُون 190
كَرَّرَ 57، 304
كَرَز 202
كُرْسِيّ ج. كَرَاسٍ 14
كَرْفَس 202
كَرَم 268
كُرُنْب 202
كُرَوِيّ 145
كُرِيكِت 190
كَرِيم ج. كِرَام 29
كُزْبَرَة 202
كَسَاد 49
كَسَبَ ـَ 99
كَسَّرَ 304
كُسْكُس، كُسْكُسِي 202
كَسَل 29
كَسْلَانُ م. كَسْلَى 29
كَسُول 29
كُشَرِيّ 202
كَشَفَ ـِ 71
كَعْكَة 202
كَفَاءَة 268
كَفَالَة 127
كِفَايَة 269
كَفَّ ـِ عَنْ 296

كَفَّنَ 304
كَفَى ـِ 296
كَفِيل ج. كُفَلَاءُ 84
كُلّ 269
كِلَاسِيكِيّ 269
كَلَام 269
كَلَام فَارِغ 269
كِلَا م. كِلْتَا 269
كَلْب ج. كِلَاب 115
كَلَّفَ 57
كُلْفَة ج. كُلَف 49
كُلّ مَا ~ 326
كُلَّمَا 145
كَلِمَات أُغْنِيَّة 269
كَلِمَات مِفْتَاحِيَّة 269
كَلِمَة السِّرّ 269
كَلِمَة الْمُرُور 269
كُلِّيَّة 84
كُلَّ يَوْم 145
كَمْ 316
كَمَا ~ 326
كَمَان 190
كُمَثْرَى 202
كَمُّون 202
كَمِّيَّة 145
كَمِين ج. كَمَائِنُ 98
كَنَدَا 180
كَنَدِيّ 84
كَنْز ج. كُنُوز 49
كَنْغَر 115
كَنِيسَة الْقِيَامَة 230
كَنِيسَة ج. كَنَائِسُ 230
كَنِيس ج. كُنُس 230
كَهَذَا 326
كَهْرَبَاء 49
كَهْرَبَائِيّ 49
كَهْف ج. كُهُوف 180
كُوب ج. أَكْوَاب 14
كُورنِيش 180
كُورِيّ 84

كُورِيَا 180
كُورِيَا الْجَنُوبِيَّة 180
كُورِيَا الشَّمَالِيَّة 180
كُوسَى، كُوسَا 202
كَوْكَبَة 269
كَوْكَب ج. كَوَاكِبُ 67
كُولَا 202
كُومْبِيُوتِر ج. كُومْبِيُوتِرَات 67
كُومِيدِيّ 190
كُونْغُرِس 127
كُونْفُوشِيُوسِيَّة 230
كُوَيْتِيّ 85
كَيْ ~ 326
كِيس ج. أَكْيَاس 269
كِيلُوغْرَام 145
كِيلُومِتِر 145

ل

لِأَنَّ 327
لِأَوَّل مَرَّة 145
لُؤْلُؤ 115
لِئْم ج. أَلْآم 29
لَا 316
لَا إِنْسَانِيَّة 269
لَائِحَة الْقَانُون 127
لَا بَأْسَ 326
لَابُؤْرِيَّة 162
لَاب تُوب 67
لَا بُدَّ أَنْ ~ 326
لَا تَقِلُّ عَنْ ~ 326
لَاتِينِيّ 85
لَاجِئ 216
لَاحَظَ 307
لَاحِقًا 327
لَا دَاعِيَ لِـ ~ 326
لَازِم 269
لَازِمَة ج. لَوَازِمُ 269
لَاسِلْكِيّ 67
لَا شَيْءَ 326
لَاصِق 269

لَاعِب 85
لَافِتَة 269
لَاقَى 307
لَامِح 269
لَا مُشْكِلَةَ 327
لَا هـ وَلَا ها 326
لَا يُحْصِى 327
لَا يَزَالُ 327
لُبَاب 269, 115
لِبَاس 269
لَبِسَ ـَ 296
لَبَن 203
لُبْنَانُ 180
لُبْنَانِيّ 85
لَبْنَة 203
لَبَن زَبَادِيّ 203
لِتْر 145
لِثَة 162
لَجْأَة 115
لِجَام ج. أَلْجِمَة 269
لُجَّة ج. لُجَج 106
لَجْنَة التَّعْدِيلَات الدُّسْتُورِيَّة 127
لَجْنَة ج. لِجَان 216
لُجُوء سِيَاسِيّ 216
لِحَاف ج. لُحُف 14
لَحَّام 49
لَحْد ج. أَلْحَاد 270
لِحُسْنِ الْحَظّ 270
لَحَظَ إِلَى 296
لَحْظَة 145
لِحْف 106
لَحِقَ ـَ 296
لَحْم أَرْنَب 203
لَحْم إِوَزّ 203
لَحْم بَطّ 203
لَحْم بَقَر 203
لَحْم ج. لُحُوم 203
لَحْم حَمَام 203
لَحْم خَرُوف 203
لَحْم خِنْزِير 203

لَحْم عِجْل 203
لَحْم غَنَم 203
لَحْن ج. أَلْحَان 190
لِحْيَة ج. لُحًى 162
لَخَّصَ 304
لَدَى 270
لَدْغَة 162
لِذَلِكَ 327
لَذِيذ 270
لِزَاز 270
لِسَان 162
لِصّ الْبَحْر 98
لِصّ ج. لُصُوص 127
لَصَقَ ـِ 296
لُطْف 29
لُطْف الله 230
لَطِيف 270
لُعَاب 162
لَعِبَ ـَ 193
لُعْبَة ج. لُعَب 190
لَعِب ج. أَلْعَاب 190
لَعَلَّ 316
لَعْنَة 29
لُغَة 85
لُغَة أَجْنَبِيَّة 85
لُغَة أُرْدِيَّة 85
لُغَة الْمَوْلِد 85
لُغَة دَرْدَشَة الإِنْتِرْنِت 67
لُغَز 270
لَغَم ج. أَلْغَام 98
لَغْو 270
لُغَوِيّ 85
لَقَّة 270
لِفْت 203
لِفْت مُخَلَّل 204
لَفْظ ج. لِفَاظ ، أَلْفَاظ 85
لِقَاء 270
لِقَاح 162
لَقَّبَ ه بِ ه 304
لَقَّنَ 91

لَكِنَّ 316

لِكَيْ 327

لِلْإِيجَار 59

لِلْغَايَةِ 327

لَمَّ ـُ 297

لِمَاذَا 327

لَمَحَ ـَ 297

لَمَّحَ 304

لَمَسَ ـِ ، ـُ 297

لَمّ شَمْل الْأُسَر الْمُشَتَّتَة 216

لَنْدَن 180

لَهْجَة 85

لَهْجَة عَامِّيَّة 85

لِوَاء ج. لِوَاءَات، أَلْوِيَات 98

لَوَازِم الْبَيْت 15

لَوَّثَ 304

لَوْحَة 270

لَوْحَة التَّحَكُّم 67

لَوْحَة الْقِيَادَة 67

لَوْحَة فَنِّيَّة 191

لَوْحَة لَمْسِيَّة 67

لَوْحَة مَفَاتِيحَ 67

لَوْحَة مَفَاتِيحَ اِفْتِرَاضِيَّة 68

لَوْح ج. أَلْوَاح 85

لَوْز 203

لَوْ سَمَحْتَ 327

لَوْ كُنْتُ مَكَانَكَ 327

لَوْ ... لَـ ~ 327

لَوْن ج. أَلْوَان 145

لِيَاقَة بَدَنِيَّة 191

لِيبِيّ 85

لِيبِيَا 180

لَيْتَ 327

لِيرَة 49

لَيْسَ 285

لَيْسَ ... فَقَطْ، بَلْ ~ أَيْضًا 327

لَيْفَة 270

لِيف ج. أَلْيَاف 15

لَيْلَة الدَّخْلَة 15

لَيْلَة ج. لَيَالٍ 145

لَيْلَة وَاحِدَة 145
لَيْمُون 203
لَيْمُون هِنْدِيّ 203
لَيِّن 270

م

مَأْسَاة ج. مَآسٍ 270
مُؤَامَرَة 216
مُؤْتَمَر 216
مُؤْتَمَر صُحُفِيّ 68
مُؤْتَمَر قِمَّة 217
مُؤَثِّرَات بَصَرِيَّة 192
مُؤَثِّرَات خَاصَّة 192
مُؤَثِّرَات صَوْتِيَّة 192
مُؤَخَّرًا 146
مُؤَدَّب 29
مُؤَسَّسَة 130
مُؤَشِّر الْأَسْعَار الْإِسْتِهْلَاكِيَّة 50
مُؤَشِّر ج. مُؤَشِّرَات 50
مُؤَشِّر كُلْفَة الْمَعِيشَة 50
مُؤْمِن 230
مُؤَهِّلَات 89
مُؤَيِّد 217
مِئَات مِنْ 146
مِئَوِيّ 146
مَا 316
مَاء أَبْيَض 162
مَاء ج. مِيَاه 203
مِائَة بِالْمِائَة 145
مِائَة، مِئَة ج. مِئَات 146
مَائِدَة 15
مَاتَ ـُ 297
مَاجِسْتِير 85
مَاجِسْتِير إِدَارَة أَعْمَال 85
مَادَام 15
مَادَّة أَوَّلِيَّة 49
مَادَّة ج. مَوَادّ 270
مَارَسَ 307
مَارِس 145
مَارْك 49

مَارْكَة 49
مَارْكَة مُسَجَّلَة 49
مَا زَالَ 327
مَاس 115
مَاسِح الْأَحْذِيَة 85
مَاسِح ضَوْئِيّ 68
مَا شَاءَ اللّٰه 327
مَاشِيَة ج. مَوَاشٍ 15
مَاصَّة 15
مَاضٍ 145
مَا عَدَا ~ 327
مَاعِز ج. مَعَز 115
مَاغْنِيسِيُوم 68
مَاكِنَة 49
مَالَ ـِ إِلَى 297
مَال ثَابِت 50
مَال ج. أَمْوَال 50
مَالِج ج. مَوَالِجُ 15
مَال مُتَحَرِّك 50
مَالِيّ 50
مَايُو 146
مُبَاح 270
مُبَاحَثَة 217
مُبَادَرَة 217
مُبَادَرَة السَّلَام 217
مُبَارَاة ج. مُبَارَيَات 191
مُبَاشِر 270
مُبَالَغ 270
مُبْتَدِئ 85
مُبْتَسِم 29
مَبْدَأ ج. مَبَادِئُ 127
مِبْرَاة ج. مَبَارٍ 15
مَبْرُوك 327
مُبَشِّر 230
مَبْعُوث 217
مُبَكِّر 146
مَبْلَغ ج. مَبَالِغُ 50
مَبْنَى الْبَلَدِيَّة 127
مَبْنَى ج. مَبَانٍ 181
مَبِيعَات 50

مُتَأَخِّر 146
مُتَأَسِّف 29
مُتَأَكِّد 29
مُتَابِع 68
مُتَابَعَة 270
مُتَبَقٍّ 270
مَتْجَر أَثَاث 50
مَتْجَر أَحْذِيَة 50
مَتْجَر ج. مَتَاجِرُ 50
مَتْجَر حَيَوَانَات أَلِيفَة 50
مَتْجَر سِلَع مُسْتَعْمَلَة 50
مَتْجَر مُجَوْهَرَات 50
مَتْجَر هَدَايَا 50
مُتَحَجِّب 271
مُتَّحِد 217
مُتَحَدِّث 217
مُتَحَرِّر 217
مَتْحَف ج. مَتَاحِفُ 181
مُتَخَصِّص 85
مُتَخَصِّص فِي 85
مُتَخَلِّف عَقْلِيًّا 162
مُتَدَاعٍ 271
مُتَدَرِّب 86
مُتَدَيِّن 230
مُتَذَكِّر 271
مُتَرَاكِم 271
مِتْر ج. أَمْتَار 146
مُتَرْجِم 86
مُتَرَدِّد 29
مِتْر مُرَبَّع 146
مِتْرُو 181
مُتَزَايِد 271
مُتَّزِن 271
مُتَزَوِّج 15
مُتَسَامِح 29
مُتَشَائِم 30
مُتَشَكِّر 30
مُتَصَاعِد 271
مُتَضَايِق 30
مُتَطَرِّف 30

مُتَظَاهِر 217
مُتَعَاطِف 30
مُتْعَب 162
مُتَعَجِّب 30
مُتَعَدِّد 271
مُتَعَفِّن 271
مُتَفَائِل 30
مُتَفَاوِت 271
مُتَفَرِّق 271
مُتَقَدِّم 86
مُتَقَلِّب 271
مُتَقَوْقِع 271
مُتَكَبِّر 30
مُتَمَرِّد 217
مُتَمَلِّق 30
مُتَمَيِّز 271
مُتَنَاقِض 271
مُتَنَزِّه، مُنْتَزَه 181
مُتَنَوِّع 271
مُتَّهَم 127
مُتَهَوِّر 30
مُتَوَاضِع 30
مُتَوَافِق مَعَ 271
مُتَوَتِّر 30
مُتَوَسِّط 86
مُتَوَسِّط الْعُمْر 15
مَتَى 146
مُتَيَقِّظ 271
مَتِين 271
مِثَال ج. أَمْثِلَة 272
مُثَقَّف 30
مَثَّلَ 304
مِثْل 272
مَثَلًا 328
مُثَلَّث 272
مُثَلَّج 272
مُثِير 272
مُثِير لِلْجَدَل 30
مُثِير لِلضَّحِك 30
مُثِير لِلْغَضَب 30

مَجَال ج. مَجَالَات 272
مَجَّانِيّ 272
مُجْتَمَع الْمَعْرِفَة 68
مُجْتَمَع الْمَعْلُومَات 68
مُجْتَمَع بَشَرِيّ 272
مُجْتَمَع ج. مُجْتَمَعَات 272
مُجْتَمَعِيّ 272
مُجْتَهِد 272
مُجَدَّدًا 272
مِجْرَاف 15
مُجَرَّد 272
مُجَرَّد مِنْ 272
مِجْرَفَة ج. مَجَارِفُ 50
مُجْرِم 127
مَجْزَرَة 217
مُجَفِّف الشَّعْر 15
مَجَلَّة 68
مُجَلَّد 127
مَجْلِس التَّعَاوُنِ الْخَلِيجِيّ 217
مَجْلِس الشُّيُوخ 127
مَجْلِس الْوُزَرَاء 127
مَجْلِس ج. مَجَالِسُ 217
مَجْمَع ج. مَجَامِعُ 50
مُجَمَّع سَكَنِيّ 181
مَجْمُوعَة 272
مَجْمُوعَة الثَّمَانِي 127
مَجْمُوعَة الْعَشْرِين 127
مَجْنُون 30
مُحَادَثَات ثُلَاثِيَّة 217
مُحَادَثَات ثُنَائِيَّة 217
مُحَادَثَات سُدَاسِيَّة 217
مُحَادَثَة ج. مُحَادَثَات 217
مَحَّار 203
مُحَارَبَة 272
مُحَاسِب 127
مُحَاسَبَة 127
مُحَاضَرَة 272
مُحَاضِر 86
مُحَاضَرَة 217
مُحَافِظ 217

مُحَافَظَة 181
مُحَافَظَة عَلَى 272
مُحَاكَمَة 127
مُحَامٍ 128
مُحَاوَلَة 272
مُحَاوَلَة اِغْتِيَال 218
مُحَايِد 218
مُحِبّ 30
مَحَبَّة 30
مَحْبُوب 30
مُحْتَاج 272
مُحْتَرِف 86
مُحْتَرَم 31
مُحْتَشِم 273
مُحْتَقِر 31
مُحْتَمَل 273
مُحْتَوى تَعْلِيمِيّ عَلَى الإِنْتِرْنِت 86
مُحَرَّر 218
مُحَرِّر نُصُوص 68
مُحَرِّك الْبَحْث 68
مُحَرَّم 146
مَحْرُوق 273
مُحْزِن 31
مَحْسُوس 273
مَحْشِيّ 204
مَحَّصَ 304
مَحْضَر 128
مَحَطَّة 181
مَحَطَّة الإِذَاعَة 68
مَحَطَّة التِّلِفِزِيُون 68
مَحَطَّة الْقِطَار 181
مَحَطَّة بَنْزِين 181
مَحَطَّة تَوْلِيدِ الطَّاقَة الْكَهْرَبَائِيّ 128
مَحَطَّة حَافِلَات 181
مَحْظُور 128
مَحْظُوظ 273
مِحَفَظَة .ج مَحَافِظُ 273
مَحْق 273
مَحْكَمَة الأُسْرَة 128
مَحْكَمَة الْجِنَايَات 128

مَحْكَمَة الْعَدْل الدَّوْلِيَّة 128
مَحْكَمَة النَّقْض 128
مَحْكَمَة تَمْيِيز 128
مَحْكَمَة ج. مَحَاكِمُ 128
مَحْكَمَة عَسْكَرِيَّة 98
مَحْكَمَة عُلْيَا 128
مَحَلّ ج. مَحَلَّات 181
مَحَلّ خُضْرَوَات 50
مُحَلِّل 68
مَحَلِيّ 181
مُحَمَّد 230
مُحَمَّر 204
مِحْوَر 273
مِحْوَرُ الشَّرّ 218
مِحْوَرِيّ 273
مُحِيط 106
مُخَابَرَة 273
مُخَاطَرَة 273
مُخَالَفَة 128
مُخَالَفَة الْقَانُون 128
مَخْبَز ج. مَخَابِزُ 204
مُخْتَبَر الْعُلُوم 86
مُخْتَبَر الْكِيمِيَاء 86
مُخْتَبَر ج. مُخْتَبَرَات 68
مُخْتَطِف 128
مُخْتَلِف 273
مُخْرِج 86
مَخْرَج ج. مَخَارِجُ 273
مَخْزَن ج. مَخَازِنُ 50
مَخْطُوب 15
مَخْطُوبة 15
مَخْطُوط ج. مَخْطُوطَات 191
مُخْلِص 31
مُخَلَّل 204
مُخَيَّمَات اللَّاجِئِينَ الْفِلَسْطِينِيِّين 218
مُخَيَّم ج. مُخَيَّمَات 191
مُخَيَّم لِلَّاجِئِينَ ج. مُخَيَّمَات لِلَّاجِئِينَ 182
مَدَافِئُ 15
مُدَافِع 218
مُدَّة 146

مَدَحَ ـَ 297
مُدَّخَرَات 50
مَدْخَل ج. مَدَاخِلُ 273
مُدَخِّن 273
مَدَد ج. أَمْدَاد 98
مُدَرِّب 86
مُدَرَّج ج. مُدَرَّجَات 191
مُدَرِّس 86
مَدْرَسَة إِعْدَادِيَّة 86
مَدْرَسَة اِبْتِدَائِيَّة 86
مَدْرَسَة ثَانَوِيَّة 86
مَدْرَسَة ج. مَدَارِسُ 86
مَدْرَسَة حُكُومِيَّة 86
مَدْرَسَة خَاصَّة 86
مَدْرَسَة شَتَوِيَّة 86
مَدْرَسَة صَيْفِيَّة 86
مَدْرَسَة عَامَّة 86
مَدْرَسَة لُغَوِيَّة 87
مَدْرَسَة لَيْلِيَّة 87
مُدَرَّعَة 98
مُدَّعٍ عَامّ 87
مَدْفَع بَازُوكَا 98
مُدَقِّق حِسَابَات 128
مِدَمَّة 15
مُدَمِّر 273
مُدْمِن الْإِنْتِرْنِت 68
مَدَنِيّ 218
مُدَوِّن 68
مُدَوَّنَة 68
مُدَوَّنَة صَوْتِيَّة 68
مُدَوَّنَة صُوَرِيَّة 68
مُدَوَّنَة فِيدْيُو 68
مُدِير الْمَدْرَسَة 87
مُدِير ج. مُدَرَاءُ 128
مُدِيرعَامّ 128
مَدِين 51
مَدِينَة الْمَلَاهِي 181
مَدِينَة تَرْفِيهِيَّة 181
مَدِينَة ج. مُدُن 218
مَدْيُونِيَّة 51

مَدْيُونِيَّة خَارِجِيَّة 51
مَذَاق 204
مَذْبَحَة ج. مَذَابِحُ 218
مُذَكِّرَة 273
مَذَكِّرَة تَوْقِيف 128
مُذَنَّب 69
مُذْنِب 128
مُذْهِل 31
مَذْهُول مِنْ 31
مُرّ 204
مَرْء 273
مِرْآة ج. مَرَايَا 15
مُرَاجَعَة 273
مُرَادِف 87
مُرَاسِل 69
مُرَاسَلَة 274
مُرَاسَلَة فَوْرِيَّة 69
مُرَافَقَة 274
مُرَاقِب 128
مُرَاقَبَة الْأَسْعَار 51
مَرَّ ـُ بِـ 297
مُرْبِح 274
مُرَبَّع 146
مُرَبَّى 204
مُرَبَّى بُرْتُقَال 204
مُرَبِّيَة أَطْفَال 15
مَرَّة 146
مَرَّةً أُخْرَى 328
مَرَّةً ثَانِيَةً 328
مُرْتَاب 31
مُرْتَاح 31
مَرْتَبَة الشَّرَف الْأُولَى 87
مَرْتَبَة ج. مَرَاتِبُ 15
مُرَتَّب ج. مُرَتَّبَات 51
مُرْتَبِك 274
مُرْتَزِق 98
مَرْجَان 106
مَرْجِع ج. مَرَاجِعُ 87
مَرَح 31
مِرْحَاض ج. مَرَاحِيضُ 15

مَرْحَبًا 328
مِرْسَاة 191
مُرْسِل 128
مُرْسَل إِلَيْهِ 129
مَرْسُوم ج. مَرَاسِيمُ 218
مِرَشَّة 16
مُرَشَّح 218
مُرَشَّح مُسْتَقِلّ 218
مُرْشِد 218
مَرَض السَّرْطَان 162
مَرَض السُكَّر 162
مَرَض ج. أَمْرَاض 162
مَرَض صِمَامِ الْقَلْب 153
مُرَطِّب 16
مَرْفَأ ج. مَرَافِئُ 181
مَرْفَع الْهَاوِن 98
مِرْفَق ج. مَرَافِقُ 162
مَرَق ج. مَرَاق 204
مَرْقَص ج. مَرَاقِصُ 181
مَرْكَز إِطْفَاء الْحَرِيق 129
مَرْكَز الْاِقْتِرَاع 218
مَرْكَز الْمَدِينَة 181
مَرْكَز الْمُسَاعَدَة 129
مَرْكَز تَسَوُّق 51
مَرْكَز ج. مَرَاكِزُ 181
مَرْكَز رَئِيسِيّ 129
مَرْكَزِيّ 274
مَرْهَم ج. مَرَاهِمُ 162
مَرْو 115
مِرْوَحَة ج. مَرَاوِحُ 16
مِرْوَحَة يَدَوِيَّة 16
مِرْوَحِيَّة 181
مُرُور 181
مُرُور بِـ 274
مُرُونَة 162
مُرِيح 31
مَرِيض ج. مَرْضَى 162
مِزَاج ج. أَمْزِجَة 31
مَزَاد عَلَنِيّ 51
مَزَاد عَلَى الْإِنْتَرْنِت 51

مَزَار 231
مَزَجَ ُ 297
مَزَحَ َ 297
مُزْدَحِم 274
مُزْدَوِج 146
مَزْرَعَة ج. مَزَارِعُ 204
مُزْمِن 162
مُزَوِّد 51
مُزَوَّر 129
مَزِيَّة ج. مَزَايَا 274
مَزِيد مِنْ 274
مُزِيل الْعَرَق 16
مُزَيَّن 191
مَسْأَلَة ج. مَسَائِلُ 274
مَسْأَلَة شَخْصِيَّة 274
مَسْؤُول 129
مَسْؤُول عَنْ 129
مَسْؤُولِيَّة 129
مَسَاءً 146
مَسَاءَ الْخَيْر 328
مَسَاءَ النُّور 328
مَسَاء ج. أَمْسَاء 146
مَسَائِلُ رِيَاضِيَّة 87
مُسَابَقَة 191
مَسَاحَة 181
مُسَاعِد 87
مُسَاعَدَات مَالِيَّة 51
مُسَاعِد شَخْصِيّ 87
مَسَافَة 146
مُسَافِر 182
مُسَاهِم 51
مُسَاهَمَة 51, 218
مُسَاوَاة 218
مُسَاوَاة بَيْنَ الرَّجُل وَالْمَرْأَة 218
مُسَاوٍ لِـ 274
مُسَاوَمَة 51
مُسْبَق 274
مَسْبُوق 274
مُسْتَأْجِر 51
مُسْتَاء 31

مُسْتَثْمِر 51
مُسْتَجِدَّات 274
مُسْتَحِيل 274
مُسْتَدَام 274
مُسْتَدِير 146
مُسْتَرِيح 31
مُسْتَشَار 51
مُسْتَشَار قَانُونِيّ 51
مُسْتَشْرِق 87
مُسْتَشْفًى ج. مُسْتَشْفَيَات 162
مُسْتَطِيل 146
مُسْتَعِدّ لِـ ~ 328
مُسْتَعْصٍ 274
مُسْتَعْمَل 51
مُسْتَعِير 51
مُسْتَقْبَل 274
مُسْتَقِرّ 275
مُسْتَقِلّ 275
مُسْتَقِيم 275
مُسْتَلْزَمَات 275
مُسْتَنْقَع 106
مُسْتَهْلِك 51
مُسْتَوْرِد 52
مُسْتَوْصَف 162
مُسْتَوْطَنَة 218
مُسْتَوَى الْمَعِيشَة 52
مُسْتَوًى ج. مُسْتَوَيَات 275
مُسْتَيْقِظ 275
مَسْجِد ج. مَسَاجِدُ 231
مَسْخُوط 31
مُسَدَّس 98
مَسْرَح ج. مَسَارِحُ 191
مَسْرَحِيّ 191
مَسْرَحِيَّة 191
مَسْرُور 31
مُسَطَّح 275
مِسْطَرَة 275
مَسَكَ ـِ 297
مُسَكِّنَات الْأَلَم 163
مَسْكَن ج. مَسَاكِنُ 16

مِسْكِين 275
مُسَلٍّ 31
مُسَلَّح 98
مُسْلِم 231
مَسْلُوق 204
مِسْمَار ج. مَسَامِيرُ 163
مُسَمَّى 218
مُسَوَّر 275
مُسِيء 275
مَسِيحِيّ 231
مَسِيحِيَّة 231
مَسِيرَة 219
مَسِيرَة سِلْمِيَّة 219
مُشَابِه 275
مُشَارِك 69
مُشَارَكَة فِي 275
مَشَاعِرُ 31
مُشَاغِب 219
مَشَاكِلُ اِقْتِصَادِيَّة 52
مَشَاكِلُ سِيَاسِيَّة 219
مُشَاهَدَة 275
مُشَاوَرَة 219
مُشْتَاق إِلَى 31
مُشْتَبَه بِهِ 129
مُشْتَرٍ 52
مُشْتَرَك 52
مُشْتَرِك 275
مُشْتَقَّات 52
مَشَج ـُ 71
مُشَجَّر 275
مِشَدّ صَدْر 16
مَشْرُوب 204
مَشْرُوبَات غَازِيَّة 204
مَشْرُوبَات كُحُولِيَّة 204
مَشْرُوع ج. مَشَارِيعُ 129
مُشْط ج. أَمْشِطَة 16
مِشْعَاع ج. مَشَاعِيعُ 16
مَشْغُول بِـ 275
مُشْكِلَة ج. مَشَاكِلُ 275
مَشْلُول 163

مُشْمِش 275

مِشْمِش 204

مَشْهَد ج. مَشَاهِدُ 275

مَشْهُور اِجْتِمَاعِيّ ج.مَشَاهِيرُ اِجْتِمَاعِيَّة 69

مَشْهُور بِـ 276

مَشْوِيّ 204

مَشَى ـِ 297

مَشْيًا عَلَى الْأَقْدَام 184

مُصَاب 163

مَصَادِرُ عَالِيَةُ الْمُسْتَوَى 69

مَصَادِرُ مَوْثُوقٌ بِهَا 69

مُصَادَقَة 276

مُصَارَعَة 191

مَصَارِيف الدِّرَاسَة 87

مُصَالَحَة 276

مِصْبَاح أَمَامِيّ 16

مِصْبَاح ج. مَصَابِيحُ 276

مُصَدِّر 52

مَصْدَر ج. مَصَادِرُ 276

مِصْرُ 182

مُصْرَان ج. مَصَارِينُ 163

مَصْرِف ج. مَصَارِفُ 52

مَصْرُوفَات 52

مَصْرُوف الْبَيْت 52

مَصْرُوف الْجَيْب 52

مَصْرُوف ج. مَصَارِيفُ 52

مِصْرِيّ 87

مِصْعَد ج. مَصَاعِدُ 16

مِصْفَاة ج. مَصَافٍ 52

مَصْلَحَة الْجَمَارِك 129

مَصْلَحَة الضَّرَائِب 129

مَصْلَحَة ج. مَصَالِحُ 52

مَصْلَحَة عَامَّة 219

مُصَمِّم 87

مَصْنَع ج. مَصَانِعُ 52

مَصْنُوع 52

مَصْنُوعَات 52

مُصَوِّر 87

مُصِيبَة ج. مَصَائِبُ 219

مُضَادّ حَيَوِيّ 163

مُضَارِب 52
مُضَارَبَة 52
مُضْحِك 31
مُضْرِب عَنِ الْعَمَل 219
مُضْطَهَد 231
مِضْمَار ج. مَضَامِيرُ 191
مَضْمَضَة 16
مَضْمُون بِ 276
مَضَى ـِ 148
مِضْيَاف 31
مُضِيف 87
مَضِيق ج. مَضَايِقُ 106
مَطَار ج. مَطَارَات 182
مَطْبَخ ج. مَطَابِخُ 16
مَطْرَان ج. مَطَارِنَة 231
مُطْرِب 87
مَطَر ج. أَمْطَار 106
مِطْرَقَة ج. مَطَارِقُ 276
مَطْعَم ج. مَطَاعِمُ 182
مَطْلَب ج. مَطَالِبُ 276
مَطْلُوب 52
مُطَهِّر 163
مُظَاهَرَات حَاشِدَة 219
مُظَاهَرَات سِلْمِيَّة 219
مُظَاهَرَة 219
مُظَاهَرَة مُؤَيِّدِي ... 219
مُظَاهَرَة مُعَارِضِي ... 219
مِظَلَّة 276
مَظْلُوم 31
مَظْهَر ج. مَظَاهِرُ 276
مَعَ 316
مَعَ أَنَّ ~ 328
مَعَ أَنَّ ... إِلَّا أَنَّ ~ 328
مَعًا 276
مُعَادَاة 98
مُعَادَاة السَّامِيَّة 219
مُعَادَلَة رِيَاضِيَّة 87
مُعَارِض 219
مَعَاش 52
مُعَاصِر 146

مُعَاق 163

مَعَ الْأَسَفِ 328

مُعَالَجَة 163

مَعَ السَّلَامَة 328

مُعَامَلَة 276

مُعَامَلَة تِجَارِيَّة 53

مُعَانَاة 32

مُعَاهَدَة 219

مُعَاهَدَة السَّلَام 219

مُعَايِن 129

مَعَايِيرُ اِجْتِمَاعِيَّة 129

مَعْبَد ج. مَعَابِدُ 231

مُعْتَدِل 276

مُعْتَرَف فِي 276

مُعْتَصِم 219

مُعْتَقِل 129

مُعْجَب 87

مُعْجَم ج. مَعَاجِمُ 87

مَعْجُون أَسْنَان ج. مَعَاجِين أَسْنَان 16

مَعْجُون حِلَاقَة 16

مُعْدٍ 163

مُعَدَّات 98

مَعِدَة ج. مَعِد 163

مُعَدَّل 53

مُعَدَّل اِسْتِهْلَاك 53

مُعَدَّل الْبَطَالَة 53

مُعَدَّل التَّضَخُّم 53

مُعَدَّل الْفَائِدَة 53

مُعَدَّل النُّمُوّ 53

مَعْدِن ج. مَعَادِنُ 115

مَعْذِرَة عَلى 276

مَعَ ذَلِكَ 328

مَعرِض ج. مَعَارِضُ 191

مَعْرِض دَوْلِيّ 53

مَعْرِفَة ج. مَعَارِفُ 87

مَعْرَكَة ج. مَعَارِكُ 98

مَعْرُوف بِـ 276

مِعْطَف ج. مَعَاطِفُ 16

مُعْظَم 276

مَعَقَّد 276

مَعْقُول 32
مَعْكَرُونَة 205
مُعَلِّم 88
مَعْلَم سِيَاحِيّ ج. مَعَالِمُ سِيَاحِيَّة 182
مَعْلُومَات 69
مَعْلُومَات شَخْصِيَّة 69
مِنْ ... حَتَى ~ 328
مَعْمَل تَكْرِير 53
مَعْمَل ج. مَعَامِلُ 53
مَعْنَى ج. مَعَانٍ 276
مَعْهَد ج. مَعَاهِدُ 88
مِعْوَل ج. مَعَاوِلُ 53
مِعَى ج. أَمْعَاء 163
مُعِير 53
مَعِيشَة ج. مَعَايِشُ 16
مُعَيَّن 276
مُغَادَرَة 277
مَغَارَة 182
مُغَامَرَة 182
مُغَذِّيّ 53
مَغْرِبِيّ 88
مَغْرُور 32
مَغْسَلَة ج. مَغَاسِلُ 16
مَغْفِرَة 32
مَغْفِرَة الذَّنُوب 32
مُغْلَق 277
مُغَنٍّ 88
مَغْنَاطِيس 69
مَغْنَط 72
مَغْنَطَة 69
مِغْوَار ج. مَغَاوِيرُ 98
مُفَاجَأَة 277
مُفَاوَضَة 219
مِفْتَاح بَرَاغِيّ 16
مِفْتَاح ج. مَفَاتِيحُ 16
مُفْتَخِر 32
مُفَتِّش 129
مَفْتُوح 277
مُفْرَدَات 88
مَفْرُوش 17

مَفْرُوشَات 17

مَفْرُوم 277

مَفْصَل ج. مَفَاصِلُ 163

مُفَضَّل 277

مِفَكّ 17

مُفَكِّر 220

مُفْلِس 277

مُفِيد 277

مُقَابِلَ 277

مُقَابَلَة 69

مُقَابَلَة شَخْصِيَّة 53

مُقَاتِل 99

مُقَارَنَة 277

مَقَاس 147

مُقَاطِع 277

مُقَاطَعَة 220

مُقَاطَعَة الْإِنْتِخَابَات 220

مَقَالَة 69

مُقَاوَمَة 277

مِقْبَاس ج. مَقَابِسُ 17

مَقْبَرَة ج. مَقَابِرُ 277

مُقْبِل 277

مُقَبِّلَات 205

مَقْبُول 277

مُقْتَرِح 277

مُقْتَنِع 277

مِقْدَار ج. مَقَادِيرُ 69

مُقَدَّس 231

مُقَدِّمَة 277

مَقَرّ 277

مِقْرَاض ج. مَقَارِيضُ 17

مُقَرْمَش 277

مِقَصّ ج. مِقَصَّات 17

مَقْصِد ج. مَقَاصِدُ 277

مُقَطَّع إِلَى شَرَائِحَ 278

مَقْطُوع 278

مَقْعَد ج. مَقَاعِدُ 278

مُقَلَّم 278

مَقْلُوب 278

مَقْلِيّ 205

مَقْهَى الْإِنْتِرْنِت 183
مَقْهًى ج. مَقَاهٍ 182
مِقْيَاس الْحَرَارَة 163
مَكَّار 32
مُكَافَأَة 53
مُكَافِح 99
مُكَافَحَة 278
مَكَان ج. أَمَاكِنُ 182
مُكَبِّر الصَّوْت 69
مَكَّةُ 182
مُكْتَئِب 32
مَكْتَب الْبَرِيْدِ 129
مَكْتَب التَّجْنِيد 99
مَكْتَب السِّيَاحَة 182
مَكْتَب الْقُبُول 88
مَكْتَب الْمُدِير 88
مَكْتَبَة 88
مَكْتَبَة رَقْمِيَّة 88
مَكْتَب تَذَاكِرَ 182
مَكْتَب ج. مَكَاتِبُ 278
مَكْتَب سَفَر 182
مَكْتُوب 278
مَكْر 278
مَكْسَب ج. مَكَاسِبُ 53
مَكْسُور 278
مَكْسِيكِيّ 88
مُكَعَّب 147
مَكِنَة 278
مِكْنَسَة ج. مَكَانِسُ 17
مِكْنَسَة كَهْرَبَائِيَّة 17
مِكْوَاة ج. مَكَاوِينُ 17
مِكْيَاج 278
مُكَيِّف هَوَاء 17
مَلْء 129
مَلَأَ ـَ 133
مُلَائِم 278
مَلَابِس السِّبَاحَة 182
مَلَابِسُ جَاهِزَة 17
مَلَابِسُ دَاخِلِيَّة 17
مَلَابِسُ مُخَيَّطَة 17

مَلَارِيَا 163

مُلَازِم أَوَّلُ 99

مَلَاك ج. مَلَائِكَة، مَلَائِكُ 231

مُلَاكَمَة 191

مَلَامِحُ 278

مَلْبَس ج. مَلَابِسُ 17

مَلْبَنَة ج. مَلَابِينُ 53

مُلِحّ 278

مِلْح 205

مُلْحِد 231

مُلَحِّن 88

مُلْصَق ج. مُلْصَقَات 191

مَلْعَب أَطْفَال 88

مَلْعَب ج. مَلَاعِبُ 88

مِلْعَقَة ج. مَلَاعِقُ 17

مِلَفّ ج. مِلَفَّات 129

مَلْفُوف 205

مَلَكَ ـِ 57

مَلِكَة 220

مِلْك ج. أَمْلَاك 53

مَلِك ج. مُلُوك 220

مَلَكِيّ 220

مِلْكِيَّة 53

مِلْكِيَّة دُسْتُورِيَّة 220

مَلَل 32

مِلْلِيغْرَام 147

مِلْلِيلِتر 147

مَلْمُوس 278

مُلَوَّن 191

مَلِيء بِـ 278

مِلْيُون ج. مَلَايِينُ 147

مِلْيُونِير 53

مِمَّا أَدَّى إِلَى ~ 328

مُمْتَاز 278

مُمْتِع 32

مُمْتَلَكَات خَاصَّة 54

مُمْتَلَكَات عَامَّة 54

مُمَثِّل 88، 129

مِمْحَاة ج. مَمَاحٍ 88

مُمَرِّض 163

مِمْسَحَة ج. مَمَاسِحُ 17
مُمْطِر 106
مُمْكِن 278
مُمِلّ 32
مَمْلَحَة ج. مَمَالِحُ 54
مَمْلَكَة ج. مَمَالِكُ 220
مَمْنُوع 129
مَمْنُوع التَّدْخِين 130
مَمْنُوع التَّصْوِير 130
مَمْنُوع الْمُرُور 130
مَمْنُوع الْوُقُوف 130
مَمْنُون 32
مُمَوِّل 54
مُمَيَّز 278
مَنْ 316
مِنْ أَجْلِ ~ 328
مَنَائِرُ 231
مَنَابِع النَّفْط 54
مُنَاخ 106
مُنَاسَبَة 278
مَنَاظِرُ طَبِيعِيَّة 279
مُنَافِس 220
مُنَافَسَات طَائِفِيَّة 231
مُنافَسَة 220
مُنَافِق 279
مُنَاقَشَة 220
مِنَ الْآن فَصَاعِدًا 328
مِنَ الْأَبِ إِلَى الْإِبْنِ 328
مِنَ الْجَانِبَيْنِ 328
مِنَ الْجَيِّدِ أَنْ ~ 329
مِنَ الرَّأْسِ إِلَى أَخْمَص الْقَدَم 329
مِنَ السَّهْلِ أَنْ ~ 329
مِنَ الصَّعْبِ أَنْ ~ 329
مِنَ الْضَّرُورِيِّ أَنْ ~ 329
مِنَ اللَّازِمِ أَنْ ~ 329
مِنَ الْمُتَّفَقِ عَلَيْهِ أَنْ ~ 329
مِنَ الْمُتَوَقَّعِ أَنْ ~ 329
مِنَ الْمُجْزِي أَنْ ~ 329
مِنَ الْمُحْتَمَلِ أَنْ ~ 329
مِنَ الْمُسْتَبْعَدِ أَنْ ~ 329

مِنَ الْمُسْتَحِيلِ أَنْ ~ 329
مِنَ الْمَعْرُوفِ أَنْ ~ 329
مِنَ الْمَفْرُوضِ أَنْ ~ 329
مِنَ الْمُفِيدِ أَنْ ~ 329
مِنَ الْمُقَرَّرِ أَنْ ~ 329
مِنَ الْمُمْكِنِ أَنْ ~ 329
مِنَ الْمُنْتَظَرِ أَنْ ~ 329
مِنَ الْمُهِمِّ أَنْ ~ 330
مِنَ النَّادِرِ أَنْ ~ 330
مِنَ الْوَاضِحِ أَنْ ~ 330
مَنَام 279
مَنَاهِجُ دِرَاسِيَّة 88
مِنْبَر ج. مَنَابِرُ 279
مُنَبِّه ج. مُنَبِّهَات 17
مُنْتِج 54
مُنْتَجَات إِلِكْتُرُونِيَّة 54
مُنْتَجَات الْأَلْبَان 54
مُنْتَجَات الرُّضع 54
مُنْتَجَات مَحَلِّيَّة 54
مُنْتَجَات مَنْزِلِيَّة 54
مُنْتَج ج. مُنْتَجَات 54
مُنْتَخَب 220
مُنْتَشِر 279
مُنْتَصَف اللَّيْل 147
مَنْتُوجَات اِسْتِهْلَاكِيَّة 54
مَنْتُوج ج. مَنْتُوجَات 54
مِنْ جَانِبٍ آخَرَ 330
مِنْ جَانِبِهِ 330
مِنْ جَانِبٍ وَاحِدٍ 330
مَنْجَة 205
مَنْجَم ج. مَنَاجِمُ 54
مِنْ جِهَةٍ 330
مِنْحَة دِرَاسِيَّة ج. مِنَح دِرَاسِيَّة 88
مَنَحَ ـَ ه ه 297
مُنْدَهِش 32
مَنْدُوب 220
مَنْدُوب الصَّلِيب الْأَحْمَر 220
مَنْدِيل ج. مَنَادِيلُ 205
مُنْذُ 147
مَنْذُ الْآن 330

مُنْذُ زَمَان 330
مُنْذُ سَنَة 330
مُنْذُ يَوْمَيْنِ 330
مَنْزِل ج. مَنَازِلُ 17
مَنْسَف 205
مِنْشَفَة ج. مِنَاشِفُ 17
مُنْشَقّ 220
مَنْصِب ج. مَنَاصِبُ 130
مِنَصَّة 182
مَنْصُون 106
مُنْضَبِط 191
مِنْضَدَة ج. مَنَاضِدُ 17
مِنْطَقَة الْيُورُو 130
مِنْطَقَة ج. مَنَاطِقُ 182
مِنْطَقَة صِنَاعِيَّة 54
مَنْظَر ج. مَنَاظِرُ 279
مُنَظَّمَة 130
مُنَظَّمَة الْاِتِّحَاد الْأُورُبِّيّ 130
مُنَظَّمَة التِّجَارَة الْعَالَمِيَّة 130
مُنَظَّمَة الْعَمَل الدَّوْلِيَّة 130
مَنَعَ ـَ 133
مَنْع 130
مُنْعَزِل 182
مُنَعِّم الشَّعْر 17
مُنْفَتِح 32
مِنْ فَضْلِكَ 330
مِنْ قَبْلُ 330
مِنْ قِبَلِ ~ 330
مَنْهَج ج. مَنَاهِجُ 69
مِنْ هـ حَتَى هـ 328
مَهَاة 115
مُهَاجِر 220
مُهَاجَرَة 220
مُهَاجِر رَقْمِيّ 220
مُهَاجِم 279
مَهَارَات لُغَوِيَّة 88
مَهَارَة 88
مُهَان 32
مُهْتَمّ 32
مَهَّدَ الطَّرِيق 57

مَهْد ج. مُهُود 18

مُهَرِّج 88

مِهْرَجَان ج. مِهْرَجَانَات 191

مَهْر ج. مُهُور 18

مَهْل 191

مُهِمّ 279

مُهَمَّش 182

مُهْمِل 32

مَهْمُوم 32

مِهْنَة ج. مِهَن 88

مُهَنْدِس 89

مُهَنْدِس مِعْمَارِيّ 89

مِهَنِيّ 89

مَوَادّ اِسْتِهْلَاكِيَّة 54

مَوَادّ خَام 54

مَوَادّ غِذَائِيَّة 205

مَوَارِدُ بَشَرِيَّة 54

مَوَارِدُ طَبِيعِيَّة 54

مُوَاصَلَات 183

مُوَاصَلَة 279

مُوَاطِن 220

مُوَاطِن أَصْلِيّ رَقْمِيّ 69

مُوَاطِن الْإِنْتِرْنِت 69

مَوْت 18

مَوْثُوق بِهِ 279

مَوْج ج. أَمْوَاج 106

مَوْجُود 279

مُوَحَّد 279

مَوْرِد ج. مَوَارِدُ 54

مُورِيتَانِيَا 183

مَوْز 205

مُوزَايِيك 192

مَوسِم ج. مَوَاسِمُ 106

مَوْسُوعَة 89

مُوسِيقَى 192

مُوسِيقِيّ 192

مَوْضَة 192

مَوْضِع ج. مَوَاضِعُ 183

مَوْضُوعَات ذَات صِلَة 89

مَوْضُوع ج. مَوَاضِيعُ 89

مُوطُور 55
مُوَظَّف 89
مُوَظَّف اِسْتِقْبَال 89
مُوَظَّف تَنْفِيذِيّ 130
مُوَظَّف حُكُومِيّ 130
مَوْعِد ج. مَوَاعِدُ 18
مُوفَد 69
مُوَفَّق 330
مُوَقَّت 279
مُوَقَّتًا 330
مَوْقِد ج. مَوَاقِدُ 18
مَوْقِع الْإِنْتَرْنِت 70
مَوْقِع ج. مَوَاقِعُ 70، 183
مَوْقِع لِلتِّجَارَة الْإِلِكْتُرُونِيَّة 55
مَوْقِف ج. مَوَاقِفُ 279
مَوْقِف سَيَّارَات 183
مَوَّلَ 57
مُولَع بِـ 32
مَوْلُود قَبْلَ الْأَوَان 163
مُومِيَاء 231
مِيَاه الصَّرْف الصِّحِّيّ 55
مِيَاه الْمَجَارِي 55
مِيَاه مَعْدَنِيَّة 205
مِيثَاق ج. مَوَاثِيقُ 220
مِيدَالِيَّة 279
مَيْدَان التَّحْرِير 183
مَيْدَان الْحَرْب 99
مَيْدَان السِّبَاق 183
مَيْدَان السِّيَاسَة 221
مَيْدَان ج. مَيَادِينُ 183
مِيزُون 231
مِيزَاب ج. مَيَازِيبُ 55
مِيزَانِيَّة 55
مِيشِغَان 183
مِيعَاد ج. مَوَاعِيدُ 147
مِيكَانِيكِيّ 89
مَيْكُرُوفُون 70
مَيل 147
مِيلَاد 18
مِينَاء ج. مَوَانٍ 183

ن

نَائِب الرَّئِيس 221

نَائِب ج. نُوَّاب 221

نَائِب مَجْلِس الشَّعْب 221

نَائِم 279

نَاب الْفِيل 115

نَاب ج. أنْيَاب 115

نَادٍ ج. أَنْدِيَة، نَوَادٍ 192

نَادِر 279

نَادِرًا 330

نَادِل ج. نُدُل 279

نَادِم 32

نَادِي الْجَامِعَة 89

نَاس 18

نَاسُوت 18

نَاشَدَ 307

نَاشِر 89

نَاشِف 106

نَاطِحَة سَحَّاب 183

نَافِذَة ج. نَوَافِذُ 18

نَاقِد ج. نُقَّاد 89

نَاقَشَ 223

نَامٍ 279

نَاوَلَ 307

نَاي 192

نَايْلُون 55

نَبَأ ج. أَنْبَاء 70

نَبَاتَات الزِّينَة 115

نَبَات اِقْتِصَادِيّ 55

نَبَات ج. نَبَاتَات 115

نَبَاتِيّ 205, 115

نَبْتُون 106

نَبَذَ ـُ، ـِ 297

نَبْرَة 89

نَبعَان 279

نَبَقَ ـُ 297

نَبْكَة ج. نِبَاك 106

نَبِيّ ج. أَنْبِيَاءُ 231

نَبِيذ 205

نَبِيذ أَبْيَضُ 205

نَبِيذ أَحْمَرُ 205
نَبِيه ج. نُبَهَاءُ 279
نَتَائِج الْبَحْث 70
نَتِيجَة ج. نَتَائِجُ 280
نَتِيجَةً لِ ~ 330
نَجَاح ج. نَجَاحَات 280
نَجَّار 89
نَجْم الْبَحْر ج. نُجُوم الْبَحْر 115
نَجْم ج. نُجُوم 106
نُجُومِيَّة 192
نَجِيل ج. نُجُل 115
نَحَّات 89
نَحَّار 89
نَحَّاس 89
نُحَاس 55
نَحَتَ ـُ 193
نَحْر 205
نِحْلَة ج. نِحَل 115
نَحْوَ 280
نَحِيب 33
نَحِيف 280
نُخَاع 163
نَخّ ج. أَنْخَاخ 18
نَخْلَة ج. نَخِيل 115
نَدَامَة 33
نَدَّدَ بِ 193
نَدِمَ ـَ 34
نَدْوَة 130
نَدْوَة عَلَى الْإِنْتِرْنِت 130
نَدَى 106
نَزَاهَة 280
نَزَحَ 222
نَزَفَ ـِ 165
نَزَلَ 222
نَزَلَ ـِ 297
نَزَّلَ 71
نَزْلَة الْبَرْد 163
نُزْهَة 183
نُزُول 55
نَزِيف 163

نَزِيف الْأَنْف 163
نَزِيه 33
نِسَاء 18
نِسَائِيّ 280
نِسْبَة مِئَوِيّة 147
نَسَخَ ـَ 297
نَسْر ج. نُسُور 115
نَسَّق 304
نَسَمَة 147
نَسَوِيَّة 231
نَسِيَ ـَ 297
نِسْيَان 280
نَسِيب ج. أَنْسِبَاءُ 18
نَشَّار 89
نُشَارَة 55
نِشَارَة 55
نَشَاط 280
نَشَرَ ـُ 90
نَشْر 89
نَشْرَة 89
نَشْرَة الْأَحْوَال الْجَوِّيَّة 70
نَشَرَ خَبَرًا 72
نَشَّطَ الْإِقْتِصَاد 58
نَشِيط ج. نُشَطَاءُ 280
نَصَّاب 33
نَصَّبَ 304
نَصْب تَذْكَارِيّ 183
نَصّ ج. نُصُوص 90
نَصَحَ ـَ 297
نَصْح 280
نَصْر 192
نَصْرَانِيّ 231
نِصْف ج. أَنْصَاف 280
نَصَمَة 231
نَصِيحَة ج. نَصَائِحُ 280
نِضَال 280
نَطْرُون 70
نَطَقَ ـُ، ـِ 90
نَظَّارَة 18
نَظَّارَة شَمْسِيَّة 18

نَظَافَة الْأَسْنَان 164
نِظَام الْأَحْزَاب الْمُتَعَدِّدَة 221
نِظَام الْإِسْتِبْدَادِيَّة 221
نِظَام الْحِزْب الْوَاحِد 221
نِظَام الدِّيمَقْرَاطِيَّة 221
نِظَام الْقَوَائِم الْفَرْدِيَّة 221
نِظَام الْقَوَائِم النِّسْبِيَّة 221
نِظَام الْمَلَكِيَّة 221
نِظَام تَشْغِيل ج. أَنْظِمَة تَشْغِيل 70
نِظَام ج. أَنْظِمَة 221
نِظَام عَسْكَرِيّ 99
نَظَرًا لِـ ~ 330
نَظَر ج. أَنْظَار 280
نَظَرَ ـُ فِي 71
نَظَرِيّ 70
نَظَّمَ 223
نُظُم طَبَقِيَّة 221
نَظِير ج. نُظَرَاءُ 192
نَظِيف 280
نَعَامَة ج. نَعَام 115
نَعَمْ 330
نِعَم 232
نَعْنَاع 205
نَعِيم 280
نَغْمَة 90
نَغْم ج. أَنْغَام 192
نَفَاق 280
نُفَايَات مُشِعَّة 70
نَفَّذَ 304
نَفْس ج. نُفُوس 280
نَفْسُكَ 331
نَفْط 116
نَفْط خَام 116
نَفَقَة 55
نَفَق ج. أَنْفَاق 183
نَفَى ـِ 297
نَقَاء 221
نَقَابَة 280
نِقَاش 70
نَقَانِق 205

نَقَّبَ 58
نَقْد ج. نُقُود 55
نَقْش 192
نَقَصَ ـُ 297
نُقْصَان 280
نُقْطَة أَمَامِيَّة 99
نُقْطَة الْإِبْتِدَاء 281
نُقْطَة الْإِرْتِكَاز 281
نُقْطَة التَّحَوُّل 281
نُقْطَة الْحُدُود 99
نُقْطَة الدَّائِرَة 70
نُقْطَة الشُّرْطَة 183
نُقْطَة الضَّعْف 281
نُقْطَة النَّظَر 221
نُقْطَة ج. نِقَاط 183، 280
نَقَلَ ـُ 298
نَقْل 281
نَقْل بَحْرِيّ 183
نَقْل جَوِّيّ 99
نِقْي ج. أَنْقَاء 164
نِكَاح 232
نُكْتَة ج. نُكَت 281
نَكْث الْعَهْد بِالزَّوَاج 18
نَكَزَ ـُ 298
نُكْس 33
نَمَا ـُ 298
نَمَّام 70
نَمِر ج. نُمُور 116
نَمِلَ ـَ 165
نَمْلَة ج. نَمْل 116
نُمُوّ اِقْتِصَادِيّ 55
نَمُوذَج ج. نَمَاذِجُ 281
نَمَّى 304
نَمِيمَة 281
نِهَائِيّ 281
نَهَار ج. أَنْهُر 147
نِهَايَة 281
نِهَايَة الْأُسْبُوع 147
نَهْر النِّيل 183
نَهْر ج. أَنْهَار 183

نَهْضَة 221

نُوَاح 33

نَوَافِذ الصَّرْف 55

نَوْبَة زِرَاعِيَّة 55

نَوْبَة قَلْبِيَّة 164

نُوتِيّ ج. نَوَاتِيُّ 183

نُوح 232

نُور ج. أَنْوَار 281

نَوْعِيَّة 281

نَوْعِيَّة جَيِّدَة 281

نُوفِمْبِر 147

نَوَى ـِ 298

نَيّ 205

نِيَّة ج. نَوَايَا 281

نِيسَان 147

نِيكَل 70

نُيوزِيلَنْدَا 184

نِيُويُورْك 184

ـهُ ... 281

ه

هَؤُلَاءِ 281

هَا ... 281

هَاتِف ج. هَوَاتِفُ 18

هَاتِفِيًّا 20

هَادِئ 33

هَامّ 281

هَامِش ج. هَوَامِشُ 55

هِبَة 281

هَبَطَ ـُ 184

هِجْرَة 221

هَدَّدَ ه بِ هـ 304

هَدَف ج. أَهْدَاف 281

هُدْنَة 99

هُدُوء 282

هَدِيَة ج. هَدَايَا 282

هَرَاوَة 282

هَرَّبَ 133

هَرَم .ج أَهْرَام 184

هُرُوب 282

هُرُوبًا مِنْ 282
هِسْتِيرِيَا 33
هَضْم 164
هُطُول 106
هَلَع 33
هَلُمَّ جَرًّا 331
هِلِيكُوبْتِر 184
هِلِينِيّ 90
هِلْيَون 116
هُمْ 282
هُمَا 282
هُمُوم 33
هَنَّأَ ه عَلَى هـ 305
هُنَا 184، 282
هُنَاكَ 184
هَنْدَسَة 70
هَنْدَسَة الْحَاسُوب 70
هَنْدَسَة وِرَاثِيَّة 70
هِنْدِيّ ج. هُنُود 90
هُوَ 282
هَوَاء 106
هِوَايَة 192
هُوِيَّة 282
هَوِيس ج. أَهْوِسَة 184
هِيَ 282
هَيْئَات دِيبْلُومَاسِيَّة 130
هَيْئَة 221
هَيْئَة أَرْكَان الْحَرْب 99
هَيْئَة الأَرْصَاد الْجَوِّيَّة 130
هَيْئَة الإِحْصَاء 130
هَيْئَة السِّيَاحَة 131
هَيْئَة الْمُرُور 131
هَيَّا 331
هِيدْرُوجَيْن 70
هَيْكَل ج. هَيَاكِلُ 164
هَيْكَلِيّ 282
وَ 316

و

وَإِنْ ~ 331

وَاثِق مِنْ نَفْسِهِ 33
وَاجِب ج. وَاجِبَات 282
وَاجَهَ 307
وَاجِهَة الْمُسْتَخْدِم الرُّسُومِيَّة 70
وَاحَة 106
وَاحِد 147
وَاحِد وَعِشْرُون 147
وَادٍ ج. أَوْدِيَة 106
وَارِدَات 55
وَاسِع 282
وَاسِع النِّطَاق 282
وَاشِنْطُن 184
وَاصَلَ 308
وَاضِح 282
وَاط 147
وَاعِظ ج. وُعَّاظ 232
وَافَقَ 308
وَاقِعَة ج. وَقَائِعُ 70
وَاقِعِيّ 282
وَالِد 18
وَالِدَان 18
وَالِدَة 18
وَاللهِ 331
وَبَاء ج. أَوْبِئَة 164
وَثَائِقِيّ 71
وَثِقَ ـِ بِ 232
وَثَنِيّ 232
وَثَنِيَّة 232
وَثِيقَة ج. وَثَائِقُ 131
وَجَبَات سَرِيعَة 206
وَجْبَة 206
وَجَبَ عَلَى ... أَنْ ~ 298
وَجَدَ ـِ 298
وَجَعَ ـَ 165
وَجَع ج. أَوْجَاع 164
وَجَّهَ اِتِّهَامًا إِلَى 133
وَجْهَة 282
وِجْهَة النَّظَر 282
وَجَّهَ تَحْذِيرًا إِلَى 133
وَجَّهَ تَعْلِيمَات 133

وَجَّهَ تُهْمَةً إِلَى 133
وَجْه ج. وُجُوه 164
وَجَّهَ دَعْوَةً إِلَى 224
وَجَّهَ نِدَاءً 224
وُجُود 282
وَحْدَة 221
وَحْدَة الْعِنَايَة الْمُرَكَّزَة 164
وَحْشِيَّة 282
وَحِيد 283
وَحِيد الْقَرْن 116
وَدَّ ـَ 298
وِدّ 283
وَدَائِعُ جَارِيَّة 55
وَدَاعًا 331
وَدُود 283
وِدِّيَّة 18
وَدِيعَة ج. وَدَائِعُ 55
وَرْد 116
وَرْدِيّ 147
وَرَق تُوَالِيت، أَوْرَاق تُوَالِيت 18
وَرَق ج. أَوْرَاق 90، 116
وَرَم ج. أَوْرَام 164
وَرِيد ج. أَوْرِدَة 164
وِزَارَة 131
وِزَارَة الْأَوْقَاف 131
وِزَارَة الْإِتِّصَالَات 131
وِزَارَة الْإِسْتِثْمَار 131
وِزَارَة الْبِتْرُول 131
وِزَارَة الْبِيئَة 131
وِزَارَة التِّجَارَة وَالصِّنَاعَة 131
وِزَارَة التَّرْبِيَة وَالتَّعْلِيم 131
وِزَارَة التَّعَاوُن الدَّوْلِيّ 131
وِزَارَة التَّعْلِيم الْعَالِي 131
وِزَارَة الثَّقَافَة 131
وِزَارَة الْخَارِجِيَّة 131
وِزَارَة الدَّاخِلِيَّة 131
وِزَارَة الدِّفَاع 131
وِزَارَة الزِّرَاعَة 132
وِزَارَة السِّيَاحَة 132
وِزَارَة الشَّبَاب وَالرِّيَاضَة 132

وِزَارَة الصِّحَّة 132
وِزَارَة الطَّيَرَان 132
وِزَارَة الْعَدْل 132
وِزَارَة الْمَالِيَّة 132
وِزَارَة الْمُحِيطَات وَمَصَائِد الأَسْمَاك 132
وِزَارَة النَّقْل وَالْمُوَاصَلاَت 132
وَزَّعَ 58
وَزْن ج. أَوْزَان 283
وَزِير الْخَارِجِيَّة 222
وَزِير ج. وُزَرَاءُ 222
وَسَائِل الإِعْلاَم 71
وِسَادَة ج. وَسَائِدُ 18
وَسِخ 283
وَسَطَ ~ 331
وَسَط الْمَدِينَة 184
وُسْطَى 164
وَسَّعَ 305
وُسْع 283
وَسْم ج. وُسُوم 56
وَسِيط صَلَب 71
وَشْم 19
وَشِيك 283
وَصْف 192
وَصْفَة 283
وَصْفَة طِبِّيَّة 164
وَصَفَ ـِ هـ بِـ هـ 193
وَصَلَ ـِ إِلَى 298
وَصْلَة 71
وُصُول 283
وَصَّى ه بِـ هـ 305
وَضَعَ ـَ 298
وَضْع ج. أَوْضَاع 283
وَطَن ج. أَوْطَان 222
وَطَنِيّ 222
وَطِيد 283
وَظَّفَ 58
وَظِيفَة بِدَوَام جُزْئِيّ 56
وَظِيفَة بِدَوَام كَامِل 56
وَظِيفَة ج. وَظَائِفُ 56
وَظِيفَة شَاغِرَة 56

وِعَاء ج. أَوْعِيَة 19

وَعْد ج. وُعُود 283

وَعَدَ ـِ ه بِ ه 298

وَعَلَيْكُمُ السَّلَام 331

وَعْي 283

وَعْي سِيَاسِيّ 222

وَعْي قَوْمِيّ 222

وَغَيْر ذَلِك 331

وَفَاة 283

وَفْد ج. وُفُود 222

وَفَّرَ 58، 305

وَفَّق 305

وَفْقًا لِـ ~ 331

وَقَاح 33

وِقَايَة 283

وَقْتَئِذٍ 147

وَقْت الْفَرَاغ 184

وَقْت ج. أَوْقَات 147

وَقَعَ ـَ 298

وَقَّعَ عَلَى 133

وَقَف 283

وَقُود 56

وَقُود أُحْفُورِيّ 56

وُقُوف 283

وِكَالَة الْأَنْبَاء 71

وِكَالَة الْعَقَارَات 56

وَكِيل ج. وُكَلَاءُ 56

وَكِيل نِيَابَة ج. وُكَلَاءُ نِيَابَة 90

وِلَادَة 283

وِلَايَة 184

وُلِدَ 298

وَلَّعَ 305

وَلِي الْعَهْد 222

وَمَا إِلَيْهِ 331

يَأْس 33

ي

يَابَانِيّ 90

يَارْدَة 148

يَا سَلَامُ 331

يَا لِلْمُفَاجَأَةِ 331
يَتِيم ج. أَيْتَام 283
يَجِبُ أَنْ ~ 331
يَد ج. أَيْدٍ 164
يَد عَامِلَة 56
يَدَوِيّ 192
يَسَار 283
يَسَارِيّ 222، 283
يُعْجِبُنِي 35
يُمْكِنُ أَنْ~ 331
يَمِين 284
يَمِينِيّ 222، 284
يَنَايِر 148
يَهُودِيّ 90
يُوحَنَّا الْمَعْمَدَان 232
يُولِيُو 148
يَوْم الْأَب 19
يَوم الْأَحَد 148
يَوم الْأَرْبِعَاء 148
يَوْم الْأُمّ 19
يَوْم الْإِثْنَيْن 148
يَوْم الثُّلَاثَاء 148
يَوْم الْجُمْعَة 148
يَوْم الْخَمِيس 148
يَوْم السَّبْت 148
يَوْم الْمَرْأَة 148
يَوْمًا مَا 331
يَوْم ج. أَيَّام 148
يَوْم حَاسِم 148
يَوْم حُقُوقِ الْإِنْسَان 148
يَوْمِيّ 148
يُونَانِيّ 90
يُونِيُو 148

번호

0, 영 142

1,000 137

1/3, 삼분의 일; 20분 138

1/4, 사분의 일, 15분 140

1등급, 퍼스트 클래스 174

1월(서력) 148

1월(태양력) 145

1월(히즈라력) 146

1, 일 147

1층 11

2/3, 삼분의 이 138

2달러 140

2월(서력) 144

2월(태양력) 142

2월(히즈라력) 142

2, 이 135

3, 삼 138

3월(서력) 145

3월(태양력) 135

3월(히즈라력) 140

4, 사 136

4월(서력) 135

4월(태양력) 147

4월(히즈라력) 140

5, 오 139

5월(서력) 146

5월(태양력) 137

5월(히즈라력) 139

6월(서력) 148

6월(태양력) 139

6월(히즈라력) 139

6, 육 141

6자 회담 217

7월(서력) 148

7월(태양력) 138

7월(히즈라력) 140

7, 칠 141

8월(서력) 136

8월(태양력) 135

8월(히즈라력) 142

8, 팔 139

9, 구 138

9월(서력) 141

9월(태양력) 137

9월(히즈라력) 140

10, 십 143

10월(서력) 136

10월(태양력) 138

10월(히즈라력) 142
11번째의 139
11, 십일 135
11월(서력) 147
11월(태양력) 138
11월(히즈라력) 140
12, 십이 135
12월(서력) 140
12월(태양력) 145
12월(히즈라력) 140
13, 십삼 138
14, 십사 136
15, 십오 139
16, 십육 141
17, 십칠 141
18, 십팔 139
19, 십구 138
20대, 20년대 143
20, 이십 143
21, 이십 일 147
30, 삼십 138
40, 사십 136
50, 오십 139
60, 육십 141
70대, 70년대 141
70, 칠십 141
80, 팔십 139
90, 구십 138
100만, 백만 147
100, 백 146
100%, 백 퍼센트 145

G

G8 127
G20 127

I

ISIS, 이슬람국가(다에쉬) 208

M

MBA(경영학 석사) 85

P

pc방 183

ㄱ

가게 174
가게, 상점 50
가격을 매기다 57
가계비 52
가계, 혈통 9
가구 3, 17
가구가 비치된 17
가구점 50
가금류, 양계 198
가까운 267
가끔, 때때로 319
가난, 빈곤 48
가난한, 빈곤한 48
가는, 부드러운, 섬세한 255
가늘게 하다, 연하게 하다 301
가능성이 있는, 잠재적인 273
가능성이 희박하다, ~할 것 같지 않다 329
가능한 278
가능한한 많이 319
가다 291
가담하다, 돌입하다 313
가두다, 감금하다 132
가라앉다, 내려앉다 291
가르치다 90
가르침 75
가방 10, 77
가방, 자루, 포대 269
가벼운 252
가볍게 하다; 완화하다, 덜어주다 301
가사 269
가상공간 67
가상교실 83
가상교육환경 75
가상 키보드 68
가상 학습 76
가수 87, 88
가스 97
가스관 38
가슴, 흉부 159
가시 260
가운데 손가락, 중지 164
가위 17
가을 103
가입 235
가자지구(팔레스타인의 지역) 180
가재도구 3

가정문제 10
가정법원 128
가정용품, 가정제품 54
가정, 전제 262
가정폭력 125
가젤 114
가져오다 287
가져옴, 수입, 끌어당기기 245
가족 4, 11
가죽 110
가죽을 벗기다; 탈취하다; 징집하다 299
가죽의, 피부의 245
가지 109
가축 15
가치 268
가치있는 268
가해자; 부정한, 불의한 124
각 256
각각, 개인 265
각각의, 개인의 265
각막 161
간 161
간단한 236
간수 122
간염 152
간첩 94
간첩활동 94
간청하다 307
간호 154
간호사 163
갈비, 늑골 159
갈 색의 136, 137
갈증 160
갈퀴, 써레 15
감각 247
감금하다 288
감기 153, 157, 163
감독 86
감독관, 감시관 128
감사관 128
감사드리는 30
감소 38
감소, 부족, 소량 268
감소하다 296
감시하다, 감독하다 306
감염 152, 160
감옥, 교도소 122
감자 195
감정 27, 31
감정, 느낌 26

감정을 고무시키는, 논란을 일으키는 272
감정적인 27
감정적인, 흥분을 쉽게하는 22
감축 40
감축하다 57
감춰진 271
갑시다 331
갑자기 144
값, 가격 243
값, 가격, 물가 44
값을 홍정하다 58
값진 243
강 183
강건한, 굳센 271
강당 179
강대국들 213
강연자 86
강요 253
강우 106
강의 217
강의하다, 설교하다 91
강제노동, 의무노동 79
강제로 일을 시키다, 부려먹다 90
강제보험 118
강조하다 302
강좌, 강습 78
강철 같은 248
강한, 격렬한 259
강화, 강조 239
강화하다 303
같이 가다, 동행하다 306
개 115
개각, 장관교체 210
개구리 113
개미 116
개발도상국 42
개방 235
개방적인 32
개별 면접 53
개선 238
개선되다, 앞서다 311
개선되다, 좋아지다 309
개선하다 300
개선하다; 고치다, 수선하다 302
개인용 컴퓨터 64
개인의 259
개인 재산 54
개인적으로 322
개인적인 문제 274

개인정보 69
개인조수 87
개인 프로필 66
개인후보제 221
개조하다 298
개척자 255
개최 263
개혁, 개선 235
갤런(액량 단위, 4.5리터) 139
갱신, 개조 238
갱신되다, 새로워지다 309
거기에; ...가 있다, 저기에 184
거꾸로 된, 전도된 278
거대한; 중요한 245
거래, 계약 46
거래하다 59
거룩한, 영광의, 신성한 231
거름, 두엄, 비료 45
거리, 간격 146
거리, 도로, 가 177
거만한 32
거미 114
거부권 121, 125
거북, 바다거북 112
거북이 115
거실 13
거울 15
거위 109
거위고기 203
거의, 약 320
거의~하다, ~할 뻔하다 296
거인; 폭군 244
거절하다, 반대하다 291
거주, 거주지 277
거짓말쟁이 268
거쳐가다 297
거친 251
거침 251
걱정스러운 23, 32
건강 158
건물 178, 181
건설, 공사; 재건 40
건설적인 209
건설회사 123
건조하다, 건조시키다 299
건조한 106, 243
건조함 245
건축가 89
건축, 건물 171
건포도 198

걷다 297
걷다, 행진하다, 가다, 진행되다 292
걸레 17
걸어서, 도보로 184
걸음; 한 걸음 252
걸작 185
걸프 국가들 174
걸프협력회의 217
검게 하다, 더럽히다 149
검사 87, 90
검사관, 검열관 129
검사하다, 검열하다, 검토하다 306
검사하다, 진찰하다 295
검색 결과 70
검색 엔진 68
검어지다 149
검은 색 136
검은후추 201
검토하다 306
검토하다, 연구하다 304
검표원, 안내원 83
겁이 많다 33
게 112, 113
게다가 317
게릴라전 95
게스트 하우스 172, 174
게으른 29
게으름 29
게임 190
겨누다, 목표로 하다 193
겨울 104
겨울의 104
격노, 격분 28
격려 22
견고한, 공고한 283
견고한, 튼튼한 255
견고한, 확고부동한, 고정된 242
견고함, 엄격함 23
견고히 하다 300
견과, 콩 110
견디다, 참다 309
견지하다, 완강하게 하다 305
견해 282
결과 280
결과; 영향 263
결막염 152
결석; 돌 156
결석하다 90, 310
결심하다 287
결심하다, 결의하다, 마음먹다 295

결원 56
결의안을 채택하다 224
결점, 단점 264
결정 267
결정, 결심 245
결정, 마무리 249
결정적인 243
결정하다 303
결정하다, 결심하다 302
결핍 280
결핍되다, 부족하다 297
결합시키다, 포함하다 294
결합, 연결 255
결합하다 288
결합, 협력 261
결혼 8
결혼 계약 12
결혼권 121
결혼반지 7
결혼시키다 19
결혼식 6
결혼식, 혼례 12
결혼(이슬람) 232
결혼하다 19
겸손 24
겸손한 30
경고 119
경고하다 133, 300
경과, 발전 274
경기 191
경기를 부양하다 58
경기장 191
경도 103
경력 77
경마 188
경매 51
경멸하는, 업신여기는 31
경범죄, 위법 120
경비 248
경비대, 경비원 248
경비원 247
경비원, 문지기 75
경솔, 부주의 242
경영 간부, 행정부 130
경영학 73
경우, 상황 247
경우, 행사, 경사, 경조사 278
경쟁, 경주 191
경쟁력 267
경쟁, 시합, 경기 188

경쟁자, 라이벌 220
경쟁하다, 시합하다, 겨루다 193
경제 38
경제관계 48
경제상황 개선 40
경제의; 경제인 38
경제작물, 상품작물 55
경제적 성장 55
경제적인 문제 52
경제제재 47
경제통합 41
경제학 82
경주용 트랙 183
경주 트랙 191
경찰 123
경찰, 경찰력 126
경찰서 123, 179
경찰 진술서 119
경치, 광경 279
경험 251
경험; 실험 238
계급, 계층 215
계급장 95
계급제도 221
계기반 67
계단 253
계단, 사다리 10
계산하다 305
계산하다; 고려하다 288
계속되다 313
계속되다, 지속하다 290
계속하다 305, 308
계속~하다, 유지하다 294
계속함 279
계속함, 추구함 270
계속해서 317
계약 47
계약을 맺음 40
계약하다 59
계엄령 95
계절 105, 106
계절풍 106
계좌 41
계좌동결 119
계좌번호 43
계층주의, 계급주의 47
계획 252
고객 83
고객 서비스 251
고귀함 245

고급의 86
고기 203
고등교육부 131
고등학교 86
고딕 189
고래 111
고르게 하다; 조정하다 302
고립, 고독 263
고립된 271
고마운 26
고마움, 감사 26
고무; 영감 21
고무탄 95
고무하다 35
고문 124
고문하다 133
고물상, 중고상점 50
고발, 고소하다 133
고발, 통보 118
고발하다, 고소하다 134
고속도로 177
고속버스 170
고수 202
고아 283
고양이 114
고요한, 잔잔한, 어두운 25
고요함, 조용함 282
고용 76
고용주, 고용인 80
고용하다 58, 91
고위급 소식통 69
고위책임자 127
고인, 죽은 사람들 258
고전의 269
고정관념 261
고정된 259
고정자본 50
고조되는, 상승하는 271
고조되다 312
고집 28
고착화 238
고추 201
고추, 파프리카 201
고층 건물, 마천루 183
고치다 302
고통 153
고통, 괴로움 32
고화질의 47
곡, 곡조 192
곤봉 282

곧, 머지않아 324, 325, 326
곧은, 일직선의 275
곧, 즉시 144
곧 하려하다, 하려는 찰나이다 308
골격의, 구조적인 282
골결핵 158
골목길 175
골반 156
골수 164
골짜기, 계곡 106
골키퍼 186
골프 186, 189
곰 111
공 190
공개적으로, 공공연하게 323
공개적으로, 노골적으로 321
공개하다, 폭로하다 71
공격, 습격 96
공격자 279
공공부문, 공기업 126
공공 재산 54
공군 98
공급자, 공급업체 51
공기, 대기; 날씨 103
공동 관심사를 갖고 있는 213
공동의, 합동의 52
공동협력방안 214
공립학교 86
공무원 130
공부하다, 연구하다 90
공부, 학습 78
공산주의 215
공산주의의; 공산주의자 215
공산품 45
공상 과학 64
공수, 항공 수송대 99
공습 96
공식 87
공식 방문 214
공식적인 213
공업, 산업화하다 57
공업의, 산업의 46
공연, 제공, 보여주기 189
공예 77
공원 173
공익 219
공작 113
공장 52
공적 생활 250
공정한 재판을 받을 권리 121

공정함 280
공지; 정보; 커뮤니케이션; 언론 62
공판심리, 재판심리 120
공포 24, 25, 33
공포, 두려움 29
공학 기술, 공학 70
공항 182
공해 102
공허한, 한가한 259
공허한, 한가한, 빈 265
공헌, 기여 218
공헌하다, 봉사하다 289
공헌하다; 참가하다 306
공화국, 공화정 211
공휴일 143
과도정부 211
과반수 264
과부, 미망인 3
과, 부, 부문 267
과일 200
과장된 270
과정; 회, 회기 254
과학 실험실 86
과학의, 과학적인 67
과학, 학문 67
관계 264
관계 정상화 210
관광 176
관광객 175
관광부 132
관광지 182
관광청 131
관대, 너그러움 25
관대한, 마음이 넓은 29
관련되다 289
관련이 있다 310
관련 주제 89
관상용 식물 115
관세 43
관세국 129
관습 189
관습, 관례 124
관심 235
관심있는 32
관용 239
관절 163
관절염 152
관점 221
관, 파이프 38
광경 275

광대 88

광물, 금속, 미네랄 115

광물질의, 무생물의 64

광범위한, 널리퍼진 282

광산, 탄광 54

광신주의, 배타주의 226

광장 175, 183

광천수 205

괭이 53

괭이, 삽 50

괴롭히다, 부담을 주다 298

교과과정 88

교과서 84

교관, 코치 86

교만한 32

교수 73

교수형 124

교양있는, 학식있는 30

교역 39

교역 파트너 46

교외 177

교육 76

교육부 131

교육비, 수업료 87

교육 앱 63

교육, 양육 75

교육의, 교육적인 76

교육의, 양육의 75

교육청 73

교육 평가 76

교육하다, 계몽하다 90

교육하다, 훈육하다 90

교장 87

교장실 88

교통부 132

교통청 131

교통표지판 178

교파주의, 분파주의 228

교활한; 세련된 32

교회, 사원 230

구금 121

구금, 억류 207

구금하다 223

구더기, 벌레 112

구독료, 시청료 43

구독자(블로그) 69

구, 동 174

구두닦이 85

구두쇠 75

구두의 259

구두장인 74
구두점, 셈 239
구르다, 미끄러지다 314
구름 104
구름 낀 105
구리 세공인, 구리 그릇 제조인 89
구매, 구입 45
구매력 49
구매인 52
구멍을 내다 286
구명 보트 179
구명 부표 160
구별되다, 특색있다 311
구별, 식별; (아랍어 문법에서의) 구별의 목적격 242
구별하다, 분류하다 303
구상하다 90
구실, 핑계 248
구어, 일상회화 85
구어체의 81
구운 204
구원, 구출, 지불, 청산 252
구조 151
구조, 골격 164
구조하다, 응급처치하다 165
구청장 213
구체화 238
구체화하다, 구현하다 299
구토 154
구현되다, 구체화되다 309
구호, 표어 188
국가, 민족 170
국가적 의식 222
국가적인, 애국적인, 민족주의적인 222
국가, 정부 212
국경 경찰 123
국경초소 99
국고, 금고 39
국내사안 215
국내의, 시민의, 국가의 170
국내총생산 38
국무총리, 수상 213
국무회의 127
국민, 민족 214
국민소득 42
국민총생산 38
국민투표 207
국방부 131
국산품 54
국세청 129

국수 205
국왕 폐하 215
국유화하다 222
국적 173
국적 변경의 자유 121
국제기업 123
국제노동기구 130
국제문제 215
국제박람회 53
국제법 126
국제사법재판소 128
국제연합, 유엔 118
국제적인 213
국제적인 관계 216
국제적인, 세계적인 178
국제축구연맹 118
국제통화기금 46
국제협력부 131
국화 109, 112
국회 209
국회의원 216, 221
국회의장 213, 214
국회해산 212
군, 군대 98
군단 97
군법회의 98
군사기지 97
군사동원, 징집 94
군사의, 군사적인 96
군사정보 93
군사훈련 94
군수품 98
군인 94, 95
군주, 왕 215
군중 249
군중, 대중 211
군중이 많이 모인, 빽빽한 247
군체제 99
군함 94
굳건히 하다, 공고히 하다 301
굳게하다, 견실하게 하다; 입증하다 298
굳센, 결연한 247, 249
굳어지다 287
굴욕적인 32
굴, 조개 203
굵기, 두께 138
굵은, 두꺼운 242
굶주리다 286
권리 121
권총 98

권투, 복싱 191
권한 위임, 전권 위임 210
권한, 전권 215
귀 151
귀가 멀다 165
귀걸이 7
귀금속점, 금은방 50
귀머거리 151
규모 139
규정 위반 128
규정; 한정; 제한 119
규칙, 규정, 기준; 결연한, 엄격한 124
규칙, 기초; (복수) 문법 266
균형잡힌 271
그 282
그것과는 달리 318
그것이 의미하는 바는 …이다 319
그 결과; 그 직후 323
그녀 282
그녀의 281
그 동안에 325
그 뒤에, 나중에 326
그들 282
그들 둘 (쌍수) 282
그 때에 147, 321, 324
그래서, 그러므로 327
그래서; 그리고 315
그래픽 사용자 인터페이스 70
그램 144
그러나, 아직도 328
그러나, 어쨌거나, 오히려, 반대로 315
그러나, 하지만 316
그렇게, 그처럼; 또한, 역시 326
그로써, 이로써 318
그로 인해 ~이 초래되었다 328
그룹, 단체 272
그릇, 용기 19
그리고 315, 316
그리기 187
그리다 291
그리다, 묘사하다 302
그리스의; 그리스인 90
그림 191
그림, 소묘, 데생 187
그림자 262
그만두다, 중지하다, 해고하다 296
그을린, 훈제한 273
그의 281
그 중에는 319
그 후에 318

극단적인, 과감한 30
극동 177
극심한, 예민한 247
극, 연극 189
극장, 연극 191
극적인 191
근동 177
근로자의 날, 근로절 83
근면한, 부지런히 일하는 272
근본적인, 기초적인 244
근시 161
근육 160
근절하다 286
금기(된) 227
금리, 이율 44
금발의; (살결이) 흰 136
금빛의, 황금 색의 140
금성 101
금세공인; 보석 세공인 80
금속용해 44
금액, 총액 50
금연 130
금요일 148
금욕, 금욕주의자 229
금융시장 45
금주, 이번 주 144
금지 130
금지된 128, 129
금지하다 133, 289
금, 황금 112
긍정적인 22
기간, 시기 144, 146
기간; 시대; 시간 141, 143
기갑사단 97
기계 49
기계의, 기계로 작동되는; 자동의 62
기관의 160
기관지 153
기관지염 152
기관총 95
기권 208
기권자 216
기권하다; 억제하다 223
기권하다; 억제하다 224
기기, 제품 64
기, 깃발 264
기꺼이 319
기념 254
기념물 183
기도 228

기독교 231
기독교 여자 청년회 120
기독교인 231
기둥, 주석 160
기록보관소 61
기록부, 등록부, 일지 257
기록 영화 190
기록적 숫자, 수치 43
기록하는; 경전의 230
기르다, 양육하다 301
기름기가 있는 198
기름, 석유 198
기린 112
기만 278
기만적, 사기꾼 33
기만하는; 배신자 28
기밀, 기밀정보 61
기부하다, 기증하다 309
기분 31
기브스 154
기브스하다 165
기쁘게 하다, 즐겁게 하다 34
기쁘다 33
기쁜 28, 31
기쁜, 홍미로운, 즐거운 32
기쁨 28
기사 69
기상청 130
기상통보, 일기예보 70
기성복 17
기소 117
기소, 고발 117
기소된, 고발된; 기소자 127
기술 63, 88
기술적인 41, 63
기억하는, 잘 잊지 않는 271
기억하다 309
기여; 참가 51
기원, 근원; 출전 225
기원전 229
기이한, 놀라운 251
기입하다 301
기자회견 68
기저귀 6
기차 179
기차역 181
기초, 기관, 기구, 설립, 창립 130
기침 158
기침하다 164
기타 190

기타 등등 331
기타리스트 81
기혼의 15
기화시키다 71
기회, 가능성 265
기후 106
기후변화 102
기후이변 102
긴급한 262
긴장 210
긴장한, 스트레스 받은 30
긴; (키가)큰 262
길 177
길 가는 사람들, 동행인, 동행자 256
길게, 오랫동안 142
길을 닦다 291
길을 닦다 57
길이 142
깊은, 깊이있는 264
깊이 143
깊이를 재다, 측정하다, 조사하다 56
깊이자다, 단잠을 자다 164
까마귀 114
까지; 조차도; 위해 315
깎다 287
깎아내다, 쓸다 292
깨끗한 280
깨뜨리다, 부수다 304
깨우다 308
깨진, 부러진 278
껍질, 가죽을 벗기다 293
껍질을 벗긴; 풍미 없는 199
꼬다, 땋다 286
꼬리표, 색인표 264
꽃 112
꾸란의 절 226
꿀 200
꿈 250, 279
꿩 113
끄는 것, 매력 244
끄는, 당기는 243, 256
끄는, 매혹적인 243
끈, 줄 248
끊다, 잘라내다 285
끊어지다; 끝나다, 중단되다 313
끌다, 당기다 286
끌다, 유혹하다 286
끓다, 끓이다 206
끓이다 19
끓인, 삶은 204

끔찍한, 혐오스러운 31
끝 281
끝났어, 됐어 322
끝내다 308
끝냄 235
...가 떠오르다, 생각나다 290
~가운데에 331
...가 ~하는 것을 돕다 306
...가 ~하는 것이 가능하다 319
~같은, 비슷한 324
(공공)기관 122
(노력을) 기울이다 285
(도로) 교통 181
(살갗의) 갈색 141
(존칭) 귀하 250

ㄴ

나가다 289
나감; 출구 251
나귀, 당나귀 111
나노기술 63
나누다, 분리시키다 303
나라, 국가 171
나라의, 토착의 171
나름, 옮김 281
나머지의, 기타의 256
나머지, 잔여물 258
나무 113
나뭇가지, 지점, 분점 48
나병환자 151
나비 114
나쁜, 악한 26
나사 62
나사 돌리개, 드라이버 17
나이 264
나이가 많은 14
나이가 어린 11
나일강 183
나일론 55
나중에, 그 뒤에 327
나침반, 컴퍼스 137
나타나다 294
나타내다, 증명하다 290
나타내다, 표현하다 302
나타냄, 표현 22
낙관적인, 낙천적인 30
낙농 가게 53
낙농제품 54
낙원, 천국 227

낙천적인 23
낙천주의 227
낙타 111
낙타를 몰다; 선동하다, 부추기다 288
낚시, 어업 81
난동, 분쟁 216
난로 15
난로, 가스 난로 18
난민캠프, 난민수용소 182
난방기, 히터 9
난시 162
날 259
날것의, 익히지않은 205
날다 116
날 따라오세요 320
날씨, 기상, 일기 105
날씨; 분위기 246
날조된, 위조된 129
남겨진, 잔여물 270
남극 대륙 169
남기다, 떠나다 286
남녀평등 118, 218
남다, 머무르다, 계속~하다 285
남미 170
남성 254
남아있는 236
남자 255
남쪽 173
남쪽으로 321
남편 8
납; 심 112
납치 117
납치범 128
납치하다 99
납치하다, 유괴하다 134
낭비하는, 사치스러운 236
낭비하다 57
낮 147
낮다, 저열하다, 비천하다 293
낮추다, 덜다 290
낯선, 이상한; 이상한 사람 28
낱알; 여드름 197
낳다 19
내가 너였다면 327
내각사퇴 207
내무부 131
내부의, 내부적인 253
내분비학 161
내성적인 22
내일 144

내장, 창자 163
내전 95
내정간섭 209
내핍상태, 긴축정책 214
냄새를 맡다 293
냄새 제거제, 데오도런트 16
냄새, 향 254
냅킨 205
냉기 105
냉동식품 4
냉동하다 206
냉장고 5
냉전 95
너그러운, 관대한, 후한 25
너그러움, 후함 268
너그럽다, 후하다, 관대하다 34
너 자신, 너 스스로 331
넉넉하다, 충분하다 296
널리퍼진, 광범위한 259, 279
널빤지, 도표, 그림, 사진 270
넓어지다, 확장되다 311
넓은 282
넓이 143
넓히다, 확장하다, 확대하다 305
넘겨주다, 이양하다 307
넘다 305
넘어서다, 초과하다 310
네 330
네(구어체) 236
네모 146
네번째 140
네번째로 140
네(부정문에 대한 대답) 237
네트워크, 망 65
네티즌 69
넥타이 8
년, 연도 143
노동당 211
노동자, 근로자 81
노란 색의 136
노래 185, 189
노래부르다 303
노래지다, 황색으로 되다 149
노력 246, 258
노력하다, 신중히 하다 286
노력하다, 애쓰다 193, 288, 293
노령 260
노를 젓다 193
노아 232
노인 12

노인; 족장; 셰이크(걸프국가의 수장에 붙이는 칭호) 10
노젓기; 신성모독 226
노처녀, 독신녀 11
노출되다, 겪다 310
노출된, 드러난, 솔직한, 적나라한 263
노트, 공책 78
노트북 64
노한, 분개한, 불만에 찬 25
녹, 산화물 62
녹슬게하다 72
논란, 싸움 244
논문 74
논쟁, 비평 70
논쟁의 여지가 있는 30
논쟁적인 244
논증하다 91
논평, 시사뉴스 해설 63
논평하다, 비평하다 71
놀다, ~(운동, 역할)을 하다 193
놀라다 35
놀라운 27
놀라운 일 277
놀라움 24
놀란 30, 32
놀람, 경악 21, 24
놀래라! 331
놀이공원 181
놀이터 88
놋쇠, 황동 55
농구 190
농담 281
농담, 웃음거리 253
농담하다 297
농부, 농민 48
농성, 점거시위 208
농성해제 125
농업 44
농업부 132
농업의 44
농장 204
높은 39, 263
높은 생활비, 생활고 48
뇌막 158
뇌물 118, 122, 157
뇌물수수 117
뇌염 152
뇌졸중 155
누구 316
누더기, 넝마 257

누르다 294
누적적인, 쌓이는 271
눈 160
눈 깜빡할 사이에, 순식간에 319
눈꺼풀 155
눈동자, 동공 153
눈물 흘리는, 물이 넘치는, 25
눈이 먼 152
뉴욕 184
뉴질랜드 184
느끼다 35
느낄 수 있는; 지각할 수 있는 273
느낌 21
느린 237
늑대 112
늘어나는 271
늘어뜨리다, (막을) 내리다 292
능력 283
능력, 재능 278
능력, 힘 267
능통하다, 잘하다 308
늦어지다, 지체하다, 지각하다 308
늦은 146
늪, 습지 106
니켈 70
~내내 262
...는 ~해야 한다 298
(~을) 느끼다, 인지하다 34

ㄷ

다가오는 266
다당제 221
다듬다, (나무 등을) 손질하다 19
다람쥐 113
다루다; 먹다; 복용하다 312
다룸 276
다른 것 323
다른, 차이나는 271
다른, 차이나는; 다양한 273
다른 한편 324
다른 한편으로는 330
다리 157, 173
다리미 17
다마스쿠스(시리아의 수도) 174
다섯번째의 139
다수 136
다스리다; 책임을 맡다 311
다시 328

다시, 재차 320
다양한 271
다운로드 중 64
다운로드하다(II형) 71
다윗 228
다음의, 계속되는 237
다음주 136, 144
다이빙 189
다이아몬드, 금강석 115
다자관계 216
다진 277
다큐멘터리, 기록물 71
다 함께, 동시에 321
닦다, 윤을 내다 287
단가 44
단거리 주자 189
단계, 시기 262
단과대학 84
단기적으로 324
단도, 단검 95
단상, (넓은) 탁자 17
단순한, 순진무구한 25
단식 228
단식종료제 229
단식하다 232
단어들, 어휘들 88
단일신교, 통합 210
단지, 오로지 272
단지, 오직 316
단체, 진영 216
닫힌, 잠긴 277
달 101, 142, 268
달걀 196
달러 140
달리다, 일어나다, 발생하다 287
달콤한, 맛있는 197
닭 198
닮은, 비슷한 275
담당하는, 책임지는 129
담배 238, 257
담배를 피우다 165
담, 벽 244
담보, 저당 43
담화, 대화 217
답카(민속춤) 187
당근 197
당김 244
당뇨병 162
당장 321
당좌계좌, 경상수지 42

당파주의 216
당혹 24
당황, 난처함 23
당황하게 하나 35
당황하다, 어찌할 바를 모르다 34
닻 191
대규모의 시위 219
대기 105
대기, 공기 106
대기실 178
대나무 111
대담성, 용기 244
대담성을 보이다, 감히 하다 287
대답, 답변 255
대답, 답장 246
대답하다 291
대대 98
대량살상무기 93
대령 96
대륙 179
대리인, 중개상 56
대리전 95
대머리 151
대문, 정문 5
대변인 217
대부분의 265, 276
대사 123
대사관 123
대상, 주제, 조항, 과목, 요소 270
대선 208
대수학 77
대순례 227
대신, 대용(품) 236
대안 252
대야, 욕조 250
대양 106
대여자, 채권자 53
대외채무 51
대장장이 77
대주교(그리스 정교) 231
대중교통 183
대중성, 인기 188
대중의, 대중적인; 서민의 188
대추야자 196
대추야자열매 196
대출, 은행대출 49
대출자 51
대통령 213
대통령 경호실 95
대통령의 213

대통령직, 영도 213
대표단 222
대표자 129
대표, 표현, 예시 241
대하다, 다루다 307
대학교 동아리 89
대학살 218
대학; 연맹 77
대학원 78
대학 총장 78
대항, 저항 277
대항하다, 도전하다 309
대화방 178
대화, 회화 250
대회, 회의 216
댄스홀, 무도장 181
더구나, 게다가 325
더러운 283
더럽히다 304
더 많은 ... 274
더 많은 수(양)의, 가장 많은 136
더블룸 178
더운, 뜨거운 256
더운; 매운 247
더 행복한, 가장 행복한 21
던지기, 사격 187
던지다, 쏘다 291
덩어리 140, 245
덫, 함정 245
덮기; 보도 240
덮다 303
덮다, 가리우다 292
데리고 가다 291
데스크톱 컴퓨터 64
데이터 63
데이터베이스 67
도기 189
도깨비, 정령 227
도끼 13
도달하다 71
도덕적 가치 268
도둑 122
도둑, 절도범 127
도마뱀 112
도망쳐서 282
도망, 탈출 282
도매로 59
도박 126
도살 205
도살; 썰물 245

도살장 112
도살하다 99
도살하다, 학살하다 287
도서관 88
도시 218
도시의, 시민의; 시민 218
도심부, 시내 181, 184
도움, 지원 274
도자기 251
도전 238
도, 주 181
도착 283
도착하다 298
도하(카타르의 수도) 169
독 258
독가스 93
독립 207
독립 기념일 216
독립적인 275
독립하다 224
독사, 살모사 109
독서, 낭독, 낭송 84
독수리 115
독신, 독신주의 12
독신, 미혼 12
독실한 230
독일 169
독일의; 독일인 74
독일인; 독일의 169
독자 83
독재 212
독재자, 절대 전제주의자 212
독점 37
독점, 매점 37
독점적으로 321
독점적인 249
독점하다 59
독해 266
돈, 금전 49
돈, 비용, 경비 55
돈 세탁 48
돌 248
돌고래 111
돌다, 회전하다 290
돌봄 264
돌아감, 돌아옴 255
돌아다니다 286
돌아다니다, 배회하다 309
돌아다니다, 여행하다 184
돌아오다, 돌아가다 291

돌아옴 264
돌의, 돌이 많은 248
동결하다 57
동계 강좌 78
동계학교 86
동굴 180, 182
동기 22, 247, 253
동맥 158
동맹 94, 209, 212
동맹하다 99
동면, 기면, 코마 158
동물 111
동물원 173
동물, 짐승 110
동성애 260
동시대의 146
동시에 325
동시통역 76
동양학자 87
동업, 동업관계 45
동영상 블로그(비디오 블로그) 68
동의어, 유의어 87
동의하다 308
동일하게, 균등하게 324
동전 48
동정론자, 동정하는 30
동정하다 35
동지 136
동쪽 142
동쪽의 142
동창, 동기, 동료 8
동행 274
돼지 111
돼지고기 203
되풀이하다, 반복하다 304
두개골 155
두뇌 163
두다, 놓다; (정책 등을) 세우다 298
두드러진, 돌출된; 저명한 236
두드리기, 연달아 치기 261
두드리다, 때리다 292
두려운 24
두려움 24
두려워하다, 겁내다 33
두루마리, 통 270
두바이(아랍에미리트 7개 토후국 중 하나) 174
두 배의 146
두번째로 138
두번째의 138

두시간 141
두통 159
둑, 댐 175
둘러싸다 305
둘러싸다; 제지하다 289
둘러쌈, 포위 239, 272
둥근, 구의 145
둥근, 동그란 146
둥근 지붕, 둥근 천장, 돔 179
뒤 252
뒤따르다 286
뒤이어 241
드라마 65
드럼 189
드레스, 원피스 13
드문, 진귀한 279
드물게 326, 330
듣기, 경청 74
듣기, 청력 258
듣다 293
들, 들판 103
들러붙은 269
들소, 야생소 115
들어가기, 입장 253
들어가다 290
등 160
등급, 급 253
등, 램프 14
등록; 녹화 239
등록 상표 49
등록하다, 기록하다 302
등산 186
등잔, 램프 9
디나르 (화폐 단위) 140
디스크(컴퓨터); 알약 267
디자이너 87
디저트 197
디지털 교과서 84
디지털 도서관 88
디지털망 65
디지털 원주민 69
디지털 이주자 220
디지털펜 84
따다, 수확하다 288
따뜻한 253
따뜻함 253
따뜻함, 뜨거움, 열 104
따르다 286
따르다, 복종하다 223
딱정벌레 111

딸 3, 5
딸기 201
땅, 근원 101
땅이 메마르다 107
땅, 지구, 영토 61
땅콩 201
떠나다 295
떠나다, 출발하다 307
떠나다, 퇴진하다 291
떨어지다; (비행기가)추락하다 293
또는 315
또 만나요 317
또한, 역시 236
또한; ~처럼 326
뚜렷하게, 명백하게 320
뚜렷한, 명백한 282
뚜렷한, 확실한 246
뚱뚱한, 비만인 158
뛰어난, 독특한 278
뜨거워지다, 따뜻하게하다 302
뜨다, 짜다 288
뜨다, 타다 294
뜰, 마당 13
~다르게 252
~다음에, ~직후에, 바로 다음에 143
~대신에 318
~대한 변명 276
~덕분에 319
...도 아니고 ~도 아니다 326
~동안 252
~동안에 325
...든지 ~든지 322
~때문에 318
~때문에, ~을 고려해서 330
~때에 251
(머리를) 땋다 292
(메달 등을) 따다, 이기다 295
(문장) ~때에 321
(시간이) 되다 288
(환율)달러 고정 43

ㄹ

라디에이터 16
라디오 43
라틴계의; 라틴계 사람 85
라틴 아메리카 170
램프, 등 276
러시아 175
러시아의; 러시아인 79

럭비 187
런던(영국의 수도) 180
레몬 203
레바논 180
레바논의; 레바논인 85
레슬링 191
레이더 95
렌털(콩) 200
로마(이탈리아의 수도) 175
로맨틱한 256
로케트, 미사일 65
룩소르(이집트의 도시) 168
룸서비스 174
리더쉽 서열 215
리더, 지도자 83
리듬 185
리라(화폐단위) 49
리모콘 6
리비아 180
리비아의; 리비아인 85
리얄 (사우디아라비아의 화폐 단위) 141
리터 145
(고대)로마인, (현대)로마시민 79
~라고 제목 붙여진 319
~로 가는 254
~로 가득찬 278
~로 기울다, 치우치다, 편향되다 297
~로 바쁜 275
~로 부터 오는 326
~로 유명한 276
~로 인해, ~한 결과로; ~한 이후 323
~로 향하여, ~쪽으로 238
...를 ~로 부르다, 초청하다 290
...를 반대하는 사람들의 시위 219
~를 실시 268
~를 ...에서 면직시키다, 해임시키다 295
...를 ~에 채우다 289
~를 원해서, ~하기 위해서 321
...를 지지하는 사람들의 시위 219
~를 통과 274
~를 통해서 330

ㅁ

마개, 덮개, 뚜껑 9
마그네슘 68
마늘 197
마당 4

마르크(화폐단위) 49
마멀레이드(오렌지, 레몬 등으로 만든 잼) 204
마법 257
마비된 163
마술사, 마법사 79
마스크 97
마시기 199
마시다 206
마실 것, 음료 199
마약 거래 119
마약 밀수 120
마약 복용 154
마약 소지 122
마우스 67
마을, 부락 14
마음 265
마음, 생각 236
마음을 끌다, 만족하게 하다 35
마이크로폰 70
마일 147
마지막으로; 최근에; 결국 135
마지막의, 최후의;
최근의 135
마지막, 최종적, 결정적 281
마취 154
마취, 마비 157
마치~인 것처럼 326
마케팅 40
마켓팅 캠페인 42
마흐쉬(쌀, 토마토, 향신료 등을 애호박 등의 야채 속에 채워 넣거나 포도 잎으로 싸서 쪄낸 음식) 204
막대기 264
막, 장막 188
만나다 307
만남, 모임 270
만들기, 제작, 생산 261
만들다 294
만들다; 창조하다; 형성하다 286
만사프(밥과 양고기 또는 염소고기 위에 요구르트를 끼얹어 쉬라키 빵으로 덮어서 만든 요리) 205
만성병 환자 162
만약 ...이라면 ~일 텐데 327
만장일치로 동의하다 223
만족, 기쁨 235
만족시키다 293
만족한 24
만지다, 더듬다; 탐지하다 287

만평 67
만화 190
많은 268
말 111
말, 대화 269
말라리아, 학질 163
말린 자두 195
말, 발화 268
말하기 시험, 구두 시험 74
말하다 296, 311
말하다, 이야기하다 291, 300
맛 200, 204
맛보기 239
맛보다 206
맛있는 270
망고 205
망명권 121
망명인, 난민 216
망상 28
망치, 해머 276
맞서다, 대면하다 305
맞춤법과 문법 검사(MS WORD) 63
맞춤복 17
매 113
매너 21
매년의, 연례의 142
매달리다, 집착하다 293
매력; 인력(물리) 243
매복, 복병 98
매수하다 134
매우 감사합니다 322
매우, 아주, 정말 244, 327
매월의 142
매일 145
매일의 148
매장 253
매주 136
매주의, 주 1회의, 주간의 136
매트리스; 등급 15
매표소 177, 182
매혹적인 23
매혹하다, 유혹하다 192
맥주 196
맷돌 6
맹세 250
맹세, 선서 267
맹수, 사자 112
머리, 고개 157
머리부터 발끝까지 329
머리카락 158

머무르다; (비 등이) 내리다 297
먹다 206
먼 171
먼, 아득한, 깊은 257
먼지 105
먼지, 흙 102
먼지, 흙먼지 104
멀리 떨어져 있음 267
멈추다, 그만두다; 사라지다 291
멍 162
메기 114
메뉴 201
메달, 훈장 279
메디나(이슬람 성지, 사우디아라비아) 170
메뚜기 110
메마른 103
메스꺼움 160
메이크업, 화장 278
메카(이슬람 성지, 사우디아라비아) 182
멕시코의; 멕시코인 88
멜로디, 곡, 선율 190
멤버, 구성원 124
면도 7
면도기 10
면도용 거품, 쉐이빙 폼 8
면도용 크림 16
면도하다 289
면역체계 155
면제, 무죄 118
면제하다, 탕감하다, 풀어주다 134
멸종 109
명단; 시간표 244
명령 93
명명 239
명백하게 하다 299
명백한 278
명백해지다 287
명예, 영광 265
명예, 영예 259
명왕성 102
명절, 기념일 189
명절, 축일 143
명절, 축제 191
몇몇의 137, 143
모국어 85
모기 110
모두 246
모든, 각각, 전체 269

모래 103
모래언덕, 사구 105
모레 137
모로코의; 모로코인 88
모르는, 무지한 244
모리타니아 183
모바일 학습 76
모방하다 288
모범, 본보기 267
모성 4
모순; 대립, 대조 242
모순된 271
모스크, 사원 227
모습, 특징 276, 278
모유 수유 157
모으다, 모이다 287, 297
모으다, 조립하다 299
모으다, 집결시키다 289, 313
모자 14
모자이크 189, 192
모종삽, 흙손 15
모터, 발동기 55
모험 182
목 157, 160
목걸이 12, 14
목격자 123
목구멍 156
목록 265
목록, 리스트 266
목성 101
목수, 목공 89
목요일 148
목욕하다 20
목이 마른 263
목이 쉬다 164, 287
목재 251
목재의 42
목적 265, 267, 282
목적, 목표 277, 281
목적없이 거닐다, 떠돌아 다니다 293
몫 139
몰래하다 133
몸, 신체 155
못 9
못생긴, 추한 267
못을 박다 19
몽땅, 통째로 246
묘, 능 261
묘사 192
묘사하다, 연기하다 304

묘지 277
묘한, 기이한, 드문 27
무 201
무거운 243
무겁게 하다 298
무게 283
무게; 부담; 아령 243
무기고, 병기고; 조선소 도크 94
무기, 군비 96
무기 밀수 120
무너뜨리다 300
무너져 내리다; 서로 부르다 311
무너지다, 붕괴되다 313
무대 187
무덤 179, 270
무료의 272
무릎 157
무리, 떼 112
무리, 집단 246
무선의 67
무소속 입후보자 218
무수한, 헤아릴 수 없는 327
무슨, 어느 236
무슬림 231
무슬림형제단 208
무시 235
무시하다 288, 308
무신론 225
무신론자, 배교자 231
무엇 316
무엇보다도(중요한 것은) 325
무역, 교역 53
무역량 41
무역산업부 131
무역, 상업 39
무역의, 상업의 39
무역 적자 47
무역흑자 48
무용수, 댄서 78
무용, 춤 187
무의식적으로 322
무장차량 98
무장한 98
무죄선고 122
무죄의, 결백의 118
무지 246
무지개 105
무함마드(이슬람의 사도) 230
무혈쿠데타 94
무화과 197

묵비권 121
묶다, 연결하다 291
묶음 249
문 4
문둥병 154
문맥 188
문맹 74
문맹의 74
문명, 문화 186
문, 문턱 9
문민국가 213
문민정부 212
문 밖의 322
문빗장, 도어체인 9
문서편집기(프로그램) 68
문신 19
문어 109
문어체 (아랍어) 83
문의 센터 129
문인, 문학가 73
문자 77
문장 77
문제 275
문제없다 327
문제; 일 267
문학 185
문학; (복수)교양, 문화 73
문화 186
문화면 66
문화부 131
문화의, 문화적인 186
묻다 290, 292
묻다, 알아보다 91
물 203
물가상승 37
물가안정 37
물가통제, 물가조절 51
물가하락 38, 40
물다 116
물러나다, 철수하다 292
물론 317, 323
물리치료 160
물리학 82
물뿌리개; 스프레이 16
물소 110
물을 주다, 관개하다 19
물음, 문의 74
미각 156
미개함, 원시성 75
미국 170

미국의; 미국인 74
미끄러지다; 스키타다 193
미디어 71
미라 231
미래 274
미래에 325
미래의, 다가오는 277
미리, 사전에 256
미리 손쓰다, 미리하다 301
미립자 64
미성년 266
미소 21
미소짓는 29
미술관, 화랑 179
미스터리, 수수께끼 270
미시간 183
미식축구 190
미용사 77
미용실 177
미움, 증오, 혐오 22
미치게 하다 299
미친; 욕심이 많은 26
미친, 제정신이 아닌 30
미터(m) 146
미터기 178
믹서기 7
민간부문 126
민간인 사상자 93
민권법 126
민법 126
민속 무용, 포크 댄스 187
민영화 42
민족, 백성 230
민족적인, 민족주의의; 민족주의자 230
민족주의 230
민주정치제도 221
민주주의 227
민중봉기 94
민중혁명 210
민첩하게 321
민첩한 248
민트 205
믿다 232
믿다 232
믿을 만한 279
믿을 만한 소식통 69
믿음, 신뢰 226
밀 202
밀가루 198, 200
밀다 290

밀랍; 귀지 46
밀리그램 147
밀리리터 147
밀수, 밀반입, 탈주 120
(문을) 막다, 잠그다 293
(사람) 명 147
(여성)모델 81

ㅂ

바구니 6, 9
바그다드 171
바꾸다 285
바꾸다, 변화시키다 303
바뀔 수있는, 불안정한 271
바끌라와(견과류가 들어간 밀가루 반죽을 구워 꿀을 뿌려 만든 디저트) 196
바나나 205
바다 101
바다거북이 110
바닷가재 112
바라다, 요청하다 291
바라다, 원하다 33, 34
바람, 기류 103
바람, 기원 21
바람이 센 105
바람이 (흙, 먼지를)일으키다 107
바레인 168
바른 방향 167
바쁨 22
바삭바삭한 277
바스라(이라크의 도시) 168
바위 113
바이오 에너지 66
바이올린 190
바주카포, 로켓포 98
바지 5, 9
바짝탄, 그을린 273
바퀴벌레 113
박격포 98
박공 지붕(건축양식) 180
박물관 181
박사 78
박사학위 78
박수 239
박수를 치다 302
박쥐 111
박탈 249
박테리아 155

박해, 억제된 231
밖의, 외국의 251
반 280
반대로 317
반대자 219
반대하다 307, 313
반드시 ~해야한다 324, 326, 331
반란 94
반란자, 반역자 217
반사경 66
반사하다, 반영하다 295
반역죄, 배신, 배반 125
반유대주의 219
반응 255
반인륜적 범죄 120
반죽 200
반지 7
받다, 받아들이다 307
받다, 얻다 311
받다, 인수하다 310
받들다, 지지하다, 지원하다; 강화하다 290
받아들여진, 수락된, 합격 277
받아쓰기, 채우기 74
발 161
발간하다; 공표하다 308
발견 62
발견되다 294
발견하다 72
발길질, 치기 261
발레 185
발명, 창조 61
발목 161
발바닥 151
발생, 사건 248
발생하다 298
발신자 128
발음 85
발음하다 90
발전시키다, 발달시키다; 개발하다 57
발전시키다; 육성하다 304
발전하다 58
발포하다 99
밝은, 빛나는, 눈부신 256
밝힘, 명백히 함 236
밤에 137
밤을 새다 293
방 248
방공 95
방글라데시 171

방독마스크 97
방랑자, 배회자 256
방명록 188
방목; 제대; 석방; 해방 239
방목하다 116
방문 256
방문객 256
방문하다 291
방법 61, 257
방사능 62
방사능 폐기물 70
방사(선) 62
방송 61
방송국 68
방송하다 71
방, -실 265
방앗간, 제분소 177
방어 95
방어자 218
방언 81, 253
방언, 사투리 85
방학, 휴가 73
방해하는 277
방향 246
배 153, 175, 195, 202
배가 되다, 증대되다 312
배고픈 23
배고픔 23
배구 190
배기가스 62
배꼽 158
배달 239
배달하는, 배달인 79
배당하다, 할당하다 301
배럴 39
배로 하다; 곱하다 307
배반 212
배반자 251
배부른 199
배상하다, 보상하다 57
배수구, 하수도 55
배열하다, 조화롭게 하다, 조정하다 304
배영 188
배우 88
배우다 91
배출하다; 졸업하다 301
백과사전 89
백내장 162
백리향(향신료) 198
백만장자 53

백 번째의, 100주년의 146
백분율, (백분율로 나타낸) 비율 147
백신 162
백조 109
백포도주 205
뱀 110
버릇없음 26
버리다, 팽개치다; 포기하다 297
버섯 201
버스 170, 171, 173
버스정류장 181
버터 198
버튼, 단추 256
번개 102
번역하다, 통역하다 91
번영, 안락 255
번영하다 184
번호를 매기다 148
벌 115
벌금 125
벌금을 부과하다 133
벌레 111
범민족적인, 다국적의, 국제적인 208
범위, 한계; 경계 248
범인, 범죄자 117
범인, 죄인; 범죄를 저지른 120
범죄 117
범죄수사 119
범죄의 120
범죄, 중죄 120
법 126
법률 고문 51
법률과 관련된, 합법적인 126
법무부 132
법안 127
법원장 122
법적규제 127
법적 문제 123
법학 82
벗기다, 긁어내다 285
벗기, 뽑기 252
벗다, 뽑다 290
벗어나다 309
벙어리 151
베개 18
베두인 4
베들레헴(팔레스타인 도시) 172
베란다, 발코니 10
베를린(독일의 수도) 171
베리류 196

베이루트(레바논의 수도) 172
벨리 댄스 187
벨트, 허리띠 6, 8
벼락 103
벼룩 110
벽 247
벽보, 현수막, 간판 269
벽으로 둘러싼 275
변기 15
변두리; 측, 편 177
변비 153
변호사 128
변화, 변경 238, 240
변화시키다, 변경시키다, 전환시키다 300
변화하다 310
별 106
별, 떼, 무리 269
병 14
병결 진단서 158
병따개 13
병리학과 161
병무청 99
병원 162
병장 96
병, 질병 162, 164
보건부 132
보고서 241
보내다 71
보내다, 파견하다 285
보너스 53
보다 306
보다, 여기다 291
보답; 징벌 245
보도, 인도 175
보도자료 63
보라색의 136
보물, 축적 49
보병 94
보병사단 97
보살핌을 받다, 교육받다 91
보상, 배상 119
보상하다 287
보석 7, 247
보석금 127
보수당 211
보수 정부 212
보안 룸, 경비실 178
보안장치 117
보이다, 보여주다 295

보이콧, 거부운동 220
보잘것 없는, 시시한, 하찮은 237
보장된, 보증된 276
보조금 37
보증, 보증서 262
보통예금 55
보통 우편 124
보통의; 일상의 263
보통처럼 326
보트 175, 179
보편적인, 일반적인, 공공의 263
보험 39
보험사 45
보험에 가입하다 57
보호권 121
보호하다 289
복도, 홀 179
복사하다 297
복수, 보복 235
복숭아 198
복습, 검토 273
복용량 155
복음 226
복잡, 혼란 240
복제 61
복제하다 72
복지 213
복지국가 213
본문; 원문 90
본보기, 모범, 양식 281
본사, 본점 129
본질 246
봄 103
봄, 보기 275
봉건주의 208
봉급 42, 51
봉급인상 44
봉기 94
봉사, 서비스 251
봉쇄 249
부 243
부가가치세 47
부고면 66
부기 164
부끄러운 24
부끄러움 24
부끄러워하다 33
부동산 담보 43
부동산 중개소 56
부드러운 270

부드러움, 섬세함 255
부락, 촌락; 농장 178
부모, 아버지와 어머니 3
부부 8
부분 245
부분적으로 245
부분적인 245
부상 151
부상 당하다, 피해를 입다 165
부상을 입히다, 피해를 주다 165
부상자 155
부상자, 감염자 163
부, 성 131
부성 3
부속 건물; 전시관 173
부식, 부패; 충치 239
부양가족 12
부엉이 110
부엌 16
부, 의원 221
부인, 마담 15
부인하다 297, 308
부자 48
부정선거 209
부정적인 26
부족 229
부족주의 12
부주의한, 조심성 없는 32
부주의한, 태만한 28
부지런함 21
부차적인, 보조적인 265
부채 16
부채를 동결하다 59
부채탕감 38
부, 처 122
부추기다, 자극하다 300
부터(시간) 147
부통령 221
부티크, 양품점 172
부패 266
부활 230
부활, 부흥 운동 221
부활절 143
북미 170
북쪽 142
북쪽의 142
북한 180
분 140
분개 24
분개, 원통 26

분개하다, 원통하다 34
분권형 통치 211
분납으로 59
분노를 일으키는 30
분노, 악의 26
분노, 울분 25
분류, 선별 239
분리되다 313
분리주의 209
분리주의자; 반체제인사 220
분리; 해산 240
분명히, 틀림없이 321
분무기 4, 8
분배 41
분배하다, 유통시키다 58
분석가, 해설자 68
분석, 검사 238
분석하다 300
분쇄하다 287
분자 64
분쟁, 경쟁 220
분출하다, 용솟음치다 107
분투 280
분필 81
분할지불, 할부 40
분할하다 299
분해되다, 해체되다 295
분해하다, 해체하다 303
분홍색의 147
불가능한 274
불가사리 115
불교 226
불교의; 불교도 226
불구하고 323
불량배, 깡패, 폭력배 118
불러일으키다; 뒤흔들다 300
불만스러운 31
불매운동 42
불면증 151
불모의 땅 103
불분명한, 애매한 265
불붙이다, 촉발하다 305
불신자 230
불안정 263
불안, 확신이없음 263
불에 그슬려 건조시켜 빻은 밀 195
불타다, 타오르다 107, 308
불탐, 화상, 불 249
불평, 불만 26
불행, 불운 22

불행하게도 328
불행한, 비참한 26
불황, 경기침체 43
붉어지다 149
붉은 사슴 109
붉은 색 135
붐비는, 복잡한 274
붓다 290, 293, 294
붓다, 주조하다 56
붕괴 209
붕대 159
붙이다, 접착하다 296
뷔페 196
브래지어 11, 16
브랜드, 상표 49
브로셔, 공책 84
블라우스 5
블랙베리 197
블로거 68
블로그 68
블루베리 196
비 106
비겁한; 겁쟁이 23
비관적인 22, 30
비관주의 209, 226
비교 277
비교하다 307
비극 270
비난, 규탄; 정죄함 117, 207
비난하다 224, 313
비난하다, 고소하다 133
비난하다, 규탄하다 133
비난하다, 비평하다 193
비누 11
비단 6
비동맹 96
비둘기 111
비둘기고기 203
비디오 83
비례대표제 221
비록 ~일지라도 331
비리야니(쌀과 고기, 야채에 갖은 양념을 더해 쪄낸 요리) 195
비밀리의, 은밀한 224
비밀번호 269
비밀의 257
비방하다, 중상하다 299
비상 159
비상조치; 긴급상태 247
비상조치법, 비상계엄법 126

비서 79
비스켓 195
비싼 가격 44
비어있는 265
비오는 106
비용 41, 49, 52
비용이 들다; 책임지우다 57
비웃는, 조소하는, 희롱하는 25
비율 53
비자 172, 179
비잔티움의 185
비재생에너지 66
비전, 시야, 전망 213
비준 119
비준하다, 승인하다 134
비즈니스 클래스 174
비참한, 가난한, 불쌍한 275
비평가, 평론가 89
비행기 177
비행, 항공 177
빈곤층 47
빌라 14
빌려주다 302
빌려주다, 대부하다 58
빗 16
빗자루 17
빗장 270
빙산 102
빚, 부채 42
빛 281
빛나는, 반짝거리는 269
빛나다, 명백하다 293
빠름, 신속 257
빨대 15
빵 197
빵을 굽다 206
빵(이집트) 200
빵집, 베이커리 204
빵 한 덩어리 198
빽빽하게 하다, 밀도를 높이다, 집약화하다 304
뺨 157
뻔뻔한 33
뼈 160
뾰루지 153
뿌리; 근본 244
뿌리 뽑다, 근절하다 299
뿜어나오다 297
(껍질을) 벗기다 19
(동물의) 발톱 109

~바깥의 321
~방향으로 317
~보다 ...을 더 좋아하다 303
...보다 ~을 선호함 240
~보다 적지 않다(~이상이다) 326
...부터 ~까지 328
...뿐만 아니라 ~ 또한 그러하다 327
(시간을) 보내다 296
(움직임이) 빠른, (짧은 시간) 빠른 257
(이슬람 사원의) 뾰족탑, 첨탑 231
(전문 분야)병원 162
(전문분야)병원, 치료소 160
(텔레비전) 방송 중계하다 71
(학년)반, 교실, 줄 80

ㅅ

사거리, 십자로 172
사건 248
사건, 사고면 66
사건의 연속 123
사고, 재해 247
사과 196
사기 117
사기꾼 125
사나 (예멘의 수도) 177
사람, 개인 4, 273, 259
사람들 18
사람들; 가족 4
사람, 인류 5
사랑스러운, 매력적인 30
사랑, 자애 12, 30
사랑하다, 좋아하다 35
사립학교 86
사막 177
사막의, 불모의 104
사망 283
사망 증명서 158
사망하다 297, 311
사면, 용서 124
사면하다, 용서하다 132
사무국 118
사물, 물건 260
사법부 214
사상가 220
사서함, 우체통 261
사슬, 쇠줄, 일련, 띠 258
사슬, 족쇄, 속박 127
사슴 113
사실, 사건; 사고, 재난 70

사실의; 참된, 진실의 250
사실이 아닌, 거짓된 263
사실, 정말로 144
사실혼 122
사용자이름 61
사용 조건 124
사우디아라비아 169
사우디아라비아의; 사우디아라비아인 79
사위 11
사이를 왔다갔다 하다 58
사이버 대학 77
사이에 237
사이즈, 측량 147
사이트 맵 64
사임하다 224
사자 109
사전 84, 87
사전에, 미리 141
사절, 특사 217, 220
사직, 사퇴 207
사직하다, 사퇴하다 224
사직하다, 퇴직하다 224
사진 261
사진사 87
사진촬영금지 130
사촌 3
사탄, 악마 228
사탕수수 201
사프란(향신료) 198
사해 168
사형 선고 122
사형하다 134
사회계급 215
사회, 공동체 272
사회관계망서비스 64
사회기반시설 39
사회 불평등 215
사회유명인사(SNS상) 69
사회의, 사회적인 272
사회적 규범 129
사회적 행위 123
사회주의 208
사회주의자; 사회주의의 208
사회주의 정권 211
사회학 82
삭제 248
산 102
산기슭, 산밑 106
산불 249

산성비 101
산업 46
산업 단지 54
산업화 40
산에서 사는; 산사람 244
산탄식 폭탄 97
산호 106
살구 204
살다, 거주하다 19
살다, 살아있다 294
살라피즘 208
살상가스, 독가스 97
살아있는, 생명의 251
살육, 학살 217
살인자 126
살해, 도살 126
살해된 사람, 사망자 126
삶 264
삼각형 272
삼나무, 백향목 109
삼자관계 216
삼자회담 217
삼촌 12
삼키다, 복용하다 164
삽 15, 41
상냥한 22
상냥함 22
상담가, 컨설턴트 51
상대, 상대자 192
상류층 47
상병 96
상; 보답 243
상상의 253
상속세 47
상승 260
상아 115
상어 114
상업등기 44
상원 127
상인 39, 75
상자 257, 261, 264
상점 50
상징 255
상징주의 227
상처 151, 155
상처를 입히다, 다치게 하다 165
상추 197
상태; 경우 247
상품 39, 45, 54
상한 200

상해보험 119
상호 기만하다, 뒷담화하다 312
상호이해 210
상호작용하다 312
상황, 상태 283
상황; 환경 105
새 113
새가 지저귀다 116
새는, 흐르는, 쏟아지는 104
새로운 244
새롭게, 다시 272
새롭게, 새로 320
새벽 144
새우 111, 114, 197, 198
색 145
색칠, 알록달록함 137
색칠, 염색 241
샌드위치 199
샐러드 199
생각 240, 266
생각하다; 믿다, 확신하다 232, 303
생각하다, 추측하다 294
생강 198
생계 43
생계비 지수 50
생년월일 138
생명공학기술, 바이오테크놀로지 63
생명보험 119
생물학 75, 82
생산 38
생산비 41
생산자 54
생산품 54
생산하다 58
생선, 어류 199
생식기계 155
생일 144
생태학 82
생필품 9
생화학무기 93
생활 16
생활비 41
생활, 삶 250
생활수준 52
생활 조건 11
생활필수품 15
생활환경 개선 209
샤르자(아랍에미리트 7개 토후국 중 하나) 169
샤워 7

샤워젤 6
샤워하다 20
샴페인 199
샴푸 10
서두르다, 바삐가다, 다그치다 285, 306
서두름 263
서둘러, 신속히 318, 324
서랍 7
서로 가까와짐, 서로 가까움 240
서로 경쟁하다, 싸우다 312
서로 교환하다, 주고받다 311
서로 내기하다 312
서로 대화하다 311
서로 만나다 312
서로 서신을 주고 받다 312
서로 알다, 사귀다 312
서로 욕하다, 서로 저주하다 306
서로 유사하다, 닮다 312
서로 친하다 312
서로 평등하다, 동등하다 312
서류 131
서류가방, 지갑 273
서류철 127
서리 104
서명되다, 계약되다 224
서명하다 133
서술; 소설 255
서신교환, 통신 274
서신 왕래하다 306
서양인; 서양의 178
서양자두 198
서울(한국의 수도) 176
서쪽 144
서쪽의 144
서커스단, 곡예단 80
서표, 즐겨찾기 264
석류 198
석사 85
석영 115
석유 116
석유부 131
석유생산 38
석탄 114
석회 64
섞다, 혼합하다 290, 308
선거 208
선거구 212
선거 명부 216
선거 불참, 선거보이콧 220
선거운동 212

선거하다 224
선교사(기독교) 230
선글라스 18
선금, 계약금, 증거금 47
선두에 서다; 회의를 주재하다 223
선, 라인 252
선물 281, 282
선물가게 50
선물; 헌납 241
선반 8
선생 88
선생님 86
선수, 참가자 85
선언; 광고 62
선언하다; 광고하다 72, 302
선원 75, 183
선인장 110, 113
선장 84
선전, 광고 65
선지자, 예언자 227, 231
선진국 42
선천적으로, 자연적으로 257
선출된 220
선출, 선거 208
선탠 154
선풍기, 환풍기 16
선행된 274
선호, 애정 236
선호하는 277
설계 40
설교단, 플랫폼 279
설령 ~한다고 할지라도 321
설립 237
설명서, 처방전 283
설명; 정당화 240
설명, (코란의) 주석 240, 259
설명하다 293, 303
설문(지) 61
설사 151
설치하다 304
설탕 199
섬 173
섬유 15
성격, 인격 26
성경 226
성공 280
성공시키다 305
성공을 기원합니다 317, 330
성, 궁전 229
성급한, 짜증을 내는 23

성급한, 참을성 없는 30
성냥 5
성명; 해설; 명백성 237
성묘교회(예수가 안상뇌었던 묘지에 세워진 교회, 기독교의 성소) 230
성별 246
성상, 초상 231
성실 21
성실하다 35
성실한 31
성유(가톨릭) 231
성인 4, 229
성장률 53
성장하는 279
성지 231
성질, 성격, 본성 25
성차별 240
성취하다, 위업 달성하다 300
성형수술 160, 161
성희롱 119
세계 177
세계 곳곳에서 325
세계무역기구 130
세계은행 38
세계 인권의 날 148
세공시장 176
세관 41
세균 전염 155
세금 46
세금을 모으다, 징수하다 56
세금을 인하하다 59
세금징수 41
세기 229
세다, 계산하다 56
세대 247
세례 요한, 성 요한 232
세르비아의; 새르비아인 79
세미나, 회의 130
세밀한 254
세밀히 조사하다, 검사하다 301
세번째의 138
세부, 세목 240
세상, 세계 174
세상의, 세속의 174
세션, 공판 211
세속주의 125
세심한, 주의 깊은 271
세우다, 창설하다, 창립하다 223
세입자, 임차인 51
세탁기 13

세탁소; 세면대 16
센치미터 142
셀러리 202
셈어의; 셈족의 79
셔츠 14
소 196
소개, 도입(부) 277
소개; 정의 240
소개하다 302
소고기 203
소금 205
소금기가 있는 땅, 간석지, 습지 44
소금밭, 염전 54
소녀 11, 13
소년 11, 13
소독약, 살균제 163
소득 42
소득세 47
소령; 지휘관 95
소리 261
소리치다, 외치다 294
소말리아 169
소망, 희망 255
소멸, 섬멸 273
소문, 험담 281
소방대 125
소방대원 78
소방서 129
소방차 176
소비 37, 38
소비세 46
소비에트 연방 168
소비율 53
소비자 51
소비자 물가 지수 50
소비재 39, 45, 54
소비주의 37
소비하다 58
소생 153
소설가 79
소송 122
소수 136
소순례 229
소스 199
소시지 205
소식, 뉴스 64, 70
소식을 퍼뜨리다, 소식을 전하다 72
소유권 53
소유의 자유 121
소유자, 부여된 254

소유하는 254
소유하다, 소지하다(II형) 57
소음 261, 262
소음 공해 102
소이탄 97
소파 3
소포 124
소풍 183
소화 164
소화기 124
소화기계 156
소화 불량 154
소, 황소 110
속(屬), 근원 113
속옷 17
속이다 132
속임, 기만 251
손 164
손가락 151
손금 157
손녀 6
손님 262
손님, 고객 256
손목 157
손목시계 141
손바닥 157
손뼉치는 소리, 박수 258
손상되지 않은, 온전한 324
손상, 피해 261
손실, 손해 241
손으로 쓴, 서면의 252
손의, 수공의 192
손자 6
손톱 163
손톱, 발톱 159
손해 251
손해보다 289
솔직한, 정직한 27
솔직함 27
솔질하다, 칫솔질하다 303
솜, 면화 14
송금 40
송아지고기 203
송어 113
송유관 38
솥, 냄비 14
쇼파 11
쇼핑 센터, 쇼핑몰 51
쇼핑하다 58
수 143

수건, 타올 13, 17
수공 81
수납장; 저장소 251
수다스러운; 수다쟁이 242
수다쟁이, 밀고자 70
수단 169
수도 177
수도관 38
수도꼭지, 꼭지 11
수도회, 수도원 227
수두 154
수라, 꾸란의 장 228
수락하다, 받아들이다 296, 310
수류탄 97
수리 239
수리비 5
수막염, 뇌막염 152
수많은 군중 249
수문, 둑 184
수박 195
수 백의 146
수분 크림 16
수성 105
수소 70
수소폭탄 98
수수료, 중개료 48
수술 155, 160
수술실 156, 160
수, 숫자 140
수신자 129
수업(시간), 과 78
수염 162
수영 188
수영복 182
수영장 186
수영하는 사람, 수영선수 188
수영하다 192
수요일 148
수용 267
수용력 258
수의를 입히다, 싸다 304
수익; 이익 38, 47
수입 37
수입업자 52
수입품 55
수입하다 59
수정, 변경 240
수정하다 302
수준, 레벨 275
수준, 분야 80

수질오염 102
수축 241
수출 40
수출업자 52
수출입 금지, 금수조치 42
수출품 46
수출하다 57
수탉 112
수표 46
수피 228
수학 79
수학 문제 87
수확하다 289
숙녀, 아가씨 4
숙명론의; 강제적인 244
순간, 잠깐, 일순간 145
순교 225
순교자 228
순교자의 날 229
순니파 228
순무 203
순 수익 46
순수한, 깨끗한 260
순차통역 75
순환기계 155
숟가락 17
술 198, 204
술집 173
술탄 214
술탄국 214
숨이 막히는 251
숫기없는, 겸손한 273
숫처녀, 동정녀 12
숭배하다 232
숯 114
숲 114
숲이 우거진 275
쉬운, 수월한, 용이한 258
쉬운, 유순한 26
쉼표 265
쉽게 318
슈퍼마켓 199
스마트보드, 양방향 전자칠판 65
스웨덴 169
스위스 176
스위스의; 스위스인 79
스캐너 68
스케이트보드 타기 185
스킨, 토너 8
스타의 반열 192

스튜디오, 영화촬영소 188
스트라이프 셔츠, 줄무늬 셔츠 14
스패너, 렌치 16
스팸 메일 65
스펀지 270
스페인 167
스페인의; 스페인인 73
스포츠 187
스포츠면 66
스폰서, 후원자 84
스프 197, 199
스프, 죽 204
스핑크스 167
슬기로운, 현명한 24
슬라이스 142
슬리퍼, 샌들 7, 10
슬프다 33
슬픈 24, 31
슬픔 24
습관, 관습 263
습함, 습도 103
승리 192
승리자, 정복자 97
승리하다 99
승마 187
승무원 87
승용차, (자동)차 176
승진 76
시 190
시각 156
시각, 시야 153
시각 효과 192
시간, 때 139, 147
시간; 시계 141
시간이 지나다,
경과하다 148
시간제 근무, 아르바이트 56
시골길 177
시골, 농촌 175
시금치 199
시나리오, 대본 188
시나리오 작가 84
시나몬 201
시나이 반도 176
시대, 시기 143
시도 272
시도하다 305
시도하다, 실험하다 299
시드니(호주의 도시) 176
시리아 176

시리아의; 시리아인 79
시민 220
시민 불복종 216
시바와이(중세의 아랍 문법학자) 79
시샘, 시기 24
시샘하는, 시기하는 23, 24
시, 시가 80
시아버지; 장인 7
시아주버니, 시동생 9
시아파 228
시어머니; 장모 7
시오니즘, 시온주의 228
시원한 맥주 196
시위 219
시위자 217
시위하다 223
시인 80
시작 236
시작하다 285
시장 176, 213
시장성 43
시찰, 검사 240
시청 127
시체, 주검 244
시한 폭탄 97
시행되다, 발효되다 224
시험관 아기 159
시험, 테스트 74
식기 세척기 13
식당 13
식당, 레스토랑 182
식료품 9, 205
식료품 잡화상 75
식료품점 50
식물 115
식물의, 식물성의 115
식물학 82
식사 206
식욕 158
식초 198
식초에 절인 204
식탁보 13
신 226
신경기계 155
신경쓰지 마세요 326
신경학과 161
신기루, 아지랑이 104
신념, 믿음, 교리 229
신랑 12
신뢰 23

신문 64, 66
신문의, 언론의; 신문인, 언론인 66
신발 6
신발가게 50
신부 12
신분, 정체 282
신분증 237
신사숙녀 여러분 317
신선한 200
신성한 장소, 성소 227
신앙증언 228
신용등급 40
신용등급 강등 40
신용카드 39
신임장 118
신자 230
신장염 152
신전, 절, 교회당 231
신중성 244
신체단련, 피트니스 191
신체의 155
신학 226, 229
신호등 167
신혼 부부 12
신화의, 전설의 225
실례합니다! 323
실례합니다(당신이 허락한다면) 327
실망 24
실수하다 290
실업 39
실업률 53
실업자 81
실업자가 되다; 고장나다 310
실용적인, 실제적인 264
실제로, 사실은 325
실제적인 266
실탄 95
실패, 좌절 248
실패하다, 좌절하다 288, 295
실행하다, 실천하다 304
실행, 행함 237
실험실, 공장 53, 68
실험의, 시험적인 238
실현, 조사 238
실현하다, 성취하다 300
싫증 27
싫증나다, 권태를 느끼다 34
심각, 진지함 23
심각한, 진지한 23, 243
심낭염 152

심리학 82
심문 117
심문하다 134
심심한, 지루한 25
심연, 깊은 바다 106
심장마비 164
심장 이식 157
심장, 중심 161
심장판막증 153
심장학, 순환기내과 159
십자가 228
십자가에 못박다, 학대하다 232
싱글룸 178
싸우다 305, 307
싸움, 격투 215, 272, 278
싸움, 분쟁 267
싹을 틔우다 107
쌀, 밥 195, 198
쌀쌀한 아침, (아침의)찬 기운 104
쌍방의 328
썩은, 부패한 271
썰다 19
쓰기, 작문 268
쓰나미 102
쓰다, 작성하다 296
쓰레기 재활용 101
쓰레기통 9
쓰여진; 예정된 278
쓴 204
씨뿌리다, 파종하다 56
씨앗, 종자 102
(맛이) 신 197
(머리카락) 숱이 많다 285
(상황; 경우; 장소) 315
(손발이) 쑤시다, 마비되다 165
(요르단 강) 서안 지구 169
(짐승의) 송곳니 115

ㅇ

아기, 젖먹이 8
아내 8
아니다(부정사)(완료형 앞) 316
아니오 316
아덴 (예멘의 도시) 178
아들 3
아람의; 아람인 73
아랍국가들 169
아랍만(이란의 페르시아만) 168

아랍(어)화, 아랍어로의 번역 76
아랍에미리트 168
아랍연맹 120
아랍의; 아랍인 81
아랍지역문제 215
아랍화하다, 아랍 사람의 지배하에 두다 184
아래에, 밑에 238
아래층, 지하 11
아름다운, 좋은 246
아름다움 246
아름다움; 뛰어남; 좋음 249
아마도 316, 322
아마존 170
아몬드 203
아무 것도 아니다 326
아버지 3, 18
아버지의 3, 19
아보카도 195
아슈라(히즈라력 1월 10일에 행해지는 시아파의 종교행사) 143
아스완(이집트의 도시) 167
아스파라거스 116
아스피린 151
아시아 167
아이스 박스, 냉장고 75
아이스 스케이트 185
아이스크림 195, 196
아이콘 185
아저씨; -님, 씨 10
아줌마; 부인, 여사 10
아첨, 아부 241
아첨하는, 알랑거리는 30
아치 180
아치형 지붕 179
아침 142, 201
아침먹다 19, 206
아침에 323, 325
아카바(요르단의 도시) 169
아케이드 187
아티초크 197
아파트 177
아파트 단지 181
아프다 164
아프리카 168
아픔, 통증 164
아홉번째의 138
악몽 243
악어 110
악의 축 218

악의, 혐오 24
악; 해 259
악화되다 310
악화, 저하, 쇠퇴, 급감 238
안개 104
안개, 성운 104
안경 18
안과학 161
안내, 지도서; 안내원, 가이드 254
안녕! 328
안녕하세요? (아침 인사) 323
안녕하세요? (아침 인사에 대한 대답) 323
안녕하세요 (이슬람식 인사: 당신들에게 평화가 함께 하기를) 317
안녕하세요 (대답, 이슬람식 인사: 당신들에게도 평화가 함께 하기를) 331
안녕하세요? (저녁 인사) 328
안녕하세요? (저녁 인사에 대한 대답) 328
안녕히 가세요 328
안녕히 주무세요 320
안달루시아(스페인 남부 지역) 168
안락; 행복 280
안전 158
안전밸브, 안전판 46
안전한 258
안징된 275
안정상태, 정지상태, 고착 258
안테나 10
앉음, 착석 245
앉히다 299
알게되다 310
알고 있는 263
알다 295
알다 290
알다, 의식하다 307
알라, 하나님 226
알람시계, 자명종 17, 141
알레르기 156
알레포(시리아의 도시) 174
알렉산드리아(이집트의 도시) 168
알리다, 통보하다 72
알아내다, 이해하다 313
알아흐람(이집트 일간지) 62
알제리 168
알제리의; 알제리인 77
알-카에다 208
알파벳 73

알파벳, 글자 77
알파벳의 73
알-함라 궁전 230
앎, 지식 87
암 162
암만(요르단의 수도) 178
암살시도 218
암시장 45
암시하다, 넌지시 말하다 304
암호 245
압력 261
압바스 왕조 228
앞니 161
앞서다, 선행하다 292
애니매이션 187
애도자, 슬퍼하는 사람 22
애도, 조의 5, 33, 240
애완동물 111
애완동물가게 50
애인, 연인 6
애정, 애착, 보살핌 283
애정 어린, 다정한 30, 283
앰뷸런스, 구급차 176
앵무새 109
야간학교, 야학 87
야구 185, 190
야기 226
야기하다 308, 310
야드(1야드 = 91.44cm) 148
야망 27
야영 238
야영하다, 캠프하다, 거주하다 301
야자수 115
약 157
약간 326
약국 159
약력, 이력서 80
약사 159
약속 18, 283
약속시간, 약속날짜 147
약속하다 310
약손가락, 넷째 손가락 154
약, 약학 159
약점 281
약, 쯤, 경 139
약초, 풀 113
약탈하다 222
약한 261
약혼 7
약혼녀 7, 15

약혼반지 7
약혼자 7, 15
얇은, 날씬한 280
양 111, 114
양고기 203
양단(두껍게 짠 비단) 4
양동이 6
양말 6
양보, 인정, 시인 242
양복, 정장 4
양봉업자 89
양서류 110
양, 수량 69, 145
양자 215
양자관계 216
양자회담 217
양질 281
양쪽의 269
양치질, 헹굼 16
양털, 모직 261
양파 195
양편, 양측 243
어금니 159
어깨 161
어두운 140, 144
어둠, 우울함 262
어디 315
어려운, 고질의 274
어려운, 궁핍한 272
어려움, 곤경, 장애 260
어뢰 96
어리석게 보다; 약화시키다 35
어리석다, 미욱하다 34
어리석은 28
어리석은, 미욱한, 우둔한 26
어리석음 28
어린 양고기 203
어린이 11
어머나! 331
어머니 4, 18
어머니의 4, 19
어버이, 부모 18
어제 137
어조, 말투 90
어지러움 157
어쨌든, 여하튼 324
어학교, 어학원 87
억누르다 296
억압받는, 억울한; 피해자 31
억양 89

억제, 저지, 유지 268
언급하다, 말하다; 기억하다 290
언급하다, 인용하다 308
언덕 102, 106
언론의 자유 121
언어 85
언어 능력 88
언어의, 언어학의 85
언제 146
언제든지 145
언젠가 331
언다, 획득하다 289
얼굴 164
얼룩말 111
얼룩이 생기다 148
얼룩진 135
얼리다 299
얼마나 316
얼어붙은 272
얼음 246
얼음, 눈 102
얼음의, 얼음같은 243
엄지손가락 151
업무 환경 81
없는것, 비.., 불.., 무.. 263
없는, 결석한 83
없애기, 제거, 해임 263
에너지 66
에스컬레이터 174, 176
에어컨 17, 63
에워싸다, 둘러싸다 302
에이즈 153
엑스레이 151
엔지니어, 기사 89
엘리베이터, 자동승강기 16
여가 191
여가시간 184
여객선 175
여과기, 정제기 52
여권 173
여기 282
여기에 184
여덟번째의 138
여러 가지의, 각양각색의, 다양한 271
여론조사 61
여름 104
여섯번째의 141
여성의 280
여성의 권리 122
여성의 날 148

여왕 220
여우 110
여자 4
여자들 18
여전히 ~하다 327
여행 175
여행 가이드, 여행 안내책자 174
여행객; 여행의 176
여행사 182
여행; 순방, 순회 173
여행, 순찰, 회 211
여행자 182
여행하다, 떠나다 306
역도 187
역사; 날짜 137
역사적인 209
엮다, 꼬다 299
연결; 배달 242
연결, 접속 71
연결하다 313
연고 162
연구소 88
연구원, 탐험가 75
연구, 조사; 취조, 심리 73
연극 186, 191
연극부 125
연금 43, 52
연기 237
연꽃 112
연대 97
연락 중 320
연료 56
연립정부, 연정 211
연맹, 연합 122
연못 102, 103, 171
연설 212
연속되다, 뒤따르다 311
연습; 운동 186
연습하다, 실행하다, 행사하다 307
연어, 살몬 113
연이어, 계속해서 323
연좌농성자, 점거농성자 219
연주하다 193
연차, 휴가 135
연필 84
연필깍이, 가는 기구 15
연합 207, 280
연합된, 통일된 217
연합체; 연합 207
연합하다, 연맹하다 223

연합한 279
연회 12
열다, 개최하다 295
열다, 정복하다 295
열두개 한 묶음 140
열 두번째의 138
열려있는 277
열망 248
열망하다 288
열매 110
열 번째 143
열(병) 156
열세번째의 138
열쇠, 키 16
열음, 정복함 265
염려, 걱정 29, 33
염소 115
염증의 153
엽서 63
영광이다 310
영광, 존경과 함께 328
영국 170, 171
영국의; 영국인 74
영국 파운드 139
영도, 영도력, 지도력 214
영리한 78, 279
영리함 78
영사 126
영사관 126
영수증 39, 48
영양공급 240
영양분이 많은 53
영역, 분야 256, 272
영원한, 항구적인 253
영향, 감명 22, 237
영향력있는, 중요한 (사람) 213
영향을 받다, 감명 받다 35
영화관 176
영화 촬영 186
영화, 필름 189
옅은 144
옆, 측 243, 246
예금 55
예금하다 58
예루살렘 225
예를들면 328
예리한, 날카로운 242
예민한 24
예방, 방지 283
예배하다 232

예비의, 준비의 241
예산 55
예상, 예측 241
예술 189
예술가 83
예술의, 기술의;
전문의 189
예시 272
예약 173
예약하다 184
예의바른, 공손한 29
예지, 예견 242
예지하다, 예견하다 311
오다 286
오락, 유희 239
오래된, 고대의 229
오래전부터 330
오렌지 195
오류, 실수 252
오른쪽 284
오른쪽에 324
오른쪽의 284
오리 110
오리고기 203
오만 178
오만한 30
오븐 48
오스만 제국의 228
오아시스 106
오염 102
오이 198
오일, 석유 39
오존층 66
오줌싸다 164
오징어 111
오토바이 174
오페라 185
오프라인 64
오후에 137, 144
오히려 315
옥수수 198
온건함, 중용 21
온도 103
온도계 154, 163
온도, 열 248
온라인 경매 51
온라인 교육 76
온라인 교육 컨텐츠 86
온라인 회의 130
온수기 9

온실효과 105
온화한 253
온화한, 따뜻한; 보통의, 중간의 276
올라가다, 오르다 310
올리브 199
올리브산(예루살렘의 산) 173
올리브유 199
올바른; 올바른 27
옮기다, 이동하다 298
옳은 241, 260
옵션, 선택권 252
옷 17
옷걸이 12
옷 디자인 186
옷장 7
와인 205
와트 147
완고한 28
완고함 239
완두콩 109
완성되다, 달성하다 286
완전하다, 원만하다, 넉넉하다 292
완전한 268
완전히, 온전히 319
왕 220
왕복 175
왕세자 222
왕의, 왕립의; 왕당파 220
왕정제도, 군주제도 221
왕조 228
왜? 327
왜냐하면 327
외과의 154
외관, 용모 262
외교 212
외교 사절단 130
외국어 85
외국인; 외국의 167
외국인 학생 177
외딴, 고립된 182
외무부 131
외무, 외교(활동) 212
외무장관 222
외부요소 264
외삼촌 7
외압 215
외투, 망토, 아바야 12
외투, 코트 16
외화 48
외환보유고 37

외환시장 45
왼쪽 283
왼쪽에 324
왼쪽의 283
요거트 203
요구 276
요구하다, 필요로 하다 310
요금 37, 43
요람 18
요르단 168
요르단의; 요르단인 73
요리하다 19, 206
요새, 성 180
요소 264
요약 241
요약하다 304
요인 263
요청; 신청; 요구 262
욕구, 갈망, 식욕 158
욕망, 갈망 25
욕조 7
욕하다, 비방하다 292
용 110
용감성 245
용기; 영웅주의 22
용기, 용감 23, 26
용돈 52
용병 98
용서 32
용서하는, 관용적인 29
용서하다 295
용의자 129
용이함, 평이함 258
우둔한 것, 어리석음 25
우둔한, 미욱한, 어리석은 25
우루과이 170
우르드어 85
우박 101
우산, 낙하산 276
우스운 30
우아한 235
우아함 262
우연의 일치, 동시발생, (의견 등의) 일치 260
우울증 152
우울한, 비통한, 비탄에 잠긴 32
우월, 우세, 특권 274
우유 197
우유, 요구르트 203
우익의, 우파의 222

우정 18, 260
우주인 65
우주탐험 61
우체국 129
우파 210
우편 62
우편배달부, 집배원 79
우편의 62
우표 124
우표 수집 246
운 250
운, 각운 190
운동 186
운동, 움직임 248
운동장 88
운명 267
운명, 명성, 평판 260
운반 42
운반인, 짐꾼 77
운반하다, 들어올리다 293
운영 체제 70
운이 좋은 22, 273
운전 176, 180
운전 면허증 175
운전자, 기사 79
운전하다 184, 292
운좋게, 다행히 270
운하 180
울다 33
울리다 287
울음 22
울타리, 담, 벽 176
움무 쿨숨(이집트 가수) 185
움직임, 이동, 행동 249
움직임, 활동 280
웃다 34
워싱턴 184
원 253
원가 44
원고 191
원리, 원칙 127
원리주의, 근본주의 208
원숭이 114
원숭이, 유인원 112
원시 154
원예 5
원유 116
원유매장지, 유전 54
원의 중심 70
원자력 66

원자재 49, 54
원자재의, 가공하지 않은 62
원자폭탄 97
원정 250
원죄에 대한 용서 32
원하다, 바라다 298
월드 와이드 웹 65
월드컵 190
월부 49
월요일 148
웨딩드레스 13
웨이터 279
웹 사이트 70
웹 애플리케이션 63
위 163
위대하다, 거룩하다 287
위대한, 굉장한 27
위도 103
위로받다; 즐기다 310
위로하다, 조위하다 19
위반 128
위생 상태 159
위선 280
위선자 279
위성 67
위성통신 61
위염 152
위원회 216
위조; 개선 119
위층 11
위치, 장소 183
위험 252, 273
위험성 252
위험한; 치명적인 252
위협하다 311
유감스러운 29, 32
유감스럽게 생각하다 309
유교 230
유년기 11
유대교 회당, 시너고그 230
유대의; 유대인 90
유동성 259
유동자금 50
유람선 175
유럽 170
유럽연합 130
유럽인; 유럽의 74
유령 259
유로화 지역 130
유리병 256

유린 118
유머 189
유명한 260
유모, 보모 15
유모차 12
유물, 유적 167
유사 259
유사하다, 동종이다 305
유산 37
유산, 낙태 151
유선의 65
유성, 별똥별 65
유스 호스텔 172
유아용 우유 197
유아용품 54
유엔 사무총장 118
유연성 162
유예기간 125
유용한 277
유익한 274
유일한, 비할 데 없는, 외로운 28
유적의 167
유전 42
유전 공학 70
유전자 64
유전학 82
유정 39
유죄의 128
유지하다, 보존하다; 방어하다 305
유창하게 318
유창한, 명백한 266
유창함 29, 81
유출, 분출 279
유치원, 놀이방 174
유치원, 유아원 175
유쾌한 31
유행, 패션 192
유행하다, 퍼지다, 지배하다 292
육상선수 186
윤작 55
으로, 가지고 315
은 114
은총, 축복 232
은행 52, 171
은행 계좌 42
은행창구 55
음료, 마실 것 204
음모 216
음반, 레코드 185
음식 200

음악 192
음악실 173
음악의; 음악가 192
음악홀 189
음향 효과 192
응시, 전망; 의견 280
응유(바로 짠 우유를 그대로 두었을 때 가라앉는 응고체) 203
응접실 5, 13
의견, 견해 255
의견을 제시하다; 던지다 294
의도, 목적 281
의류, 의복 8
의무; 과제; 숙제 282
의미 276
의미하다 295, 296
의복 269
의복, 옷 5
의붓아버지, 계부 8
의붓어머니, 계모 8
의사 159
의식, 깨어있음 283
의심스러운 31
의심 없이 322
의심, 의혹 117, 214
의심하다, 혐의를 두다 132
의자 14
의자, 벤치 278
의정서 118
의제 207
의제, 어젠다 211
의학 82
의학, 의술, 의료 159
의회 127
의회, 위원회 217
의회 회기 212
이교도 232
이교도의 232
이기다, 승리하다 100
이기심 21
이기적인 21
이단, 새로운 가설 226
이동식 침대, 간이침대 158
이들(사람) 281
이라크 169
이라크의; 이라크인 81
이란 170
이란의; 이란인 74, 83
이렇게, 그렇게, 따라서 324
이론적인 70

이른, 일찍의 146
이름을 지어주다, 부르다 302
이리오세요 320
이마 154
이맘(이슬람 성직자) 226
이메일 메시지 65
이메일주소 67
이모 7
이민자 220
이불 14
이븐 바투타(중세의 여행가) 225
이븐 칼둔(중세의 역사가, 사회학자) 225
이사장 43
이산가족 상봉 216
이상함 28
이성 263
이성주의, 합리주의 264
이슈, 문제, 일 259
이스라엘 167
이스라엘의;
이스라엘인 74
이스라엘 자손(꾸란의 한 장); 이스라엘인들 226
이슬 106
이슬람교 225
이슬람 사원, 모스크 231
이슬람의 225
이슬람 이전 시대, 자힐리야 시대 225
이쑤시개 200
이야기 190, 250
이야기꾼 250
이야기꾼, 작가 84
이야기 나누다 305, 313
이야기하다, 전하다 289, 309
이야기하다, 초래하다 301
이어지다, 연속되다 313
이어폰, 청진기, 수화기 258
이온화하다 71
이와 같이 326
이외의, ~이 아닌 265
이웃 5
이유 257
이윤, 마진 55
이익 43, 48, 52, 53
이자율 53
이전에 141, 144
이전의, 선행의 274
이전의, 전임의 256
이제부터 328

이주 220
이주, 이민 221
이주하다 222
이중성, 양면성 243
이중언어구사, 이중언어상용 77
이집트 182
이집트의; 이집트인 87
이탈리아 171
이탈리아의; 이탈리아인 74
이튿날 325
이틀 전부터 330
이해 266
이해하다 295
이해함 253
이혼 11
이혼하다 19
이혼한 11
인간미 없는, 잔혹한 269
인간 사회 272
인간성, 천성 18
인간(아담의 아들) 226
인간의, 인류의; 인도주의적인 4
인간의 존엄성 268
인격, 도덕 252
인공의 62
인공지능 65
인구 258
인권 121
인권유린 118
인기 하락 209
인내심있는 27
인도네시아 170
인도의; 인도인 90
인도주의 4
인도주의 활동 82
인력 56
인류의 5
인류학 82
인사과 123
인사하다 300
인쇄; 판 124
인쇄하다 132
인스턴트 메신저(인터넷 상에서 즉시 교환 가능한 메신저) 69
인용, 인증 188
인적자원 54
인정된 276
인조섬유 4
인종주의, 인종우월주의 67
인종차별 76, 120, 240

인종차별주의 125
인질, 볼모 96
인척 18
인치 137
인터넷 62
인터넷 검색 63
인터넷 세대 64
인터넷 중독자 68
인터넷 채팅 65
인터넷 채팅 용어(은어) 67
인터넷 홈페이지 70
인터뷰, 만남 69
인플레이션 40
인플레이션 비율 53
인플루엔자, 감기 153
인하, 강등 41
인형 8
일 것 같다, 인 듯하다 285
일곱번째의 141
일 년 전부터 330
일당제 221
일등급 호텔 179
일몰 144
일, 문제 274
일반 국민 207
일반적으로, 널리 318
일방적으로 330
일본의; 일본인 90
일, 사업 46
일시적으로 330
일시적인 279
일어나다 288, 289
일어남; 흐름 245
일요일 148
일주일 내내 142
일, 직업 82
일출, 해돋이 104
일하다, 작업하다 90
읽다 90
잃다, 여의다 295
잃음, 여읨 266
임금, 급료, 보상 73
임금 인상 82
임대 38
임대 계약 47
임대용 59
임대주, 집주인 43, 46
임명 210
임명하다 91
임박한 323

임박한, 목전의 283
임시의; 과도기의, 이양하는 209
임시정부 212
임신 156
임신한; 임산부 156
입 161
입구 273
입국비자 172
입다 296
입방의 147
입법 119
입법부 214
입술 158
입학 84
입학 사무실 88
입학시험 74
입헌군주제 220
입후보 209
입후보자, 출마자 218
잇몸 162
잊다, 망각하다, 기억에서 지우다 34
잊어버리다 297
잊음 280
잎 116
(미완료형 앞에) 아마 316
~안에 253
(언론·기사에서) 언급되다 71
~없이 254, 318, 319
~에, 가까이에 264
~에 걸다, 달다 303
~에게 270
...에게 ~를 판결하다, 선고하다 132
...에게 벌금을 부과하다 133
...에게 ~에 대해 격려하다 35
~에게 연락하다 72
...에게 ~을 보상하다; 처벌하다 305
...에게 ~을 부과하다 132
...에게 ~을 수여하다 297
...에게 ~을 알리다, 통보하다 71, 308
...에게 ~을 약속하다 298
...에게 ~을 요구하다, 주장하다 290, 307
...에게 ~을 책임지우다 300
...에게 ~을 축하하다 305
...에게 ~을 충고하다 305
~에게 ...을 허락하다, 허용하다 293
~에게 자비를 베풀다, 동정하다 291
...에게 ~하도록 촉구하다, 부추기다, 재촉하다 288
~에 관하여 318

~에 근거하여 323
~에 대하여 315
~에 대해서; ~주위에 250
~에 대해 신뢰하지 않음, 불신 27
~에 대해 ...에게 고마워하다, 감사하다 34
~에도 불구하고 317, 322
...에도 불구하고 ~이다 322
~에 뒤이어; 여파로 325
~에 따라, ~에 따른 318, 319, 321, 324, 331
~에 반해서 261
...에서 ~으로 변화되다, 바뀌다 309
...에, 에서 316
~에 응하여, ~에 답하여 322
~에 의해 319
~에 준비가 된 328
~였으면 좋겠다 327
~와 가까이 324
(~와) 같은, 동등한, 맞먹는 274
~와 같은, 비슷한 272
~와 같은, 시대를 살다, ~와 동시대이다 149
~와 관련하여 318, 326
~와 구분하여 318
~와 대조적으로 277
~와 대조하여, ~와 반대로 323
~와 약혼하다 19
~와 조화를 이루는, ~에 잘 맞는 271
~와 친구가 되다, 사귀다 306
~와 함께, ~을 가진 316
(완료형 앞에) 이미 316
~위에 266, 315
~위해, 목적으로 319
~으로 돌아가다, 돌아오다 294
~으로 알려진 276
~은 분명하다 330
~은 일치 되는 바이다, ~은 일치된다 329
~을 검토하다, 연구하다 71
~을 곁눈질하다, 보다, 살피다 296
~을 고려하여 320
~을 그리워하는 31
~을 기리며 320
~을 뒤따르다, 따라잡다 296
...을 ~라는 별명으로 부르다 304
~을 ...로 묘사하다 193
~을 만들다 294
~을 만지다 297
~을 목표로 255

~을 보호하기 위해 321
~을 비우다 295
~을 실행하기 위해 320
~을 쏘다, 자극하다 298
~을 알다, ~에 정통하다 295
~을 위해 328
~을 유지함, 보존함, 방어함 272
...을 ~으로 위협하다 304
~을 인정하여 320
~을 전공한, ~에 특화한 85
~을 제외하고 259, 326
~을 제외하고, ~이외에 327
~을 조직하다, 구성하다 223
~을 좋아하는 32
~을 쥐다, 붙잡다 297
~의 가까이에 267
~의 결과로 330
~의 대신에; ~와 교환으로 325
~의 목적으로 319
~의 시각으로 325
~의 영향을 받다 308
~의 의견으로는 325
~의 의미로 319
~의 일환으로, ~의 틀에서 325
~이 가능하다 331
~이 되다, ~해지다 294
~이 두려워서 322
~이 실행되다 320
~이 아니다(명사문 부정사) 285
~이 알려졌다, ~으로 알고 있다 329
~이 없는; ~로부터 자유로운 272
~이 있었다 (존재) 296
~이 필요한 318
~인 척하다 312
~임에도 불구하고 328

ㅈ

자 275
자격, 자격증 89
자결(스스로 결정함) 119
자궁염 152
자금 50
자금동결 119
자금세탁 119
자긍심, 긍지, 담대 26
자는, 자고있는 279
자두 195
자라다, 나이가 들다 296

자라다, 성장하다 298, 314
자랑스러운 28
자랑하다 35
자르다 296, 303
자만, 교만 21, 241
자매 3
자몽 197, 203
자물쇠 14
자발성 27
자발적인 27, 47
자본 43
자본가, 금융업자 54
자본이득세 46
자비 227
자산동결 119
자석 69
자선 사업 83
자성, 자기 69
자세하게 317
자식의 5
자신 280
자신감 23
자신감 있는 33
자신을 억제하다, 자제하다 320
자연; 본성 104
자연의 105
자연적인 262
자원, 수입 54
자원하다 310
자유 249
자유로운 248
자유로이 풀을 뜯다, 혼자서 가다 116
자유롭게 하다, 해방하다 300
자유시 189
자유시장 45
자유형 188
자자손손 대대로 328
자전거 174
자전거 타기, 사이클링 187
자정, 밤 열두시 147
자치 211
자켓 9
자화하다, 자성을 띠게 하다 72
자힐리야 시 188
작가 84
작곡가 88
작동; 고용 40
작성, 기입 129
작성하다, 기입하다 133
작은 그룹의, 계층의 265

잔고 43
잔고를 동결하다 59
잔돈 48
잔인성, 야생성 282
잔인함, 가혹함 97
잔혹한, 잔인한 126
잘 321
잘 가거라, 잘 있거라 331
잘못, 실수 252
잘 어울리다, 알맞다 312
잘(지내) 318
잠들지 않은, 깨어있는 275
잠옷 5, 14
잡담 270
잡담, 허튼소리 242
잡초 109
장 266
장갑 14
장관 222
장관직 211
장교 96
장군 94
장군, 소장 98
장기적으로 324
장난감 190
장례식 246
장미 116
장벽 247
장사하다, 매매하다 58
장소 183
장소, 상점 181
장소, 곳 182
장식된 191
장식하다, 꾸미다 193
장애 160
장애가 있는 163
장애물 263
장염 152
장점, 선호, 명성 266
장, 지배인, 국장, 이사 128
장, 창자 163
장티푸스 154, 156
장학금 88
재갈 269
재난, 참사 105
재무부 132
재미없는, 지루한 32
재미있는 31
재봉, 바느질 253
재봉사 78

재산, 소유물 47, 53
재생에너지 66
재앙, 재난 219
재재업 55
재정의, 금융의 50
재정적 부담 47
재정적자를 줄이다 59
재정지원 41, 51
재정지원하다, 자금을 공급하다 57
재채기 160
재채기하다 165
재치있는 27
재판 127
재판소, 법원 128
잼 204
저것, 그것 241, 254
저격수, 스나이퍼 97
저금, 저축 50
저녁 145, 146, 200
저녁에 146, 325
저녁을 먹다 206
저렴한 43
저렴한 가격 44
저 사람들 236
저장하다 301, 302, 305
저주 29
저주받은 227
저지르다, 범하다 134
저축계좌, 보통예금 41
저하, 하락 55
저항하다, 싸우다 307
적 96
적극적인, 활동적인 280
적대감 96, 98
적대적인, 공격적인 215
적도선 103
적신월사 118
적십자 118
적십자 대표 220
적용 240
적은 268
적자 47
적자액 49
적절성 257
적절한, 옳은 257, 278
적포도주 205
적합하다 286
전공하다 91
전기 49, 80
전기 면도기 10

전기의; 전기기술자 49
전기의, 전자의 62
전기 충격 124
전도단; 사절단 237
전도사, 설교자 232
전략적인, 전략가 37
전력발전소 128
전례, 선례 256
전문가 77, 85
전문인, 프로 86
전방초소 99
전범 120
전복하다, 타도하다 223
전사, 투사 99
전선 244
전설 61
전송, 보냄 61
전술 94
전술적인 94
전시회, 박람회 191
전업, 상근직 56
전에 330
전염성, 전염성 163
전자개인정보 63
전자교육, 이러닝 76
전자기기 54
전자기술 63
전자사전 84
전자상거래 사이트 55
전자우편 62
전자 책 84
전쟁 95
전쟁터, 전장 99
전제군주국 220
전제정치제도 221
전조등 16
전조, 징후 236
전지가위; 손톱깍이 17
전채 요리 205
전체주의 215
전통; 모방 241
전통적인 241
전투 98
전투원 99
전화 273
전화기 18
전화로 20
전환점 281
절단 153
절, 단락 266

절름발이 152
절망, 체념 33
절약, 저축; 저장 242
절약하다 58
절인 고추 204
절인 순무 204
절충안 215
젊어지게 하다 302
젊은이(남성), 청년 10
점령, 강점 93
점령하다 100, 224
점심식사 200
점심을 먹다 206
점, 지점 280
점토, 찰흙 261
점프하다, 뛰다 193
접다, 굽히다 286
접수담당자 89
접시 199
접시, (한 접시의) 요리 200
접영 188
접착테이프 10
젓다, 섞다; 뒤집다 303
정거장, 역 181
정교 225
정권; 권력 214
정권, 정치세력 216
정규군, 상비군 95
정기 간행물 68
정당 211
정당간의 조정 210
정당화 237
정말 놀라운, 믿기 힘든 31
정말로 321, 331
정맥 164
정맥염 152
정범 123
정보 69
정보 사회 68
정보통신기술 63
정복불가능한, 면역된 249
정부 211
정부 구성 210
정부규제를 철폐하다 224
정부의 212
정부폭력 125
정비공 89
정상, 절정 268
정상회의 217
정신과 159

정신, 넋, 영혼 228
정신을 차리다, 잠에서 깨어나다 294
정신이상, 광기 155
정신직인 28
정신질환 153
정오에 143
정오, 한낮 142
정원 5
정유공장, 정제소 53
정육점 주인 41, 49
정의 124
정의로운, 공정한 27
정전 99
정점 254
정제, 여과 239
정제하다, 정류하다 57
정지, 주차 283
정지, 중단, 일어남 283
정직한 33
정직한, 진실한 26
정직함, 참됨 27
정착촌, 정착지 218
정체 246
정치 214
정치권, 정계 209
정치망명권 121
정치무대 221
정치의, 정치적인 214
정치적 망명 216
정치적 문제 219
정치적 의식 222
정치학 82
정통, 숙달 235
정확하게 317, 320, 324
정확히, 적절하게 318
젖가슴 154
젖병 8
제거하다 288
제공, 공급 40
제공하다 301
제국 170
제국의 170
제국주의 208
제도, 체제 221
제 마음에 들어요 35
제목, 주소 264
제빵사 77
제안 208
제안하는 277
제어판 67

제재공 89
제조된, 제작된 52
제조업 부문 49
제지하다, 막다 288
제출, 제공 241
제출하다 91, 303, 311
제품 52
조각 192, 267
조각가 89
조각낸 278
조각상 186
조각하다, 형태를 만들다 193
조건 123
조국 222
조금 260
조금씩 점점 322
조깅, 달리기 186
조롱하는 25
조사, 탐사, 측정 44
조사하다 310
조산아 163
조서 128
조수 87
조심하는, 주의하는 23
조심하다, 경계하다 288
조심해 322
조약 219
조언을 구하다, 상담받다 306
조언, 충고 242
조언하다 297
조용한, 침착한 33
조정 242
조종사 81
조준; 지불; 변상 40
조직, 기관, 기구 130
조직, 체계화 210
조직폭력 125
조직하다, 구성하다 133
조합, 협회, 기구 221
존경하다 298
존경할만한, 훌륭한 31
존엄, 존엄성 268
존재 282
존재하는 279
졸업자 77
졸업하다 91
좁은 262
종 244
종교 227
종교국가 227

종교부 131
종교분쟁 229
종교의식 228
종교의 사유 121
종교의, 종교적인 227
종류 261
종신형 122
종양학 161
종업원, 고용인 89
종이 90
종파분쟁 231
좋다! 훌륭하다! 321
좋아함, 사랑 23
좋은 (것), 선, 축복, 이익; 복지 253
좋은, 온화한, 사려깊은 270
좋은, 훌륭한 247, 249, 262
좌익의, 좌파의 222
좌절 22, 33
좌파 210
죄 120, 122
죄를 범한, 범인 127
죄수 122
죄수, 포로 117
주 184
주된, 주요한 256
주말 147
주먹 161
주물공 79
주민, 거주자 257
주변의, 변두리의 182
주부 78, 80
주빈 262
주사 156
주스 200
주식 45
주식시장, 증권거래업 45
주식투자, 투기 52
주식회사 123
주연 187
주유소 181
주인공 237
주, 일주일 136
주입하다, 주사하다 289
주장하다 291
주저하는 29
주저하다, 머뭇거리다 309
주전자 3, 13
주제 89
주 제목 264
주조업 44

주조한 화폐, 길, 거리 45
주주 51
주, 주인 8
주지사, 도지사; 총독; 보수적인 217
주차 183
주차금지 130
주황 색의 137
죽음 18
죽이다 133
준비 241
준비된, 기성의 243
준비됨 167
준비하다 299
준장 96
줄무늬의 278
줄, 열 257
줄을 긋다, 쓰다 293
중개인 45
중고 45
중고의 51
중국 169
중국의; 중국인 81
중급의 86
중남미 170
중년 15
중대한, 결정적인 247, 265
중대한 날, 결정적인 날 148
중대함, 방대함 245
중독 154
중독시키다, 독약을 넣다 165
중동 169
중등과정의 76
중립의 218
중산층 47
중세 229
중세시대 229
중심, 발원지 237
중심; 중심지, 본부 181
중앙은행 38
중앙의, 중심의 274
중앙집권형 통치 211
중요(성) 235
중요한 279, 281
중위 99
중재 210
중재팀, 조정팀 125
중학교 86
중환자실 164
쥐 110, 114
쥐약 113

즉석식품, 간편식 206
즉시 143
즐거운 여행되세요 322
즐기다, 누리다 35
증가 44, 235
증거 254
증권거래소, 주식 시장 39
증기기관 179
증기선 171
증언하다, 증명하다; 목격하다 132
증오하는, 악의적인 23
지각, 지체; 퇴보 237
지구 101, 105
지구온난화 105
지구촌 179
지금 136
지금 당장의 144
지금부터 330
지나가는 243
지나침, 과도함 257
지난, 과거의 145
지난주 136, 144
지도 174
지도자, 인도자 218
지도자, 주석 214
지도, 지도력 216
지도책 167
지도하다, 가르치다 91
지뢰 98
지루함 32
지름 145
지리학 82
지명된, 지정된 218
지명하다 222
지방의, 지역적인 181
지배자, 통치자 211
지배적인, 우세한 256
지배하다 222
지배하다; 만연하다, 널리미치다 313
지부티 공화국 173
지불승인서, 계산대장 44
지불하다 56
지서, 지구대 183
지속 254
지속가능한 개발 41
지속되는 253
지속된, 지속 가능한 274
지수, 지표 50
지시하다 133
지식 사회 68

지역 168
지역, 거리, 면적 181
지역의, 지역적인 168
지역 182
지연, 지체, 퇴보 238
지옥, 고통의 장소 227
지우개 88
지원대, 증원병 98
지원서를 제출하다 91
지적인, 정신적인 29
지적 장애의 162
지중해 168
지지, 성원 209
지지자 217
지지하다; 지원하다 57, 298, 306
지진 103
지질학 82
지참금 18
지출, 경비 52
지키나; 암기하다 289
지탱점 281
지팡이 12
지폐 48
지하철 181
지혜 250
직면하다 307
직사각형의 146
직선 139
직업 56
직업의, 직무상의 89
직업, 일 88
직업훈련 75
직위, 직책 130
직장 생활, 사회 생활(경력) 80
직접의 270
진동하다, 동요하다; 변동하다 59
진리, 진실 250
진보, 발전 241
진술, 성명, 발표 63
진실성, 자제, 금욕 124
진압하다 133
진전, 진화 240
진주 115
진통제 163
진흙 105
질 281
질문, 의문 258
질서, 규율 118
질투 28
짐싣기; 다운로드 238

짐, 화물 47
집 17, 172, 174
집, 거주지 16
집게손가락, 검지 158
집단, 떼, 무리 113
집단적인 246
집단학살 93
집요한, 고집하는 278
집중 239
집중하다 301
짓다, 건설하다 57, 286
징벌의; 형벌의 120
징수하는 사람, 세금징수원 41
징집하다 99
짙은 청색, 곤색 145
짜증이 나는, 불편한 30
짧은, (키가)작은 267
찌르다, 구멍내다 292
찢어진, 잘린 278
(돈을) 주조하다 56
(문을) 잠그다, 채우다 19
(바다, 밤이) 조용하다, 잔잔하다 292
(사물이) 작은; (나이가) 어린, 젊은 260
(사진을) 찍다 313
(신의) 자비, 은혜 230
(정중하게 무엇을 부탁할 때 덧붙이는 말) 330
~지도 아래에 318, 319
..직전에 145
~직후에 137
~쪽으로, ~로 향하여 280
(특정) 지점 183
(한)장, (한)면 66

ㅊ

차 199
차가운, 추운 101
차고 180
차량폭탄 96
차별금지법 126
차이, 다름 265, 266
차이; 의견의 상이, 불화, 다툼 252
차츰 약해지다, 점점 작아지다 312
착륙하다 184
착수; 계획 217
착수하다 308
찬양 227
참가 275

참가자 275
참고 도서, 참고문헌 87
참다, 인내하다, 견디다 34
참새 113
참석; 참석자 250
참석하다 289, 306
참석한, 출석한; 현재의 247
참을성, 인내 27
참치 197
창문 18
창문, 창구 10
창조 252
창조, 야기 225
창조하다 232
창조하다, 만들다 287, 290
찾다 285, 298
찾다, 구하다 303
채굴하다, 뒤지다 58
채권 45
채권자 42
채무 51
채무자, 대출자, 차용인 51
채색된 191
채소, 야채 198
채식주의자 205
채움 249
채찍 258
채택하다 223
채팅 친구 80
책상, 사무실 278
책, 서적 84
책임 129
책임자 129
책임지다 320
책자, 회람, 공보, 간행물 89
책장 8
처녀 마리아 229
처녀성 237
처방전 164
처벌, 제재 125
처신하다, 행동하다 310
처음 145
척수 156
척수염 152
척추, 등뼈 160
천 14
천둥 103
천막 175, 253
천문학 82
천사 231

천식 157
천연가스 105
천연두 154
천연자원 54
천연탄산소다, 소다 70
천왕성 101
천장, 지붕 9
천재, 천재성 81
천주교의; 천주교인 230
천주교, 카톨릭 230
철거, 철수, 철회 123
철, 쇠 41
철학 82
첨예한, 날카로운 26
첨탑 180
첫날밤 15
첫번째로 137
첫번째의 137
청각 156
청과물 상인 77
청년체육부 132
청량 음료 204
청렴, 반부패 124, 221
청소 242
청소기 17
청해 266
체 200
체리 202
체면, 품위 24
체스 188
체육관, 스포츠홀 178
체육의, 운동의 187
체조 186
체포 118
체포된, 죄수, 수감자 129
체포영장 128
체포하다 133, 134
초 10, 138
초과하다 291
초급자, 초급의 85
초대 253
초대하다, 주최하다 313
초등 과정의 73
초등학교 86
초래하다, 야기하다 298
초록의 135
초콜릿 199
촉각 156
촉구하다 224
총명한, 영리한 259

총선 208
총 소득 42
총, 소총 94
총지배인, 총경영인 128
총참모부 99
총회 120
촬영 235
촬영, 묘사, 그리기 186
최고 경영자 43
최고법원, 대법원 128
최고사령관, 총사령관 97
최근에 146, 248
최근에 개조되었다 299
최대로 323
최대한 318
최루가스 97
최루탄 97
최면 154
최소한 318, 323
최우수, 수석 87
최종결정하다; 종결짓다 289
추방 209
추세, 동향; 흐름 63
추수 249
추운 102
추천서 78
축 273
축구 190
축복 226
축복받은; 축하해요 327
축복하다 232
축을 이루는, 중심되는 273
축제를 축하하다 193
축축한 103
축하, 인사 238
출구 273
출마하다 213
출발 277
출발점 281
출생 18, 283
출장 175
출장연회 서비스 197
출처, 원천; 동명사 276
출판 89
출판인, 출판사 89
출판하다, 발행하다 90
출현, 돌출 236
출혈 163
춤추다 192
충격 260

충격받은, 놀란 31
충고, 조언 280
충고하다 308
충돌, 교전 93
충분함 269
충수염 152
충실성, 성실성; 사무국 21
충실하다 35
취미 192
측정 145
층 8, 11
치과 검진 161
치과의사 159
치다, 때리다 294
치료 158, 160
치료, 공정, 처리, 해결 163
치료하다 165
치마 5
치명적인; 위험한; 어려운 248
치아 258
치안, 안보 118
치안 유지 121
치약 16
치위생 164
치의학 159
치장하다 299
치즈 197
치질 153
칙령 218
친구 80
친구가 됨, 사귐 276
친구, 동료, 소유자 80
친애하는 27
친절한 31
친절함, 다정함 29
친척, 동족 14
칠면조 112
칠판, 슬레이트 79
칠판, 판자 85
침대 9
침대; 메트리스 13
침묵 26
침묵하다, 조용히 하다 34
침범, 침해, 유린 93
침실 13
침입, 돌진 93
침입, 침략 93
침입하다, 침략하다 100
침체 49
침, 타액 162

침해하다, 유리하다 134
칫솔 161
칭찬하다, 높이다 297
(발로) 차다 192
(좋지 않은 상황에) 처하다, 겪다 307

ㅋ

카네이션 114
카드 39
카드(놀이용) 38
카레 202
카르발라(이라크의 도시) 180
카메라 67
카이로(이집트의 수도) 169
카타르 180
카페 182
카펫, 양탄자 9, 18
칼 9
칼럼, 기둥 264
칼로리 158
캐나다 180
캐나다의; 캐나다인 84
캘리포니아 180
캠퍼스 77
캠프, 천막 191
캠핑카 172
캥거루 115
커민(향신료) 202
커튼, 장막 9, 257
커피 202
커피열매, 커피 110
컨디셔너 17
컨테이너선 45
컴퓨터 64, 67
컴퓨터 공학 70, 82
컴퓨터 메모리 65
컴퓨터실 178
컴퓨터 하드웨어 66
컵 14
컵받침 199
컵, 잔 13, 14
케밥 202
케이크 202
케일, 양배추 202, 205
코 153
코골다, 액체를 내뿜다 285
코끼리 114
코니스(건축양식) 180

코란 226
코모로 173
코뿔소 116
코코넛 197
코피 163
콘센트 17
콘크리트 42
콜라 202
콜리플라워 201
콤파스 75
콥틱 229
콧수염 158
콩 201
쿠데타 209
쿠샤리(쌀, 파스타, 렌틸콩, 볶은 양파에 매운 토마토 소스를 섞어 만든 음식) 202
쿠스쿠스(좁쌀 모양 파스타와 고기, 채소를 쪄낸 요리) 202
쿠웨이트 169
쿠웨이트의; 쿠웨이트인 85
쿠파(이라크의 도시) 169
쿱바(고기를 넣은 밀가루반죽을 튀긴 음식) 202
크리스마스 143
크리켓 190
큰 246, 268
큰칼 9
클럽, 동호회 192
클릭하다 71
키보드 67
키스 267
키스하다 303
키워드 269
키프로스(지중해 동부 섬 공화국) 179
킬로그램 145
킬로미터 145

ㅌ

타다 184
타일바닥, 바닥타일 171
타조 115
타진(고기와 채소를 '타진'이라는 도자기 그릇에 넣어 쪄낸 스튜 요리) 199
타협안, 절충안 212
타흐리르 광장(이집트) 183
타히나(참깨를 갈아 만든 소스) 200
탁구 186

탄약 95
탈모 154
탈의실 178
탈주시키다, 밀수입하다 133
탈퇴하다, 분리하다, 나누어지다 223
탐욕스러운 27
탐욕, 욕심 245
탑 171
탑불라(파슬리, 토마토, 박하, 레몬 등을 섞은 샐러드) 196
탑승자, 탑승객 175
탑승하다, 오르다 294
태그, 꼬리표, 표시, 훈장 56
태도, 입장, 처지 279
태블릿 PC 64
태아 155
태양 101
태양에너지 66
태어나다 298
태우다, 불사르다 288
태풍 101
택시 172, 176
탯줄 156
탱크 95
터널 183
터치스크린 65
터치 패드 67
터키 172
터키의; 터키인 76
턱 157, 161
텅비게 하다 300
테니스 190
테러리스트 93
테러(행위) 93
테마파크, 유원지 181
테이블 15
테이블, 탁자 11
테이프, 리본, 필름 10
텍사스 172
텔레비전 5
텔레비전 방송국 68
템버린 187
토끼 109
토끼고기 203
토론, 토의 220
토론하다, 협의하다 223
토마토 196, 200
토성 103
토요일 148
토의, 조사, 연구 75

토의하다 285
토의하다, 의견을 나누다 223
토지 등기 42
토지; 땅 101
토후국 170
톤 142
톱니 바퀴; 방패 40
톱밥 55
통계 37
통계청 130
통계학 37
통곡 33
통곡의 벽(유대교의 명칭; 이슬람교에서는 사도 무함마드가 '알부라끄'를 타고 승천함) 173
통과 241
통과하다; 허가하다 286
통과, 환승 172
통신부 131
통신사 71
통역, 번역 75
통역사, 번역사 86
통장, 회계 장부 42
통조림 200
통치, 다스림, 지배; 자주권 214
통합, 통일; 수 221
통행금지 130, 250
통화 48
퇴임하다, 하야하다 223
퇴직하다 312
퇴진, 퇴임 210, 213
퇴진하다 209
투기자, 투자자 52
투명성 214
투자 37
투자부 131
투자자 51
투자하다 59
투쟁하다; 싸우다 307
투탕카멘(이집트 제18왕조 12대 왕) 227
투표 208, 210
투표권 121
투표소 218
투표하기 207
투표함 215
튀긴 205
튀니지 172
튀니지의; 튀니지인 76
트랙터 41

트럭, 대형트럭 176
트럼펫 185
트리폴리(리비아의 수도) 177
트림 155
트림하다 165
트윈룸 178
특공대 98
특별한 271
특별한; 개인의 251
특성 251
특수 효과 192
특정한, 일정한 276
특질, 특성 260
특파원 69
특히 318, 322, 323
틀니 159
틀, 액자 4
틀에 끼우다, 틀을 잡다; 세우다 91
틈, 구멍 243
팀, 학년 83
팁 171
(가슴, 위) 타는 듯한 통증 156
(얼굴을) 탁 때리다, (문을) 쾅 닫다 293

ㅍ

파괴 238
파괴적인; 압도적인 256
파괴적인, 해로운 273
파괴하다 301
파기법원(대법원) 128
파나마 171
파다, 캐다 289
파도타기 187
파동, 파도, 물결 106
파라오(고대 이집트의 왕) 229
파래지다 149
파리 112
파리(프랑스의 수도) 171
파산 38
파산된, 결핍된 277
파산하다 58
파생상품 52
파슬리 196
파업 74
파업 노동자 219
파우치, 핸드폰 케이스 6
파운드(화폐 단위) 139

파이 201
파인애플 195
파인트(단위) 137
파일럿 83
파일보관 61
파일, 서류철 129
파자마 5
파충류 112
파키스탄 171
파트너, 동반자 46
파티, 잔치 250
파혼 18
판결, 통치; 재판, 판단 122
판권 소유 246
판매 39
판매가격 44
판매 계약 47
판매, 팔린 상품 50
판사, 재판관 83, 120
팔 157, 158
팔꿈치 162
팔다 56
팔라펠(병아리콩을 으깨 만든 반죽을 튀긴 음식) 201
팔레스타인 179
팔레스타인 난민 캠프 218
팔레스타인의; 팔레스타인 사람 83
팔레스타인 해방전선 211
팔로워(블로그) 68
팔미라(시리아의 고대도시) 172
팔찌 10
팟 캐스트(오디오 블로그) 68
패션쇼 189
팩스 67
팬, 애호가 87
퍼센트 137
퍼져 있는, 흩뜨려진, 잡동사니의 271
퍼진, 유포된, 보급된 254
페미니즘 231
페인트 187, 189
페트라(요르단의 고대도시) 168
펜 84
편도선염 152
편도 승차권 172
편안한 31
편지 255
편직공 77
편직, 직조 41
편집 63
편집장 65

평가절하 40
평가하다 304
평가하다, 기리다 303
평등 218
평등법 126
평등하다, 같다 306
평방 미터 146
평영 188
평판이 나쁜 254
평평한, 고른 258
평평한, 평탄한 275
평화 214
평화안, 평화재안 217
평화유지군 98
평화적 시위 219
평화적인 96
평화적 해결 209
평화조약 219
평화행진 219
평화협상 96
폐 157
폐렴 152
포괄적인, 총체적인 259
포도 200
포도송이 200
포로가 된, 사로잡힌 96
포로로 하다, 사로잡다, 매혹하다 99
포르투갈의; 포르투갈인 171
포스터, 벽보, 부착물 191
포위 249
포크, 갈퀴 10
포트사이드(이집트의 도시) 172
포함 259
포함하다 294
폭도, 난동꾼, 말썽꾼 219
폭동 214
폭동 발생 321
폭력 125
폭력적인, 맹열한, 치열한 28
폭발 94, 97
폭발하다 99, 100
폭정, 전제정치 207
폭풍, 폭풍우 105
폴란드 172
폴란드의; 폴란드인 75
표면, 지붕 257
표, 입장권 172
표정 23
표현 263
표현의 자유 121

푸른, 파랑 색 136
풀기힘든, 뒤엉킨, 복잡한, 난해한 276
풀, 껌 80
풀다 289
풀-무담마스(레반트 지역과 사우디의 대중적인요리) 201
풀, 잔디 115
풍경 279
풍력에너지 66
풍부하다 (V형) 311
풍부한 265
풍족, 부유함 22
프라이팬 202
프랑스 179
프랑스의; 프랑스인 83
프랑(화폐단위) 48
프레젠테이션 66
프로그램 69
프로그램; 계획 62
프로그램을 제작하다 72
프로젝트, 계획 129
프린터 47
플라톤 225
플랫폼, 단 182
플러그 14
플로그(포토 블로그) 68
플루트 192
피곤한 162
피드백과 제안 235
피라미드 184
피로 22
피를 흘리다, 출혈이 나다 165
피부과 161
피부병 153
피부염 152
피스타치오 201
피자 196
피, 혈액 157
필기, 메모, 비망록 273
필기 시험 74
필리핀 169
필수품, 자격요건 269
필요, 필요조건 275
필요한 52, 269
필요함 247
(날씨가) 포근한 104
(불을) 피우다, (전쟁을) 시작하다 99
~파티가 열리다 320

ㅎ

하계 강좌 78

하계학교 86

하녀 6

하늘 104

하늘의, 천체의, 천상의 104

하드디스크 71

하락하다 313

하루, 날; 요일 148

하룻밤 145

하마 114

하마스 212

하미디야시장(다마스쿠스의 시장) 176

하수 55

하이애나 113

하인, 종업원 77

하지 137

하차하다 222

학교 86

학교 성적표 76

학기, 교실, 계절 83

학비 78

학사 학위 75

학생 81

학생 회장 78

학위 78

학위, 증거 80

학자 81

학자금 대출 49

학장, 우두머리 83

한국 180

한국(남한) 180

한국의; 한국인 84

한 번 146

한 의견의, 일치하여, 동의하여 324

한정하다, 경계를 짓다 288

한정하다, 제한하다, 확정하다 300

한 조, 한 팀; 승무원 81

한편 330

할례, 포경수술 227

할머니 6

할 수 있다 311

할아버지 6

할인 42

할인율 44

함께 276

합계 135, 139

합리성, 제정신 229

합리적인 가격 44
합리적인, 이성적인 27, 32
합법성, 적법성 123
합법적인, 적법한 123
합병 38
합의, 의견, 일치 207
합창 186
항공부 132
항공우편 124
항공편으로 173
항구 181, 183
항복, 굴복 252
항복하다, 굴복하다 289
항상 322
항생제 163
항소법원 128
항소, 상고 117
항의, 시위, 저항 207
항의운동 121
항의하다 223
해가 난 275
해결책 250
해고 74
해고하다 91
해고하다, 추방하다 222
해군 94
해, 년(1년 열두 달로 이뤄진) 141
해로운 261
해를 끼치는, 나쁘게 하는 275
해를 끼치다 134
해마 111, 114
해마다 142
해명, 정화; 비우기 245
해방 209
해방된 217
해방자, 해방시킨 사람 218
해변 104
해상운송 183
해설자 80
해안 104
해양수산부 132
해왕성 106
해적 84, 98
해파리 114
해협 106
핵무기 93
핵실험 94
핵심, 정수 115, 269
핵심주제, 중점 261
핸드백 7

행동, 품위 258
행복 26, 257
행복, 복지, 후생; 이로운 260
행복하다, 행운이 있다 34
행복한 26
행성 67
행운 236
행운을 빕니다 321
행정부 214
행정의, 행정적인 117
행진 219
행함, 행동; 동사 266
향료, 양념 196
향료; 양념 196
향상시키다, 점진하다, 승진하다 91
향수 12
향수 판매자 12
향하다 296, 311
향, 향료 4
허가증 122
허들, 장애물 187
허락, 허가 239
허벅지 161
허용 258
허용되는 270
허튼소리 269
헌법 122
헌법 개정 119
헌법개정위원회 127
헌법 조항 개정 119
헌법 효력 중지 210
헌병대 123
헌장 220
헤어 드라이어 15
헤즈볼라 211
헬레니즘의 90
헬리콥터 177, 181, 184
혀 162
혁명 210
혁명가 210
혁명을 일으키다, 봉기하다 222
혁명의 211
혁명의 순교자 228
현금 자동 입출금기 46
현대 예술 189
현대의, 새로운, 최근의 248
현대화 238
현명한, 현인 250
현실적인 282
현자 솔로몬 228

현장 조사관 129
현재의, 지금의 255
현재의; 진행중인 243
현재의, 최근의, 한창 321
현재, 지금 247
현존하는 265
혈관 153
혈압 159
혐오감, 반감 29
혐오 범죄 120
혐의, 기소 120
혐의를 부과하다 133
협력 241
협력하다 312
협상 219
협의 219
협회, 학회, 연맹, 기구 120
형벌의, 처벌의 125
형법 126
형사법원 128
형성하다, 구현하다; 확대하다 299
형수, 시누이 9
형식 259
형식, 모형 179
형제 3
혜성 69
호격사 236
호기심 29
호기심있는 29
호두 111
호랑이 109, 116
호박 201
호박, 주키니 202
호사, 호강 239
호소하다 224
호수 101
호주 167
호주머니, 주머니 6
호주의; 호주인 73
호텔 179
호흡기계 155
호흡하다 165
혼동되는 274
혼란, 대혼란 125
혼란스러운 23
혼수상태 160
혼인증명서 124
혼잡, 정체 167
혼합하다 71, 297
혼합형 학습(온 · 오프라인) 76

홀로, 외로이 283
홀아비 3
홈페이지 66
홍수 105
홍해 168
화가 78
화가 나다, 투덜거리다 35
화감암, 대리석 110
화기 96
화나게 하다 35
화나다 34
화난, 기분 나쁜 25, 28
화남 28
화내다, 격분하다, 앙심을 품다 34
화려한; 훌륭한 255
화려함, 훌륭함 256
화면, 스크린 65
화목, 화해 29
화산 102
화상 162
화석 연료 56
화성 101
화염병 96
화요일 148
화장실 7, 8
화장지 18
화재 249
화학 82
화학 실험실 86
화해 276
화해, 조화 242
확고, 강화 242
확고성, 강인성, 견고성 242
확대 242
확성기 69
확신 235, 237
확신하는 29
확신하는, 만족하는 277
확신하다 309
환경 102
환경보호 103
환경부 131
환대 249, 262
환영 239
환영하다, 반기다 301
환영합니다! 317
환율, 외환시세 44
환자 162
환전 46
환전상 46

환전, 소비, 배수, 형태론 260
환전시장 45
활 190
활력 251
황금사자상 186
황야, 광야 102
황폐; 침체; 파멸 102
회개하다, 뉘우치다 286
회계 127
회계 감사 40
회계부 126
회계원, 회계사 127
회담 217
회복, 부흥 225
회비 43
회사 123
회사 소유자, 사장 80
회색의 140
회오리 바람 103
회의실 178
회의 장소 50
회장; 대통령 213
회전, 역할, 순서 254
회집하다, 모이다 309
회피하다, 멀리하다 309
획득, 취득 250
획득한 247
횡경막 156
횡단, 가로지름 267
횡단하다, 가로지르다 296
효과적인 29
효율성 268
후각 156
후에 237
후원하다 291
후추 201
후퇴하다; 떨어지다 58
후회, 뉘우침 23
후회하다 34
후회, 회한 33
훈련된 191
훈련생 86
훈련, 연습 185
훈육, 교육 75
훌륭하구나!(알라가 원하는 바이다) 327
훌륭한 236, 278
훔무스(병아리콩을 갈아 만든 음식) 197
훔치다 132

훼방놓다, 방해하다 307
휩쓸다 286
휴대용 컴퓨터 64, 67
휴식, 안정 255
휴일 143
흉측한 22
흐르다 292
흐르다, 쏟아지다 292
흐린 105
흑사병 159
흑자 48
흑자액 49
흑해 168
흔들다 290
흔들리는, 불안정한; 불확실한 271
흘리다, 쏟다, 붓다 292
흡연 154
흥미를 갖다, 관심 갖다 313
흥정 51
흥정하다 58, 306
희극의, 희극적인 190
희롱, 조롱 25
희망 21
희망자, 원하는 사람 255
희망하다 33
희사 228
희사하다, 기부하다 301
희생 239
희생자; 피해자 215
희생제 229
희생하다 222
흰색의 135
히브리계의; 히브리인 81
히스테리, 발작 33
히잡 6
히잡을 쓰다, 감추다 309
힐끗 보다, 잠깐 보다 297
힘 268
힘든, 어려운 260
힘있는 268
(권유)하세요, 드세요, 앉으세요 320
(문장) ~하는 동안에 319, 325
(문장) ~한 때 324
(물이) 흐르다, 새다 107
(미래사, 동사 앞에) 할 것이다 315
(어떤 동작이나 행위를) 하다 295
(어린) 학생 76
(~을) 행하다, 착수하다 296
~하고 싶어서 322
~하기로 되어 있다 329

~하기 위해서 326, 327

~하는 것은 중요하다 330

~하는 것이 가능하다 329

~하는 것이 결정되었다 329

~하는 것이 기대된다 329

~하는 것이 드물다 330

~하는 것이 불가능하다 329

~하는 것이 쉽다 329

~하는 것이 어렵다 329

~하는 것이 예상된다, 기대된다 329

~하는 것이 유익하다 329

~하는 것이 이익이 있다 329

~하는 것이 좋다 329

~하는 것이 필요하다 329

~하는 도중에 325

~하는 모든 것 326

...하자마자, 직후에 144

~할 목적으로 319

~할 수 없는 262

~할 자격이 있는, ~할 만한 244

~할 작정이다, ~하려고 생각하다 298

~할 필요는 없다 326

~함에도 불구하고.. 하다 328

POWER ARABIC
주제별 소사전

초판 인쇄 2017년 7월 27일
초판 발행 2017년 8월 3일

지은이 이영태 · 김수완 · 양희정 · 김은지
발행인 김인철
총괄 · 기획 가정준 Director, University Knowledge Press
편집장 신선호 Executive Knowledge Contents Creator
도서편집 김민정 Contents Creator
전자책편집 이리나 e-Contents Creator
재무관리 김은혜 Managing Creator
마케팅 파트장 백승이 Chief Marketing Creator
마케팅 박종원 Marketing Creator
발행처 한국외국어대학교 지식출판원
02450 서울특별시 동대문구 이문로 107
전화 02)2173-2493~7
팩스 02)2173-3363
홈페이지 http://press.hufs.ac.kr
전자우편 press@hufs.ac.kr
출판등록 제6-6호(1969. 4. 30)
디자인 · 편집 디자인퍼브 02)2254-4308
인쇄 · 제본 네오프린텍 02)718-3111

ISBN 979-11-5901-191-7 14790 정가 26,000원
ISBN 978-89-7464-974-6 (세트)

*잘못된 책은 교환하여 드립니다.

HU:NE은 한국외국어대학교 지식출판원의 어학도서, 사회과학도서, 지역학 도서 Sub Brand이다. 한국외대의 영문명인 HUFS, 현명한 국제전문가 양성(International +Intelligent)의 의미를 담고 있으며, 휴인(携引)의 뜻인 '이끌다, 끌고 나가다'라는 의미처럼 출판계를 이끄는 리더로서, 혁신의 이미지를 담고 있다.